普通高等教育规划教材

创新与创业管理

主　编　王延荣

副主编　李　纲　张　琳

参　编　徐丽君　黄志启　周培红

　　　　张华平　田卫宾

机 械 工 业 出 版 社

本书按照创新和创业流程构建内容体系，共分为10章，主要包括概述、创造性思维、创新与创意开发、创业机会、创业团队、创业计划、创业资源、创建企业、创业企业成长管理、内部创业。本书在结构、内容和体例上，将创造性思维、创新和创意开发与创业机会的搜寻和捕获有机结合起来，将创新成功嵌入到创业流程中，使其既是创业过程的一个环节，又贯穿于创业过程的始终。在每章章首列出核心问题和学习目标，文中增加引例、专栏，每章末尾设有本章小结和课后练习，有些章章末还附有延伸阅读，注重理论前瞻性和实践可操作性相结合，辅以案例分析和深入解读，增强了可读性和实用性。

本书既可以作为高等院校本科、专科学生和研究生的创新创业教育教材，也可以作为创业者、企业管理人员不可或缺的重要学习读本，对从事创新创业教育和研究的读者也具有重要的参考价值。

图书在版编目（CIP）数据

创新与创业管理/王延荣主编. —北京：机械工业出版社，2015.8（2024.6重印）
普通高等教育规划教材
ISBN 978-7-111-50972-1

Ⅰ.①创… Ⅱ.①王… Ⅲ.①企业管理—高等学校—教材 Ⅳ.①F270

中国版本图书馆CIP数据核字（2015）第170890号

机械工业出版社（北京市百万庄大街22号 邮政编码100037）
策划编辑：曹俊玲 责任编辑：曹俊玲 何 洋 商红云
责任校对：赵 蕊 封面设计：张 静
责任印制：张 博
北京建宏印刷有限公司印刷
2024年6月第1版第5次印刷
184mm×260mm · 16.75印张 · 410千字
标准书号：ISBN 978-7-111-50972-1
定价：49.00元

电话服务 网络服务
客服电话：010-88361066 机 工 官 网：www.cmpbook.com
010-88379833 机 工 官 博：weibo.com/cmp1952
010-68326294 金 书 网：www.golden-book.com
机工教育服务网：www.cmpedu.com

前言

当前，我国正在开启一个“大众创业、万众创新”的新时代，创新创业教育已成为我国高等学校的时代使命。为此，教育部在2010年就发布了《关于大力推进高等学校创新创业教育和大学生自主创业工作的意见》，并于2014年12月10日再次下发通知，要求各地各高校全面推进创新创业教育和自主创业工作，加大对大学生自主创业资金的支持力度，要求高校建立弹性学制，允许在校学生休学创业。但是，与西方发达国家相比，我国的创新创业教育还存在明显差距。例如，我国的创新创业教育主要体现在大学阶段，而欧洲、美国、日本等国家和地区在义务教育阶段就开始重视对学生商业和经济意识、社会发展的责任感和创业精神的培养，将创新创业教育贯穿从小学、中学到大学的整个人才培养过程，导致我国在校生和毕业生的创业率远远低于西方发达国家的平均水平。本书的出版对于进一步提升人们对创新创业教育对社会经济发展作用的认识，推动我国创新创业教育的开展，促进创新创业人才培养和学生创业具有重要的指导作用。

本书首先介绍了创新和创业的内涵、特征及其内在联系，分析了创新者与创业者的素质和能力，并在回顾国内外创新创业教育研究与实践的基础上，提出了我国高校创新和创业教育的定位与思路，即培养创新创业素质，弘扬企业家精神，深化专业教学内容和课程体系改革，大力推进创新学分制度以及完善创新创业教育实践环节。其次，分析了创造性思维的基本形式和方法，包括经验思维、形象思维、联想思维、灵感思维、组合思维、发散思维、超前思维、收敛思维和迂回思维，讨论了创造性思维在创造性人才培养过程中的积累、提升、激励和催化作用。再次，阐述了创意开发与创造、创新的关系。其中，“意”是出发点，“造”更强调过程，“新”更注重结果。然而在实践中，从创意、创造到创新的无缝连接实际上是一个创业或再创业的过程，是一个追踪和捕获机会的过程。在这个过程中，创业者要做好四件事：一是识别创业机会，在机会窗口打开时把握住创业机会并创新商业模式；二是打造创业团队，科学制定创业团队的产权安排和管理机制；三是制订一份完整的创业计划，分析创业的实施过程、风险和预期回报等活动；四是通过购买专利、吸引风险投资等途径获取、整合和运用技术、资金等创业所必需的资源。然后，从企业设立的一般程序、企业组织形式、企业经营场所选择和企业登记注册等方面阐述了创建企业的整个过程。基于创业企业成长理论，讨论了创业企业成长的管理障碍和影响因素、创业企业内外部成长战略及模式、创业企业成长的管理控制。最后，对内部创业的内涵、特点、动因和过程等方面进行了重点探讨，指出内部创业是一种在现有企业组织内部推动的非正规活动，需要领导者的强有力支持，以及组织与管理上的诸多配合，只有这样方有成功的机会。内部创业的关键问题是如何克服企业组织中对创业行为存在的阻力，如何在组织边界内提倡创建企业家精神，从而使创新与创业活动在一个企业的内部形成氛围。

本书是在教育部人文社会科学研究青年基金项目（11YJC630095）、河南省高等学校哲学社会科学创新团队支持计划（2013-CXTD-08）、河南省高等学校哲学社会科学优秀学者支持计划（2014YXXZ32）、河南省哲学社会科学规划项目（2014BJJ062）、河南省科技厅软科学研究项目（142400410933）的支持下完成的。本书由王延荣教授担任主编，李纲教授和张琳副教授担任副主编，具体分工为：第一章由王延荣教授和徐丽君同志编写，第二、三章由张琳副教授编写，第四、五章由李纲教授编写，第六、八章由黄志启博士编写，第七章由周培红副教授编写，第九章由张华平副教授编写，第十章由田卫宾副教授编写。研究生刘建华负责制作了PPT课件，并与宋磊、陈静静同学一起在资料收集和文字校对方面做了大量工作，感谢他们付出的辛苦劳动。同时，本书的出版得到了机械工业出版社的大力支持和热情帮助，在此深表谢意。另外，编写中还参阅了国内外许多专家学者关于创新创业的研究成果，在此一并致谢！

由于编者水平有限，书中存在疏漏和不妥之处在所难免，敬请各位专家和读者批评指正。

编　者

目 录

第一章

概　述

核心问题

1. 创新与创业的内涵和特征是什么？
2. 创新与创业的关系是什么？
3. 创新者和创业者的素质和能力有哪些？

学习目标

1. 了解创新创业活动的特殊性。
2. 挖掘创新创业活动的本质。
3. 了解创新者和创业者的素质以及能力要求。
4. 把握创新创业教育的趋势和要求。

引例

这算创新与创业吗？

故事1：自行车是如何产生的？

德国人德莱斯（1785—1851）是一个护林员，每天都要从一片林子走到另一片林子。多年走路的辛苦，激起了他想发明一种交通工具的欲望。他想：如果人能坐在轮子上，那不就走得更快了吗？就这样，德莱斯开始设计和制造自行车。他用两个木轮、一个鞍座、一个安在前轮上起控制作用的车把，制成了一辆轮车。人坐在车上，用双脚蹬地驱动木轮运动。自此世界上第一辆自行车问世了。

1817 年，德莱斯第一次骑自行车旅游，一路上受尽人们的讥笑……他决心用事实来回答这种讥笑。一次比赛，他骑车 4h 通过的距离，马拉车却用了 15h。尽管如此，仍然没有一家厂商愿意生产、出售这种自行车。

1839 年，英国铁匠麦克米伦发明了脚蹬，装在自行车的前轮上，使自行车技术水平大大提高了。此后的几十年里，涌现出各种各样的自行车，如风帆自行车、水上踏车、冰上自行车、五轮自行车……自行车逐渐成为大众化的交通工具。以后，随着充气轮胎、链条等的出现，自行车的结构越来越完善。

故事 2：李红莉开设二手书店

李红莉大学毕业后进入一家工厂工作，但工作不到一年就被炒了鱿鱼。之后，她没有选择继续找工作，而是做起了旧书生意。

在上大学时，李红莉就发现许多二手书店的做法存在问题：这些书店通常是将人家卖不出去的书籍抱到店里来销售，而忽视了顾客究竟喜欢读什么书。特别是随着图书市场格局的变化，现存的正规二手书店已为数不多，导致无法满足市场和读者的实际需求。加上近年来纸价飞涨，包装精美的新书更是价格昂贵，这无疑给二手图书市场留下了巨大的市场空间。

李红莉认为，做什么生意都要讲定位，而做二手书生意的定位就在于“业精于专”，经营者绝对不能“贪”、面面俱到。根据实际情况，她打算主营社会、科学、文史类书籍，以形成自己的特色，同时，还要甄别书的内容以及出版社的层次和水平。这对二手书店的经营者是一种挑战——经营者要有文化素质、有品位，才能收购到质量高又好卖的旧书。春节过后，李红莉收购到 100 多本书，没想到新学期开学没几天，就被大学生抢购一空。

之后，为增加有效的交易渠道，李红莉还开设了网上交易（主要是学术类著作），意在便于与同行交流。现在，网上交易量已占到书店业务总量的 25%。此外，李红莉还销售一些基本不盈利的书籍，这样做可稳住老客户、争取新顾客，从而带动其他生意。

增设“寄卖”业务是李红莉的新招。此项业务主要面向那些有书却不愿贱卖的顾客，他们希望手上有价值的旧书能像字画一样寄放在书店里由老板“代销”。若“代销”成功，老板可从中收一点“代劳费”。小小的二手书店如此经营了一年，现在李红莉的书店每月有 3000 元的纯利润。

上述两则故事，是否属于创新和创业活动？要回答这个问题，我们需要先了解创新和创业的基本内涵和特征。

第一节　创新与创业的内涵和特征

一、创新的内涵、特征和分类

（一）创新的内涵

创新，即创造新的事物。“创，始也”（《广雅》）；新，与旧相对。在中国，“创新”一词出现很早，主要指制度方面的革新、变革和改革，不包括科技创新。例如，《魏书》有云：“革弊创新者，先皇之志也。”比《魏书》稍晚的《周书》云：“自魏孝武西迁，雅乐废缺，征博采遗逸，稽诸典故，创新改旧，方始备焉。”和创新含义近同的词汇有维新、鼎新等，如“咸与维新”“革故鼎新”“除旧布新”“苟日新，日日新，又日新”，因而，古代“创新”一词多指改变原有的制度、成文或规则。

英语中“innovation”（创新）起源于拉丁语。它的原意有三层含义：第一是更新，就是对原有的东西进行替换；第二是创造新的东西，就是创造出原来没有的东西；第三是改变，就是对原有的东西进行发展和改造。可见，创新是以新思维、新发明和新描述为特征的一种概念化过程。

1. 创新的哲学内涵

从哲学层面上看，创新是人的实践行为，是人类对发现的再创造，是对物质世界矛盾的再创造。人类通过物质世界的再创造，制造新的矛盾关系，形成新的物质形态。对此，许多专家学者进行了比较深入的研究。邱耕田认为，创新是指创新者在一定创新意识的支配下，对现有的事物进行变革，以实现其由旧质态、旧的发展阶段向新质态、新的发展阶段过渡、转变的实践过程。同满宏认为，创新是人类在认识领域和实践领域的突破性进展和革命性变革，它必然引起人类在理论体系和知识构成的飞跃性进步及其在改造探索现实世界活动中的物质手段、采取方式和行动方案等的创造性革命。

专栏 1-1

对创新哲学内涵的深入解读

从认识论的角度看，创新是人超越自然，达成自觉自我的基本路径。人的内在自觉与外在自发构成规律在物质的总体上形成对立的内在必然与外在必然的差异。创新就是人的自觉自发。

从矛盾论的角度看，创新与积累行为构成一个矛盾发展过程。创新是对重复、简单的劳动方式的否定，是对人类实践范畴的超越。

从辩证法的角度看，创新包括肯定之否定与否定之肯定。前者是从认同到批判的暂时过程，而后者是一种自我批判的永恒阶段。因此，创新就是一种“怀疑”，是永无止境的。

2. 创新的社会学内涵

从社会学层面看，创新是指人们为了发展的需要，运用已知的信息，不断突破常规，发现或产生某种新颖、独特的有社会价值或个人价值的新事物、新思想的活动。创新的本质是突破，即突破旧的思维定式、旧的常规戒律。创新活动的核心是“新”。它可以是产品的结构、性能和外部特征的变革，或者是造型设计、内容的表现形式和手段的创造，也可以是内容的丰富和完善。阮青提出，创新是创新主体为解决创新实践中提出的问题，通过实践活动而实际地改变现存事物，形成新的价值观念、新的战略部署、新的概念设计、新的制度体制、新的活动方式、新的关系模式等，从而创造或增加其经济价值或社会价值，推动人类社会的进步和发展的精神性或物质性活动过程。

3. 创新的经济学内涵

从经济学层面看，对创新内涵的理解一般包括狭义和广义两个层次。

狭义的创新就是技术创新，即从新思想产生，经过研究开发或技术组合，到产品设计、试制、生产、营销各环节，并产生经济和社会效益的商业化全过程。其中，“新思想”是指新技术、新产品、新工艺、新服务的构想。这些构想可以来源于科学发现、技术发明、新技术的新应用，也可以来源于用户需求。“研究开发或技术组合”是实现技术新构想的基本途径。其中，研究开发是指各种研究机构、企业创造性地运用科学技术新知识或实质性地改进技术、产品和服务而持续进行的具有明确目标的系统活动；技术组合是指将现有技术进行新的组合，只需要少量的研究开发甚至不需要研究开发即可实现。“产品设计、试制、生产、营销”是新技术的实际应用过程，是生产新产品，提供新服务，采用新技术对产品、服务、工艺改进的过程。“商业化”是指创新的全部活动是出于商业目的。“经济和社会效益”是指近期或者未来的利润、市场占有率或社会福利等，是创新实现商业目的的重要体现。“全过程”则是指从新构想的产生到获得实际应用的全部过程，如果其中在新设想、研究开发或者实际应用等某一环节终止了，就不能称之为创新。

广义的创新将科学、技术、教育以及政治与经济融合起来，即创新表现为不同参与者和机构之间的交互作用的网络。在这个网络中，任何一个节点都有可能成为创新行为实现的特定空间。创新行为因而可以表现在技术、制度或管理等不同的侧面，如技术创新、工艺创新、制度创新、市场创新、管理创新等。

专栏 1-2

经济学层面创新概念的形成和发展

熊彼特（J. A. Schumpeter）是首位在经济学层面解读创新概念的学者。1912 年，他在著作《经济发展概论》中提出，创新是指把一种新的生产要素和生产条件的“新结合”引入生产体系。这包括以下几种情况：引入一种新产品；引入一种新的生产方法；开辟一个新的市场；获得原材料或半成品的一种新的供应来源。熊彼特的创新概念包含的范围很广，如涉及技术性变化的创新及非技术性变化的组织创新。

到 20 世纪 60 年代，随着新技术革命的迅猛发展，美国经济学家华尔特·罗斯托（Walt Rostow）提出了“起飞”六阶段理论，将“创新”的概念发展为“技术创新”，把“技术创新”提高到“创新”的主导地位。1962 年，伊诺思（J. L. Enos）在其《石油加工业中的发明与创新》一文中首次直接明确地对技术创新下定义：“技术创新是几种行为综合的结果，这些行为包括发明的选择、资本投入保证、组织建立、制订计划、招用工人和开辟市场等。”首次从创新时序过程的角度来定义了技术创新。

美国国家科学基金会（National Science Foundation，NSF）也从 20 世纪 60 年代开始兴起并组织对技术变革和技术创新的研究，迈尔斯（S. Myers）和马奎斯（D. G. Marquis）作为主要的倡议者和参与者。在其 1969 年的研究报告《成功的工业创新》中将创新定义为技术变革的集合，认为技术创新是一个复杂的活动过程，从新思想、新概念开始，通过不断地解决各种问题，最终使一个有经济价值和社会价值的新项目得到实际的成功应用。到 20 世纪 70 年代下半期，他们对技术创新的界定大大扩展了，在 NSF 报告《1976 年：科学指示器》中，将创新定义为：“技术创新是将新的或改进的产品、过程或服务引入市场。”并明确地将模仿和不需要引入新技术知识的改进作为最终层次上的两类创新而划入技术创新定义范围中。

弗里曼（C. Freeman）把创新对象基本上限定为规范化的重要创新。他认为，技术创新在经济学上的意义只是包括新产品、新过程、新系统和新装备等形式在内的技术向商业化实现的首次转化。他在 1973 年发表的《工业创新中的成功与失败研究》一文中认为：“技术创新是技术的、工艺的和商业化的全过程，其导致新产品的市场实现和新技术工艺与装备的商业化应用。” 其后，他在 1982 年的《工业创新经济学》修订本中明确指出，技术创新就是指新产品、新过程、新系统和新服务的首次商业性转化。

中国20世纪80年代以后开展了技术创新方面的研究。傅家骥对技术创新的定义是：企业家抓住市场的潜在盈利机会，以获取商业利益为目标，重新组织生产条件和要素，建立起效能更强、效率更高和费用更低的生产经营方法，从而推出新的产品、新的生产（工艺）方法、开辟新的市场，获得新的原材料或半成品供给来源或建立企业新的组织，它包括科技、组织、商业和金融等一系列活动的综合过程。此定义是从企业的角度给出的。1994年，陈伟在科学出版社出版中国第一部《创新管理》专著，成为该领域的奠基之作。

进入21世纪，在信息技术的推动下，知识社会的形成及其对技术创新的影响进一步被认识，科学界进一步反思对创新的认识：技术创新是一个科技、经济一体化过程，是技术进步与应用创新“双螺旋结构”共同作用催生的产物。技术的融合与发展推动了社会形态的变革，催生了知识社会，使得传统边界逐步“融化”，进一步推动了创新模式的嬗变。因此，人类所从事的一切活动都存在创新，创新遍布人类的方方面面，如观念、知识、技术的创新，政治、经济、商业、艺术的创新，工作、生活、学习、娱乐、衣、食、住、行、通信等领域的创造、创新，而不仅仅是技术领域的事情，尽管技术创新对人类的生产、生活有决定性意义。

（二）创新的基本特征

不同学者对创新内涵理解的角度不同，对创新基本特点的理解也不尽相同。本书主要从以下五个方面来论述创新的基本特征：

1. 首创性

首创性是创新的最主要特征。创新是一种首创，即“第一个”。创新的结果在局部或全部应是先前从未存在过的，是先于他人，见人之所未见，思人之所未思，行人之所未行，获得的人类文明的新发展、新突破。例如，我国古代的三大发明（火药、指南针、印刷术）在世界上是首创的；西方国家的三大能源发现（蒸汽能、电能、原子能）也是首创。首创的意义在于第一个揭开某一领域、某一方面的奥秘，第一次揭示某种内在规律，或发现、发明某种新理论、新技术、新方法，引起经济、社会的重大变革。

2. 普遍性

创新存在于人类活动的一切领域并且贯穿于人类活动的各个阶段，即创新无处不在、无时不有，这就是创新的普遍性。同时，创新能力是人人都具有的一种能力。如果创新能力只有少数人才具有，那么许多创新理论，包括创造学、发明学、成功学等就失去了存在的意义。

3. 社会性

创新的社会性是指创新活动所表现出的有利于群体创新和社会发展的特性。当然，这并不意味着创新的社会性只包括群体性创新活动，而不包括个体性创新活动。实际上，群体创新与个体创新之间是辩证统一的关系。一方面，人的个体创新意识、能力等主要源于社会，是社会创新力量在个体创新方面的表现。生活于一定社会形态中的创新个体，其创新体现和反映着这一社会形态的整体性质。另一方面，每个人的创新活动都在社会分工中占有一定的地位，是社会整体创新活动中必不可少的一个细胞。这表明，个体创新是社会创新的一部分，具有社会的性质。

4. 双重性

创新的双重性表现在很多方面。首先，创新是能动性和受动性的统一。创新的受动性表现在它受制于客观事物运动的规律，受制于创新手段和创新目的，受制于创新主体的水平和能力等；创新的能动性表现在创新活动中不能听任客观事物固有规律的摆布，而应该发挥创新者的主观能动性，不断实现超越。其次，创新是绝对性和相对性的统一。总体而言，创新是绝对的、无限的；但就每个具体的创新而言，创新又是有限的、相对的。最后，大多数创新活动对社会发展具有重大的促进作用，但也有一些创新活动对社会发展具有一定的破坏性、阻碍性作用。大多数创新在创新之初促进社会发展，但发展到一定时期或一定阶段，反而阻碍社会的进一步发展；不少创新对社会发展既有促进作用，又有破坏作用，关键是如何利用和由谁来利用创新成果。

5. 高风险性

创新的高风险性是由创新自身的不确定性所决定的。这种不确定性主要包括技术的不确定性、市场的不确定性以及一般的政治和经济因素的不确定性。创新风险不同于现实中其他可以投保的风险，其不确定性不能用概率统计理论来进行处理。未来的不确定性会产生两种结果：有利于创新主体和不利于创新主体。不利于创新主体的结果就是风险。通常而言，不确定性越大，风险越高。创新需要投入相应的人力、物力、财力，投入的多少取决于创新程度。创新程度越大，投入越多。创新能否成功，投入能否顺利得到回报，受到很多不确定因素的影响，最后造成的创新结果可能回报颇丰，也可能血本无归，甚至可能付出生命的代价。

专栏 1-3

常见的创新风险

常见的创新风险类型及风险因素如表 1-1 所示。

表 1-1 常见的创新风险类型及风险因素

风险类型	风险因素
技术风险	技术成熟度，技术难度与复杂度，技术设备、试验与中试条件，技术生命周期，配套条件，技术的可替代性，理论基础合理性，技术适用性等
企业风险	营销能力，企业资金实力，民主决策与科学决策水平，企业的科技实力和管理能力等
市场风险	潜在市场容量，竞争对手的实力，消费者需求变动，竞争对手的数量，消费者需求及目标市场不明确等
项目风险	项目组织管理不力，原材料及零部件的供应困难，项目进度控制不力，新产品的质量与性能，新产品的价格，新产品的生命周期，新产品的生产成本等
宏观环境风险	宏观经济形势发生变动，国家产业政策的影响，知识产权保护不力，进口产品冲击，政治风险，债务和汇率、利率的风险，自然风险等

（三）创新的分类

目前，人们对创新进行了多种多样的划分，如按创新领域、创新性质、创新方式、创新主体等进行分类。

1. 按创新领域分类

按创新领域分类，创新可分为技术创新、制度创新、知识创新、产品创新、工艺创新和管理创新等。其中，技术创新是指生产技术的创新，包括开发新技术，或者对已有的技术进行应用创新；制度创新是指在人们现有的生产和生活环境条件下，通过创设新的、更能有效激励人们行为的制度、规范体系来实现社会的持续发展和变革的创新；知识创新是指通过科学研究，包括基础研究和应用研究，获得新的基础科学和技术科学知识的过程；产品创新是指创造某种新产品或对某一新产品或老产品的功能进行创新；工艺创新又称过程创新，是指产品生产技术的重大变革，包括新工艺、新设备及新的管理和组织方法；管理创新是指企业把新的管理要素（如新的管理方法、新的管理手段、新的管理模式等）或要素组合引入企业管理系统，以更有效地实现组织目标的活动。

2. 按创新性质分类

按创新性质分类，创新可分为正创新和负创新。其中，正创新是指那些能推动社会发展进步，为大多数人造福，包括能促进人与自然关系协调优化的创新；负创新则是指那些有碍于或有害于社会发展进步的创新。

3. 按创新方式分类

按创新方式分类，创新可分为原始创新、集成创新和引进吸收消化再创新。其中，原始创新是指前所未有的重大科学发现、技术发明、原理性主导技术等创新成果，是最根本的创新，是最能体现智慧的创新。集成创新是指利用各种信息技术、管理技术与工具等，对各个创新要素和创新内容进行选择、集成和优化，形成优势互补的有机整体的动态创新过程。它与原始创新的区别是，集成创新所应用到的所有单项技术都不是原创的，而是已经存在的，其创新之处就在于对这些已经存在的单项技术按照自己的需要进行了系统集成，并创造出全新的产品或工艺。引进消化吸收再创新是最常见、最基本的创新形式。其核心是利用各种引进的技术资源，在消化、吸收的基础上完成重大创新。

4. 按创新主体分类

按创新主体分类，创新可分为自主创新和合作创新。其中，自主创新是指通过拥有自主知识产权的独特核心技术以及在此基础上实现新产品价值的过程；合作创新是指企业或个人通过与其他企业、科研机构、高等学校等建立技术合作关系，在保持各自相对独立的利益及社会身份的同时，在一段时间内开展协作，从事技术或产品的研究开发，在共同确定的研究开发目标的基础上实现各自目标的创新活动。

二、创业的内涵、基本特征和分类

（一）创业的内涵

“创业”一词早在二三百年前就出现在经济文献中，但是，至今理论界仍对其含义各执已见，还没有形成一个被普遍接受的概念。

创业由“创”和“业”组成。所谓“创”，就是创造，即创建、创立、创新之意。《辞海》的解释是“创立基业”。《孟子·梁惠王》中有：“君子创业垂统，为可继也。”诸葛亮的《出师表》中有：“先帝创业未半而中道崩殂。”这里所谓的“创业”是广义上的创业，是指“事业的基础、根基”，既可以是古代的“帝王之业”“霸王之业”，也可以是百姓家业、家产和个人事业。关于“业”字，其含义也很多。《现代汉语成语辞典》对“业”有如下解释：学业、业务、工作；专业、就业、转业、事业；财产、家业、企业等。可见，“业”的内涵极为丰富。同样，“创业”的内涵也极其丰富，有性质、类别、范围和过程阶段等方面的区别与差异。从“创业”这个概念在汉语使用中所表达的含义来分析：一是强调创业开端的艰辛和困难；二是突出创业过程的开拓和创新意义；三是侧重于在前人的基础上有新的成就和贡献。而对“业”的范围没有什么限制，主要体现在结果上。因此，可以说创业是一个过程，创业是一个主体通过主观努力而取得的新的结果。

从创业术语表达来看，创业一词有“venture”和“entrepreneurship”等表述方式。“venture”是指冒险从事某项事业，表现出“冒险创建企业”这一动态过程。“entrepreneurship”表示静态的创业概念，是从企业家和创业者的角度来理解创业活动的。作为专业研究术语的创业一词，则普遍用“entrepreneurship”来表示，这一点在国外的学术界已经达成基本的共识。“entrepreneurship”是由“entrepreneur”演变过来的，英文的“entrepreneur”有两个含义：企业家和创办人。企业家是在一个已经成型的企业中负责经营和决策的领导者；创办人则是即将创办新企业或者是刚刚创办新企业的领导者。在这里，创办人本质上是创业者，而企业家在本质上也是创业者，企业家应该是那些在现有企业中具有创业心态和创业行为的领袖型人物。可见，创业可以是指从零开始创建新企业，也包括从一个有问题的企业开始创建出一个重新焕发生机的企业。

创业作为一种普遍的社会活动，学者们给出的定义也很多。高德纳咨询公司（Gartner）用德尔菲法对创业的概念进行了探究，认为创业的内涵主要体现在企业家的个性特征和创业行为的结果两个方面：企业家的个性特征，包括人格特征、创新性、开创新事业和谋求发展；而创业行为的结果则理解为价值创造、追求利润、成为企业所有者和管理者以及创建组织。莫里斯（Morris）回顾了近年来在欧美地区创业核心期刊的文章和主要教科书中出现的77个创业定义，通过这些定义内容中关键词出现的频率来揭示创业的内涵。其中，出现频率最高的关键词有：“开始、创建、创造”“新事业、新企业”“创新、新产品、新市场”“追逐机会”“风险承担、风险管理、不确定性”“资源或生产方式的新组合”等。这些关键词基本上反映了创业活动的不同侧面；追逐利益和价值以及追求成长等反映出创业的目标；追逐机会、创造变革、资源组合、管理、创建新企业或开发新事业等是实现创业目标的重要手段或途径；而承担风险、超前认知和行动、活动过程等反映了创业活动的基本属性，如表1-2所示。

表1-2 创业定义中包含的主要关键词

对创业定义的不同理解	出现频次	对创业定义的不同理解	出现频次
开始、创建、创造	41	资源或生产方式的新组合	22
新事业、新企业	40	管理	22
创新、新产品、新市场	39	统帅资源	18
追逐机会	31	创造价值	13
风险承担、风险管理、不确定性	25	追求成长	12
追逐利润、个人获利	25	活动过程	12

（续）

对创业定义的不同理解	出现频次	对创业定义的不同理解	出现频次
已有企业	12	所有权	9
首创活动、做事情、超前认知与行动	12	责任、权威之源	8
创造变革	9	战略形成	6

专栏 1-4

学者对创业内涵的讨论

荣斯戴特（R. C. Ronstadt）认为，创业是一个创造财富的动态过程。财富是由这样一些人创造的，他们承担资产价值、时间、事业承诺或提供产品或服务的风险。他们的产品或服务未必是全新的或唯一的，但其价值是企业家通过获得必要的技能与资源并进行配置来注入的。

蒂蒙斯（Jeffy A · Timmons）也把创业看成是一个动态的过程，他认为这是一个创业机会、创业者和创业团队以及节约和创造资源在综合、整体以及动态地作用于创业的过程。创业过程的起点是创业机会，而不是资金、战略、关系网络、工作团队或创业计划；创业过程的核心也是创业机会问题。要重视节约和创造资源，组建创业团队是高潜力企业的关键组成要素。商机、资源和工作团队三者之间的适合与平衡以及创业时机的选择对创业的成功具有十分重要的作用。

斯蒂文森（Howard H. Stevenson）等人认为，创业是一个人不管是独立地还是在一个组织内部追踪和捕获机会的过程，这一过程与其当时控制的资源无关。其中，以下三个方面对于创业特别重要，即察觉机会、追逐机会的意愿以及获得成功的信心和可能性。

郁义鸿等人对创业的概念是这样界定的：创业是一个发现和捕获机会并由此创造新颖的产品、服务或实现其潜在价值的过程。这一概念强调了创业是一个创造的过程，必须要贡献时间和付出努力，承担相应的财务的、精神的和社会的风险，并获得金钱的回报、个人的满足和独立自主。

张健、姜彦福和林强认为，创业是一个跨越多个学科领域的复杂现象，不同学科都从其独特的研究视角进行观察和研究，这些学科包括经济学、心理学、社会学、人类学、管理学等，而在各个学科领域内又衍生出不同的创业研究方向。

张玉利认为，创业应是具有创业精神的个体与有价值的商业机会的结合，是开创新视野。其本质在于把握机会，创造性地整合资源，创新和超前性。

综合上述分析我们认为，创业是创业者为了实现其特定的创业目标而开展的一个将不同的资源整合利用，搜寻和捕获商业机会并由此创造新颖产品或服务的过程。其中，创业者是创业活动的核心，是推动创业的最根本的力量。创业者创业是为了实现特定的创业目标，其目标是多元的，最重要的目标可能是由此获得独立自主以及随之而来的个人满足感。追逐创业利益无疑也是一个重要目标，很多创业者其实都把金钱的回报视为衡量其成功与否的一种尺度。创业包括一个将不同的资源整合利用，搜寻和捕获机会并由此创造新颖产品或服务的过程。这一过程包括两个相互联系的阶段：创业机会的搜寻和捕获；创造或提供社会需要的新颖的产品或服务。在这个过程中，应该不拘泥于当前资源条件的限制对机会的追寻，将不同的资源进行整合以利用和开发并创造价值。创业需要投入极大的热情和精力并付出极大的努力，要完成整个创业过程，要创造新的有价值的产品和服务，就需要大量的时间，而要获得成功，不付出极大的努力是难以实现的。

根据这个定义，判断一下李红莉开设二手书店是否属于创业活动。她发现了被其他人忽视的顾客需求，将现有店面销售渠道和网上交易渠道组合利用，创造了新的服务和价值，并独立承担经营收益和风险。因此，李红莉开设二手书店属于创业活动。

（二）创业的基本特征

1. 普遍性

创业是长期并普遍存在的社会现象，只是人们在很长时间里并不知道他们在从事创业活动。这从上一部分创业内涵的分析中可以看出。无论是在古代中国还是在西方，创业以"创立基业或事业""企业家行为"等概念或形式存在于经济社会发展过程中。人们通过对创业行为一些典型特征的认识，形成了对创业活动的基本认识。

专栏1-5

企业家和企业家精神

企业家"entrepreneur"一词是从法语中借来的，其原意是指"冒险事业的经营者或组织者"。对企业家的认识可以追溯到18世纪，法国早期经济学家萨伊（Say）将经济中承担风险的行为与企业家联系起来，认为企业家把经济资源由较低的领域转移至较高的领域，是冒险家，是把土地、劳动、资本这三个生产要素结合在一起进行活动的第四个生产要素，承担着可能破产的风险。在同一时期的英国，工业革命正在演进，企业家在承担风险和自由交易中扮演着重要角色。经济学家马歇尔（Marshall）认为，企业家是以自己的创新力、洞察力和统帅力，发现和消除市场的不平衡性，创造交易机会和效用，为生产过程提出方向，使生产要素组织化的人。后来，美国经济学家熊彼特（Schumpeter）提出，企业家是不断在经济结构内部进行"革命突变"，对旧的生产方式进行"创造性破坏"，实现生产要素重新组合的人。德鲁克（Drucker）也认为，企业家是革新者，是勇于承担风险，有目的地寻找革新源泉，善于捕捉变化并把变化作为可供开发利用机会的人。由以上表述也可看出企业家的一些本质特征：冒险家、创新者。因此，我们不妨将企业家定义为：企业家是担负着对土地、资本、劳动等生产要素进行有效组织和管理、富有冒险和创新精神的高级管理人才。企业家与一般厂长、经理等经营者的不同，主要表现在企业家敢于冒险、善于创新。企业家代表着一种素质，而不是一种职务。

企业家精神表明企业家这个特殊群体所具有的共同特征，是他们所具有的独特的个人素质、价值取向以及思维模式的抽象表达，是对企业家理性和非理性逻辑结构的一种超越和升华。因此，企业家精神是一种精神品质，是一种思想形式，是一种驱动智慧运思的意识形态。这样企业家群体独有的、显著的精神特征就与其他群体的特征区别开来，人们日常也把它看作成功的企业家个人内在的经营意识、理念、胆魄和魅力，并以此标尺来识别、挑选和任用企业家。

2. 特殊性

创业活动是一种特殊的商业活动。其特殊性体现在两个方面：一是一般企业的经营活动主要依靠组织的力量来完成，而创业活动较强地依赖创业者及其团队的个人能力，特别是初期的创业活动，这一特点更为明显，其中创业者对创业活动甚至具有决定性的作用；二是创业活动是创业者在资源高度约束的情况下开展的商业活动，大多数创业者都经历了“白手起家”的过程，在创业过程中，创业者拥有的资源或能够组织的资源总是有限的。在此约束下，创业者总是寻找不需要大量资源投入的创业项目，或者积极寻求资源获取渠道和整合手段的创新，探索创造性整合资源的新机制，为成功创业提供保障。

3. 不确定性

按照经济学家弗兰克·奈特（Frank Knight）的说法，不确定性表示人们根本无法完全预知的没有发生过的将来事件，它是全新的、唯一的、过去从来没有出现过的。这包含三层意思：将来事件、不可预知的将来事件和由于前所未有因此无法预知的将来事件。创业活动的不确定性表现在许多方面。首先是结果的不确定性。已有研究指出，创业环境的不确定性、创业行为的不确定性和创业期望的不确定性，是创业结果不确定性的主要影响因素。环境不确定性包含两层含义：环境本身的不确定性和人们感知到的环境不确定性。创业行为的不确定性是指创业活动中的利益相关者，在复杂多变的环境影响下，具有复杂多变的行为选择方式，很难确定他人和自己的下一步行为。创业期望的不确定性是指不同的人和同一个人在不同时间，会以不同的方式评价同一事物，从而产生不同的效用期望。期望的不确定性进一步强化了创业活动的不确定性。

4. 风险性

创业是一种高风险的活动，主要存在以下几种风险：①机会风险。创业者选择创业也就放弃了自己原先所从事的职业。一个人只能做一件事，选择创业就丧失了其他的选择，这就是所谓的机会成本风险。②技术风险。技术风险是指在技术研发过程中，因技术因素导致创业失败的可能性。其包括技术上成功的不确定性、技术前景的不确定性、技术效果的不确定性、技术寿命的不确定性等。③市场风险。市场风险是指市场主体从事经济活动所面临的盈利或亏损的可能性和不确定性。其表现在市场需求的不确定性、市场接受时间的不确定性、市场价格的不确定性、市场战略风险等。④资金风险。资金风险是指因资金不能适时供应而导致创业失败的可能性。⑤管理风险。管理风险主要由以下几个方面决定：管理者的素质、决策风险以及组织风险等。⑥环境风险。环境风险是指一项高技术产品创新活动由于所处的社会环境、政策变化以及意外灾害发生而导致创新失败的可能性。因此，对高技术产品创新进行分析和预测，可以把环境风险降到最低。

专栏1-6

风险和不确定性

风险是人们在日常生活中经常遇到的，一提起风险，人们往往唯恐避之不及。关于风险的内涵，美国学者 A. H. 威雷特（A. H. Wilet）在 1901 年最早做了研究。他认为：“风险是关于不愿发生的事件发生不确定性的客观体现。”后来，日本学者武井勋归纳提出了风险的三个基本要素：风险的不确定性有差异；风险是客观存在的；风险是可以预测的。

许多人往往会把风险（Risk）和不确定性（Uncertainty）相混淆。事实上，风险与不确定性并不相同。那么，它们之间的联系如何？弗兰克·奈特（Knight Frank）对风险和不确定性进行了分类。设想一个游戏，在罐中放入不同颜色的球，规则是每次取一个球，取到红球就奖励50元。第一种情况是告知游戏者罐中共有10个球，红球和绿球各5个，那么，对每一次取球，都能够精确地计算出得到红球的概率，这类不确定性就是风险问题；第二种情况是事先不知道罐里有多少球，也不知道每种颜色的球有多少，甚至不知道是否有红球，这时游戏者面临的就是不确定性问题。当然，如果游戏者能够通过观察其他游戏者，计算出得到红球的概率，不确定性问题就转化成风险问题；如果无法计算出红球的概率，那就是一个不确定性问题。

（三）创业的分类

1. 按创业动机分类

全球创业观察（GEM）在2001年的报告中第一次提出了生存型创业和机会型创业的概念，是基于创业动机对创业所做的一种分类。生存型创业是指创业者为了生存，没有其他选择而无奈进行的创业，显示出创业者的被动性；机会型创业是指为了追求一个商业机会而从事创业的活动。机会型创业和生存型创业不是创业者主观选择的结果，而是由创业者面临的环境和能力所决定的。机会型创业的显著特点在于创业者能够敏锐地捕捉机会，并最终取得创业的成功。生存型创业和机会型创业的区别如表1-3所示。例如，搜狐的创始人张朝阳之所以获得成功，关键就是把握住了机会。他1986年毕业于清华大学物理系，考取李政道奖学金赴美留学，1993年年底在美国麻省理工学院（MIT）获得博士学位，同年任M1T亚太地区（中国）联络负责人。但他认准了中国互联网的潜力巨大之后，毅然回国创业。1996年，在MIT媒体实验室主任尼葛洛庞帝（Negroponte）和美国风险投资专家爱德华·罗伯茨（Edward Roberts）的风险投资支持下，张朝阳创建了爱特信公司，成为中国第一家以风险投资资金建立的互联网公司，1998年2月25日，正式推出“搜狐”品牌。

表1-3　生存型创业和机会型创业的区别

项目	生存型创业	机会型创业
创业者的个人特征	年龄在45～54岁的生存型创业者，比例明显高于机会型创业；学历高低与生存型创业比重呈负相关	年龄在25～44岁的人更有可能进行机会型创业；学历高低与机会型创业比重呈正相关
创业投资回报预期	期望较低的风险	往往期望较高的风险和投资回报
创业壁垒	更多地受到创业资金的限制；由于受教育程度较低，人力资源相对缺乏，更多地主动回避技术壁垒较高的行业	拥有更多的创业资金，更关注新的市场机会，选择的行业无论是从资金壁垒还是技术壁垒上，都远远高于生存型创业者
创业资金来源	资金主要来源于个人和家庭自筹	能比生存型创业者获得更多的贷款资金和政府支持

我国依然保持机会型创业和生存型创业并存的状态，并且两种形式的创业都为就业做出了巨大的贡献。近年来我国创业型经济发展迅速，首先体现在机会型创业逐渐成为主流创业类型。总体来看，机会型创业的比重近几年逐渐超过了生存型创业，但两者之间的差距并没有显著扩大。2005年，早期创业活动（TEA）指数为13.7%，其中机会型指数为7.3%，

生存型指数为 6.2%，表明在我国生存型创业和机会型创业所占创业比重旗鼓相当，差距并不大。2006 年，机会型的 TEA 指数是 9.6%，生存型的 TEA 指数为 6.3%，两者所占比重分别为 59.2% 和 38.7%。截至 2007 年，我国的机会型的 TEA 指数为 9.8%，所占比重约为 60.4%，生存型的 TEA 指数为 6.2%，所占比重约为 39.6%。通过数据对比，说明近年来我国的创业活动的动机已经发生了一定的转变，基本确立了我国的创业活动开始向机会型创业转变。

2. 按创业主体分类

根据创业活动的主体差异，创业活动可以分为个体创业和公司创业。个体创业主要是指与原有组织实体不相关的个体或团队的创业行为；而公司创业主要是指由已有组织发起的组织的创造、更新与创新活动，创业活动是由组织中的个体或团队推动的。虽然在创业本质上，公司创业和个体创业有许多共同点，但是由于起初的资源禀赋不同、组织形态不同、战略目标不同等，在创业的风险承担、成果收获、创业环境、创业成长等方面也有很大的差异，主要区别如表 1-4 所示。

表 1-4 个体创业和公司创业的主要区别

个体创业	公司创业
创业承担风险	公司承担风险，而不是与个体相关的生涯风险
创业者拥有商业概念	公司拥有概念，特别是与商业概念有关的知识产权
创业者拥有全部或大部分事业	创业者或许拥有公司的权益，但可能只是很小的部分
理论上看，对创业者的潜在回报是无限的	在公司内，创业者所能获得的潜在回报是有限的
个体的一次失误可能导致生涯失败	公司具有更大的容错空间，能够吸纳失败
受外部环境波动的影响较大	受外部环境波动的影响较小
创业者具有相对独立性	公司内部的创业者更多地受到团队的牵扯
在过程、试验和方向的改变上具有灵活性	内部规则、程序和官僚体系会阻碍创业者的策略调整
决策迅速	决策周期长
低保障	高保障
缺乏安全网	有一系列安全网
在创业主意上，可以沟通的人少	在创业主意上，可以沟通的人多
存在有限的规模经济和范围经济	能够很快地达到规模经济和范围经济
严重的资源局限性	在各种资源的占有上都具有优势

3. 按创业内容分类

按照创业内容划分，创业可以分为生产型、管理型、市场型、科技型和金融型五种。

生产型创业是指通过创办企业推出产品的创业，以生产技术为主体，这种产品通常科技含量较高。例如，华为的创办者任正非就是通过生产通信设备打开通信科技市场的。

管理型创业是指那些综合能力较强的创业者，他们对专业知识本来并不十分精通，在管理和协调中有自己的特长，能够通过各种有效的管理手段带领企业前进。

市场型创业的一个重要特点就是注重市场，善于把握市场变化机会。在中国由计划经济向市场经济转轨过程中，涌现出大批的市场型创业者。海尔集团总裁张瑞敏就有一句名言“三只眼睛看世界”。其意思就是计划经济时期企业只要一只眼睛，即盯住政府就可以了；

市场经济条件下的企业则要有两只眼睛，一只盯住市场，另一只盯住员工；转型期的企业需要具备第三只眼睛，也就是除盯住市场和员工之外，还要盯住政府出台的政策。

科技型创业多与高校和科研机构相关联，以高科技为依托创办企业。20 世纪 80 年代以后，为了鼓励科技成果转化为生产力，国家推出了一系列鼓励高等院校和科研机构创办企业的措施。如今许多知名科技企业的前身就是原来的校办企业和科研机构创办的院（所）办企业，如北大方正、清华同方以及联想集团等。

金融型创业者实际上是一种风险投资家，他们向企业提供的不仅仅是资金，更重要的是专业特长和管理经验。他们不仅参与企业的经营方针和规划的制定，而且还参与企业的营销战略制定、资本运营以及人力资源管理。风险投资家本身就是创业者。例如，1992 年赵炳贤筹划成立了中证万融公司，十几年间万融公司发展成为著名的风险投资企业。

4. 按创业企业建立渠道分类

根据创业企业建立的渠道进行划分，创业可分为独立创业、母体脱离、企业内创业、企业二次创业等。

独立创业是指创业者或创业团队白手起家创建公司或企业，这是创业的主要形式。独立创业者的创业动机和实践受很多因素影响，如发现很好的商业机会，对工作具有专注的精神，独立性强，失去工作或找不到工作，对目前的工作缺乏兴趣，对循规蹈矩的工作模式和个人前途感到无望，受他人创业成功的影响等，从而激发了独立创业活动的产生。独立创业充满挑战和机遇，可以充分发挥创业者的想象力、创造力，自由展示创业者的主观能动性、聪明才智和创新能力；可以主宰自己的工作和生活，按照个人意愿追求自身价值，实现创业的理想和抱负。但是，独立创业的难度和风险较大，创业者缺乏经营管理的经验，缺少资金、技术资源，市场小，客户少，社会关系网络薄弱，企业生存压力大，管理成本负担重，发展速度缓慢，缺乏市场竞争力。

母体脱离是指公司或企业内部的管理者从母公司中脱离出来，新成立一个独立的公司或企业的创业活动。母体脱离创业现象也比较常见，如母公司随着发展规模扩大，追求生产专业化，分出新的企业；创业团队因各种原因分离，企业扩张，管理者意见不统一，而把母体分割或解体成多个部分；母体资本积累充足，又发现了新的商业机会，为扩大经营规模领域，投资建立新企业等。母体脱离成功率较高，因为分离出来的创业者或管理者具备一定的经营管理经验，熟悉公司运作，能够吸收母体的经验教训，少走弯路而成功创业。再者，分离出来的新企业在产品和服务上与母体有许多相同之处，多数在同一行业，在产品技术、管理团队的经验和客户资源上都具备一定的基础。

企业内创业是企业的管理者及员工在企业内部进行的创业，是一种更广泛意义上的创业。其动机来源于市场经济体制下企业谋求生存和发展的需求。企业内创业对大公司的创新活动具有十分重要的意义。企业内创业并不等同于企业的研究开发，它要求高层管理者通过对新创意的激励和保护，改善企业内部环境，改革官僚体制，调整组织结构，并以直接的资金支持来推动，从而实现公司的再造。企业内创业是企业提升创新能力与核心竞争能力的重要途径。

企业二次创业是针对那些在一次创业时取得初步成功的企业而言的。它是指已经完成原始积累、有了一定规模的企业向更高层次过渡，建立现代企业制度，实现企业升级，为持续经营打下基础，是一次企业整体的再造，是一次质变。因此，二次创业与一次创业存在极大的差异。根据时机，二次创业可分为：①稳定型二次创业。它是指在企业的业务和市场较为稳定的时候，为提高企业管理水平、迎接未来的挑战而进行的再次创业。②潜在危机型二次创业。它是指有远见的企业家在预见到企业存在潜在危机的时候，为谋求企业发展、抵御风险而进行的再次创业。③挽救型二次创业。它是指企业已经出现了一些早期危机迹象，如在市场占有率下降、利润降低、企业决策缓慢或决策难以得到有效实施时，进行的再次创业。

三、创业与创新的关系

对于创业与创新的关系，管理学界已讨论多年。比较有代表性的观点有：熊彼特认为，创新来源于创业，创新应该成为评判创业的标准，企业家的职能就是实现创新，而创业活动则是创造竞争性经济体系的重要力量；德鲁克基于对美国社会如火如荼的创业现象和大量案例的研究，在《创新和创业精神》一书中指出，企业家从事创新，而创新是展现创业精神的特定工具，它赋予资源一种新的能力，使之成为创造财富的活动。可见，创业和创新有着不可分割的内在联系。

1. 创业的源泉在于创新，创业必然蕴含创新

创新是创业的源泉，是创业的本质。创业通过创新拓宽商业视野、获取市场机遇、整合独特资源、推进企业成长。要创业必须具备一定的条件，创新能力、技术、资金、创业团队、知识和社会关系等都是重要的创业资本。其中，创新能力可以说是最重要的创业资本。创业者在创业过程中需要具有持续、旺盛的创新精神、创新意识，以及独特、活跃、科学的思维方式，才可能产生富有创意的想法或方案，才可能不断寻求新的思路、新的方法、新的模式、新的出路，最终获得创业成功。创业企业的不断发展壮大必须依靠持续创新。如今世界上的绝大多数工业巨擘之所以能够获得今天的辉煌，其根本原因在于以创新开始创业，以不断创新追求卓越进而推动了企业的持续、快速发展。

创业必然蕴含着创新。很多创业者依仗创新的产品或服务而创业，并努力将创新产品（服务）推向市场，创造财富，造福社会。可见，创业实际上是一个不断挑战自我的创新过程。正如德鲁克所说，创业精神是一个创新过程，在这个过程中，新产品或服务机会被确认、被创造，最后开发出来产品并创造新的财富。现存企业要想取得持续竞争优势，求得更大的生存发展空间，就必须进行组织战略上的优化更新、经营业务上的拓展更新或生产技术上的发明创造等来增强其竞争能力，这些创新活动称为企业内创业活动。企业内创业也就是在一个现存企业内进行的创造或创新活动的过程，包括新产品、新服务和新技术的开发和创造。从这个意义上来看，作为创业类型之一的企业内创业本质上也是一种创新。

2. 创新的价值在于创业，创新引领并支持创业

创新的价值就在于将潜在的知识、技术和市场机会转化为现实生产力，实现社会财富增长，造福社会；否则，创新也就失去了意义。实现这种转化的根本途径就是创业，通过创业实现创新成果的商品化和产业化，将创新的价值转化为具体、现实的社会财富。创业者可能不是创新者或发明家，但是他必须具有能发现潜在商业机会并敢于冒险的特质；创新者也并不一定是创业者或企业家，但科技创新成果必须经由创业者推向市场，使其潜在价值市场化，创新成果才能转化为现实生产力。人类历史上每次划时代的创新成果往往都是通过创业进入市场的，进而催生出一个或若干个庞大的产业部门，为社会、企业和创业者带来巨额财富。例如，1876 年发明的电话成就了全球通信产业和诺基亚、摩托罗拉、贝尔、朗讯等一大批跨国公司；1885 年发明的汽车造就了通用、福特、戴克等一批世界级汽车产业巨头；1903 年发明的飞机开创了波音、空中客车等公司辉煌的业绩；1946 年制造出来的第一台计算机使得 IBM 和英特尔成为 IT 界的霸主；1981 年诞生的个人计算机催生了业绩成长惊人的微软、戴尔等世界级企业；1995 年前后电子商务投入市场，亚马逊、阿里巴巴等一批网络企业应运而生，等等。如今，国家鼓励大众创业、万众创新，并且随着改革的推进和移动互联网技术的不断发展，很多旧有的商业模式已经被颠覆，大众创业浪潮正在中国形成，“80 后”“90 后”已逐渐成为创业主流，并逐渐成为中国进入经济新常态下的重要引擎。

3. 创业体现创新精神，创业推动并深化创新

创业过程体现了创新精神，使已有的创业精神得到检验并注入全新的实践内涵。创业的过程也是创新精神不断提升的过程。创业可以推动新发明、新产品或新服务的不断涌现，创造出新的市场需求，从而进一步推动和深化科技创新，进而提高了企业或整个国家的创新能力，推动经济增长。美国国家科学基金会和美国商业部等机构在 20 世纪 80 年代和 90 年代发布的报告表明，第二次世界大战以后，美国创业型企业的创新占美国全部创新的一半以上和重大创新的 95%。

因此，创新不等同于创业，创业也不等同于创新。但是，创新与创业并非相互独立的，而是有着不可分割的内在联系。其中，创业的关键在于创新，创新是创业的源泉，持续创新必然推动和成就创业；创新成果的商品化、市场化依靠创业，创业使创新的经济价值、社会价值得以实现。同时，创业和创新并非只发生在新企业启动或创建阶段，而是伴随整个创业和企业成长的过程。

第二节　创新者和创业者的素质与能力

前面讨论了创新与创业的内涵、基本特征以及相互关系，可以看出，在创新和创业过程中，其主体就是创新者和创业者，并且其特点决定了创新者和创业者必须具有较高的素质和能力。那么，应该具备哪些特征、素质和能力呢？

一、创新者和创业者的特征

（一）创新者的特征描述

案例

是“科学怪才”还是创新者？

也许，有时候科学家做的试验看起来非常荒谬可笑，然而，有些试验却给人们的世界观带来了革命性的变化。不过，每一项开拓性研究的成功总是伴随着无数次被人鄙视或是遭人误解。英国布里斯托尔大学的莱恩·费希尔（Len Fisher）教授从众多“科学怪才”中整理出一些独具慧眼的创新者。

1. 给灵魂称重

长期以来，有一个问题是哲学家们一直争论不休的：倘若确有灵魂，那么它究竟是不是一种有形物质？早在19世纪初，一位名叫邓肯·麦克杜格尔（Duncan MacDougall）的美国医生决定找出这个问题的答案。他把6名奄奄一息的肺结核患者包括病床等分别放在一组磅秤上，然后观察当他们死去的一瞬间是否重量突然减轻。令人吃惊的是，6名患者之中有4名情况确实如此——他们的重量平均减轻了21g，相当于一片面包的重量。

麦克杜格尔的试验是否有些怪诞？如果人们认同他的观点，即灵魂是人体的一部分，那么它必定是物质的，他的试验也是有道理的。然而，现代科学的标准之一是“惊人的论断需要确凿的证据”，而麦克杜格尔的试验却有些牵强附会，缺乏进一步的科学论证，这无疑会让公众对他的结论产生疑问。

当然，如果用现代量具再重新做一次这样的试验，可能会是一件很有意义的事，然而，谁会充当这一试验的志愿者呢？

2. 用水做计算机

20世纪60年代末，当时科学界有一条特大新闻：溶解于水中的分子会在相当长的一段时间内影响水的结构。这一论断看似难以置信，然而试验却似乎证明了它。

1988年，法国免疫学家贾科斯. 宾文尼斯特（Jacques Benveniste）在《自然》杂志上发表论文，认为即使是附加的水分子被稀释后，这水仍能“记得”受过影响的分子结构。如果他的这一结论是真实的，那么，人们就有可能利用水来制造计算机的记忆系统，含有“同种疗法”分子的水就将具有预想中的治疗功能了。

宾文尼斯特的论断显然与科学定论是背道而驰的。越来越多的证据表明，在百万分之一秒的时间内，水的结构极不稳定，而且极易发生变化。他的试验在当时可能是具有一定创新思维的新鲜事物，但是科学家们目前已无法重复他的这一试验。如同其他许多事情那样，他的这一发现被归入“怪事”之列。

3. 让青蛙飘浮在空中

著名的理论物理学家迈克尔·贝里（Michael Berry），多年前曾与安德烈·盖恩（Andrey Gein）教授共同研究如何让青蛙在空中飘浮的试验而成为媒体的头条新闻（他俩因此获得2000年“搞笑诺贝尔物理学奖”）。

这一研究究竟是突发奇想，还是他们确有认真的考虑？事实上，他们不是在开玩笑。150多年来，物理学家都相信，在重力与磁力之间是不可能为获得稳定的浮力而取得平衡的，无论你对磁体做出怎样的排列。

甚至恩绍定理（Earnshaw’s Theorem）也证实了这一论断，而贝里则是第一位发现这一定理对于一个旋转物体不适用的科学家。他从一种叫作飘浮器玩具的磁化金属蛙中得到启示。但他没有满足于玩具青蛙，他与盖恩一起用一只活体青蛙进行试验，他们把那只青蛙悬空挂在一块强电磁石的上方使其“磁化”，那只深为惊恐但却无碍的青蛙在半空中慢慢旋转的照片，如今成了科学界最令人难忘的图片。

4. 母牛放屁有危险

只要有可以被量化的任何现象，科学家们都会去进行一番计算。爱因斯坦年轻时曾计算过，早上穿袜、晚上脱袜这一动作将耗去他一生中数百个小时。从此以后，他起床后从不穿袜。

近年来，有些科学家把他们的注意力放到计算母牛一天之中打嗝和放屁所产生的甲烷数量上。这听起来像是吃饱了没事干一样，闲得无聊，然而，他们却惊讶地发现，母牛打嗝和放屁所产生的甲烷数量仅次于人类使用矿物燃料排放的二氧化碳，足以使地球变暖。问题是如此严重，现在，澳大利亚的科学家试图用生物遗传技术来减少母牛排放气体中的甲烷成分。

5. 巴西干果效应

你要寻找听起来很愚蠢的试验吗？那么，就看看20世纪70年代食品科学家们所做的一个试验吧。该试验是为了解决巴西干果在装运过程中（经过晃动后），混合于干果中体积较大的胡桃总处于上方这一令人难解的问题。这纯属浪费时间吗？

其实，在许多行业中，这一类混合问题相当重要。当涉及药品生产时，均衡混合问题尤显重要。如果给患者服用的降压药丸中，一些药丸含有双倍剂量的降压药物成分，而另外一些药丸却一点没有，患者绝不会感到高兴的。

当混合物被晃动时，受重力作用，所有物体都有下落趋势，但必须有下落的空间。此时如果有大小不同的颗粒，那么较小颗粒最有可能找到下落的空间，而较大颗粒会被推向上方。

6. 给蛤蜊喂抗抑郁药

这一试验看起来过于愚昧，没人相信会是真的，因而该试验获得了一个“作恶者”的坏名声。为此，宾夕法尼亚盖茨堡学院的彼得·冯（Peter Fong）教授于1998年被授予“搞笑诺贝尔奖”。

其实，冯教授那口碑不佳的试验并非愚昧。蛤蜊养殖业面临的众多问题之一是如何诱导蛤蜊同时产卵，以达到增产的目的，为此，美国的蛤农曾使用了一种非常昂贵的化学制剂。而冯教授发现，一种价格低廉的抗抑郁药百忧解（Prozac）具有类似的化学结构，从而帮助蛤农降低了成本。

从上述例子可以看出，创新者从事开拓性研究总是伴随着遭到鄙视或误解，但是，他们具有创造性智慧，善于观察，能够发现与众不同的信息，标新立异，不畏权威，不循规蹈矩，勇于探索，最终获得科技突破。对于创新者的特征，美国哈佛大学的动机学权威赫茨伯格（Herzberg）通过对社会各界、各行各业几十年的观察，总结出创新者的十大关键特征：①智商超常，但非天才；②善出难题，不畏权威；③标新立异，不循常规；④甘认不知，善求答案；⑤我就是我，不与人比；⑥以干为乐，清高寡欲；⑦积极解忧，不信天命；⑧只要成就，不要发迹；⑨合理用心，有张有弛；⑩才思敏锐，激进迸发。

美国《技术评论》杂志主编兼发行人詹森·庞丁（Jason Pontin）总结了成功创新者应该具备的思维特征：①成功的创新者绝不会为失败而担忧；②许多创新成功者对失败心怀感激，这一点更为重要；③创新者普遍认为，“困难和问题是创新的限制性资源”；④创新者要从完全不同的学科中获得灵感；⑤一个机构如果能允许第三方用其产品进行试验，那么就会出现欣欣向荣的创新局面；⑥脆弱是创新的大敌，因此创新系统必须能够广泛应用且不易损坏；⑦真正的创新者提供给人们的正是他们所需要的，创新的目的在于为面临难题的人们提供解决方法；⑧创新者有时也会因人们常常忽视需求而感到不知所措；⑨成功的创新者并不会被经济学家的“网络外部性”束缚住手脚；⑩许多创新者之所以能成为技术人才，是因为他们期望世界变得更加美好。

（二）创业者的特征描述

从词义的发展过程看，创业者（Entrepreneur）一词源于16世纪法语中的“entreprendre”，按照字面去理解就是“中介人”的意思。在英语中，“entrepreneur”一词有多种含义，包括企业家、创业家、创业等。所以，理解创业者的含义有必要与企业家联系起来。管理大师彼得·德鲁克给创业者所下的定义是：“创业者就是赋予资源以生产财富的能力的人。”创业者善于创造或发现商机，然后抓住商机，并创办起有高度发展潜力的企业，其思想和行为与众不同。可见，创业者以创造财富和获取商业利润为目标，其行为与普通员工的工作有不同之处。1803年，法国经济学家萨伊（J. B. Say）在《政治经济学概论》一书中指出，企业家就是“将经济资源从生产力和产出较低的领域转移到较高的领域”的人，并且认为，企业家就是将劳动、资源、土地这三项生产要素结合起来进行生产的第四项生产要素。这一概念被认为是研究创业的基础。奈特（1921）赋予了创业者不确定性决策者的角色，认为创业者要承担由于创业的不确定性所带来的风险。熊彼特（1934）则认为创业者应为创新者。

林强、姜彦福、张健（2001）将创业者的定义分为狭义和广义两种。狭义的创业者是指参与创业活动的核心人员。该定义避免采用领导者或组织者的概念，因为创业活动中的技术含量越来越高，离开了核心的技术专家，很多创业都无法进行，核心的技术专家理应成为创业者。广义的创业者是指参与创业活动的全部人员。狭义的创业者将比广义的创业者承担更多的风险，也会获得更多的收益。

对于创业者特征的研究，可以从不同的角度入手。从创业者的心理特征上看，创业者区别于一般人的特征表现在以下几个方面：

（1）前瞻性。创业者要比一般人看得远，视野要开阔。前瞻性的眼光能够帮助创业者发现新趋势，创造新需求，而不是盲从和模仿。

（2）洞察力。洞察力也称预见力，是指一个人多方面观察事物，从多种问题中把握其核心的能力。创业者能够在迷雾中看到一般人看不到的，在人们熟视无睹的事物中发现机会，洞察未来的走势，更能抢占先机。

（3）创新。创新是创业的本质属性，创业者趋向于具有创新精神的人。即使创业者的创业行为并不是都有创新，甚至只是模仿别人已有的商业模式或技术，但成功的创业均需要创新甚至颠覆性的创新，不创新就是死路一条。创业者应该是创新的倡导者和实践者。

（4）进取心。进取心是指不满足于现状，坚持不懈地向新的目标追求的蓬勃向上的心理状态。创业者往往具有强烈的好胜心、旺盛的求知欲和强烈的好奇心，不安于现状，不甘落后，勇于向未知领域挑战，渴望有所建树，向着事先拟定的目标努力奋斗。

（5）成就需求。这是创业者身上经常会表现出来的一个重要特质。成就需求是由想要获得专家肯定、想要赚钱、想要靠自己成功、想要受人尊重、想要争胜和想要变得优秀六个要素组成的。人们在每个要素方面的成就需求并不一定相同，有时会集中精力获得某一要素方面的成就需求。

（6）专注机会。成功创业者的一个明显的做事方式就是他们特别关注机会而不是资源、结构和战略，并且能非常警觉地识别和利用市场机会。他们认为机会最重要，只有确定了机会，才会去考虑其他重要问题。在追逐机会的过程中，他们都是目标导向型的，制定较高且可实现的目标使他们能集中自己的能力，选择性地找出机会，并且知道何时应该放弃一些自己不能利用的机会。

（7）承担风险。创业者并不是喜欢冒险，只不过因为在实现目标的道路上必然会面临风险，他们才不得不去承担风险，或者说对风险具有更强的包容性。所以，创业者往往会想方设法降低风险，并且在寻求降低风险的途径和方法方面更具有创造性。

（8）感性。创业者需要激情，甚至还需要艺术家般的想象力和创造力。乔布斯就是艺术家一样的创业者，并把艺术的想象力和感染力贯穿到苹果的每一款产品中去，精雕细刻。

（9）勇敢。伴随着创业的是压力和风险，勇敢是创业者的标签。

（10）独立性。独立性是指对决策权的偏好。具有较强独立性的人更愿意为自己的目标努力而不是听从别人的命令，并且更愿意自己选择达到目标的途径。创业者具有独立的个性、人格和思想，能独立思考，有独到的见解和主张。

从创业者的统计学特征上看，创业者也有一些区别于一般人的特征，如移民具有较高的创业倾向，在家为长子或长女的人最有可能选择创业等。在中国，创业者也具有统计学特征。

专栏 1-7

我国创业者的人口统计特点

1. 性别特点

虽然目前对中国女性创业的研究很少，但不能就说女性创业者很少或者她们之中鲜有出色者，事实上她们的比例并不低。根据2009年胡润百富榜显示，榜上的女性企业家占1/10，这个比例远远超过英美等老牌市场经济国家白手起家的女企业家。美国和英国的女富豪中有一半是继承遗产造就的，而在中国白手起家的女性创业者比例则高很多。例如，张茵从收购废旧纸张开始，最终成为中国瓦楞纸生产大王；陶然居集团董事长严琦以五张桌子起家，当时被唤作“田螺姑娘”，而今天的严琦已经是打造中国川菜第一品牌、全省拥有79家分店的“餐饮航母”；比较出色的还有主营房地产、信息产业、生物技术的达因集团的总裁张璨（总资产11亿元）；主要经营房地产业的香港富华国际集团主席陈丽华（总资产55亿元）；主要经营传媒产业的阳光文化基金会主席杨澜（总资产8.5亿元）；主要经营药业的山西正中药业集团总裁侯丽萍（总资产7.3亿元）；主要经营IC卡电话设备的四川国腾通讯董事长何然（总资产6亿元）；主要经营服装业的大连大杨集团总裁李桂莲（总资产6亿元）；主营建筑、装饰、水利、筑路黑龙江翔鹰集团刘迎霞（总资产5亿元）；主要经营酒店业、建筑业的河南江海集团董事长尹爱萍（总资产4.3亿元）；主要经营药业的奇正藏药集团董事长雷菊芳（总资产2.1亿元）等。

2. 年龄特点

21世纪以来，我国创业者越来越年轻化，这与信息科技和互联网高速发展的背景有关。在我国经济比较发达的浙江、福建、山东和广东等地，年龄低于30岁的创业者的比重超过15%，就全国来说则是13%。全国年龄在30～50岁的创业者的比重是81.3%，50岁以上的创业者的比重是5.7%。这些说明我国创业者多数是在经历、经验、资本积累最佳的时期开始创业的，这个时期创业相对其他年龄段来说成功率也是最高的。

3. 学历特点

在我国的创业者中，学历在高中以下的占43.9%（其中初中以下的为5.7%）。这说明我国的创业者相当一部分是为了生存，为了解决就业而创业的。而高学历的人经常因为有稳定的收入而不选择出来经商。在我国，高学历通常意味着高地位和高收入，出来创业的机会成本就高。我国年长的富豪里，很多人出身低微，文化程度并不高。他们的学历和现在相比普遍不高，小学、初中、中专、高中学历是主体。例如，赖振元出身于瓦工，16岁就开始做泥瓦匠，目前是拥有资产总额超过25亿元的大型建筑企业龙元建设集团的董事长；徐传化出身于农民，自己一字不识，其创办的传化集团2007年实现工业和服务业总收入141.6亿元，利润22.28亿元。如今，年轻的富豪学历已越来越高。2009年和2010年上创业板的36家企业的36位创始人中，博士以上的有8位，占22%；硕士有20位，占56%；大学本科有7位，占19%；大专仅有1位，占3%。其中，硕士和博士生导师就有6位，MBA（含EMBA）有10位。

二、创新者和创业者的独特素质和基本能力

（一）创新者和创业者的独特素质

拥有创新和创业想法的人很多，而真正走上创业之路的却只有少数人，最后将企业做大，成为大型企业和著名公司的就更少了。在一般情况下，一家小企业在5年之后还在经营的可能性小于20%。根据美国小企业局的资料，美国每年诞生几十万家企业，同时又有几十万家企业破产或关闭。中国的情况也很相似，每天都有成千上万的饭店、理发厅、制鞋厂、小型计算机公司、网络公司开张，同样，每天也有成千上万的中小企业在倒闭或易手。这样的事实说明了一个非常简单的道理：创业成功的可能性并不大，而要成功地经营企业并使其成长为著名企业，可能性更小。那么，是什么造就了创业企业的成功呢？

在一般人看来，成功的创新者和创业者往往精力充沛，肯于在做事的过程中学习，思想活跃，具有智慧、勇气和决心等，可以尽可能地描述理想中的创新者和创业者形象。但当人们把这一形象和现实生活中创新能力出色的创业者相对照时，往往发现其实并不尽然。有一些成功的创业者并不像人们所想象的那么杰出，他们当中有很多人相貌平平，学历也只是大学或专科水平，甚至更低，而他们也像普通人一样有很多弱点和缺点，然而，他们具有一些异于常人的独特素质。

1. 成功的信念

每个人都应该坚持自己的信念，实现自己的人生目标。不管是面对暴风骤雨还是激流险滩，都应咬紧牙关，义无反顾地朝着理想的航标前进。这种坚忍不拔的意志，对于一个人的现在和将来都是非常重要的。几个世纪以来，哲学和宗教学都一致认为，信心越强，成功的机会也就越大；从心理学的角度来分析，也可以得到同样的结论。

对于每个怀有创业梦想的人来说，最重要的是自己要有坚定不移的信心，有应对艰险的勇气，再加上勤奋努力、吃苦耐劳的精神。当然，成功的信念不是天生就有的，它需要时间

和良好的方法来培养。如果你有这样的心理缺陷和弱点，可以给自己制订一个调整计划，通过种种积极的方法，如心理暗示法、寻找力量法、自我分析法等，就能够逐渐培养起成功的信念。

2. 坚忍的毅力

成功的创新者和创业者都应具有坚忍的毅力，当面临四面楚歌时，应该表现出“挽狂澜于既倒，挟大厦之将倾”的英雄气概。美国的杰弗里·蒂蒙斯（Jeffry A. Timmons）在其《经营者的头脑》一书中说道：“真正的经营者不会被失败吓倒，他们在困境中发现了机会，而大部分人看到的只是障碍。”尤其要勇于承受失败，并把失败化作再次奋起的动力。坚忍的毅力主要表现为：

（1）坚持不懈。“君子有恒，大事乃成。”这句古语说明了坚持不懈才能成功的道理。创新者和创业者必须要有坚持不懈的精神，只有经得起时间的磨炼和困难的考验，才能最终实现自己的事业梦想。

（2）百折不挠。有位名人说过：“顺境的美德是节制，逆境的美德是坚忍，而后一种美德是一种更为伟大的德性。”充满传奇色彩的洛克菲勒也同样经历过挫折，如果他在一次失败之后决定放弃，那就不会成为后来的“石油巨子”了。

创新者和创业者的道路往往不是一帆风顺的，面对挫折和困难，要以坚持不懈的精神和百折不挠的意志在困境中创造生机，在风险中抓住机遇，这样才可能成为真正能担当大任的出色的创新者和创业者。

3. 积极的竞争意识

保持强烈的竞争意识，在商战中永不言败，才能在从事的领域里发展壮大，成为成功的创新者和创业者。人们应该树立积极、正确的竞争意识，勇敢地参与正面竞争，只有这样，才能越来越强大，越来越成熟，越来越像真正的勇者。

4. 敏锐的感受能力

在经济迅速发展的社会，人们由于工作忙碌等，对身边事物的感受力逐渐降低，变得迟钝。没有敏锐的感受能力，就难以发现外部变化的细微差别，或者难以捕捉特定对象的特征和独具个性的差异，从而就难以发现和识别创业机会。敏锐的感受能力并不是天生就有的，而是需要不断锻炼与培养的，是在长期实践中日积月累、逐步形成的。

5. 强烈的危机意识

孟子说：“生于忧患，死于安乐。”在许多领域，几乎每一次重大的技术创新和突破都与各种各样的危机紧密相连。华为公司把危机和忧患意识视为创新力的源泉，用自我批判和恐惧磨炼员工的意志，坚持危中求机、以奋斗者为本，并且出版过一本书《下一个倒下的会不会是华为》。在过去的一个多世纪里，昨日的百万富翁，今天就可能沦为街头乞丐，黯然倒下的企业巨头不计其数，能够做到基业长青的百年老店凤毛麟角。英特尔公司总裁葛洛夫说过：“唯有忧患意识，才能永远长存。”据《财富》杂志报道，美国中小企业的平均寿命在7年左右，大企业约为40年。中国中小企业的平均寿命只有2.5年，大企业也仅有7～8年。美国每年倒闭的企业约10万家，而中国有100多万家。因此，创新者和创业者应该树立危机意识，勇敢地迎接挑战。

6. 优良的心理素质

心理素质是指在创新和创业实践过程中，对人的心理和行为起调节作用的个性特征。是否具备良好的心理素质，是创新者和创业者能否成功的关键。这一方面在前面已经论述，在此不再赘述。

7. 广博的知识素养

俗话说，非学无以广才，非学无以明智。对于创业者来说，知识素养非常重要，因为在实施领导行为的过程中，知识素养决定着创业者的思想观念和思维方式，而思想观念和思维方式又决定着行为方式。只有具备了广博的知识，创业者才能具备和提高自己观察分析、判断决策、组织交往等诸多方面的能力。所以说，知识素养是创业者成功的基础。拥有广博的知识，并不意味着应当成为万能博士。事实上，在现代浩如烟海的知识海洋中，任何人都不可能通晓一切。如果对自己应具备的主要知识素养没有明确的认识，即使勤奋学习，也可能事与愿违。因此，正确理解和设计自己的知识结构，有利于创业者明确努力方向，提高自身素质。创业者的知识结构应当由基础知识和专业知识两部分构成。

8. 健康的体魄与旺盛的精力

身体健康和精力充沛是成功创业的第一前提。这里的健康不仅指身体处于没有疾病的状态，体格强壮，能够支撑长时间的工作，而且还指在心理上能够承受外界的压力，能对环境的变化做出调整，能够以一种恰当的心态来面对工作和生活中的问题。心理健康对创业者的成功尤其重要，往往是创业者能够应对巨大压力的前提。除此之外，创业者应当精力充沛，他们往往要比他们的雇员工作时间更长，很多人每天工作长达 12 小时。特别是在事业初创阶段，他们要对各个部门的工作进行规划和指导，要处理不断出现的各种问题，有时可能还要见很多客户。当雇员下班回家休息的时候，他们还要对当天的工作进行总结，计划明天或下周的工作。更重要的是，他们还要不断地思考对策来改进经营，提高业绩，每天的工作时间可能长达 16 小时。工作时间长，加上巨大的风险与压力，没有过人的精力是很难出色、高效地完成工作的。

专栏 1-8

我国创业者的十大素质

《创业者》上刊登了孔来风的一篇文章。作者在研究了国内上千个创业者案例的基础上，发现成功创业者具有多种共同素质。其中，最为明显同时最为重要的 10 种素质主要包括：

（1）欲望。研究发现，成功创业者的欲望，许多来自现实生活的刺激，是在外力的作用下产生的，而且往往不是正面鼓励型的。这种刺激经常在被刺激者心中激起一种强烈的愤懑与反抗精神，从而使他们做出一些超常规的行动，爆发出“超常规”的能力。一些创业者在创业成功后往往会说：“我也没有想到自己竟然还有这两下子。”

（2）忍耐。创业不容易获得成功，往往需要经历多次挫折甚至失败，坚持不懈，才能最终获得成功。王江民（江民杀毒软件创始人兼总裁）3 岁的时候患过小儿麻痹症，落下终身残疾。他从来没有进过正规大学的校门，20 多岁还在一个街道小厂当技术员，38 岁之前不知道计算机为何物。王江民的成功，在于他对痛苦的忍受力。当他 40 多岁辞职来到中关村后，面对欺骗，面对商业对手不择手段的打击，他都能够坦然面对。所以，中关村的能人虽多，倒让这样一个外来的残疾人拔了百万富翁的头筹。

(3) 眼界。广博的见识、开阔的眼界，可以很有效地拉近与成功的距离，使创业活动少走弯路。在研究的案例中，有两成以上创业者的最初创意来自他们在国外的旅行、参观、学习。刘力于1995年创立北京大众人拓展训练有限公司，将拓展训练当成自己创业的主要落脚点，灵感即来自其在英国、瑞士等国考察时对拓展训练的接触。

(4) 明势。势，就是趋向。做过期货的人都知道，要想赚钱，关键是要做对方向，这个方向就是势。势分为大势、中势、小势。创业的人，一定要跟对形势，要研究政策，这是大势。很多创业者不太注意这方面，认为政策研究“假、大、虚、空”，没有意义，实则不然。对一个创业者来说，国家鼓励发展什么，限制发展什么，对创业成败有莫大影响。中势指的是市场机会。市场上现在时兴什么，流行什么，人们现在喜欢什么、不喜欢什么，可能表明了创业的方向。俞敏洪如果不是赶上全国性的英语热和出国潮，就是使再大的劲，流再多的汗，也不会有今天的成功。小势是指个人的能力、性格、特长。创业是一项“折磨人”的活动，创业者要有“受罪”的心理准备。

(5) 敏感。创业者的敏感是对外界变化的敏感，尤其是对商业机会的快速反应。

(6) 人脉。一个创业者如果不能在最短的时间内建立自己最广泛的人际网络，那么其创业过程一定会非常艰难。

(7) 谋略。创业者的智谋将在很大程度上决定其创业成败。尤其是在目前产品日益同质、市场有限、竞争激烈的情况下，创业者不但要能够守住产业，更要有能力出奇制胜。

(8) 胆量。什么样的人最适合创业，答案是“赌徒”。在研究中发现，大凡成功人士都有某种程度的“赌性”，企业界人士尤甚。例如，史玉柱的“赌性”大家都知道。

(9) 与他人分享的愿望。梁山在宋江的治理下，一派兴旺发达。原因很简单：宋江这样的领导者不会让大家吃亏。按经济学家的说法，就算有人不服他，出于个人利益最大化考虑，让宋江当头儿也是一个最优选择。一个懂得与他人分享的创业者，才有能力将事业做大。

(10) 自我反省的能力。作为一个创业者，遭遇挫折、碰上低潮是常有的事，这时候，反省能力和精神能够很好地帮助其渡过难关。

(二) 创新者和创业者应具备的基本能力

作为追求成功的创新者和创业者，需要具有与之相匹配的能力。其基本能力主要包括创新能力、机会捕捉能力、策划能力、资源整合能力、经营管理能力等。

1. 创新能力

经济学家熊彼特认为，企业家就是创新者，不断地创新把企业家与一般的管理者区别开来。创业要成功，要求创业者具有卓越的创新能力。创新能力是指创业者在经营活动中善于敏锐地察觉事物的缺陷，准确地捕捉新事物的萌芽，提出大胆的、新颖的推测和设想，继而进行周密论证，拿出可行的解决方案的能力。

创新能力是内在因素与社会因素相互影响产生的一种效应。管理心理学认为，一个人的创新能力与其个人的气质、动机、情绪、习惯、态度和观念以及才能等各个方面有着密切的关系。具有创新能力的人，一般有下列主要特征：兴趣十分广泛，对任何事物都有一种好奇心理，往往能从平凡中发现奇特，从习以为常的现象中找到异常之处；对环境有着敏锐的洞察力，能及时找出实际存在和理想、模式之间的差距，能察觉到别人未注意到的情况和细节；具有立体思维和辩证思维的特点，善于举一反三，触类旁通，能想出较好的点子和办法，提出非同凡响的主张；具有独立意识，对现成的事物不盲从，不人云亦云、随声附和；颇具自信心，深信自己所做事情的价值，即使遭到阻挠和非难，也不改变信念，总是一往无前、义无反顾，直至成功；敢于探索，面对常人无法忍受的困境，能鼓足勇气、大胆探索，直到取得突出的成果。

2. 机会捕捉能力

识别和捕捉创业机会的能力是创业者必须具备的商业意识的重要表现。机遇无时不有，无处不在，对任何人都是公平、均等的。但是，人对商机的发现和捕捉却有很大的差异：智者创造机遇，勇者抢占机遇，强者抓住机遇，弱者错过机遇，愚者抛弃机遇。“机遇只偏爱那些有准备的头脑。”在变幻莫测的市场经济中，发现商机、识别商机、抓住商机，就可以牢牢掌握开启财富大门的金钥匙；漠视商机、错失商机、误用商机，则有可能陷入一败涂地、一蹶不振的困境。因此，企业能否占领市场、拓展市场的关键在于能否在市场的空白与缝隙中找到成功的商机。除了须掌握常见的识别和捕捉创业机会的方法外，创业者还需具备对创业机会的理性认识能力和综合感知能力。创业者往往需要在极其复杂的情况下对形势做出准确的判断，这对一个人的理性认识能力提出了很高的要求。成功的创业者往往能比一般人更快、更准确地判断问题所在，并以自己的认识来处理问题。美国戴尔公司的创始人迈克尔·戴尔（Michael Dell）在得克萨斯州上学的时候，就认识到当个人计算机销售模式落伍后，迟早会被淘汰。正是在这一认识的基础上，他后来创办了戴尔公司。他的公司与当时居于支配地位的个人计算机生产企业——苹果公司和 IBM 公司不同的是，戴尔采用直销模式，即直接从生产到零售而不必经过中间批发商。实践证明，戴尔的创业获得了成功，这种成功很大程度上得益于戴尔的理性认识能力。综合感知能力不同于某种具体的认识能力或处理具体事物的能力，具有这种出色能力的创业者往往在没有得到具体数据和专家分析报告的情况下，就能对某种特定的情势做出大体的判断。在企业初创阶段，创业者不可能投入较多的资金聘请咨询公司或专家为其提供企业政策的建议，在大多数情况下，都要依赖于自己和助手收集的非常有限的信息做出判断。在这些情况下，决定成功还是失败的往往就是创业者的综合感知能力。

3. 策划能力

策划能力是创业者根据外部环境和企业实力，进行创意性的构想，制订方案，确定企业的发展方向、目标和战略的能力。创业策划用以描述与拟创办企业相关的内外部环境条件和要素特点，为业务的发展提供指示图和衡量业务进展情况的标准，是市场营销、财务、生产、人力资源等职能计划的综合。一份优秀的创业策划书往往会使创业者达到事半功倍的效果。创业中的许多问题都关系到企业的发展方向，往往需要综合运用多学科知识进行策划。创业者应当敢于面对自己不可能具有多种专业知识的现实，组织和依靠有关专家、学者共同探讨解决问题的途径，用组织能力去弥补自身技术能力的不足。在创业决策中，创业者需要从多种可行性方案中进行抉择，必须有优化能力，还要认识到“优化”不是“最佳化”，而是“满意化”。在实际中，不存在“最佳化”的理想状态，只有接近于“最佳化”的状态。创业策划付诸实施后，由于主客观条件仍在不断发展变化，为了使策划能在动态环境中运用自如，创业者应不断对已做出的决策进行检验，并及时做出调整和修正，以保证策划的正确实施。

4. 资源整合能力

资源整合能力是指在创业过程当中，以人为载体，在资源整合过程当中所表现出的对资源的识别、获取、配置和利用的能力。它应包含资源构建能力和资源利用能力，即新创企业对组织内外环境中资源识别、获得以及优化配置的资源构建能力，以及对已组织好的创业资源进行激活的资源利用能力。创业资源在未整合之前大多是零散的，要发挥其最大效用，转化为竞争优势，为新创企业创造价值，还需要新创企业运用科学方法将不同来源、不同效用的资源进行配置与优化，使有价值的资源融合起来，发挥“1 +1 >2”的放大效应。而对于创新者和创业者来讲，更为重要的是如何将外部资源为己所用。牛根生说过，“资源的90%靠整合”。当年牛根生从伊利黯然退出时，除了所经营的各种关系，剩下的只有“老骥伏枥，志在千里”的悲壮与勇气。如果牛根生没有良好的上下游资源、人才资源、银行资源，也许远在边陲的蒙牛仍然寂寂无闻。为此，他在分析了当时整个中国乳制品行业后，不断进行资源整合，如最早采用利乐枕、神舟五号的事件营销、超级女声的品牌打造等，最终以一天超越一个竞争对手的速度，将蒙牛打造成为全国最负盛名的企业之一。

5. 经营管理能力

经营管理能力的高低，直接决定经营管理的效率优劣。一般说来，经营管理能力包括以下几个方面：管理能力，即组织、分析、协调、计划、表达、判断等能力；经管决策能力，即洞察、预见、谋略、魄力等能力。国内外研究者一般都是从管理者个人的一般能力结构、管理及人际环境、经营方式等方面进行探讨的。美国企业界提出经营管理人才的能力特征为：①合作精神。能赢得人们的合作，愿与其他人一起工作，对人不是压服而是说服。②决策才能。依据事实而非依据想象进行决策，具有高瞻远瞩的能力。③组织能力。能发挥部属的才能，善于组织人力、物力和财力。④精于授权。能做到大权独揽，小权分散，自己抓大事，把小事分给部属。⑤善于应变。不墨守成规，积极进取。⑥勇于负责。对上级和下级、对产品用户及整个社会都抱有高度的责任心。⑦敢于求新。对新事物、新环境、新观念有敏锐的感受能力。⑧敢担风险。对企业发展中不景气的风险敢于承担责任，有改变企业面貌、创造新局面的雄心和信心。⑨尊重他人。重视和采纳他人意见，不武断狂妄。⑩品德过人。其品德为社会人士、企业员工所敬仰。

第三节　大学生创新与创业教育

一、创新与创业教育的内涵

（一）创业教育

1989 年，在北京召开的“面向 21 世纪教育国际研讨会”上，对创业教育做了如下定义：创业教育，从广义上来说是培养具有开创性精神的人，它对于拿薪水的人同样重要，因为用人机构或个人正越来越重视受雇者的首创精神、冒险精神、创业能力、独立工作能力以及技术、社交和管理技能。目前，国外学者对创业教育的界定主要包括以下几种：联合国教科文组织亚太地区办事处在 1991 年的东京会议上这样定义创业教育：从广义上来说是培养具有开创性的个人，这种人应具有首创和冒险精神、创业能力、独立工作能力以及技术、社交和管理技能。创业教育学家贝沙尔（Bechard）和图卢兹（Toulouse）对创业教育的定义是：这是一种教学模式，教育与创造每一个对商业创造或者中小企业发展有兴趣的人，集合各种信息，通过一些项目和计划提高创业意识、商业创造性或小商业的发展。他们指出，创业教育对商业活动的各组合因素进行一种全新的整合。美国学者柯林·博尔（Colin Ball）和杰克（Jack）认为，创业教育是提供个人具备认知商业机会能力的过程，并使其具备创业行动所需的洞察力、自负、知识与技能。在美国，学者对创业教育的理解和认识主要侧重两个方面：①强调创业教育对受教育者个性、品质的培养。因为创业需要个体具有创造性、冒险性、革新性，这些品质通常不是在一般的商业环境下所能培养出来的，②强调创业教育与商业教育之间存在区别。创业教育能够帮助受教育者认识机遇，整合投资资源，自我创造商机，倾向于创造和把握新的商业因素；而商业教育则侧重于已有商业的进一步发展。尽管对创业教育的概念还存在多种解释，但目前来看，主要包括两种倾向：一种是狭义的创业教育，认为创业教育就是教会学生经商，培养学生创办企业的能力；另一种是广义的创业教育，是指在创造教育和创新教育的基础上，着力培养学生的创业精神、创业技能和创业人格的教育。它的培养目标是培养青少年由创业意识、创业心理品质、创业能力和创业知识结构四部分组成的创业基本素质。

专栏 1-9

第三本“教育护照”

1989 年 11 月，联合国教科文组织在北京召开了“面向 21 世纪教育国际研讨会”，会上正式提出了“创业教育”这一概念。世界经济合作和发展组织的专家柯林·博尔认为未来的人都应该掌握三本“教育护照”（见图 1-1）。

联合国教科文组织把创业教育分为广义和狭义两种：创业教育从广义上来说是培养具有开创精神的个人，它对于拿薪水的人同样重要，因为用人机构或个人除了要求受雇者在事业上有所成就外，正越来越重视受雇者的首创精神、冒险精神、创业能力、独立工作能力以及技术、社交、管理技能；而狭义的创业教育是指创办企业所需要的创业意识、创业精神、创业知识、创业能力及其相应的实践活动的教育。

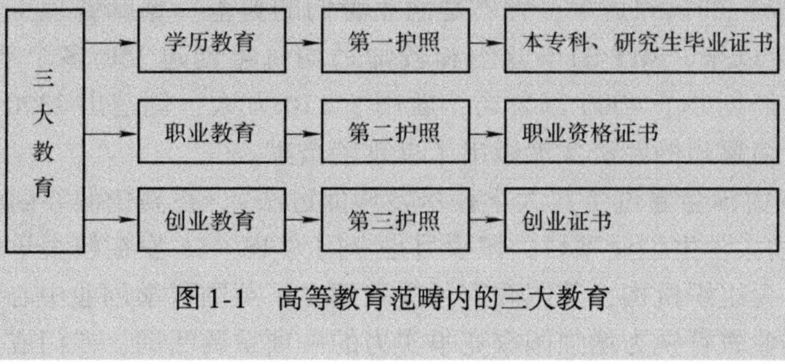

图 1-1　高等教育范畴内的三大教育

（二）创新教育

创新教育是一种以培养开创性个体为目标，以培养学生创新精神和创新能力为基本价值取向的教育。而创业教育是培养学生创业意识，开发学生创业基本素质，形成创业基本能力的教育。可见，创新教育与创业教育内容结构相互融合、相辅相成。两者既相互促进又相互制约，是辩证的统一体。创新是创业的基础和孵化器，创业成败的根本取决于创新教育的根基扎实程度。创业是创新的载体和表现形式，创新教育可以通过其培养的学生未来的创业实践来检验，二者之间不可以相互取代。因为要想创业，仅仅具备创新精神是不够的，还需要一系列专业的创业指导和创业实践活动。创新只是为创业成功提供了可能性和必要的准备，但如果脱离创业指导和创业实践，缺乏一定的创业能力，创新精神就如空中楼阁一样，无法在创业中落到实处。当前，如何培养大学生的创新精神和创新能力，一直是高校人才培养模式改革的关注点。设立创新学分，无疑是创新人才培养模式改革的一种尝试。

二、国内外创新和创业教育研究与实践

（一）国外创业教育研究与实践

伴随着创业学研究的不断深入，创业教育逐步兴起。创业研究最早出现于20世纪60年代末，国外大学开展创业教育已有半个多世纪的历史，最有代表性的是美国大学的创业教育。1983年，美国得克萨斯大学奥斯汀分校举办的首届大学生创业竞赛拉开了大学生创业活动的帷幕。目前，美国的创业教育已纳入国民教育体系之中，截止到2005年年初，美国已有1600多所高等院校开设了创业学课程，并且已经形成一套比较科学、完善的创业教育教学、研究体系。在美国许多一流的商学院中，创业学已经成为工商管理硕士的主修或辅修专业，而哈佛大学和宾夕法尼亚大学从20世纪90年代中期已经开始培养有关创业学方向的工商管理博士。值得一提的是，不仅商学院都开设了创业学方面的课程，其他的如经济学院、工程学院、护士学院甚至艺术学院，都开始开设创业学课程。大学生的创业精神与创业能力已经成为评价高等教育质量的标志之一。创业学在欧美发达国家的大学中已经成为一门成熟的学科，内容涵盖了从初中、高中、大学本科直到研究生的正规教育。它的直接成果是，当今美国超过95%的财富是由20世纪80年代的创业一代创造的。在美国的创业热潮中，大学生的创业活动引人注目，当代许多著名的美国高科技大公司，几乎都是大学生创业者们利用风险投资创造出来的，如英特尔（Intel）的摩尔、葛鲁夫，微软（Microsoft）的盖茨、艾伦，惠普（HP）的休利特、帕卡德，网景（Netscape）的安德森，戴尔（Dell）的戴尔，雅虎（Yahoo）的杨致远等，无不是创业者们的典范。据麻省理工学院（MIT）的一项统计，自1990年以来，MIT的毕业生和教师平均每年创建150多个新公司，截至1999年，该校毕业生已经创办了4000家公司，雇用了110万人，创造出2320亿美元的销售额，对美国特别是马萨诸塞州的经济发展做出了卓越的贡献。

1998年，日本由国会通过了《大学技术转移促进法》，在高校倡导创业教育。英国政府于1998年启动鼓励大学生创业项目，该项目是专门为18～25岁在校大学生设计的。为建立一个有力的创业教育组织机构，英国政府还拨款建立了英国科学创业中心和全国大学生创业委员会。法国把创业教育视为增强国家竞争实力的一项重要活动，专门成立了创业计划培训中心。

在美国福特基金会召开的21世纪理想大学模式研讨会上，有专家认为，大学生不应整日坐在教室里研读教科书，老师只管“给分”和学生只是被动接受的现象应彻底改变；学生的毕业成绩不能完全以课堂考试来衡量，而应将学生胜任工作的能力与是否具备创新意识

的素质作为考评的重点。许多教育家认为，在科学技术日新月异的今天，一个只具有书本知识，不会获取新知识、运用新知识和创造新知识的人，将成为新时代的“文盲”或庸人，不可能取得突破性的成就。针对世界各国把创新教育列入培养目标的实际情况，联合国教科文组织指出，“21 世纪是创造教育的世纪”。

（二）中国创业教育研究与实践

自 1997 年开始，我国许多高校对创新与创业教育做了有益的、自发性探索。例如，清华大学以学生创业计划竞赛为载体进行创业教育探讨与实践；复旦大学教育学生创业基础知识和基本技能；华东师范大学尝试开设“创业教育课程”；武汉大学实施“三创”教育（创造、创新、创业教育）；北京航空航天大学科技园等机构对学生创业给予注册、资金支持等。2000 年，西北工业大学开始将创业学纳入本科生教育课程体系之中，随后，清华大学于 2000 年 12 月成立了中国创业研究中心，吉林大学和南开大学也相继成立了创业研究机构。

2002 年 4 月，教育部在清华大学、北京航空航天大学、中国人民大学、上海交通大学、西安交通大学、武汉大学、黑龙江大学、南京财经大学、西北工业大学九所大学开展创新与创业教育试点工作。这标志着我国高校创新与创业教育由自发探索阶段进入到教育行政部门引导下的多元探索阶段。2008 年，教育部通过“质量工程”项目，又立项建设了 30 个创业教育类人才培养模式创新试验区，经过多年的实践，已经取得了较好的预期成果。在试点和试验过程中，各高校分别通过不同的方式，探索创新与创业教育实践，为在全国高校中全面推进创新与创业教育起到了重要的示范作用，并形成以下三种模式：

1. 以课堂教学为主导的创新与创业教育模式

例如，中国人民大学强调重视培养学生的创业意识，构建创业知识结构，将第一课堂与第二课堂结合起来，开设“企业家精神”“风险投资”等创新与创业课程。中央财经大学的创业教育从 2003 年开始，2004 年开始在全校范围内开设创业学任选课程，同时启动了题为“财经类院校创业教育模式研究与实践”的教学改革项目，已经取得了一定的成果。在不断的探索和实践中，中央财经大学已形成较为系统的创业教育体系。中央财经大学创业教育的创新点可归纳为五个方面：以创业为主要内容的教学内容创新；打破院系、班级限制的教学组织创新；重视参与程度的教学考核创新；通过演习实现小班授课的教学方式创新；以培养创业型人才为目的的教学管理创新。

2. 以提高学生创业意识、创业技能为重点的创新与创业教育模式

例如，北京航空航天大学专门成立“创业管理培训学院”；设立创业种子基金，为学生在校期间创业直接投入资金 500 万元；通过建立大学生创业园，指导学生创业。北京航空航天大学创业教育中心是负责该校创业教育规划、组织和实施的机构。中心以培养具有创新能力和企业家思维的复合型经济管理人才为目标，主要进行创业教育理论研究、教材开发、师资队伍建设及面向在校学生和社会人士的创业教育培训工作。中心自成立以来，积极探索和实践适合我国国情的创业教育新路子，形成了具有北京航空航天大学特色的创业教育与培训模式。中心与北航大学科技园、北航孵化器及美国著名的创业教育院校合作，已为北航 600 多名学生开设了创业管理课程。

3. 以创新教育为基础，为学生创业提供实习基地、政策支持和指导服务等的综合式创新与创业教育模式

例如，上海交通大学基于“三个转变”（专才向通才转变、教学向教育转变、传授向学习转变），实施“三个基点”（素质教育、终身教育和创新教育）的人才培养模式。黑龙江大学建立了课程体系、实践体系、管理保障体系，为学生提供创新与创业教育的个性化指导。

以教育部下发《教育部关于大力推进高等学校创新创业教育和大学生自主创业工作的意见》为标志，我国创新与创业教育进入了教育行政部门指导下的全面推进阶段。2010 年 5 月，教育部成立了有创新工厂的李开复、阿里巴巴的马云、用友软件的王文京、新东方的俞敏洪等知名创业型企业家、企事业单位专家、高校教师、有关部门负责同志参加的教育部高等学校创新创业教育指导委员会，负责对高校创新与创业教育工作进行研究、咨询、指导、评估和服务工作，具体组织开展创新与创业教育的理论和实践研究，指导高校创新与创业教育的课程建设、教材建设和创业实践活动，组织开展创新与创业教育师资培训、经验交流，宣传、推荐创新与创业教育的优秀成果。由此，我国形成了创新与创业教育、创业基地建设、创业政策支持、创业服务“四位一体、整体推进”的格局。

三、高校创新与创业教育的定位与思路

（一）创新与创业教育的定位

开展创业教育，引导更多的人走上创业道路，能够为社会提供更多的就业岗位。由于认识到这一作用，在我国社会就业压力大的背景下，政府部门对高校创业教育日渐重视。同样，许多高校也希望通过开展创业教育缓解本校毕业生就业难的问题，从而在创业教育领域积极探索。

回顾十余年来我国高校的创业教育历程可以看出，创业教育对解决就业难问题起到了一定的推动作用。但是，将缓解就业压力直接作为高校创业教育的发展目标，成效并不理想，而且有可能影响我国高校创业教育的健康发展。把缓解大学生就业难作为目标的强烈动机，使高校很容易把创业教育简单地等同于教育学生开办企业，侧重从创业知识教育或创业技能教育的角度理解创业教育，过于重视创业技能训练和创业知识传授，使创业教育的本义被曲解。教育规律表明，创业教育绝非一种可以短期速成的教育，希望创业教育能在短期内使毕业生中涌现大批成功企业家的想法是不现实的。美国百森商学院蒂蒙斯教授就曾对美国出现的功利主义的创业教育倾向这样评价：用揠苗助长的方式造就所谓的创业者，无法满足以创立高新技术产业为标志的创业革命的需要。

培育创业精神应当成为我国高校创业型人才培养的主要目标，使创业教育回归培育创业精神的本源是我国高校创业教育的当务之急。政府和高校都应当明确，创业教育是专业知识与创业精神培育相统一的教育，创业教育的目标应当是培养学生的创业精神和能力，帮助学生成为敢于迎接挑战、具有坚强意志的人才。人们在羡慕斯坦福大学、麻省理工学院等高校能产生大批成功创业者的时候，关注点应该放在如何形成孕育大批成功创业者的土壤，如何构建有助于创业者成功创业的社会支持体系，而不仅仅是这些创业者本身。企业家精神的培育需充分鼓励学生的创新与创业精神，而创新与创业精神和个性发展是相辅相成的，创新与

创业精神的培养有赖于个性的良好发展，个性发展促进着创新与创业精神养成。因此，高校应转变与时代要求不相适应的传统观念，改变人才培养教育模式，创新有利于大学生自身潜能挖掘的培养体制。所以，创业教育是开发和提高学生创业素质的教育，是培养学生的事业心、进取心、开拓精神，从事某项事业、企业、商业规划活动的教育。其重心并非一种知识和技能的传授，创新意识的增强，积极创新、敢于尝试精神的培养，以及创业能力的提高，才是创业型人才培养的核心。

（二）创新与创业教育的基本思路

创新与创业教育不仅是高校自身的任务，更是全社会共同关注的社会问题，是一个复杂的系统工程。开展创业教育并不是对现有就业教育的简单否定，而是对现行就业模式的深化与提升，是素质教育的体现和落脚点。创业教育既要重视大学生的专业知识学习，又要重视其创业知识的学习与创业技能的训练。

1. 培养创新与创业素质

创新与创业教育以培养大学生的创新意识为目的，是当代素质教育时代特征的体现，是高等学校实施素质教育的必然趋势，是以“创新、创造、创业”为核心的素质教育成为可能的现实追求。以创业型人才的培养为主要内容的创业教育不是一种急功近利的精英教育，而是全员参与、全方位覆盖和全过程贯穿教育各个阶段、各个环节的一种素质教育。实际上，大学毕业生自主创业的只占少数，在世界各国都是少数，而且永远只会是少数，多数学生将选择就业。即使在大学毕业生自主创业人数最多的美国，这一比例也只是20%～30%。英国虽然近年来政府大力推动，但大学生自主创业的人数比例仅为7%；而我国大学生的自主创业率更低。即使大学生毕业后不自主创业，而是到各类企业、政府部门、高校或科研机构就业工作，他们也能有更强的创新意识和表现，成为“内部创业者”（在大型企业或跨国公司内部具有开创精神和能力的员工）、“创业型管理者”（能激励创新的管理者）、“公共部门创业者”（在政府部门中敢于创造性地工作的公务员）等。

2. 重在弘扬企业家精神

创新与创业人才有自己的定义，除具有一定的文化知识、科学道德素养之外，最重要的就是事业心与开创能力的形成，这就是开展创新与创业教育的基本内涵。许多受过高等教育的大学毕业生由于思想意识、创业素质欠缺，面临就业难的窘境，只能“等、靠、要”。也有很多人虽然中途辍学，学历不高，却能抓住机遇，创业成功，成为知名的企业家。其内在的规律在于企业家精神的作用。这种企业家精神除天赋、禀性外，大部分是可以在后天学习和实践中获得的。例如，事业心、责任感、机会识别能力，以及敢于冒险、充满激情、智慧创意，都是可以通过培养、训练，在实践中获得的。这就是我国高校创新与创业教育的根本任务。因此，培养企业家精神、传播企业家精神、教授企业家精神和创新与创业人才的培养目标是完全一致的，这既是时代的要求，也是我国建设创新型国家，高校培养创新与创业人才的历史责任。

3. 深化专业教学内容和课程体系改革

创新与创业教育不能脱离知识教育和专业教育而孤立地进行，要深化教学内容和课程体系的改革，删除陈旧过时的知识，增加前沿新知识和现代科学技术内容，使学生在基础知识和专业知识的学习中融入创业知识。

4. 大力推进创新学分制度

在规定的学分中要求修习一定的创新学分，并不断摸索，总结经验，进行多种模式的尝试，建立一整套创新学分的指导、教学、监督、评价机制与体系，将创新学分真正落实到大学生的创新与创业能力培养上来。

5. 完善创新与创业教育实践环节

创业是一项实践性非常强的事业。一个完整的创业教育体系应该包括实践环节的内容，缺少了这一重要环节，就有可能出现学生创业企业高出生率、高死亡率的局面，这对大学生创业和高校的创业教育发展都是极为不利的。创业教育实践并不拘泥于某一种方式。有条件的高校可以建立创业教育基地，从资金、场地、设备、设施等方面为学生创业提供扶持、优惠等。创业教育基地内既可以进行模拟创业，也可以进行真实创业。此外，学生课外科技创新活动和成果是创业活动的源头，公共活动的设计与组织、刊物或报纸的策划与创意、解决问题的方法或路径的构想、科研或学术研究的立项起草与申请、法律实践或金融实践的模拟、新观点或创意的提出等，都应当是创业教育和创业实践的重要内容。高校应提供优惠政策和物质条件，鼓励和资助优秀的技术创意，以各种方式鼓励和指导学生进行自主设计与技术开发，引导学生从事和体验技术服务、成果转让等创业实践活动，增加创业经验。

6. 营造良好的创新创业氛围

创业型人才的培养是一个复杂的系统工程，需要良好的创新创业教育支持环境，这涉及法律环境、政府环境、社会环境等方面。就政策环境方面看，政府和有关教育部门要推行强有力的政策和规定，积极采取有效措施降低大学生创业的门槛与风险；就社会环境方面看，应加强舆论导向，树立尊重劳动、尊重知识、尊重人才、尊重创造的风尚，形成鼓励创业、宽容失败的创业文化，营造创业有为、劳动光荣的社会氛围。

本章小结

由于不同学者对创新内涵理解的角度不同，对创新特点的理解也不尽相同。人们对创新也有多种多样的划分，如按创新领域、创新性质、创新方式、创新主体等进行分类。创业作为一种普遍的社会活动，学者们给出的定义也很多，而承担风险、超前认知和行动、活动过程等反映了创业活动的基本属性。作为追求成功的创新和创业者，需要具有与之相匹配的能力。这些能力主要包括创新能力、机会捕捉能力、策划能力、资源整合能力、经营管理能力等。

创新教育与创业教育内容结构相互融合，相辅相成。高校应转变与时代要求不相适应的传统观念，改变人才培养教育模式，创新有利于大学生自身潜能挖掘的培养体制，培养学生的事业心、进取心、开拓精神，以及从事某项事业、企业、商业规划活动的能力。教育的重心并非一种知识和技能的传授，而是增强创新意识，培养积极创新、敢于尝试的精神，提高创业能力。

课后练习

1. 使用你喜欢的搜索引擎去了解创新和创业的定义。你是如何理解这些定义的？与本书中的定义相比，有什么相同点和不同点？为什么会有这些不同？

2．使用你熟悉的方式了解不同领域的五个成功或者失败的创业故事，尝试分析一下他（她）们成功或者失败的主要原因是什么？初步归纳一下成功创业者应该具备的基本素质和能力。

3．找一篇有关创新或者创业的文章或者论文阅读。你是如何理解创新与创业的？请把你的观点与其他人的观点进行比较。

第二章

创造性思维

核心问题

1. 什么是创造性思维？它的特征是什么？
2. 创造性思维的基本形式有哪些？
3. 创造性思维的方法有哪些？
4. 如何培养创造性思维？

学习目标

1. 了解什么是创造性思维。
2. 明确创造性思维的四种基本形式。
3. 掌握创造性思维的五种具体方法。
4. 学会如何培养创造性思维。

引例

创造性思维的奥妙

某夜，有个名叫吕班的怪盗潜入到一个公爵的住宅，在三楼卧室里，他偷到一份重要的外交信件。他正要离开房间，突然听到门外传来脚步声——公爵参加晚会回来了。吕班进退维谷。窗下有一条运河，如跳进运河就可以脱身，但吕班顾虑外交信件被弄湿而前功尽弃。踌躇中，他看到自己的帮手在对面大楼的窗口等待接应，于是灵机一动，决定先把信件递给帮手，再只身逃走。他钻到窗外，站在窗台上，探身、伸手，可是很遗憾，还差一点儿，够不着。手边没有杆子或棍子之类的工具，对面大楼的窗台很窄，跳过去也没有落脚之处，要把信件扔过去，又担心被风刮跑。一时，怪盗吕班竟束手无策。可是仅仅数秒钟之后，吕班就有了办法。他什么工具也没有用，就把信件递给了帮手，然后只身跳入运河之中，匆匆离去。

你能想到吕班是用什么方法把信件递给帮手的吗？原来，吕班在危急之中，摆脱了以往人们总是用手去传递信件的习惯思维定式。他用手拉着窗框，脱了鞋，把信件夹在脚趾中递出去，他的助手也如法炮制，用脚趾传递信件，因为腿比胳膊长！吕班突破了自我，运用创造性的传递方法——用脚不用手，获得了成功。

由此可以看到创造性思维的奥妙。下面就让我们深入了解一下创造性思维吧！

第一节 创造性思维的理论与特征

一、创造性思维

创造性思维从人类产生以来就一直存在，换言之，人类的活动史就是一部创造史。在社会生活领域，人类创造了国家、城市、行政、司法系统等；在经济生活领域，人类创造了市场、企业、货币、金融体系、商品关系等；在科学技术领域，人类发明了飞机、汽车、航天器、计算机、电子通信工具等；同时，人类还创造了维系社会与经济生活正常运行的各种制度、法律、伦理道德体系等。人类之所以能创造出这些，是因为人具备其他任何动物都不具备的高等智慧；而其中，智慧的核心内容——创造性思维，又构成人类从事创造性活动的精神源泉。

从创造性思维理论的历史发展过程来看，大体经历了一个“经济学——管理学——多元化”的过程，但目前创造性思维的概念还没有一个明确、统一的界定。对创造性思维概念的理解，可从以下几个不同的角度出发：

从强调人的特殊思维品质的角度，创造性思维是以实践为基础，符合人类认识客观规律的逻辑思维，以想象、灵感、顿悟、机遇等为表现形式，而超出一般的特殊思维品质和解决问题的方式方法。

从强调人的思维活动的角度，创造性思维是为了发展需要，运用已知信息，不断突破常规，发现或产生某种有价值的新事物、新思想的活动。

从强调人的思维系统与思维价值的角度，创造性思维是运用逻辑与非逻辑思维，突破旧的思维模式，通过选择重组，以新的思考方式产生新设想并成功实施的思维系统。它是人类思维的必然归宿和人类思维本质的集中表现，也是人类思维价值的最高体现。

从强调人的特殊才能的角度，创造性思维是人类为了取得对尚未认识的事物的认识，在追求特定目标的过程中，探索运用前人没有运用过的思维方法，寻求没有先例的办法和措施去分析、认识事物，从而获得新的认识和成果的活动。

二、创造性思维理论

著名科学家卢瑟福（Rutherford）有一次问他的学生：“你今天上午干什么？”学生回答：“做实验。”又问：“下午呢？”答道：“做实验。”再问：“晚上做什么？”学生仍答道：“做实验。”卢瑟福便很不满地问道：“你整天都在做实验，什么时间思考呢？”这个小故事告诉人们，要想很好地进行创造，就必须有专门的时间去思考。不善于思考就不可能把学到的知识进行消化，就不可能发现问题，也就谈不上有更多的想象与创造。在爱迪生的实验室里，贴着一条雷诺兹爵士的语录：“人总是要千方百计地逃避真正艰苦的思考。”而在语录的下方，爱迪生自己写上：“不下决心培养思考的人，便失去了生活中最大的乐趣。”创造史上的大量事实表明，看到同一现象的一群人，由于思考上的差别，其中一些人可能成为伟人，而另一些人则一直是平庸之辈。所以，在创造过程中，思考是极其重要的因素。

然而，人们在实际生活中经常会出现这样的情况：有时会突然萌生一个非常好的想法，但如果没有及时记录下来，很可能过了一段时间之后，就会把那个想法忘得一干二净，并且再也找不回来了。那么，创造性思维究竟是什么？它是如何生成的？是不是只能灵光一现呢？有什么办法能够帮助人们在处理问题和思考问题的过程中获得创造性思维呢？学者们对此做了大量的研究工作，目前比较具有代表性的理论有：

1. 沃拉斯的四阶段模型

美国心理学家约瑟夫·沃拉斯（J. Wallas）于1945年出版《思考的艺术》一书。在该书中，沃拉斯首次对创造性思维所涉及的心理活动过程进行了较深入的研究，在此基础上提出了包含准备、孕育、顿悟和验证四个阶段的创造性思维一般模型，至今仍有较大的影响。

准备阶段主要包括四方面的工作：一是知识和经验的积累及整理；二是收集必要的事实和资料；三是了解提出问题的社会价值，能满足社会的何种需求及价值前景；四是在此基础上逐步明确解决问题的思路。孕育阶段，创造性活动所面临的是前人未能解决的问题，尝试运用传统方法或已有经验难以奏效，只好把问题暂时搁置。表面上看，认知主体不再有意识地去思考问题而转向其他方面，实际上是在用右脑继续进行潜意识的思考。这是解决问题的酝酿阶段，也称潜意识加工阶段。创造性思维的孕育阶段通常是漫长而艰巨的，最终很有可能失败，但只要坚持下去，方法得当，仍是充满希望的。顿悟阶段是经过潜伏期的酝酿之后，由创意开发者对问题经过周密甚至长时间的思考，创造性想法可能会突然出现，大有“众里寻他千百度，蓦然回首，那人却在灯火阑珊处”的感觉。由于这种解决方案往往突如其来，所以一般称为灵感或顿悟。事实上，灵感或顿悟并非一时心血来潮，偶然所得，而是在前两个阶段中认真准备和长期孕育的结果。验证阶段，由灵感或顿悟所得到的解决方案也可能有错误，或者不一定切实可行，所以还需通过逻辑分析和论证以检验其正确性与可行性，并在此基础上形成更科学、合理的创造途径。

这一理论的最大特点是显意识思维（准备和验证阶段）和潜意识思维（孕育和顿悟阶段）的综合运用，而不是片面强调某一种思维，这是创造性思维得以发生的关键所在，也是该模型至今仍有较大影响的根本原因。

2. 斯滕伯格的创造力三维模型理论

1988年，美国耶鲁大学教授斯滕伯格（Sternberg）在运用创造力内隐理论分析法、对创造力进行深入分析的基础上，提出了一种在国际上有较大影响的创造力三维模型理论。他认为，创造力主要体现在三个维度上：第一个维度是指与创造力有关的“智力”（智力维）；第二个维度是指与创造力有关的认知方式（方式维）；第三个维度是指与创造力有关的人格特质（人格维）。其中：

第一个维度是不寻常且恰当地应用智力。这种对智力的应用要通过一系列的次级加工过程，具体包括元成分、获得知识成分和执行成分。

第二个维度是认知方式。认知方式大体包括五种：①认知运算的功能，主要表现为行政的、立法的和司法的等方式。有创造性的人，其认知方式主要是立法的。②认知运算的管理，主要表现为独裁的、分层负责的、寡头政治的和无政府主义的等方式。无政府主义的认知方式具有很大的创造性潜能，但往往得不到社会的认可，因为它违反了现存的价值，除非这种冲突能以建设性的方式来解决；真正独裁的认知方式最不可能表现出创造行为；分层负责的认知方式可能产生创造力。③认知运算的层次，主要分为整体和局部两种方式。要表现出创造性，个体至少要有一定程度的整体思考倾向，局部思考方式很难产生创造性。④认知运算的范围，主要分为内在的和外在的两种方式。持内在型认知方式的个体更容易表现出创造性。⑤认知运算的学习，主要分为保守的和激进的两种方式。学习方式保守的人，较少表现出创造性；只有学习方式激进的人，才可能表现出更强的创造性。

第三个维度是人格特征。有创造性的个体所具备的人格特质具体表现在：①容忍事物的模糊性；②愿意克服障碍；③愿意让自己的观念不断扩展；④活动受内在动机的驱使；⑤有适度的冒险精神；⑥期望被认可；⑦愿意为争取再次被认可而努力。

3. 若宾的最高级思维模型

1995 年，美国加利福尼亚大学心理学系的若宾（Nina Robin）等人发表了一篇题为《前额叶皮层的功能和关系复杂性》的论文。该论文从前额叶皮层是控制人类最高级思维形式的神经生理基础出发，试图探索出人类最高级思维模型与脑神经机制之间的联系，并在此基础上提出了一种用于确定关系复杂性的理论框架。

人类思维对事物的本质属性和事物之间内在联系规律性所做的反映，实际上可看成是对事物之间存在的各种关系所做出的反映。根据数理逻辑中谓词逻辑的表述方式，事物本身所具有的本质属性也可以看成是一种最简单的关系——一元关系；事物之间的相互联系则可看成是 n 元关系。n 是关系的维度，n 越大，关系的复杂程度越高，即 n 可作为描述关系复杂性的指标。然后，又根据当代脑神经科学所取得的成就对前额叶皮层结构与机能的新认识，把对不同水平关系复杂性的处理和前额叶皮层中不同部位的控制机能联系起来，从而使人们对人类高级思维过程的认识，不仅建立在心理学的基础之上，而且深入到大脑内部的神经生理机制上，因而有更为科学的、坚实的基础。尽管论文中并未使用“创造性思维”这个术语，而是采用“最高级思维形式”“最独特思维形式”或“高水平认知”等概念，但从该论文力图处理最高复杂程度的关系以及对“最高级”“最独特”的强调来看，“最高级思维”的本意应当是指“创造性思维”。尽管它还不是创造性思维模型，但是它对真正创造性思维模型的建立具有一定的启迪意义。

三、创造性思维的特征

1. 求实性

社会发展需求是创造的第一动力。思维的求实性就体现在善于发现社会需求，发现人们的理想与现实之间的差距，从满足社会需求出发，拓展思维空间。日本兵库县有一个丹波村，交通很不方便，村子很穷，没什么特产。为使村子富起来，村民请了很有经验的井坂弘毅先生来做顾问。井坂先生考虑：要使这个村子富起来，就得想办法使之“商品化”，可是这里有什么东西可卖呢？井坂先生绞尽脑汁，突然灵机一动：如今生活在物质文明中的现代人厌倦了城市的烦嚣，而对“原始”生活有尝试的兴趣，因而说服村里人在树上筑屋而居。很快，新闻传开了，不少城市人为了体会另一种生活方式，争相涌入这个小村。井坂先生正是发现了城市人的社会需求，结合丹波村的实际情况开创出了“原始”生活方式，吸引了大量的城市人，从而带动了丹波村的经济发展。

2. 灵活性

思维的灵活性包括：①多向思维，即从不同的方向对一个事物进行思考，更注意从他人没有注意到的角度去思考。爱因斯坦创立的相对论，就是在对事物用不同视角进行观察后，对其相互之间的关系做出了自己的解释。②反向思维，即从相反的方向去思维，寻找突破的新途径。吸尘器的发明者就是从“吹”灰尘的反向角度“吸”灰尘去思考，从而运用真空负压原理，制成了电动吸尘器。③原点思维，即从事物的原点出发，寻找问题的答案。在探究事物时，人们常常会遇到这样的情况：百思不得其解的问题，最终回到问题的原点去思考，答案迅即出现。例如，北京孔庙“以虫治虫”就是原点思维的应用。庙里有数百年树龄的101棵老柏树和5棵老槐树闹虫害，如果喷洒杀虫剂，容易造成环境污染；如果养鸟吃虫，其中一种蚜虫和一种红蜘蛛连鸟都不肯吃。怎么办呢？孔庙的工作人员想出了一个“以虫治虫”的办法，他们养了一种七星瓢虫，专门对付这两种害虫。

3. 跨越性

创造性的思维进程带有很大的省略性，其思维步骤、思维跨度较大，具有明显的跳跃性。跨越性表现为跨越事物“可见度”的限制，能迅速完成“虚体”与“实体”之间的转化，加大思维前进的“转化跨度”。例如，经典物理学的能量是连续改变的，这无法解释原子的光辐射问题。波尔跳出了经典物理学的圈子，大胆地提出了原子结构的量子化轨道模型，揭开了现代物理学的帷幕。

4. 批判性

人类的认识是有限的，事物的真理性是相对的。创造性思维就是敢于怀疑和挑战已有的科技成果的权威，敢于打破常规去思维，敢于另辟蹊径、独立思考，运用丰富的知识和经验，充分展开想象的翅膀，这样才能迸射出创造性的火花，发现前所未有的东西。1930年，20岁的华罗庚在认真研读了苏家驹教授的一篇讲述代数五次方程式解法的论文后，经过自己的推理和独立运算，提出了与之完全相反的结论，写出了论文《苏家驹之代数五次方程式解法不能成立的理由》，在数学界引起了强烈反响。

5. 联想性

联想是一种心理活动，是每个正常人都具有的思维本能。联想可以把表面上看起来互不相干的事物联系起来，由一事物想到另一事物，由此事物想到彼事物，由当前事物回忆过去事物或展望未来事物。由于有些事物、概念或现象往往在时空中伴随出现，或在某些方面表现出某种对应关系，随着这些联想的反复出现，人脑就会以一种特定的记忆模式接受，并以特定的记忆表象结构储存起来，一旦以后再遇到其中的一个，人的头脑便会自动地搜寻过去已确定的联系，从而马上联想到不在现场或眼前没有发生的另外一些事物、概念或现象。例如，美国人威斯汀豪斯（Westinghouse）为了发明一种能够作用于整列火车每一节车厢的制动装置，绞尽脑汁也想不出什么好的方法。后来，他在某个专业杂志上看到，在挖隧道的时候，驱动风钻的压缩空气是用橡胶软管从几百米外的空气压缩站送来的，他因而联想到火车刹车装置可以用类似的办法解决，结果发明了至今仍被广泛使用的气动刹车装置。

6. 综合性

创造性思维有时像一个系统工程，把多层次、多侧面的因素放在一个系统里考虑它们的相互关联和作用。这种“由综合而创造”的思维方式，体现了对已有智慧、知识的杂交和升华，不是简单地相加、拼凑，综合后的整体大于原来各部分之和，可以变不利因素为有利因素，变平凡为神奇。这是从个别到一般、由局部到全面、由静态到动态的矛盾转化过程，是辩证思维运动过程，是认识、观念得以突破从而形成更具普遍意义的新成果的过程。日本是利用综合特性收益最大的国家之一。近百年来的重大科技发现、发明很少源于日本，但是日本的高技术产业却称霸于当今世界，在整体水平上居世界第二。日本的经验就是发现并大力推广综合这一理念，在20世纪50—60年代，日本主要依靠引进欧美各国的先进技术，然后博采各家之长，对其进行融合，生产出自己的世界一流的产品，使日本高技术产业形成了“7分美国技术+3分欧洲技术=日本技术”的体系，在技术和经济上均获得了竞争优势，创造出了“日本奇迹”。

7. 风险性

由于创造性思维活动是一种探索未知的活动，因此要受到多种因素的限制和影响，如事物发展及其本质暴露的程度、实践的条件与水平、认识的水平与能力等，这就决定了创造性思维并不能每次都能取得成功，甚至有可能毫无成效或者做出错误的结论。同时，风险性还表现在它对传统势力、偏见等的冲击上，传统势力、现有权威都会竭力维护自己的存在，对创造性思维活动的成果抱有抵抗心理，甚至仇视心理。例如，西欧中世纪，宗教在社会生活中占据着绝对统治地位，一切与宗教相悖的观点都被称为“异端邪说”，一切违背此原则的人都会受到“宗教裁判所”的严厉惩罚。但是，创造性思维活动是扼杀不了的，伽利略、布鲁诺置生命于不顾，提倡并论证了“日心说”，证明教皇生活于其上的地球不是宇宙的中心。无法想象，如果没有这两位科学家甘冒此风险，“日心说”不知何时才会被提出。因此，风险与机会、成功并存，如果消除了风险，创造性思维活动就变为习惯性思维活动。

四、创造性思维在创造性人才培养过程中的作用

1. 积累作用

创造性思维是一种不断开拓创新的思维活动。它不断向人类的未知研究领域探索，不断解决新问题，使人们不断获得新知识，增加人们的知识总量。

2. 提升作用

创造性思维能摆脱习惯思维的束缚，独创性地探索新领域、研究新事物、解决新问题。人们为了获取对新事物的认识，总要在运用和分析前人思维方法的基础上，不断努力寻求新方法和新思路。人们的认识能力和水平不断提高，认识途径不断拓展。

3. 激励作用

创造性思维的成功可以激励人们进一步进行创造活动。在马斯洛的需要层次理论中，最高层次的需要，即自我实现的需要是指，人希望最大可能地实现自我价值和充分发挥自己所能的欲望。成功的创造可以不断增强学生的信心，以更加饱满的热情投入到新的创造活动中，以实现自己的创造欲望。

4. 催化作用

创造性思维可以帮助人们积极思考，批判性地面对前人对同类问题的研究成果，勇于创新思路，对问题和资料深入探索和思考，从而产生新观念、新思想。同时，创造性思维还能帮助人们对新观念和新思想反复进行修正和补充，加速创造活动的进程。

第二节 创造性思维的基本形式

创造性思维是通过新颖、独特的信息加工艺术，最后产生创造性成果的思维方式。既然它能产生新颖性的思维结果，那么其形式也就不可能仅限于一种，而是包含多种多样的实现形式。相反，也不能简单地认定同一种思维形式只形成或不可能形成创造性思维。例如，创造性思维既可由经验思维的形式形成，也可由灵感思维的形式形成；反之，经验思维和灵感思维所产生的结果也并不会都是新颖的，因而它们也并不全部是创造性思维。可见，没有哪一种思维形式只能产生创造性思维，也没有哪一种思维形式不能产生创造性思维。常见的创造性思维形式有以下几种：

一、经验思维

经验思维是以经验为依据决断问题的思维形式，是最基础和最一般的思维形式。它具有内容的重要性、直观的感知性、认识的表面性、观察的局限性、分析的非定量性等特点。经验思维活动是人类最早也是最普及的基本思维活动，那么，人类的经验思维活动是否有创造性呢？

人类历史上的无数事实充分表明，人类传统的经验思维活动同样具有创造性。通过经验型思维观察，可以发现新现象，抓住问题，确立思维目标，并借此展开思考，最终实现创造性思维的目标。例如，“自来水笔大王”瓦特 54 岁时还只是保险推销员。他在签保单时，发现钢笔笔尖经常会忽然流出一大滴墨水。为了对此进行改进，他买了许多笔尖做实验，最终发现在笔尖中央钻一条小缝，就能非常简便地达到目的。美国有一位名叫杰塞的牧童，常为羊儿溜跑而苦恼。有一次，他发现羊群遇到有刺的玫瑰就无法逾越时，突然浮现出一个念头，发明了蒺藜铁丝网。此项发明不仅用来圈羊，后来还被运用到军事上。某造纸厂因工人在生产中忘了放进糨糊，制成大量质量不好的纸，在这种纸上一写字墨水就会渗透，结果给公司带来巨大损失。肇事者想：“有没有挽救的办法呢？”一天，那个工人不慎将墨水洒到桌上，于是他慌忙用旁边的那种纸去擦，结果，墨水被吸得干干净净。于是，他提出把这些质量不好的纸作为吸墨纸卖出去。这就是今天的吸墨纸的起源。这家公司也因此而意外地获得了巨大的经济效益。

二、形象思维

形象思维又称直感思维，是在对形象信息传递的客观形象体系进行感受、储存的基础上，结合主观的认识和情感进行识别（包括审美判断和科学判断等），并用一定的形式、手段和工具（包括文学语言、绘画线条色彩、音响节奏旋律及操作工具等）创造和描述形象（包括艺术形象和科学形象）的一种基本的思维形式。形象思维是反映和认识世界的重要思维形式，是培养人、教育人的有力工具，是科学研究中科学家经常使用的思维方式，是企业家在激烈而复杂的市场竞争中取胜的不可缺少的重要条件。高层管理者离开了形象信息，离开了形象思维，所得到的信息就可能是间接的、过时的甚至不准确的，也就难以做出正确的决策。

形象思维的训练方法通常有以下几种：

1. 多观察

人类的祖先由于生存条件恶劣，和其他野生动物一样，无时无刻不处在警觉状态，他们的眼睛时刻在观察任何异动，耳朵时刻在聆听任何异响，鼻子时刻在嗅闻任何异味……我们在佩服祖先感觉超强、反应敏捷的同时，却忽略了他们高水平的形象思维能力。因为他们的感官每天摄入大脑的图像、声音、气味等信号是现代人的很多倍，也正是由于大量摄入和大量记忆的直接信号，使他们对事物之间联系的反应，在细致准确程度、速度、全面性等方面要远远胜过现代人的形象思维。

现代文明在提升人们的一些能力的同时，也在不知不觉中弱化了另一些能力：我们有单独隔离的安全的睡眠空间，我们有经过科学检验可放心食用的食品，我们有法律保证行走在街区不被攻击，我们掌握知识时有书本这样的二手信息，等等，因而我们的确没有了对恶劣生存条件保持感官警觉的动力。那么，我们就需要通过激发好奇心和激发对能力弱化的恐惧来强化多观察的习惯。很多情况下，我们对事物的细微之处不是看不见，而是视而不见。民间流传的“失明者耳更聪”“失聪者眼更明”“又聋又盲手更巧”等说法，这也从另一个角度说明了人们的感官摄取信息的敏感性是可以训练的。

2. 多做形象比较

当你观察森林中的蛇时，如果你只注意到它们细长的身躯、蠕动的行走方式，那么所有的蛇在你脑中的记忆只是同一幅图画。当你再观察被蛇咬的同伴时，你就会产生疑惑：为什么有人被蛇咬后出现的是死亡的画面，而另一些人被蛇咬后则依然是活蹦乱跳的画面？如果你观察时对每条蛇进行了仔细比较，你就会发现细微的区别：有的蛇有两颗突出的牙齿，而另一些则没有。再观察被蛇咬过的人时，如果你也仔细比较了那些图画，你就会发现：死亡的是伤口有两个小眼的人，被蛇咬后依然活蹦乱跳的人则没有这样的伤口。于是，你就获得了这样的知识：有两颗突出牙齿的蛇能咬死人，没有两颗突出牙齿的蛇咬不死人。

有一种让你快速找出两幅图的差别的游戏，会玩的人往往将两个图并列摆放，然后拿出一张纸，盖住两幅图并缓缓下移，同时一部分一部分地比较两幅图的差别，这样做又快又准。

3. 多实践体验

我们的祖先自出生那天起就开始了为生存而进行的残酷搏斗，他们没有先在“温室中”学习再投入实践的机会，而他们的许多知识就是在生与死的亲身体验中获得的。例如，你在看似平静的水塘边喝水时，看见水面泛起一圈细细的水纹，但它没有引起你格外注意。突然，一条张开血盆大口的鳄鱼从水纹下一跃而起，如果你侥幸从鳄口脱逃，刚才被忽略的水纹图画和鳄鱼图画的联系肯定是刻骨铭心、终生难忘的。这似乎是一个极端的例子，不过现代研究也表明，在使用中学习知识比脱离使用环境学习知识，在记忆速度、记忆时长方面都要高 90% 左右。

现代人由于书本知识海量增长，不知不觉中，学习环境与真实环境已经相互脱离了，学习成了在虚拟的假环境中的学习。此时，受损最大的就是人们的形象思维能力。作为一种弥补，人们需要时不时地回到真实环境中，而体验就是有意识地将自己置身于真实环境中，看具体图画，听具体声音。在现代分离化条件下，体验式学习是锻炼形象思维能力的法宝。

三、联想思维

联想思维就是人们通过一件事情的触发而想到另一些事情的思维。联想能够克服两个不同的概念在意义上的差距，并在另一种意义上把它们联结起来，由此可产生一些新颖的思想。联想构思发明法就是利用联想思维进行创造的一种发明创造方法。正如日本发明家高桥浩所说，联想是打开沉睡在头脑深处记忆的最简便和最适宜的钥匙。古往今来，人类一直是在无意或有意中通过各种联想，不断从自然界中得到了许多启迪，从而创造了无数的工具、方法等成果，为自己的生存和发展创造着条件。

案例 2-1

由土豆片联想开来

西安宝石轴承厂厂长李照森及其夫人发明的锅巴，获得了国家专利，其生产技术已在十多个国家和地区获得专利权。一次偶然的机会，李照森陪客人到西安饭庄进餐，发现人们对一道用锅巴做原料的菜肴极感兴趣，于是引发了以下联想：“锅巴能作为菜肴，为什么不能成为一种小食品呢?”“美国的土豆片能风靡全球，作为烹饪大国的中国，为什么不能创出锅巴小吃打出国门?”接着就是试制、成功、投产、走俏。之后，联想进一步展开，既然做成了大米锅巴，当然还可以用其他原料做出别样风味的锅巴。一时间，小米锅巴、五香锅巴、牛肉锅巴、麻辣锅巴、孜然锅巴、海味锅巴、黑米锅巴、果味锅巴、西式锅巴、乳酸锅巴、咖喱锅巴、玉米锅巴等不一而足、琳琅满目。既然锅巴畅销，那么类似锅巴特征的食品也相继开发问世，如虾条、奶宝、麦圈、菠萝豆、营养箕子豆等，这些风味多样的新产品使小食品市场五彩缤纷，也使西安太阳集团财源滚滚，太阳牌系列食品已成为风靡全国、跻身国际市场的名牌产品。李照森运用联想思维，从锅巴做原料的菜肴以及美国的土豆片风靡全球，联想到将锅巴做成小食品投入市场，不仅全国畅销，还打入了世界市场。

所以说，联想思维为人们提供了无限广阔的天地。一个人如果不会运用联想思维，学一点就只知道一点，那么他的知识是零碎的、孤立的，派不上什么用场；如果善于运用联想思维，就会由此及彼扩展下去，做到举一反三、闻一知十、触类旁通，从而使思维跳出现有的圈子，突破思维定式而获得创新构思。

那么，又该如何培养联想思维呢？首先要克服抑制联想思维的障碍。抑制联想思维的障碍主要有环境方面的障碍、内部心理障碍和内部智能障碍。其中，环境方面的障碍，如人际关系的不协调、学习思考环境的恶劣等；心理障碍，如消极、压抑，甚至悲观、沮丧情绪等，内部智能障碍主要是指思维方法的僵化，即所谓的思维定式或习惯性思维。当克服联想思维障碍之后，再培养联想思维能力，主要途径包括强化创新意识、学习和静思。这里要强调一下静思的重要性。人有时需要交往，需要与他人产生思维碰撞，但有时也需要孤独，需要沉静地思考。

四、灵感思维

灵感思维是人们在创造过程中达到高潮阶段以后出现的一种最富有创造性的思维突破。

灵感思维常常以“一闪念”的形式出现，是人们在无意识的情况下产生的一种突发性的创造性思维活动，因此具有突发性、偶然性、模糊性的特征。大量的研究表明，灵感思维是由人们的潜意识思维与意识思维多次叠加而形成的，是人们进行长期创造性思维活动达到的一个必然阶段。很多创造性成果都是在“用笔不灵看燕舞，行文无序赏花开”的某一瞬间通达灵感思维而最后成功的。

奥地利著名作曲家施特劳斯（Strauss）一生创作了400余首乐曲，他十分珍惜灵感思维。关于施特劳斯的创作有一个有趣的故事：有一次，他站在多瑙河边，望着碧波掠岸、浪花翻滚，感情洋溢，不知不觉地同乐曲联系起来，突然来了灵感，产生了一个妙不可言的音乐旋律。他拿出笔欲记时却没有带纸，于是毫不犹豫地脱下衬衫，在衣袖上及时记下了这个旋律。后来的不朽之作《蓝色多瑙河》就是在这个旋律的基础上完成的。达尔文（Darwin）在马尔萨斯（Malthus）的《人口论》一书中读到“繁殖过剩而引起竞争生存”时，大脑里突然想到，在生存竞争的条件下，有利的变异会得到保存，不利的变异则被淘汰，由此促进了对生物进化论的思考。意大利文艺复兴时期的著名画家拉斐尔（Raphael）想构思一幅新的圣母像，但很久都难以成形。在一次偶然的散步中，他看到一位健康、淳朴、美丽、温柔的姑娘在花丛中剪花，这一富有魅力的形象吸引了他，他立刻拿起画笔创作了《花园中的圣母》。

虽然灵感的闪现是扑朔迷离、难以具体捉摸，但是灵感并不神秘，它也是可以控制的一种思维活动。钱学森教授对此做了精辟的论述：“有一点是肯定的，人不求灵感，灵感也不来，得灵感的人，总是要经过一长段其他两种思维的苦苦追求来准备的。所以灵感还是人自己可以挖掘的大脑活动。”爱迪生也认为：“有些人认为我所以在许多事情上有成就是因为我有什么‘天才’，这也是不正确的。无论哪个头脑清楚的人，都能像我一样有成就，如果他肯拼命钻研。”他认为，天才是“1%的灵感加上99%的汗水”。事实正是这样，要想得到1%的灵感，就必须付出99%的汗水，只有付出了99%的汗水，才有可能获得1%的灵感。

那么，面对灵感，我们应该如何捕获呢？我们应该具备哪些素质呢？①长期的思想活动准备。灵感是人脑进行创造活动的产物，所以长期思考是基本条件。②兴趣和知识的准备。广泛的兴趣、丰富的知识经验有利于借鉴，容易得到启示，是捕获灵感的另一个基本条件。③乐观、镇静的情绪。愉快的情绪能增强大脑的感受能力。④注意摆脱习惯性思维的束缚。⑤珍惜最佳时机和环境。⑥要有及时抓住灵感的精神准备和及时记录下灵感的物质准备。许多有创造性精神的人，都曾体验过获得灵感的滋味，但因为事先没有准备，而没有及时记下这些灵感，事过境迁，就再也记不起来了。当然，并不是头脑里出现的灵感都有价值，但可以记录下来以后再慢慢琢磨，决定取舍。

第三节 创造性思维方法

一、组合思维

组合思维又称合向思维，是指人们把两种或两种以上的原理、方法、技术及构思，或是仪器、设备、材料及物品等适当地组合在一起，从而使之变成彼此不可分割的新的整体的一种思考方式。

组合思维作为人们常用的思维方式具有以下形式：①同类组合。同类组合是若干相同事物的组合。参与组合的对象在组合前后基本原理和结构一般没有根本的变化，往往具有组合的对称性或一致性的趋向。②异类组合。异类组合是两种或两种以上不同领域的技术思想的组合、两种或两种以上不同功能的物质产品的组合。③重组组合。重组组合就是在事物的不同层次分解原来的组合，然后再按照新的目标重新安排的思维方式。④共享与补代组合。共享组合是指把某一事物中具有相同功能的要素组合到一起，达到共享的目的。补代组合是通过对某一事物的要素进行摒弃、补充和替代，形成一种在性能上更为先进、新颖、实用的新事物。例如拨号式电话改为键盘式电话、银行卡代替存折。⑤概念组合。概念组合就是以词类或命题进行的组合。

在日常生活中，人们也会遇到组合问题。例如，家具的组合，居室环境设计中书画、工艺品、古董、雕塑、花卉等的组合，营养配餐，宴席设计，服装搭配等。在商业模式中，也有很多组合的实例。例如，牙膏+中医药=药物牙膏，电话+电视机=可视电话，手枪+消音器=无声手枪，还有电子秤、航空母舰、组合音响、电动自行车、傻瓜照相机、全自动脱干组合洗衣机等。最后，组合要求有广博的知识、丰富的实践经验、灵通的市场信息，要善于积累、勤于思索，将思维的触角向四处延伸，引发“共振”，从而产生1+1>2，1+1+1>3等效果。

案例2-2

创意从组合中来

1877年的一天，爱迪生将一张上面画着锡纸圆筒、螺旋杆、带有尖针和薄膜的圆头的图样交给一个工人去制造。这个工人虽然根据要求把爱迪生需要的东西制造了出来，但他不懂得这是个什么东西。当爱迪生把这台“会说话的机器”带到《科学美国人》杂志编辑部去表演时，各报记者都来观看，盛况空前。当爱迪生把针尖放在锡纸圆筒上，转动圆筒，发出记录在锡纸上的说话声音时，人们无不热烈欢呼。这就是爱迪生发明留声机的故事，而这也是爱迪生进行组合思维的结果：几件平凡的东西组合在一起，会产生令人意想不到的效果。正如美国阿波罗登月计划总指挥韦伯所说：“阿波罗计划中没有一项新发明的技术，是现成的，关键在于综合。”这里的综合，实质上就是组合。组合思维法就是对现有的实物加以组织，以形成形态、功能更优的事物的创造性思维方法。

日本伊仓产业公司于1974年开始做中药生意，他们从中国购进了大批中药。但当时日本人多习惯用西药，致使公司的中药滞销积压。怎样使公司走出窘境呢？最根本的是要使日本人逐渐理解中药的优点，拉近他们和中药的距离。而这些，不是一时所能奏效的。该公司的石川社长想到日本人吃茶的习惯。他想，要是把中药买卖和现代化的吃茶店组合起来，将成为一种新企业。在吃茶活动中可以逐步渗透中药意识，中药生意又可以与吃茶生意结伴，使顾客享受多种服务。于是，在东京中央区，一家“伊仓吃茶店”开张了。为消除以往中药店难闻的药味儿，石川用中药配成色香味俱佳的保健饮料，同时把店堂装饰得豪华瑰丽，播放流行的轻音乐，这与众不同的吃茶店自然高朋满座。再加上电视和报刊为之免费介绍宣传，更是吸引了大量顾客，过去不受人们重视的中药逐步变成抢手货。这样组合的吃茶店，其效益是茶店和药店分开经营时的好几倍。

创新思维中的组合思维法有着广泛的含义。把中药店和吃茶店融合改造成现代化吃茶店，是两种商业活动的组合。广泛的组合能创造出许多新的业绩。据统计，在 20 世纪 50 年代以后的各种发明中，组合法占有较大比例。

二、发散思维

发散思维又称辐射思维或扩散思维，就是从一个目标或思维起点出发，沿着不同方向，顺应各个角度，提出各种设想，寻找各种途径，解决具体问题的思维方法。发散思维是一种动态的并有多维度、多层次的空间思维，在创造性活动中起了重要的、积极的能动作用，把创新思维推向一个更高的层次，获得解决问题的最佳途径。不少心理学家认为，发散思维是创造性思维的最主要的特点，是测定创造力的主要标志之一。著名的心理学家吉尔福特（Guilford）指出："人的创造力主要依靠发散思维，它是创造性思维的主要部分。"发散思维对问题从不同角度进行探索，从不同层面进行分析，从正反两极进行比较，因而视野开阔、思维活跃，可以产生大量的独特的新思想。发散性思维具有流畅性、变通性、独特性、多感官性的特点。

发散思维具有以下形式：①立体思维。思考问题时跳出点、线、面的限制，立体式地进行思维。②平面思维。以构思二维平面图形为特点，如用一支笔在一张纸上一笔画出圆心和圆周。③侧向思维。从与问题相距很远的事物中受到启示，从而解决问题。④多路思维。解决问题时不是"一条路走到黑"，而是多角度、多方面地思考，这是发散思维的最一般的形式（逆向、侧向、横向思维是其中的特殊形式）。企业在开发产品的过程中，要运用发散思维法，利用优质品牌效应，开发名牌系列产品，使销售、服务延伸拓展。商场、超市要运用发散思维法策划营销方法，广泛寻找促销、服务的办法，开拓商机。

案例 2-3

保存新鲜牛乳的方法

19 世纪中叶，一次海上航行中的某一天，一名叫葛尔波顿的美国籍顾客忽闻甲板上传来一阵号啕大哭，他循声快步挤入围观人群一看，原来是几名妇女正在为她们的婴儿举行海葬仪式，这些婴儿都是因为吃了变质的牛乳而死的。那时候，人们虽然已普遍用牛乳喂养婴儿，但由于缺少有效保藏新鲜牛乳的技术，屡屡发生婴幼儿不慎吃了变质牛乳而丧命的痛心之事。这一悲伤痛心的场面深深刺激着葛尔波顿，他决心研究出能有效保存新鲜牛乳的方法。

回到纽约，他立即动手研究，反复实验，拜师……最后终于发明出一种减压蒸馏的方法，成功达到了妥善保鲜牛奶的目的。紧接着，他更上一层楼，发明了在牛奶中添加适量糖分的方法，进一步提高其防腐能力，葛尔波顿把这一产品命为炼乳。1853 年，世界上第一家炼乳加工厂在葛尔波顿的手下宣布诞生了。从此，罐桶封装的婴幼儿"生命之乳"——炼乳，就以其保营养、保鲜美、风味甘甜、长期不变质等特点，走进了千家万户，至今仍畅销不衰。

三、超前思维

超前思维也称预测思维法或未来思维法，是一种根据客观事物的发展规律，先于客观事物的发展变化而出现的符合事物发展趋势、具有科学预见性的意识。这种思维不仅能够突破已知的局限，还能突破未知的局限，从已知走向未知；不仅能够超越现实的局限，还能超越未来的局限，从而从现实走向未来。可见，超前思维就是一种革命思维、一种科学思维、一种创新思维。超前思维具有未来指向性、不确定性、动态发展性等特点。

超前思维的基本特征为：①否定性。超前思维是一种否定对象的逆向思考，是从反面或对立面来思考一个事物，把事物或观念中落后的、过时的、没有价值的东西排除，肯定其中进步的、新鲜的、有价值的东西，并在此基础上创造出新的事物或观念。②独立性。超前思维首先来源于个体的独立见解。这种见解越超前，对未来预见的成分越多，越不容易被人们所理解和承认，有的则要付出巨大的代价。③超越性。这种超越主要是从现实的发展过程出发，指明前进的方向，预见未来。④变革性。超前思维是在事物变革之前产生的一种变革性思维。

企业对市场、技术也应该进行超前性的研究，预测市场需求的变化和走向，提前采取措施，做好必要的准备，提前研究新技术，开发新产品，从而使企业在市场经济的浪潮中立于不败之地。在现代社会企业中，管理者的超前思维对于推动管理实践、顺应时代潮流、增强管理者的创新意识、促进管理决策科学化，从而提高管理绩效和完善管理艺术，都具有重要的时代意义和现实价值。

可见，超前思维对于管理者具有特殊的重要性，但这并不是说它的作用是万能的。由于超前思维具有不确定性和或然性，它只能供管理者在进行管理决策时参考，而不应当作主要依据。否则，过度夸大超前思维在管理中的作用，就会给管理工作带来较多风险和损失，这是应该尽量避免的。

案例2-4

盛田昭夫的超前思维

日本索尼的老总盛田昭夫具有非凡的超前思维。最早，美国贝尔实验室的研究人员在1947年12月用两根针压在一小块锗片上，成功地研制出世界上第一个晶体管放大装置，可以将音频信号放大上百倍。科学家肖克利（Shockley）在对这种早期晶体管的工作机理进行分析的基础上，推出PN型晶体管，美国西方电器公司将其用于助听器，仅此而已。然而，具有远见卓识的索尼公司老总盛田昭夫却超越当时的思维，用未来的眼光敏锐地预见到晶体管的意义重大，将会给世界微电子工业带来一场革命。他力排众议，在1953年以2.5万美元买下生产晶体管的专利。经过多次试验，索尼公司于1957年成功地研制出世界上第一台能装在衣袋里的袖珍式晶体管收音机。首批生产200万台索尼收音机。一投放市场，就出现了爆炸性的销售效果。索尼公司由此而名扬全球，甚至就此带动了日本的微电子工业在世界上独领风骚数十年。

四、收敛思维

收敛思维也称集合思维，它是相对于发散思维而言的。它与发散思维的特点正好相反，它的特点是以某个思考对象为中心，尽可能地运用已有的经验和知识，将各种信息重新进行组织，从不同的方面和角度，将思维集中指向这个中心点，从而达到解决问题的目的。这就好比凸透镜的聚焦作用，可以使不同方向的光线集中到一点，从而引起燃烧。如果说，发散思维是由“一到多”的话，那么，收敛思维则是由“多到一”。收敛性思维犹如下象棋，所有步骤的最终目的就是“将”死对方的帅。

收敛思维具有以下特征：①封闭性。发散思维的思考方向是以问题为原点指向四面八方的，具有开放性；收敛思维则是把许多发散思维的结果由四面八方集合起来，选择一个合理的答案，具有封闭性。②连续性。发散思维的过程是从一个设想到另一个设想时，可以没有任何联系，是一种跳跃式的思维方式，具有间断性；收敛思维的进行方式则相反，是一环扣一环的，具有较强的连续性。③求实性。发散思维所产生的众多设想或方案，一般来说多数都是不成熟的，也是不实际的。我们也不应对发散思维做求实性的要求，而对发散思维的结果必须进行筛选。收敛思维就可以起到筛选作用，被选择出来的设想或方案是按照实用的标准来决定的，应当是切实可行的。这样，收敛思维就表现出很强的求实性。④聚焦性。聚焦性就是围绕问题进行反复思考，有时甚至停顿下来，使原有的思维浓缩、聚拢，形成思维的纵向深度和强大的穿透力，在解决问题的特定指向上思考，积累一定量的努力，最终达到质的飞跃，顺利解决问题。

收敛思维是一种求同思维，要集中各种想法的精华，达到对问题的系统、全面的考察，为寻求一种最具有实际应用价值的结果而把多种想法理顺、筛选、综合、统一。要想做到收敛思维必须集中注意力，将思维指向一个中心，考虑问题遵循严格的程序，先做什么，后做什么，一步接一步，思维才会少有漏洞，最终才能使问题的解决有章可循，提高效率。

案例2-5

日本公司的情报收集

大庆油田是我国在20世纪60年代勘探、开发的大油田。当时，绝大多数中国人不知道大庆油田在哪儿，但日本人却对大庆油田了如指掌。日本人首先从中国画报刊登的铁人王进喜的大幅相片上推断出大庆油田在东北三省偏北处，因为相片上的王进喜身穿大棉袄，背景是遍地积雪。接着，他们又从另一幅肩扛人推的照片中推断出油田离铁路沿线不远。他们从《人民日报》的一篇报道中看到一段话：王进喜到了马家窖，说了一声：“好大的油海啊，我们要把中国石油落后的帽子扔到太平洋里去！”据此，日本人判断，大庆油田的中心就在马家窖。大庆油田什么时候产油的？日本人判断：1964年。因为王进喜在这一年参加了第三届全国人民代表大会，如果不出油，王进喜是不会当选为人大代表的。日本人还准确地推算出大庆油田油井的直径大小和石油产量，依据是《人民日报》上一幅钻塔的照片和《人民日报》刊登的国务院政府工作报告：用当时公布的全国石油产量减去原来的石油产量，十分简单——日本人推算出大庆的石油年产量为3000万t，与大庆油田的实际年产量几乎完全一致。

有了如此多的准确情报，日本人迅速将众多情报进行综合提炼，并设计出适合大庆油田开采石油用的设备。当我国政府向世界各国征求开采大庆油田的设计方案时，日本人一举中标。

五、迂回思维

迂回思维又称变通思维、侧面思维，是指思维的发展过程不是笔直的直线式前进，不是总在思考如何正面、直接地克服障碍、解决问题，而是让思维过程适应某些问题及问题的某些发展阶段的实际情况与需要，在一定时间内暂时离开直线轨道，转入一个曲折蜿蜒、绕道前行的发展阶段的思维习惯。

创新活动有时带有一定的模糊性，一下子就能将事物看穿的情况并不多见。这就要求人们一方面要保持对解决问题的毅力和耐心；另一方面在必要时采取另辟蹊径、转而进取，甚至以退为进的方式，使难题迎刃而解。

迂回思维方式的基本特点有：①迂回取道。在人们遇到难以克服的困难时，应另辟蹊径，或降低难度，或减少代价，以曲代直，以求消除困难。②间接迂回。通过寻找“中介点、中转站”的办法，以之为跳板，巧妙连接，以解决难题。③避实击虚。发现万事万物中的“虚”的部分，从而避实击虚，达到拾遗补阙、填补空白的效果。④先抑后扬、以退为进。在对待利弊得失时，要着眼大局，立足长远。为了能更好地进取，有时不得不放弃眼前的利益，有时不得不先做一些策略上的退让。

运用迂回思维的基本特点就是避直就曲，通过“拐个弯”的方法，规避位于正前方的障碍，走一条看似复杂的曲线，却可以尽快到达目的地。这是迂回思维的智慧，也是迂回思维的魅力所在。

案例2-6

洗碗机营销中的迂回思维

全自动洗碗机是一种先进的厨房家用电器，是发明家适应生活现代化的创新杰作。然而，当美国通用电气公司率先将全自动洗碗机摆在电器商场的货架上后，却出人意料地遭到冷遇。

尽管使用了任何手段进行广告宣传，人们还是对洗碗机敬而远之。从商业渠道传来的信息也极为不妙，新研发的洗碗机眼看就要夭折在它的投放期内。通用电气公司经过市场调查发现，原来是消费者的传统观念在起作用。人们普遍认为，连十来岁的孩子都能洗碗，自动洗碗机在家中几乎没有什么用，即使使用它也不见得比手工洗得好。用机器洗碗先要做许多准备工作，增添了不少麻烦，还不如手工洗来得快。而且自动洗碗机这种华而不实的“玩意儿”将损害“能干的家庭主妇”的形象。一部分人则不相信自动洗碗机真的能把所有的碗洗干净，认为机器太复杂，维护修理起来肯定困难。还有一些人虽然欣赏洗碗机，但认为它的价格让人无法接受。

顾客是“上帝”，他们不购买新产品，总不能强迫他们购买。在无可奈何的情况下，通用电气公司只好请教市场营销设计专家，看他们有何金点子。智囊们经过一番分析推敲，终于想出一个新办法：建议将销售对象转向住宅建筑商。起初，人们对该建议普遍持怀疑态度——建筑商并不是洗碗机的最终消费者，他们会乐意购买吗？在通用电气公司的公关人员的说服下，建筑商同意做一次市场实验：他们在同一地区，对居住环境、建造标准相同的一些住宅，一部分安装自动洗碗机，一部分不安装。结果，安装有自动洗碗机的房子很快被卖出或租出去了，其出售速度比不安装自动洗碗机的房子平均要快两个月。这一结果令住宅建筑商受到鼓舞。当所有的新建住房都希望安装自动洗碗机时，通用电气公司生产的自动洗碗机的销售便十分畅通了。

本章小结

人类的活动史就是一部创造史，而人类智慧的核心内容——创造性思维，是人类从事创造性活动的精神源泉。本章首先从创造性思维理论的历史发展过程出发，从人的特殊思维品质、思维活动、思维系统与思维价值以及特殊才能的角度，分析了创造性思维的内涵。沃拉斯的四阶段模型、斯滕伯格的创造力三维模型理论、若宾的最高级思维模型是创造性思维的三种具有代表性的思维理论，求实性、灵活性、跨越性、批判性、联想性、综合性和风险性是创造性思维的主要特征。创造性思维能产生新颖性的思维结果，也包含多种多样的实现形式。常见的创造性思维形式有创造性经验思维、形象思维、联想思维和灵感思维。创造性思维方法包括组合思维、发散思维、超前思维、收敛思维、迂回思维。创新是一个民族进步的灵魂。培养创造性思维不仅是企业保持旺盛生机和活力的源泉，也是国家兴旺发达的不竭动力。创造性思维可以使人们不断获得新知识，提升人们的认识能力和水平，激励人们进一步进行创造活动，也可以帮助人们积极思考，从而不断产生新的创新思想和作品。只有明确了创造性思维的培养途径，人们才能有意识地培养创造性思维，并能做到将其灵活运用。

课后练习

1. 什么是创造性思维？它有哪些特征？
2. 创造性思维的基本形式与方法有什么区别？
3. 为什么要培养创造性思维？
4. 企业管理与创造性思维的联系是什么？
5. 在企业管理中如何发挥创造性思维的优势？
6. 下面是10个题目，如果符合你的情况则回答“是”，不符合则回答“否”，拿不准则回答“不确定”。评分标准如表2-1所示。

(1) 你认为那些使用古怪和生僻词语的作家纯粹是为了炫耀。

(2) 无论什么问题，要让你产生兴趣，总比让别人产生兴趣要困难得多。

(3) 你不看好那些经常做没把握事情的人。

(4) 你常常凭直觉来判断问题的正确与错误。

(5) 你善于分析问题，但不擅长对分析结果进行综合、提炼。

(6) 你审美能力较强。

(7) 你的兴趣在于不断提出新的建议，而不在于说服别人去接受这些建议。

(8) 你喜欢那些一门心思埋头苦干的人。

(9) 你不喜欢提那些显得无知的问题。

(10) 你做事总是有的放矢，不盲目行事。

表 2-1 评分标准

题　号	“是”评分	“不确定”评分	“否”评分
1	-1	0	2
2	0	1	4
3	0	1	2
4	4	0	-2
5	-1	0	2
6	3	0	-1
7	2	1	0
8	0	1	2
9	0	1	3
10	0	1	2

评价：

得分 22 分以上，说明被测试者有较高的创新思维能力，适合从事环境较为自由、没有太多约束、对创新性有较高要求的职业，如美编、装潢设计、工程设计、软件编程人员等。

得分 21～11 分，说明被测试者善于在创新性与习惯做法之间找到均衡，具有一定的创新意识，适合从事管理工作，也适合从事其他许多与人打交道的工作，如市场营销等。

得分 10 分以下，说明被测试者缺乏创新思维能力，属于循规蹈矩的人，做事总是有板有眼、一丝不苟，适合从事对纪律性要求较高的职业，如会计、质量监督员等。

延伸阅读

麦当劳公司：老“题目”新贡献

麦当劳公司是闻名全球的快餐王国。如今，麦当劳公司已在美国的 50 个州和世界 40 多个国家和地区开设了 1 万多家快餐连锁店。它的法式炸薯条采用计算机控制，制作时间不超过 7min。不满 10min 就能烘制好汉堡包，每天售出汉堡包近 2 亿个。所制出的冻肉馅饼规格、大小、重量都相同。食物送至顾客手中只需 60s。它的年销售额已愈 100 亿美元，资产总额达 10 多亿美元，股票市价一直处于稳定增长之中。然而，麦当劳公司所拥有的另一项无形宝贵财富是：美国一家公司调查世界消费者所得出的世界十大名牌中，麦当劳名列第八，成为美国企业的典范。麦当劳公司的创始人雷·克洛克（Ray Kroc）作为一个新企业的开创者，被人们永远铭记。他在食品服务业这一“老题目”上做出的新贡献，足可与洛克菲勒在石油提炼业、卡内基在钢铁业、福特在汽车装配流水线的功绩相媲美。

1954 年，当麦当劳汽车餐厅在加利福尼亚州圣贝纳迪诺市开张营业时，克洛克便一眼看出了麦当劳公司正在填补食品服务业的一块巨大空白。他在这一行业干了 25 年，比任何专家都更清楚方便食品巨大的潜在市场。他意识到，正可借此机会大力开拓麦当劳公司已占领的快餐市场。麦当劳公司是由莫里斯·麦当劳和莫查德·麦当劳兄弟俩于 1928 年建立的。他们发展了流水线生产汉堡包搭售法式土豆煎片的经营方式，率先采用标准化牛肉小馅饼、标准化配菜系列，并用红外线灯光照射保持土豆片清脆爽口。餐馆前上方竖有一面大型双拱招牌，食品价格相当便宜，生意好得出奇，年营业额高达 25 万美元。当时除了加利福尼亚州外，麦当劳还另有6家分店。但麦当劳兄弟十分保守，不愿进一步发展，克洛克对它的印象极为深刻。他随即前往与麦当劳兄弟谈判，购买了出售麦当劳店名的特许权，并负责向其他特许经营者出售全套服务标准和项目。6年后，即1960年，克洛克出资270万美元，全部买下了麦当劳兄弟的资产和经营权，以“麦当劳”为名开创了一番新天地。

克洛克首先大刀阔斧地着手改革麦当劳的联营分销体系，向对公司发展有重大影响的四种人发动了宣传、广告攻势：未来的供货者、年轻有为的经理、公司第一批贷款者和联营者。他娓娓不倦地描述和开诚布公的态度终于打动了这些合作者，从而使他的计划得以迅速推广。克洛克的联营思想确实别具一格、与众不同，不但为自己，而且为别人着想，想方设法使联营者取得成功。克洛克认为，敲诈一下，发一笔财并非长久之计，相反，必须为联营者提供服务，与其建立相互信任的关系。一旦联营者失败，他自己也无法得到成功。所以，他总是鼓励联营者发表新设想，以有利于改进麦当劳的餐馆分销体系，并以惊人的坦率与联营者以诚相待。在克洛克的努力之下，麦当劳公司赢得了一大批具有开拓精神的联营者，而这批联营者的创造性工作为推动麦当劳公司的发展和树立良好的公众形象起了巨大的作用。

可以说，麦当劳对美国企业界的最大冲击是在顾客看不到的领域内——食品业的流水作业。20世纪50年代末期，大部分工业都实现了专业分工，提高了生产效率，唯有食品业例外，最明显的阻力是食品业的各项配料涉及面太广，且批量小，无法搞流水作业。克洛克认为，麦当劳的快餐服务与以往的餐馆服务迥然不同，其经营模式为实现专业分工提供了一个大好的机会。麦当劳公司的成功，一个重要原因是得益于它的专业分工。麦当劳的一些早期经营者，大多没有经营餐馆的经历，然而，这也使他们摆脱了传统的框框，反而成为一件好事。为了麦当劳的发展，没有什么想法是不值得一试的。麦当劳的每一步发展都是反复实验的结果。麦当劳公司的专家沿着生产链溯源而上，对食品供应和设备供应进行了大胆改革。他们改变了农民种植土豆的习惯和农产品公司加工土豆的工序，改变了牧场饲养菜牛的方式和生产乳制品的方法，改革了肉制品厂成品生产程序，还发明了前所未有的高效率的烹调设备，探索了食品包装和分发的新途径。确实，近30年来，麦当劳公司在实现食品加工和分发现代化方面取得了无与伦比的功绩。这一变革是从美国最受欢迎的普通食品——汉堡包、法式炸薯条和冰淇淋牛奶开始的。特别是法式炸薯条，麦当劳花费了10年时间和300万美元资金，最终获得了重大的成功，销售量从原占土豆制成品总销量的5%激增到25%。这一变革极大地改善了麦当劳的形象，因为10美分一包的法式炸薯条被认为是最理想的大众食品。今天在麦当劳经营的餐馆就餐的顾客中，每6个就有4个买法式炸薯条。

麦当劳公司认识到，快餐业的“产品”服务不仅限于食品一项，但能否提供上乘的食品却是经营成功的关键所在。为此，麦当劳公司投入了大量的资金、精力改进它的食品系列，尽力向顾客供应简单易得、色香味正、品种繁多、引人回头的各种大众食品。麦当劳的主要产品——汉堡包，最初出现在中世纪的东欧国家，用钝刀剁碎生牛肉塞进面包即成。波罗的海商人将这种吃法带到德国的汉堡港，在那里直到现在还有人按以前的方法进食生牛肉馅饼。德国移民后将其带到美国，起初只在辛辛那提和圣路易斯等地流行。据记载，第一次大规模供应汉堡包是在1904年的圣路易斯世界博览会上。麦当劳公司在强调产品和服务工作标准化的同时，鼓励员工进行新产品开发和现有产品及服务的改进、完善。公司不仅组织专业技术人员积极研制，而且大胆吸收特许经营者反映的各种改进意见。公司发展史上的许多重大突破和创新就是这些特许经营者提出的。例如，特许经营者卢·格罗恩在辛辛那提市一个罗马天主教徒比较集中的地区开有一家快餐店，平时生意都不错，可是一到星期五销售量就会下降一半以上。他试着推出一种鱼片三明治，结果销售量大增。后来这一品种成了麦当劳各分店菜单上的固定项目，名字就叫“鱼片”。这是公司第一次突破了汉堡包、法式炸薯条和饮料的一贯制品种范围。匹兹堡的特许经营人杰姆·德利加蒂发现附近一家快餐店出售一种大个汉堡包，生意兴隆，吸引走了不少顾客。于是，他在芝麻饼中夹进两份牛肉馅，几片莴苣、葱花、奶酪，外加少许特别果酱，做成了味足量大、营养全面的巨型汉堡包，突破了克洛克以前定下的标准（肉馅必须是1.6oz，小面包直径必须是3.5in），销售量果然增长可观。后来公司全盘采用这种制式，起名为“巨无霸”，很快成为各分店的头号畅销品种。

另外有一位名叫赫伯特·彼得逊的特许经营人，在1972年对营业时间和经营品种进行了令人注目的改革。他在加利福尼亚州的圣巴巴拉开有数家分店。彼得逊想到，顾客中喜欢鸡蛋的一定大有人在，就像他非常喜欢“本尼迪克特蛋卷”一样。如果他将鸡蛋按麦当劳的方式加工，并将原先10点开门营业提前至7点，一定会吸引大批吃早餐的顾客。经过半年试验，他推出了“快速早餐”，即在英式松饼中夹进一些加拿大火腿、奶酪和一个鸡蛋。到1976年，大部分麦当劳快餐店都采取了彼得逊这一做法。结果一年内，仅此一项便增加了10%的销售额。随后，早餐食品新添了许多花样，如果汁、丹麦油酥面饼、英式松糕、香肠热饼、摊鸡蛋土豆泥等。1975年，公司成功推出了“麦当劳世界”小甜饼系列产品，口感适中，属香草型。小甜饼的形状采用公司广告中早已为人熟知的奇人怪物造型。这一产品极受儿童喜爱，畅销不衰。早在1971年，麦当劳便开始全面、详尽地研究鸡肉系列食品了。这一领域开拓困难较大，因为以外表酥脆、内部柔软为特点的肯德基炸鸡已领先占领了市场。1980年，麦当劳推出两种鸡肉产品进行试销。一种是“麦克鸡三明治”，包括一块圆面包、莴苣碎片、一块红白鸡肉相掺的无骨鸡肉馅以及足量的类似于蛋黄酱的调味汁；另一种叫“天然块金鸡”，即将鸡肉切成一口一块大小，辅以各种酱和汁料，出售时由顾客选用。经过一段相当长时间的试销，证明这类产品具有较高的竞争力，于是公司菜单上又添了一个品种。在一般情况下，麦当劳公司总有20余种新产品处于不同的试制阶段，一种产品即将试销结束，早有数个建议通过初步审查，进入配方研究、口味调查、制作工艺确定等不同研究阶段。大多数研制的新产品往往到不了最后试销阶段就被放弃。原因很多，最主要的是食品市场对新产品的考验特别严峻。人们从未对普通食品的优劣定下过什么标准，而正是因为没有标准，人们的随意性就大，所以就显得格外困难。这种情况并非仅是麦当劳所有，整个快餐业都是如此。因此，麦当劳公司对新产品的试销特别谨慎，不仅审查严格，而且试销的时间长、范围大。尽管这样，麦当劳仍然经历了无数次开发失败，如烤牛肉三明治、菠萝汉堡包、三波冰淇淋蛋卷、碎牛肉三明治、麦克牛排等。但是，从整个行业看，麦当劳的成功率还是很高的。

麦当劳在激烈的市场竞争中保持不败之地，在很大程度上有赖于其坚持“Q、S、C”方针，即品质上乘（Quality）、服务周到（Service）、地方清洁（Cleanness）。品质上乘：麦当劳公司对产品的质量有严格的标准，要求端到顾客面前的所有食品均须处于最佳状态。汉堡包出炉10min尚未出售一律倒进垃圾箱，法式土豆片的保鲜时间为7min，咖啡冲好后最多可以保留半小时，并对食品的原料、配料和制作过程有相应的规定。服务周到：为了保证服务质量，麦当劳物色经理人员，要求能够懂得“人际关系学”，善于接待顾客，必须在

“汉堡大学”接受专门训练，获得“汉堡包学”学士学位。新招的员工必须经过10天职业训练，合格后才能正式担任服务员。因此，麦当劳快餐店的服务效率很高，顾客一站到柜台前面，放在纸盒和纸杯内的汉堡包和咖啡便热气腾腾地送到顾客面前。即使在最忙时，也只需一两分钟。为了做到能快速服务，服务员“一身三任”，即负责管理收银机，又开票，还供应食品。顾客只需排一次队，就能取到所需食品。地方清洁：麦当劳快餐店敢于向“廉价餐厅不清洁”的偏见挑战，制定了严格的卫生标准。其中包括工作人员不准留长发，妇女带发网，餐馆内不出售香烟和报纸，器具全部使用不锈钢的，顾客一走便清理桌面，凡是丢落在地下的纸片，必须马上拾起来，等等。平时，总店还经常派人员到各处搞突击式检查，若发现问题，及时处理、纠正。这使得麦当劳快餐店始终保持着清洁的环境，虽不豪华，但窗明几净，许多人乐意前来就餐。

麦当劳公司在营销上，成功地塑造了“麦当劳叔叔”的生动形象。这个麦当劳叔叔原是德国的一家分店发明的，由于形象可爱，容易给顾客，尤其是少年儿童欢乐的感觉，于是，麦当劳在世界各地快餐分店都推广了受孩子们喜爱的麦当劳叔叔，并经常出现在电视广告上，演出逗人的节目。麦当劳每年的广告费多达30000多万美元，占全年销售额的4%。麦当劳叔叔成为世界各地少年儿童的亲密伙伴，不仅仅是因为他形象可爱，麦当劳还为这些小顾客们动了不少脑筋，打造了一个新乐园。为了吸引孩子，麦当劳各分店都专门设有儿童游乐园，供孩子们边吃边玩，并重金聘请著名小丑表演滑稽逗乐节目，拍成录像播放，常使孩子们笑得前仰后合，非常开心。因此，每到星期六、星期日，孩子们总要吵着让父母带他们到麦当劳快餐店去。在快餐店，孩子们可以在儿童乐园里玩耍，父母既可以隔着大型玻璃窗关注孩子们的安全，又可以不受孩子们干扰而静心用餐。

第三章

创新与创意开发

核心问题

1. 什么是创意？它的特征是什么？
2. 创意开发活动要素包括哪些内容？创意开发过程分为哪些阶段？
3. 创意开发的具体方法有哪些？
4. 创意开发与创造、创新之间有什么关系？

学习目标

1. 了解创意的内涵及特征。
2. 明确创意开发的活动要素和具体开发过程。
3. 学会灵活运用创意开发方法进行创意活动。
4. 把握创意开发、创造、创新之间的关系。

引例

创意的真谛

一则寓言中曾讲到，率军征战的亚历山大大帝在占领了小亚细亚的一座小镇后，有人请他观看一辆神话传说中皇帝的战车，车上有一个用来套辕杆的皮带奇形怪状地纠缠起来的结。据说驾驭这辆战车的皇帝曾预言，解开这个奇异的“高尔丁死结”之人注定会成为亚细亚（亚洲）之王。但所有试图解开这个结的人都无一例外地以失败告终。亚历山大兴致顿生，决心一试。在苦思冥想仍一筹莫展之后，他手起刀落，一下子把死结割为两段，并大声宣布：“这就是我自己的解结规则！”从此，亚历山大就成为了亚洲之王。

许多时候，思路一变天地宽。许多看似困难的事情之所以能够最终做成，就像亚历山大解开奇异的“高尔丁死结”一样，常常是突破常规思维的结果。

这个寓言深入浅出地道出了“创意”二字的真谛。也许，创意本身就是一个怪结，没有人能把它解开，它也没有一个真正意义上的解释和定义。但可以肯定的是，创意绝不是一般意义上的模仿、重复、循规蹈矩、似曾相识，大多数人都能想到的不会是好的创意，甚至根本就谈不上创意。正如现代画家李可染曾说过的那样："踩着前人的脚印前进，最佳结果也只能是'亚军'。"因此，好的创意必须是新奇的、惊人的、震撼的、实效的。"物以稀为贵"是事物亘古不变的通则。死结意味着根本无法解开，那么就必须采取超乎寻常的非凡手段。亚历山大的故事给了人们一个很好的启示，今天的创意人是否也应思考一下：他能用剑劈，我们为什么不能用火烧呢？

以上这则小故事向人们展示了创意带来的巨大效应。新颖、独特、优秀的创意是一个人赢得成功的法宝，也是一家企业制胜的关键。那么，到底什么是创意呢？

第一节　创意的内涵及特征

一、创意的内涵

创新一向被视为人类本质的最高表现，没有创新，就没有社会进步，就没有人类的未来。实践没有止境，创新也没有止境，创新是一个民族进步的灵魂，是一个国家兴旺发达的不竭动力。而创意是创新的开始，是创新的源泉，任何伟大的创造，初始时往往只是一种思想的火花。这种思想的火花基于对传统的继承与叛逆，是打破常规的哲学，是破旧立新的创造。进入21世纪以来，人类社会正逐步迈向一个创意经济时代，不再是简单的工业经济时代的规模决定一切，也不再是信息革命时代的技术万能，人的创造力、想象力、创意成了核心，创意也逐渐成为推动经济发展的核心和主导力量。

创意（Creative）是一个从西方引入的外来词，也可译为创造性，对应的名词是创造力或创新力（Creativity）。一般而言，"创意"是人们平常所说的"点子""主意"或"想法"，一般源于个人创造力、技能和才华。进而言之，创意是"人类经历（概念和直觉的混合物）的整合，它们可能是简单的或者是复杂的；伟大的创意——不管是源自发达国家还是发展中国家——都能够产生巨大的新价值和财富"。可见，在知识经济前提下，创意是新的"流通货币"。随着创意经济的出现，创意的本质深化为科学技术和艺术创造的结合，此结合力使人们重新认识到科学技术包含感性认识、艺术气质和美学内涵等方面，更强调个人的天赋。

创意是将一些简单、平凡的元素或生活智慧经过不断延伸、整合，赋予另一种意趣、表现方式或呈现形态的过程。对创意内涵的定义，可以从宏观和微观两个方面具体理解。

从宏观方面讲，创意是对传统的叛逆，是打破常规的哲学，是大智大勇的同义，是导引递进升华的圣圈，是一种智能拓展，是一种文化底蕴，是对宏观微缩的审视，是对点题造势的把握，是跳出"庐山之外"的思路，是超越自我超越常规的导引，是智能与文化神奇组合的经济魔方，是思想库与智囊库的能量释放，是推动社会不断发展变化的强大动力，是深度情感和理性的思考与实践，是思维碰撞、智慧对接，是创造性的奇思怪想，是投资未来、创造未来的过程。

从微观方面来看，创意是生产作品的能力，这些作品既新颖（也就是具有原创性，是不可预期的），又恰当（也就是符合用途，适合目标所给予的限制）。这个比较广泛的定义有助于我们的讨论。作为创意产业或创意经济中的创意，创意经济的研究者们有着明确的界定。被誉为“创意产业理论之父”的约翰·霍金斯（John Howkins）在其《创意经济——如何点石成金》一书中指出：创意是能够给人类带来快乐的基本的普遍的天赋，是催生某种新事物的能力，它表示一人或多人创意和发明的产生。霍金斯进一步指出：任何创意都拥有三个基本条件，即个人性、独创性和意义。首先，人不是物体，人类具有创意，创意需要个人观察某些或表面或深层的东西，然后让它们成型；其次，创意又是独创性的，它可以是全新的“从无中形成”，也可以是赋予某物新的特征，即“崭新”或“独特”；最后，创意又具有深远意义，它一方面满足人们创造的需求，带来创造的愉悦，另一方面还会经由知识产权法和市场使个人性、原创性的创意转变成创意产品，实现创意的商业化、市场化运作，从而实现创意的巨大经济价值。霍金斯还特别指出，创意在科学研究和开发领域与在艺术创造领域相比同样活跃。

综上所述，创意是经济主体通过创造性思维活动而获得的，是对某种潜在获利机会的原创性识别与认知。因此，创意作为一种原创性的知识，它既可以是某种点子、想法，也可以是某种策划、思路或解决方案；既可以是某种新发明或新技术的内心感知，也可以是对某种新的要素组合方式、新的商业模式或新的市场需求的前瞻性判断与敏锐洞察。因此，“创意”的内涵可理解为源于个人自身文化和经验积累而获得的个人天赋，并能在经济、社会和技术高度发达的社会中迅速转化为获得财富的新思想和新观念。

二、创意的特征

作为一种特殊的生产要素，创意不同于一般的已经显性化、编码化的知识，具有创造性、难言性、价值性、理由充分性、不确定性、互补性六大特征。

1. 创造性

创意首先应当具有创造性，这是创意的本质特征。凡是创意，必然对原有思想、理论、技术、方法等有重大突破，并提出新的思想、理论、技术、方法等。创意是对现有的不合理事物的扬弃，革除过时的内容，确立新事物。马克思和恩格斯就是突破了黑格尔的唯心主义辩证法，费尔巴哈的形而上学唯物主义，亚当·斯密、李嘉图的政治经济学，以及圣西门、傅立叶、欧文的空想社会主义等的局限性，同时吸收了他们学说中积极的、合理的东西，从而创立了马克思主义。爱因斯坦突破了牛顿把时间、空间和物质运动割裂开来的绝对的、机械的时空观，揭示了高速条件下时间、空间与物质运动的变化规律，创立了狭义相对论与广义相对论，为日后世界上一系列重大科学技术创新奠定了崭新的理论基础。

2. 难言性

创意的难言性体现在某种观念、想法、灵感等是非标准化的，难以准确描述和表达。创意的产生高度依赖于个体的体验、直觉和洞察力，是难以充分交流的。

3. 价值性

创意具有“始创”“修旧”之意。从古今中外的历史来看，“创意”的主要特点是“始创”，即前无古人，独自创造。我国古代三大发明（火药、指南针、印刷术）当时在世界上是首创的；西方国家的三大能源发现（蒸汽能、电能、原子能）也是首创的。首创的意义在于第一个揭开了某一领域、某一方面的秘密，第一次揭示了某种内在规律，或发现、发明某种新理论、新技术、新方法，引起经济、社会的重大变革。创意有明显、具体的价值，对经济社会具有一定的效益。在数不胜数的广告创意中，“百年润发”电视广告品牌形象的独特定位、商业性和文化气质完美结合，给人以心灵的震撼，堪称是具有中国特色的经典之作。著名影星周润发为女主角洗头发这个创意，由于点破了女性内心深处的渴求，也将周润发的魅力发挥到极致，把品牌与明星有机地结合在一起。百年润发的创意是新颖独到的，它别具匠心地赋予了“百年借古抒情”，古老的形式现代化，这是大胆创新，也是对民族文化的继承和发扬。广告中对中华民族文化下的美好联想，以及背景音乐中铿锵的锣鼓、委婉的京胡，也使京剧、二胡等国粹大放异彩。优美的视听觉语言、精良的制作，使得品牌形象在重复中加深，在加深中难忘，它也因此荣获第五届全国影视广告金奖，当之无愧。

4. 理由充分性

任何创意都是建立在充分的根据之上，具备充足的理由，绝不是凭空想象，更不是胡思乱想。创意的产生总是以一定的事实为依据，在现实的基础上加以想象和联想，最终得到新颖的想法。

5. 不确定性

创意的不确定性集中体现为其使用价值和价值实现的未知性。例如，某种创意能否转化为某种现实的物化产品（服务），这种现实的物化产品（服务）能否被市场所接受，等等。这些在事前大都是未知的，只有最终经过市场的检验，才能够有明确的答案。

6. 互补性

创意的互补性体现在其是在已有知识存量基础上的一种增量知识，是一种分裂知识，是人类社会知识分工的一种深化。其本身并不直接转化为现实生产力，只有与已有的各种相关知识及各种类型的要素资源有机结合起来，并发生不同程度的嬗变，才能有效发挥自身的目的性。任何创新活动都有一定的目的，这个特性贯彻于创新过程的始终。

从对创意特征的描述中可以得出：首先，创意是一种迁移。所谓迁移，就是用观察此事物的办法去观察彼事物，就是用不同的眼光去观察同一个现象。通过这种视角的迁移，人们可以创造出许多新鲜的、交叉的、融合的、异化的新事物。其次，创意所强调的是通过各种元素的组合可以形成各种新的物质，获得新的创意。它不是简单地相加或者模仿，而是在原有基础上的一种创造。最后，创意的元素包罗万象，可以是实际的，也可以是抽象的，可以是现实存在的，也可以是虚构的。

第二节 创意开发活动要素及过程

彼得·德鲁克在《创新和企业家精神》一书中写道：“创新是企业家的具体工具，也就是他们借以利用变化作为开创一种新的实业和一项新的服务的机会的手段。企业家们需要有意识地去寻找创新的源泉，去寻找表明存在进行成功创新机会的情况变化或其征兆。他们还需要懂得进行成功的创新的原则并加以运用。”这段内容表明了企业要想维持经营和发展，获得更加丰厚的经济效益，就必须不断地进行创新，发现新的机遇，迎接新的挑战。

一、创意开发的特征

俗话说：“第一个用鲜花比喻少女的人是天才；第二个套用比喻的人是庸才；第三个是

蠢材。”这句话通俗地揭示了创意创新的重要性。现代社会已经进入了信息时代，在当今世界，国与国之间已由政治、经济、军事等方面的竞争逐步转向科技和人才方面的竞争。一个创造力、创新力低下的民族是不可能在世界民族之林中取得平等地位的，因此，创造力和创新能力对一个国家和民族的重要性就显得格外突出，创意开发也成为推动人类历史和社会发展的强大动力。创意开发具有以下基本特征：

1. 新颖性

具有新颖性的东西，往往带有创造性，即是独特性、先进性等特征的概括。其要领就是突破常规、出人意表。它的思维特征是“求异”，即与众不同，想人之所未想，发人之所未发。

2. 目的性

好的创意是有目的性的，人类的创意开发活动是一种有特定目的的生产实践。这个清晰的特点包括：确定创意开发的目标、明确创意开发的观点、安排具体内容等。

3. 主观能动性

主观能动性是人类特有的，也是人类与动物的区别。创意开发活动的主体是人，无论是重大的创造还是一般水平的创造，都是人的主观能动性发挥的结果，是精神变为物质的转化过程。主观能动性在创意开发活动中表现为对创意开发意识运用和创意开发手段的实施等。

二、创意开发的原理

日产汽车公司曾推出一种被称为“极具浪漫风采”，名为“费加洛”的中古型轿车。日产公司在新闻发布会上宣布：这种车只生产20000辆，保证以后不再生产这一车型，只在一定时间内接受预订，然后抽签发售。消息传出后，在全国引起轰动。前来申请的人超过30万，能中签买到车的人当然欣喜万分，没有中签的人虽有遗憾，但以后肯定会再来。这种限量刺激的创意，无非就是使市场上出现一定的“不饱和状态”，来刺激消费者的购买欲。这家公司的做法恰恰是运用了创意开发原理中的逆向原理，利用消费者“物以稀为贵”的心理，从而获得了巨大的利润和市场。可见，创意开发原理在生产、销售等方面的正确运用，可以给企业和厂家带来丰厚的经济效益。

常见的六大创意开发原理如下：

1. 择优原理

一个人在成长的过程中，会不断地择优：选择更好的朋友，选择更好的书籍，选择更好的学校，选择更好的生活条件……每个人都在潜意识中不断地进行择优，择优源自人的天性。在创意开发的过程中，人们往往会遇到许多问题，而创意开发的实质就是问题的创造性解决和实现，这就要求人们做到先提出待解决问题并定义问题，进而围绕这一问题进行创意构思，提出多种解决方案，最后运用择优原理，从中选择最佳方案。

2. 关联原理

世界上的每一个事物或现象都同其他事物或现象相互联系着，没有绝对孤立的东西。事物本身的关联性是导致激励创造时联想发挥的重要因素。人们常常可因为一个创意的构思引发对其相似内涵的许多构思的联想。而在创意开发的过程中，有些关系是直接的，有些是间接的，有些容易发现，有些不容易发现，这就需要进行具体的分析研究。

3. 逆向原理

逆向原理也称求异原理，它是对司空见惯的似乎已成定论的事物或观点反过来思考的一种思维方法。有人落水，常规的思维模式是“救人离水”，而司马光面对紧急险情，运用了逆向思维，果断地用石头把缸砸破，“让水离人”，救了小伙伴的性命。在创意开发的过程中，要以现有的物质产品和信息等为对象，进行深入、系统的分析，反向研究它的性能、结构、原材料、配方、设计、使用效率和条件，以及其他一些与之相关的重要因素，进而进行思维的联想发挥、移植和改良，获得所需的新的创意。

4. 对应原理

客观事物错综复杂，但都有其对立的一面。可以从现有的创意和概念的相反方面出发，去构造新的概念和规律，就是创意开发的对应原理。在创意开发的过程中，此原理的运用是为了扩展人们固有思维的范围，从而开发出更多的创意。

5. 组合原理

组合，作为名词，是指由几个部分或个体结合成的整体；作为动词，是指组织成整体。在创意开发的过程中，将两种或两种以上的技术思想或物质产品的整体或部分进行适当结合，就可形成新的产品概念，激励出新的创意，不同的组合可以得到不同的结果。

6. 综合原理

在创意开发的过程中，把研究对象各个层次的种种因素按照其内部联系进行组织结合，把研究的相关问题分解为各个层次和各种因素，并分别加以研究，分析其本质、特征、优势以及劣势，然后将这些要素按其内在联系有机地组织起来，即可形成新的解决方案。

三、创意开发的活动要素

雀巢咖啡的目标消费群以 18～35 岁的大学生和年轻白领为主。为吸引这群追求创意、个性，喜欢网络分享的年轻人，2009 年 8 月 13 日—10 月 8 日，雀巢发起“咖啡玩上‘饮’漫画总动员”活动，倡导消费者创作雀巢咖啡“即饮饮料和你的趣味故事”，并奉上众多时尚大奖，借雀巢咖啡即饮饮料更换新包装之机，以网络为平台掀起新一轮品牌推广。雀巢通过自主开发的四格漫画在线创作程序，利用雀巢卡通素材创作漫画，并进行网络评选。无论是网站设计的风格，还是各种活泼生动的卡通人物题材，都展现出符合年轻人口味的时尚感和原创性。在比赛中，创作的漫画中必须包含场景、咖啡产品和品牌 LOGO 三种元素，融入品牌形象，这样使得雀巢咖啡即饮饮料“无论到哪里，和你在一起”的产品特性深入人心，提升品牌好感度。

由上述雀巢咖啡的“漫画总动员”项目可以看出，一项创意开发同其他社会生产活动一样，涉及多种主客观因素的参与，如创意开发的主体、创意开发的对象和创意开发的手段。创意开发也可以认为是这些要素在一定的社会环境里相互作用、相互联系并不断趋近创意开发目标的过程。要想深入了解创意开发，必须研究创意开发活动的要素和创意开发的环境。

1. 创意开发的主体

创意开发的主体即创意开发者，是产生创意开发行为的主体，是在创意开发活动系统中占主导和支配地位的基本要素。

产生创意开发行为的主体既可以是单独的一个创意开发者，也可以是由若干创意开发者组成的集体。将一个创意开发者的创意开发主体称为创意开发个体，相应的创意开发行为称作个体创意开发行为；多个创意开发个体的集合并产生共同的创造行为，则称之为创意开发群体。

一项创意开发活动究竟需要由个体还是集体来完成，与创意开发研究课题的技术水平、难度、所需经费以及所处的环境有关。但无论创意开发者是谁，都应当强调其创造力的充分发挥和应用。富有创意开发精神和创意开发能力的创意开发个体，以及具有智力互补和资源优势的创意开发集体，都能在持续的创造性活动中，凭借自己的创造力为社会贡献优秀的创意作品。

2. 创意开发的对象

创意开发的对象是指创意开发活动系统中的客体要素，而确定创意开发对象的意义在于分析整个创意开发过程所要解决的最终问题。由于创意开发活动都具有目的性，因此，创意开发对象是创意开发活动中的一个基本要素。创意开发对象可以归纳为自然客体和社会客体。人们为了认识和改造这些客体，就会提出新问题，从而将创意开发对象具体化。

由于创意是面向应用的学问，是设计性的诊断，而不是单纯试验性的诊断，所以在创意开发过程中，首先要运用有关理论，经分析研究，确定工作方向，明确创意开发的对象，做到有的放矢、“对症下药”，这样才有意义，否则就会劳而无功，甚至因“误诊”或“力不从心”而造成不良后果。

3. 创意开发的手段

做任何事，为了得到想要的结果，都必须有实现的手段和方法。因此，在创意开发活动中，创意开发手段起着重要的作用。它是指创意开发主体借以展开创意开发活动的方法和条件。不同的创意开发活动具有不同的创意开发手段。例如，开展科学研究和技术开发工作所需的设备、仪器仪表、材料和经费等“硬”创意开发手段。又如，创造性思维方法、创造性观察方法、科学实验方法和创造工程技法等“软”创意开发手段。

当然，由于创意开发是一种社会实践活动，其主体总是在一定的客观背景下表现自己的创意开发行为，并受到该客观环境背景的影响。这种对创意开发活动产生影响的非创意开发对象客体就是创意开发环境。创意开发环境对企业的影响是不可忽视的。

由于创意开发环境相对于创意开发主体来说是一种外部条件，它对创意开发主体的思维方式和运用创意开发手段的状况都有正面或者负面的影响，因此，企业的创意应紧跟环境的变化与发展，并结合自身条件去适应环境，尽可能地利用环境中的有利条件，并加以影响，使其向有利于自己的方向发展。只要有强烈的创意开发意识和一定的创意开发手段，在任何环境里都能做到有所发现、有所创新。

四、创意开发的过程

著名创新学家郎加明在其所著的《创新的奥秘》一书中指出：“创新——创造新的世界的真正奥秘在于：创新首先是一种由创新者的素质和创新者的思路组成的运行机制，它是一个由创新者的素质转化为创新者的思路，再由创新者的思路转化为创新者的行为的复杂过程。”由这句话大概能够看出创意开发的过程：创意思路——创意行为——创意结果。那么，创意开发究竟是怎样进行的呢？通常认为，创意开发过程包含创意潜伏期、创意导入期、创意初现期和创意成熟期四个阶段。

1. 创意潜伏期

创意潜伏期的主要任务是积累平时的素材和训练创造性思维。在这个时期，除了广泛收集素材、涉猎多方面知识、善于观察生活以外，还应注重对创造性思维的训练。可以说创意最终产生于创造性思维。一个优秀的创意，是素材和创造性思维的完美结合。训练自身的创造性思维，打破自己的思维定式，从不同角度进行观察，培养发散思维、逆向思维、跳跃式思维、交互式思维等。只有这样，才能提高一个人的综合素养，从而在进行创意设计时做到信手拈来、游刃有余，并能将他人的智慧为己所用。

2. 创意导入期

一个优秀的创意不仅仅靠手和脑的倾力合作，还需要脚的协作。也就是说，创意设计人员要走出去，深入社会，了解客户，了解竞争对手，只有这样，创意作品才会更加优秀且切实可行。

在接到具体的设计任务后，创意思维的开发就进入到第二个阶段，即创意导入期。在创意目标确立以后，创意开发人员需要收集大量的信息，不仅要收集企业内部信息，更重要的是企业外部信息。例如，在为某企业做广告创意设计之前，应该走访相关企业，对其产品及服务本身进行透彻的研究，了解消费者的喜好和需求；也可以从竞争对手发布的广告信息中挖掘竞争者的策略，等等。这些都是在为下一个阶段做充足的准备。

3. 创意初现期

创意初现期即创意的形成时期，也就是在收集、总结的基础上进行交流和思考的阶段。经过创意潜伏期和导入期，头脑中会积聚大量的直接资料与间接资料，也会闪现许多具有创意的“小点子”。这时要做的就是拿起笔来，把它们记下，而不要否定其中任何一个想法。

在创意初现期，应该加强训练创意思维，将从创意导入期收集到的信息提炼出创意主题，尝试用不同的方式进行表现，还可以与他人讨论，收集更多的创意方案。常用的创意思维方法有水平思维法、发散思维法、逆向思维法、头脑风暴法等。

4. 创意成熟期

在掌握了大量的信息，头脑中有了基本的创意构想，初步方案需要进行进一步修改和完善时，即进入创意成熟期。比如，初步的创意可以打 80 分，那么如何通过对初步创意进行完善和提高，使最终结果得到 90 分或者 95 分，就是创意成熟期应该研究和讨论的。

第三节 创意开发的具体方法

在了解创意开发的过程及活动要素的基础上，如何使创意开发发挥最大效用？本节将具体介绍几种创意开发的常见方法，帮助大家更好地养成创意开发的意识，并能做到对创意进行有效的运用。

一、分析法——SWOT 分析方法

创意需要以一定的客观情况为基础，才有可能取得成功，因而在创意开发过程中，应对企业的内外部环境进行分析，以求做出正确的、切实可行的创意，而不致被带入空想的歧途，使企业遭受不必要的损失。目前采用的比较成熟的创意开发分析方法之一是 SWOT 分

析方法。

SWOT分析方法是一种根据企业自身的既定内在条件进行分析，找出企业的优势、劣势及核心竞争力所在的企业战略分析方法。SWOT分析方法的重要贡献就在于用系统的思想将企业内部的优势、弱点，外部的机会、威胁等这些似乎独立的因素相互匹配起来进行综合分析，使得企业战略计划的制订更加科学、全面。

S（Strength，优势）是组织机构的内部因素，具体包括：有利的竞争态势；充足的财政来源；良好的企业形象；强大的技术力量；具有规模经济；优秀的产品质量；较大的市场份额；具有成本优势；广告宣传到位等。

W（Weakness，劣势）是在竞争中相对弱势的方面，也是组织机构的内部因素，具体包括：设备老化；管理混乱；缺少关键技术；研究开发落后；资金短缺；经营不善；产品积压；竞争力差等。

O（Opportunity，机会）是组织机构的外部因素，具体包括：新产品；新市场；新需求；市场壁垒解除；竞争对手失误等。

T（Threat，威胁）也是组织机构的外部因素，具体包括：新的竞争对手；替代产品增多；市场紧缩；行业政策变化；经济衰退；客户偏好改变；突发事件等。

从广义上来讲，创意开发活动千姿百态，所面临的问题也各式各样。而SWOT分析方法以其分析直观、使用简单的优点，逐渐成为企业创意开发的重要分析工具。但是，正是这种直观和简单，使得SWOT不可避免地带有精度不够的缺陷。以此为依据做出的判断，不免带有一定程度的主观臆断。因此，在运用SWOT分析方法罗列分析企业创意开发环境时，要尽量真实、客观、精确，并提供一定的定量数据弥补SWOT定性分析的不足，构造高层定性分析的基础。

案例3-1

沃尔玛的创意激发方法

以沃尔玛（Wal-Mart）为例，进行SWOT分析可以由产品经理和主要员工一起组成一个讨论小组，利用下面列出的事项来激发创意：

1. 优势(Strength)

（1）著名的零售业品牌，以物美价廉、货物繁多和一站式购物而闻名。

（2）销售额在近年内有明显增长，并且在全球化的范围内进行扩张。例如，它收购了英国的零售商ASDA。

（3）核心竞争力是由先进的信息技术所支持的国际化物流系统。信息技术同时也加强了沃尔玛高效的采购过程。

（4）焦点战略是人力资源的开发和管理。优秀的人才是沃尔玛在商业上成功的关键因素，为此沃尔玛投入时间和金钱对优秀员工进行培训并建立忠诚度。

2. 劣势(Weakness)

（1）建立了世界上最大的食品零售帝国。尽管它在信息技术上拥有优势，但其巨大的业务拓展可能导致对某些领域的控制力不够强。

(2) 商品涵盖了服装、食品等多个部门，它可能在适应性上比起更加专注于某一领域的竞争对手存在劣势。

(3) 公司是全球化的，但是目前只开拓了少数几个国家的市场。

3. 机会(Opportunity)

(1) 采取收购、合并或者战略联盟的方式与其他国际零售商合作，专注于欧洲或者大中华区等特定市场。

(2) 卖场当前只开设在少数几个国家内。因此，拓展市场（如中国、印度）可以带来大量的机会。

(3) 可以通过新的商场地点和形式来获得市场开发的机会。例如，更接近消费者的商场和建立在购物中心内部的商店可以使过去仅仅是大型超市的经营方式变得多样化。

(4) 公司的机会存在于对现有大型超市战略的坚持。

4. 威胁(Threat)

(1) 在零售业的领头羊地位使其成为所有竞争对手的赶超目标。

(2) 全球化战略使其可能在其业务国家遇到政治上的问题。

(3) 多种消费品的成本趋向下降，原因是制造成本的降低。造成制造成本降低的主要原因是生产外包到了世界上的低成本地区。这导致了价格竞争，并在一些领域内造成了通货紧缩。恶性价格竞争是一个威胁。

(4) 互联网企业的威胁。

二、协作法——头脑风暴法

头脑风暴法是最为人所熟悉的创意思维策略，又称智力激励法、BS 法、自由思考法，是由美国创造学家 A. F. 奥斯本（A. F. Osborn）于 1939 年首次提出、1953 年正式发表的一种激发性思维的方法。其基本原理是：只专心提出构想而不加以评价；不局限思考的空间，鼓励想出越多主意越好。创意产生的过程即为创意的收集整理阶段，此阶段是与创意激发和生成同时进行的。可见，该方法是一种集体的创造性思维，是发散思维的延伸。在创意开发具体方法中，它被归到协作法中，强调的是集体协作。李奥·贝纳广告公司创始人李奥·贝纳（Leo Burnett）曾说过："唯一有价值的创意会议是，参与的每个人都以相同的事实开始为讨论的基准，不论点子乍听之下有多狂野，也都有雅量相待，并表现出谦逊的尊重。"这个"唯一有价值的创意会议"就是头脑风暴法的具体体现。

为使"头脑风暴"取得成功，一般需注意以下事项：

(1) 参加人数不宜过多，一般为 6 ~ 10 人。

(2) 参加者应自由发表意见，提出办法。任何人对别人的意见或办法均不得做出评价或判断，包括会议主持者在内。欢迎各抒己见，营造一种自由、活跃的气氛，激发参加者提出各种想法，甚至想法是荒诞的。

(3) 会议应设专人详细记录所有发言。

(4) 会议后，应另行召集会议，由几名决策者参加，对前一次会议上提出的各种意见、办法加以分析、估价与判断。需要时，可查阅前一次会议记录。对任何人提出的任何建议均不应轻易否定，一些看似荒诞、怪异、可笑的意见中可能包含着合理的成分。

（5）决策者的责任在于分析比较、综合概括，从各种意见和方法中找到解决难题的最佳办法。

案例 3-2

直升机扇雪

有一年，美国北方格外寒冷，大雪纷飞，电线上积满冰雪，大跨度的电线常被积雪压断，严重影响了通信。过去，许多人试图解决这一问题，但都未能如愿。后来，电信公司的经理应用奥斯本发明的头脑风暴法，举行了一场针对此问题的讨论会议，并成功解决了这一难题。

在会议过程中，有人提出设计一种专用的电线清雪机，有人想到用电热来化解冰雪，还有人提出能否带上几把大扫帚，乘坐直升机去扫电线上的积雪。对于这种“坐飞机扫雪”的设想，尽管大家心里觉得滑稽可笑，但在会上也无人提出批评。相反，有一名工程师在百思不得其解时，听到用飞机扫雪的想法后，大脑突然受到冲击，一种简单可行且高效率的清雪方法冒了出来。他想，每当大雪过后，出动直升机沿积雪严重的电线飞行，依靠高速旋转的螺旋桨即可将电线上的积雪迅速吹落。他马上提出“用直升机扇雪”的新设想，顿时又引起其他与会者的联想，有关用飞机除雪的主意一下子又多了七八条。不到一小时，与会的 10 名技术人员共提出 90 多条新设想。

会后，公司组织专家对设想进行分类论证。专家们认为设计专用清雪机，采用电热或电磁振荡等方法清除电线上的积雪，在技术上虽然可行，但研制费用高、周期长，一时难以见效；那种因“坐飞机扫雪”激发出来的几种设想，倒是一种大胆的新方案，如果可行，将是一种既简单又高效的好办法。经过现场试验，发现用直升机扇雪真的能奏效，一个久悬未决的难题，终于在头脑风暴会议中得到解决。

实践经验表明，头脑风暴法可以排除折中方案，对所讨论问题通过客观、连续的分析，找到一组创意切实可行的方案，因而头脑风暴法在各种类型的决策中得到了较广泛的应用。其主要优点有：极易操作执行，具有很强的实用价值；非常具体地体现了集思广益，体现了团队的智慧，也可以有效锻炼一个人及团队的创造力；有利于增加团队的凝聚力，增强团队的合作精神；在头脑风暴中，每个人的思维都能得到最大限度的开拓，能有效开阔思路、激发灵感；在最短的时间内可以批量生产灵感，会有大量意想不到的收获，同时也可以提高工作效率，更快、更高效地解决问题；还能使参加者更加有责任心，因为人们一般都乐意对自己的主张承担责任。其主要缺点有：实施的成本（时间、费用等）相对较高；要求参与者有较高的素质。这些因素是否满足，会影响头脑风暴法实施的效果。

三、系统法——TRIZ 法

TRIZ 是发明问题的解决理论，用英语标音可读为“Teoriya Resheniya Izobreatatelskikh Zadatch”，缩写为 TRIZ。该理论基于技术的发展演化规律研究整个设计与开发过程，揭示创造发明的内在规律和原理，着力于澄清和强调系统中存在的矛盾。其目标是完全解决矛盾，获得最终的理想解。实践证明，运用 TRIZ 理论，可大大加快人们创造发明的进程，而且能得到高质量的创新产品。

TRIZ 理论中提供了如多屏幕法等系统分析问题的科学方法。多屏幕法是指根据系统论的观点，系统由多个子系统组成，并通过子系统之间的相互作用实现一定的功能。系统之外的高层次系统称为超系统，系统之内的低层次系统称为子系统。人们所要研究的、问题正在当前发生的系统，通常也称作当前系统。当前系统一般称为系统。而对于复杂问题，可以利用物—场分析法等进行分析，针对具体问题的物—场模型的不同特征，分别对应有标准的模型处理方法，包括模型的修整、转换、物质与场的添加等。可以针对技术系统进化演变规律，利用在大量专利分析基础上的 TRIZ 理论的八个基本进化法则，分析、确认当前产品的技术状态，并预测未来的发展趋势，开发具有竞争力的新产品。

应用 TRIZ 法解决问题的第一步是对给定的问题进行分析：如果发现存在冲突，则应用原理去解决；如果问题明确但不知道如何解决，则应用效应去解决；第三种选择是对待创新的技术系统，进行进化过程的预测。最后是评价，确定是否满足要求。如果满足要求，则进行后序的设计工作；反之，要对问题进行重新分析。

相较传统创意开发方法，如六六讨论、头脑风暴法等，TRIZ 法具有鲜明的特点和优势。TRIZ 法是一套以人为导向的知识系统的系统化创新问题解决方法。它有别于传统的脑力激荡，强调发明或创新可依一定的程序与步骤进行，而非仅是随机的或天马行空的脑力刺激。它的目标是完全解决矛盾，并成功揭示了创造发明的内在规律和原理；它能够准确确定问题的探索方向，打破思维定式，以新的视角分析问题，能根据技术进化规律预测未来的发展趋势，帮助人们开发具有竞争力的新产品。

四、思维法——水平思考法

水平思考法（Lateral Thinking）又称为发散式思维法或水平思维法。垂直和水平思考法是英国心理学家爱德华·戴勃诺（Edward de Bono）博士所倡导的广告创意思考法，因此，此方法通常又被称作戴勃诺理论。水平思维法是针对垂直思维（逻辑思维）而言的。

人们将传统思维称为“垂直思维”，意指按照既定的思维路线进行思考，始终逃脱不了原有的思维框架（又称思维定式）的羁绊，因而无法做到创造性地思考。区别于垂直思维，水平思维不是过多地考虑事物的确定性，而是考虑它多种选择的可能性；关心的不是完善旧观点，而是如何提出新观点；不是一味地追求正确性，而是追求丰富性。这种方法的运用一般是基于人的发散性思维，故称为发散式思维法。

案例 3-3

姑娘的巧妙逆转

甲向乙借了一笔高利贷，无力偿还，得去坐牢，乙借机想娶甲的女儿做老婆抵债，姑娘宁死不从。乙提出了一个解决办法，他对姑娘说：“现在我从地上捡起一块白石子、一块黑石子，装进口袋里由你来摸。如果你摸出白石子，你父亲的债就一笔勾销；如果你摸出黑石子，那你就得和我成亲。”说完，乙就从地上捡起两块黑石子放进了口袋。乙的这个动作却被姑娘发现了。如果你是甲的女儿，你会怎么办？传统的办法有以下几种：①拒绝摸石子，然而问题得不到解决，甲还得去坐牢；②揭穿乙捡起两块黑石子的诡计，但问题仍然得不到解决；③不得已，随便抓出一块黑石子，违心地同乙结婚。以上办法看起来都不尽如人意。

现在以水平思维来考虑，就是将思考的焦点移向水平方向：由口袋中的石子移到地上的石子。当姑娘的眼光从口袋移到地面（也就是说转移了思维方向），想到乙的两块石子是从地上捡起来的。于是，她伸手到口袋里抓起一块石子，在将石子拿出口袋的一刹那故意将其掉落在地上。这时她对乙说："呀！我真不小心，把石子掉在地上了。我抓出的那一块石子是黑是白已经无法知道了，但这也无关紧要，看看你口袋里剩下的那一块，肯定与掉在地上的那一块不一样……"口袋里无疑是一块黑石子。乙不能承认自己的欺骗行为，只好无可奈何地承认姑娘取出的是一块白石子。就这样，姑娘巧妙地实现了逆转。

垂直思维集中考虑的是必须取出一块石子；而水平思维却把注意力集中在口袋里剩下的那块石子。垂直思维对事物进行"最合理"的分析观察，然后利用逻辑推理予以解决，但在上面这个例子中，运用逻辑推理无法求得理想的解答；而水平思维则用不同的方法去观察事物，然后用最有希望的方法去处理，化险为夷。由此可以得出，水平思考法是指在思考问题时摆脱已有知识和旧的经验约束，冲破常规，摆脱逻辑思维和线性思维的思考方法。这种方法更多地考虑事物的多种选择的可能性，关心的是如何提出新观点，追求丰富性；从多角度、多侧面去观察和思考同一件事，善于捕捉偶然发生的构想，提出富有创造性的见解、观点和方案，从而产生意想不到的"创意"结果。

专栏3-1

其他创意开发的方法

1. 六六讨论法

六六讨论法（Phillips 66 Technique）是以头脑风暴法做基础的团体式讨论法。具体方法是将大团体分为6人一组，只进行6min小组讨论，每人1min，然后再回到大团体中分享并做最终的评估。

2. 心智图法

心智图法（Mind Mapping）又称为思维导图，是一项流行的全脑式学习方法，它能够将各种点子、想法以及它们之间的关联性以图像视觉的景象呈现。它能够将一些核心概念、事物与另一些概念、事物形象地组织起来，输入人们脑内的记忆树图。它允许人们对复杂的概念、信息、数据进行组织加工，以更形象、易懂的形式展现。结构上，它具备开放性及系统性的特点，让使用者能自由地激发扩散性思维，发挥联想力，又能有层次地将各类想法组织起来，以刺激大脑做出各种反应，从而得以发挥全脑思考的多元化功能。

3. 曼陀罗法

曼陀罗法是一种有助于扩散性思维的思考策略，它利用一幅九宫格图，将主题写在中央，然后把由主题所引发的各种想法或联想写在其余的八个圈内。其作用主要表现为：帮助人们开发创意，能立即发现问题，提高学习与工作效率；也能作为计划表，帮助人们走完丰富的一生。

4. 逆向思考法

经营贵在出奇，出奇才能制胜，逆向思维是“出奇”的重要源头。所谓逆向思考法，就是从一个事情的反面或者另一个角度来思考问题的方法。很多事情用普通的逻辑思维往往想不到解决方法，可以试着换个角度，从而就会得到很多答案。这是一种可获得创造性构想的思考方法，具体可以分为三大类型：①反转型逆向思维法。这种方法是指从已知事物的相反方向进行思考，从而产生发明构思的途径。②转换型逆向思维法。这是指在研究问题时，由于解决这一问题的手段受阻，而转换成另一种手段，或转换思考角度思考，以使问题顺利解决的思维方法。③缺点逆用思维法。这是一种利用事物的缺点，将缺点变为可利用的东西，化被动为主动、化不利为有利的思维发明方法。如果能将以上三类方法加以综合运用，创造性就可加倍提高了。

5. 六何分析法

六何分析法也称5W1H分析法、六合检讨法。它既是一种思考方法，也是一种创造技法，是指对选定的项目、工序或操作，都要从为何（Why）、做何事（What）、何人（Who）、何时（When）、何地（Where）、如何做（How）这六个方面进行分析考虑。这种看似很可笑、很天真的问话和思考方法，却能使思考的内容深化、科学化。

6. 七何分析法（5W2H分析法）

七何分析法是“六何分析法”的延伸，此法的优点是提示讨论者从不同的层面去思考和解决问题。“5W”是指为何（Why）、做何事（What）、何人（Who）、何时（When）、何地（Where）；“2H”是指如何做（How）、何价（How Much）。

7. 希望点列举法

希望人人皆有，“希望点”就是指创造性强且又科学、可行的希望。希望点列举法是指通过列举希望新的事物具有的属性以寻找新的发明目标的一种创造方法。这是一种不断地提出“希望”“怎样才能更好”等理想和愿望，进而探求解决问题和改善对策的技法。

8. 缺点列举法

这是一种不断地针对一项事物，检讨此事物的各种缺点及缺漏，并进而探求解决问题和改善对策的技法。

9. 优点列举法

在缺点列举法的基础上产生了优点列举分析法。优点列举法是一种逐一列出事物优点，进而探求解决问题和改善对策的方法。

10. 检核表法

检核表法（Checklist Method）是指在考虑某一个问题时，先制成一览表对每个项目逐一进行检查，以避免遗漏要点，获得观念的方法。它可用来训练员工，使其思考周密，避免考虑问题时有所遗漏，也有助于构想出新的创意。

11. 属性列举法

属性列举法（Attribute Listing Technique）也称特性列举法，是美国尼布拉斯加大学的克劳福德（Robert Crawford）教授在1954年提倡的一种著名的创意思维策略。此法强调使用者在创造的过程中观察和分析事物或问题的特性或属性，然后针对每项特性提出改良或改变的构想。

12. 目录法

目录法又称“强制关联法”或“目录检查法”，是一种查阅和问题有关的目录或索引，以提供解决问题的线索或灵感的方法。具体做法是，在考虑解决某一个问题时，一边翻阅资料性的目录，一边强迫性地把在眼前出现的信息和正在思考的主题联系起来，从中得到构想。

第四节　创意开发与创造、创新的关系

美国历经百年的自由女神铜像翻新后，现场存有200t废料，难以处理。一位名叫斯塔克的人自告奋勇，主动承包清理。他将废料分类整理，把废铜皮改铸成纪念塔，废铅改铸成纪念币，水泥碎块整理后做成小石碑装在玲珑透明的小盒子里，让人们选购。结果，本来无人问津、难以处理的一堆垃圾，顿时化腐朽为神奇，身价百倍，人们争相购买，200t废料制品很快被一抢而空。正是由于斯塔克不拘泥于传统方法，采取标新立异的思维方式，便别出心裁地想出了处理办法，并由此而获得大利。

很多人都知道福特的T型轿车创造了现代工业史上的奇迹，但却未必过多关注过T型轿车的悲惨结局。在20世纪20年代中期，由于产量激增，美国汽车市场基本形成了买方市场，简陋而千篇一律的T型轿车虽然廉价，但已不能满足消费者的需求。竞争对手通用汽车公司在汽车的舒适性、个性化和多样化等方面大做文章，以产品的特色化来对抗廉价的福特汽车，推出了各种新式样的雪佛兰汽车，严重冲击了福特T型轿车的市场份额。面对市场的急剧变化，福特仍不相信还有比单一品种、大批量、精密分工、流水线生产更加经济、更加有效率的生产方式，他甚至都不愿意生产黑色以外的其他颜色的汽车。他还宣称：“无论你需要什么颜色的汽车，我福特只有黑色的。”然而到了1927年，福特也不得不承认其失败，T型轿车最终停止了生产。

以上两个结果完全相反的例子向人们揭示了一个道理：创造是传统的叛逆，是打破常规的哲学；创新是大智大勇的同义，是导引递进升华的圣圈；创意是一种智能拓展，是具有新颖性和创造性的想法，而且能够通过创新创造出更大的效益，包括物质的和精神的效益。而当人们有意识地将创意、创新和创造三者有机结合在一起时，往往就会收获意想不到的成功。

一、创意开发与创造的关系

创意开发与创造有着千丝万缕的联系。韦氏词典的词条中对创造力的定义是“创造有意义的新组织的能力”，更具体地讲，是“带来新的或原创性事物的能力”。创造的本质在于甄选，甄选出真正有建设性的联系（事物或概念之间的联系）。但在应用实践中，创造的定义更加宽泛，是“思想产生、联想和转化为有价值的物质的过程”，包含了创新、企业家精神和新思想的表达，带来的是价值的获得。

霍金斯（Howkins）在其《创意经济》一书中更是将创造力视为一种资产，从而形成了继人力资本、结构资本和智慧资本之后的第四项资本——创意资本。他认为，“把创造力视为资产是十分合理的，因为其具有实际价值的特质，是投资而产生的获利结果，也是人力资

本的一个重要的元素”。因此，人们把智力资本称为“闲置的点子”，而创意资本则可以称为“闲置的创造力”。进而言之，从狭义上理解，创意资本等同于文化资本。但创造力不能仅被理解为艺术和文化的思想能力，还包括科学和技术的创造力。从这一范畴理解，文化不仅是美学（Aesthetics）上的意义，更是人类学（Anthropology）上的意义，包括了艺术、文化、科学和技术等方面的内容。

在实际生活中，创意开发更多地应用在广告、传媒等文化产业领域，因为这些产业的一些基本特征是开发的商业产品具有一个突出的特点：高度凝结和体现创意开发主体的绝妙创意。而创造更倾向于在技术开发、科技发明等领域内的使用，但是若从发明创造的最初表现形式——一个好的点子、想法，也就是说从创意来看，创造与创意开发只是一个概念的两种表述。总而言之，创造力即是创意作为生产的能力，所强调的本质和内涵与创意的内涵是一致的。

二、创意开发与创新的关系

需要指出的是，创意一经出现，便经常与创新（Innovation）概念混淆起来。事实上，创意是创新的基础，创新是创意人群和创意过程作用的结果。创意不等同于创新，两者是有区别的。创意是个人的和主观的（Subjective），而创新是团队领导的、竞争性的和客观的（Objective）。从内涵来看，创新一般是一种破坏性的创造，不仅包括有关中间手段和技术的创意，而且还是对人的意义和价值的创造性反映。更多的情形下，它与技术等层面的变革和创造有关，以知识和技术的积累为基础，需要大量的投资支持和较长的产业化进程。

一般而言，与新产品直接有关的技术变动才是创新。注重技术和发明创造，更多地强调功能上的改变，是创意与创新内涵上的主要区别之一。随着对文化创意产业的研究兴起，人们习惯将创意与文化、创新与技术连接在一起，但二者之间具有联动关系，即技术创新是文化创意大规模发展的推动力，文化创意是决定技术创新能力的重要因素。

如前所述，创意开发的本质即是个人创造力，包括技术、文化和艺术上的创造力。一些学者把“创意开发”和“创新”内涵割裂开来，此种严格的概念割裂是值得商榷的。离开创意开发谈创新，就像离开火种谈火焰；离开创新谈创意开发，好比离开生长谈幼苗。创新是从创意到商业化生产的过程；而创意开发是创新的基础，更多地强调一种“思想”。当创意开发由“思想”转化为“生产结果”时，就是创新。

综上所述可以得出：

（1）创意开发是创新的起点，创意通过创新而达到自己的目标。

（2）创新开发是创意的延展，创新是实现创意必不可少的手段。

（3）创新开发在创意的激发下，调动一切力量，向着创意指引的最初方向前进，无论走多少弯路，只要目标不变，都是可以理解的。

（4）如果说创意是一颗颗散落的珍珠，那么创新就是一条精美的珍珠项链。

（5）创意即创造力的思想，理应包括一切可能的创造思想。

（6）创意开发在创新的过程中，被提炼、升华、整合、修改，甚至产生更高级的创意，都是正常的，但这无损于它的源点形象。

（7）创新是客观的、可以量化的，而创意更强调创新的人文价值，是主观的，往往具有模糊性。

三、创意开发与创造、创新的关系

事实上，在不十分严格的语境下，上述三个概念常常被混淆。一般而言，三个概念都是指通过人类的创造性劳动，产生一种前所未有的事物或思想。然而，这三个概念在外延上是存在明显的区别的。

首先，创意是创新过程中的初始阶段，也是策划、谋划、务虚的阶段。相比之下，创新更注重结果，并体现在利润之中，没有创造价值的创意是没有意义的。没有人力、财力、物力等资源的投入，任何好的创意都不可能变成商业化的创新。从需求、产生环境、保障机制、可实现性上来说，创新和创意都是不同的。从实现方式来看，创意是原生态的创新，是能动性的表现。说到底，创意是人文精神回归的内在体现，体现了经济生活中人们对技术创新向人文创新的转变。创意常常是天马行空的，创意的结果和过程不一定能够准确面向商业应用；而创新更需要执行力和制度的保障，它包含一个研究和实践的过程，而且任何一家创新公司都会列举出创新在企业中的利润体现。

其次，创造是中期阶段或者说是成果阶段，也是实验、中试、制作阶段。人们之所以有时将创造与创新相混淆，因为创造里面有创新，创新里面也有创造。创造是创新过程中的一个环节，创新的本质在于创造。创造是一个绝对的概念，它在“首创”或“第一”问题上是绝对的，就其成果对社会发展的作用来说具有两面性，即既有积极的创造，也有消极的创造。创新则是一个经济学范畴，必须有收益，同时又是一个相对的概念，更强调永无止境的更新，其成果对社会发展的作用来说必须是积极正面的。

最后，创意开发与创造、创新在企业里的运用和联系更为紧密。具体表现为：创意开发产生思路，为企业生产注入新的活力和动力；之后，在创意的指导下，通过创造产生作品；最终，由创新产生企业的经济效益，从而不断推动企业朝着新目标前进。

可以认为，从过程及其序列性来看，创意开发只是一个起点；创新始于创意，创意决定创新。“意”更在于出发点，“新”更注重结果；创造是创意的技术化成果，并使其具有知识产权属性。创新也是两者的商业化应用过程，并且表现为利润实现的结果之中，有时是创意开发的直接的商业化行为，更多的时候是作为知识产权的创造的积极成果。

本章小结

创意以新颖、独特的思维活动揭示客观事物的本质及内在联系，并指引人们去获得对问题的新的解释，从而产生前所未有的思维成果。从宏观方面讲，创意是思维碰撞、智慧对接，是创造性的奇思妙想，是投资未来、创造未来的过程。从微观方面来看，创意是生产作品的能力，是催生某种新事物的能力，它表示一人或多人创意和发明的产生。创意具有创造性、难言性、价值性、理由充分性、不确定性和互补性六大特点。因此，创意就是用不同的眼光去观察同一个现象，通过这种视角的迁移，人们可以创造出许多新鲜的、交叉的、融合的、异化的新事物。

创意开发是指提高个人的创造性思维能力、开拓个人创造力以及提高个人产生创造性思想的能力，具有新颖性、目的性和主观能动性三大特征。为了使创意开发发挥最大效用，需要使用一些具体的方法，本章主要介绍了分析法中的 SWOT 分析方法、协作法中的头脑风暴法、系统法中的 TRIZ 法和思维法中的水平思考法等。

当人们有意识地将创意、创新和创造三者有机结合在一起时，往往就会收获意想不到的成功。因此，必须弄清楚三者之间的关系：创意开发是起点；创新始于创意，创意决定创新；创造即是创意作为生产的能力，所强调的本质和内涵与创意的内涵是一致的；创造是创意的技术化成果，并使其具有知识产权属性。

课后练习

1. 什么是创意？它的特征有哪些？
2. 简述创意开发的活动要素。
3. 创意开发的具体方法有哪些？
4. 简述头脑风暴法的优点和缺点。
5. 简述创意开发与创造、创新的关系。
6. 汤姆是个有怪癖的富翁，他提供50 万美金作为奖金给赛车手，看谁的车跑得慢。有10 位选手参加了比赛，但都对比赛的规则表示百思不得其解。“我们要如何进行比赛呢?”一位选手问道，“我们都会越跑越慢，这样的话比赛永远也无法结束了!”突然有一位选手说道：“哈哈！我想到了一个绝妙的方法。”现在请你猜猜看，这是什么办法呢？
7. 常用的洗衣机中，衣服和水同时转动，所以洗涤效果不理想。你能想象出改变这种情况的新的洗涤方式吗？
8. 有两间房间，一间有三个电灯，另一间有三个电灯开关，每个开关能打开一盏灯。如果你只可以进这两个房间各一次，那怎样才能知道哪个开关控制哪盏灯？
9. 思考：你最近一次脑中有新创意是什么时候？那是一个什么创意？是什么动机激发了你的创意？

延伸阅读

苹果公司的创新之路

截止到2010 年7 月30 日，苹果公司的市值接近2500 亿美元，超越了微软公司，成为全球最具价值的科技公司。但是早在2003 年年初，苹果公司的市值也不过60 亿美元左右。一家大公司，在短短7 年之内，市值增加了40 倍，这可以说是一个企业史上的奇迹。苹果公司可以从之前的“烂苹果”变成现在的“金苹果”，其成功主要缘于不断创新。本文主要从创新种类和创新方法两个方面来分析苹果公司的创新之路。

一、创新种类

1. 产品创新

从 1998 年到 2010 年，苹果公司陆续推出以“i”为前缀的创新产品。

(1) 1998 年，第一款 iMac 推出。后面跟随的是塑料机箱，包括越橘橙（Tangerine)、蓝莓蓝（Blueberry)、草莓红（Strawberry)、青柠绿（Lime）四种颜色。这种糖果色的计算机大热，第一年便成为市场上的最畅销款，它们也是第一款以“i”为前缀的苹果产品。

(2) 2001年，iPod音乐播放器推出。此后，Apple陆续推出10款iPod型号，包括从视频屏幕到更小的iPod Nano。到目前为止，已售出超过1亿个iPod。

(3) 2003年，推出iTunes，建立了强大商业模式的优秀软件，证明只要价格合适、界面足够简单，人们实际上是可以为音乐付费的。

(4) 2007年，推出iPhone，掀起了一场手机革命。此设备将收发电子邮件、看电影、听音乐和浏览网站等功能结合到一个屏幕仅3.5in大小的移动电话中。

(5) 2010年年初，苹果又推出iPad。这款新产品采用了和iPhone同样的操作系统，外观像一个放大版的iPhone，在应用软件方面也沿用了iPhone APP Store的模式。虽然这款产品存在很多争议，但仍受到了“苹果粉丝”的狂热拥护。

2. 理念创新

(1) 根据用户需要而非技术需求设计新产品。在产品设计上，首先考虑用户的个性化需求以及操作的简便性。例如，iPod不是第一款音乐播放器，但却是第一款能够满足用户在欣赏音乐过程中的各种需求的播放器。iPod开发团队首先对MP3播放器为何滞销进行了调查，发现其中一个原因就是存储容量小。当用户想听更多歌曲时，不得不将原有内容一条条地进行替换，因而不能给用户提供一种良好的体验。因此，iPod的开发首先就定位在大容量播放器上。在设计上，为了使用户能更方便地操控，一切与音乐无关的硬件尽量避免。此外，iPod还有一些附加的功能，如录音功能、数码相机伴侣、可以像移动硬盘一样存储非音频格式的数据文件等，方便了用户的工作和生活需求。

(2) 超越用户的需求。不仅满足用户的需求，而且要给他们提供想要的但还没有想到的。例如，用户对手机的追求已经不再是简单的通话功能，各种应用程序和良好的移动互联网体验才是现在以及未来用户所关注的焦点，而iPhone提前为用户准备好了一切。于是，iPhone不仅仅取得了自身的成功，还将手机市场引入了另一个境界——智能、触控、大屏幕、应用程序……在传统手机市场还没有反应过来时，它已经成为新一代手机市场的领军者。

3. 商业模式创新

(1) 重新审视客户的价值主张，创造出一个新的市场。iTunes Music Store就是这样一种成功的商业模式。它是苹果开办的在线音乐商店，和第三代iPod同时发布，其曲目更新速度往往比唱片出版还快，歌手众多，曲目、专辑信息非常详尽。一方面，苹果采用的这种服务模式非常切合消费者的实际需求。在这里，用户可以用0.99美元的价格下载新唱片中的任意一首歌，而不必为一两首歌买下整张专辑。并且在唱片公司的授权许可下，用户可以将歌曲刻录成普通CD，有限制地复制到其他计算机上。另一方面，iTunes Music Store的销售对于内容提供商来说边际成本很低，即使低价出售也有利润，因此，他们有动力为iPod提供更多的服务内容。在这种“三赢”的模式下，至2005年7月，iTunes Music Store销售的歌曲超过了5亿首。

现在，iPod+iTunes已经成为突破传统产业模式的一种新型、全方位服务提供模式，它覆盖了硬件、软件、服务和配套产品，可以说是创新和服务的集成。其中，硬件是iPod播放器，包括iPod、iPod Nano、iPod Shuffle等，软件是iTunes的交互界面。只要硬件的结构和内容发生改变，那么iTunes的功能也相应地变动。

苹果真正的创新不是硬件层面的，而是让数字音乐下载变得更加简单易行。利用iTunes

和 iPod 的组合，苹果开创了一个全新的商业模式——将硬件、软件和服务融为一体。这种创新改变了两个行业——音乐播放器产业和音乐唱片产业。对于苹果而言，iPhone 的核心功能就是一个通信和数码终端，它融合手机、相机、音乐播放器和掌上电脑的功能，这种多功能的组合为用户提供了超越手机或者 iPod 这样单一的功能。苹果的 APP Store 拥有近 20 万个程序，这些程序也是客户价值主张的重要组成部分。除此之外，苹果在用户体验方面做得非常出色，这些都是苹果提供的客户价值主张。

（2）创新的盈利模式。对于苹果公司而言，盈利途径主要有两个：一个是靠卖硬件产品来获得一次性的高额利润；二是靠卖音乐和应用程序来获得重复性购买的持续利润。由于优秀的设计以及超过 10 万计的音乐和应用程序的支持，无论是 iPod、iPhone 还是 iPad，都要比同类竞争产品的利润高很多。同样，由于有上面这些硬件的支持，那些应用程序也更有价值。

经过分析苹果在商业模式上的创新，可以看出，苹果在明确客户主张和公司盈利模式方面做了很多创新，从而在为客户创造价值的同时，也为公司创造了价值，并得到了投资者的认可。

二、创新方法

苹果公司每周会有两次会议，这两次会议分别运用两种不同的创新方法：第一次为头脑风暴法；第二次为黑帽思维方法。

1. 头脑风暴法

此方法要求所有创意无限穷尽，不批评、不反对，发散思维，要求成员不受任何条件限制，自由地思考，进行自由创意。头脑风暴法遵循一二三四原则：一发言，要求每人都要发言，但每次只能一人发言；二追求，追求数量、追求创意；三不许，不许质疑、不许批评、不许打断；四个关键步骤，主持人发言、个人自由发言、小组讨论、小组决策。

2. 黑帽思维方法

黑帽思维考虑的是事物的负面和风险，要求尽量从客观与反面的角度分析实施中有可能存在的问题。此方法与头脑风暴法正好相反，要求参会者必须明确每一件事情，以及前面疯狂的想法是否可能在实际中应用。尽管在这个过程中重心已经转移到一些应用的开发和进展，但团队还是要尽量多地考虑其他各个应用的潜在的发展可能。即使到了最后阶段，保持一些创造性的想法作为后备选项也是非常重要和明智的。

第四章

创业机会

核心问题

1. 什么是创业机会？它来自哪里？
2. 如何识别创业机会？
3. 如何确认创业机会的价值？
4. 如何创新商业模式？

学习目标

1. 了解创业机会和机会窗口的概念。
2. 理解识别创业机会的方法。
3. 学习如何确认创业机会。
4. 掌握商业模式创新的条件和途径。

引例

牛仔裤是如何诞生的

经常有想创业的人这样抱怨：“别人机遇好，我运气不好，没有机遇。”“我要是早几年做就好了，现在做什么都难了。”这些都是误解。其实机遇无时不在、无处不在，就看你能不能识别它。

牛仔裤的发明人李维斯跟着一大批人去西部淘金，途中一条大河拦住了去路，许多人感到愤怒，但李维斯却说“棒极了”。他设法租了一条船给想过河的人摆渡，结果赚了不少钱。

不久，摆渡的生意被人抢走了，李维斯又说“棒极了”。因为采矿出汗很多饮用水很紧张，于是别人采矿他卖水，又赚了不少钱。后来，卖水的生意又被抢走了，李维斯又说“棒极了”。因为采矿时工人跪在地上，裤子的膝盖部分特别容易磨破，而矿区里却有许多被人丢弃的帆布帐篷，李维斯就把这些旧帐篷收集起来洗干净，然后做成裤子，结果销量很好。“牛仔裤”就是这样诞生的。

李维斯从问题当中发现了机会，在别人的不经意中实现了致富梦想。一个想创业的人，需要知道什么是创业机会，在哪里发现创业机会，以及如何识别创业机会。

第一节 创业机会及机会窗口

创业是一个追踪和捕获机会的过程，要想创业，就要出奇制胜，发现别人未识别的机会，即使是不起眼的小机会，也可能成为大事业的开端。机会往往只眷顾“第一个吃螃蟹”的人，当多数人都认为是机会时，其实它已经不是机会了。正如清代李渔《玉搔头 · 闻警》中所言：“好机会，易失难逢。”

一、创业机会的内涵和特征

（一）创业机会的内涵

“机会”一词，在《辞海》中的解释是“行事的际遇机会；时机”。创业机会主要是指具有较强吸引力的、较为持久的、有利于创业的商业机会。创业者据此可以为客户提供有价值的产品或服务，并同时使自身获益。创业机会可以为购买者或使用者创造或增加价值的产品或服务，它具有吸引力、持久性和适时性；或者可以引入新产品、新服务、新原材料和新组织方式，并能以高于成本的价格出售；也可以是一种新的“目的—手段”（Means - End）关系，它能为经济活动引入新产品、新服务、新原材料、新市场或新组织方式。对于创业活动来说，创业机会是创业活动中的机遇和机会，是对新产品、新服务或新业务需求的一组有利环境，是一种有利于创业的偶然性和可能性，或者说还没有被实现的商务必然性。

创业机会存在于社会和经济的变革过程中。环境的变化会给各行各业带来良机，通过变化，就会发现新的前景。例如，产业结构的变化，科技的进步，价值观与生活形态的变化，人口因素的变化，社会和政治结构的变化，以及顾客需求的变化，甚至着眼于人们“苦恼的事”和“困扰的事”，都能从中发现某些创业机会。

创业机会和创意之间是有很大区别的。创意（Idea）只是一种思想、概念和想法，它可能满足也可能不满足机会的标准。许多企业失败并不是因为创业者没有努力工作，而是因为没有找到真正的机会。

（二）创业机会的特征

创业机会要具有能给企业带来良好收益的可能性。对于创业成功，创业机会非常重要，只有抓住了创业机会，创业者才能去实现自己的创业梦想。创业机会具有如下特征：

1. 客观性

创业机会是客观存在的，不依赖于人的主观想象，无论创业企业是否意识到，它都会客观存在于一定的社会经济环境之中。尽管有时是企业在创造一些市场机会，但是这些所谓“创造”的创业机会仍然是早就客观存在的，只是被创业企业最先发现和利用而已。

客观存在的创业机会对所有人都是公开的，每个创业者都有可能发现，不存在独占权。在创业者发现创业机会的时候，就要考虑潜在的竞争对手，不能认为发现创业机会就意味着独占，独占创业机会就意味着成功。

2. 偶然性

创业机会需要靠人去发现，但是由于缺乏科学方法的指导而没有发现机会是很正常的，但不能说没有创业机会。大多数时候，创业机会不可能明显地摆在创业者面前，机会的发现常常具有一定的偶然性，关键要靠创业者去努力寻找。创业机会无处不在、无时不有，关键在于寻找和识别，要从不断变化的必然规律中预测和把握机会。

创业机会具有一定的偶然性，常常会突然显现，容易使创业者缺乏思想准备，在机遇面前犹豫不决，而看不准也就抓不住。机遇的发现都有一定的偶然性，但这种偶然性隐含着必然性，只是一般人难以预测和把握。创业者无论是自觉还是不自觉，如果总是努力地寻找创业机会，那么他发现机遇的可能性就大。

对待创业机会，创业者要防止两种倾向：一是贬低机遇的作用。视为唯心主义，这种看法是不对的，机遇是客观存在的，机遇的发现和利用要依靠创业者的思考和实践，蕴含着创业者努力的必然性。二是盲目崇拜机遇。认为人们对机遇无能为力，它来无影去无踪，这也是不对的，忽视了创业者的主观努力。

3. 时效性

时效性是指创业机会必须在机会窗口存续的时间内被发现并利用。而机会窗口是指商业想法推广到市场上所花费的时间。若竞争对手已经有了同样的思想，并已把产品推向市场，那么机会窗口也就关闭了。俗话说，机不可失，失不再来。企业如果不能及时捕捉，就会丧失难得的市场良机。事物总是不断发展变化的，当事物发展对创业有利时，这就是创业机会，但事物还会继续发展，不会停滞不动，机会如果不被加以利用就会因为发展变化而消失。而且由于机会的公开性，别人也可能利用，这就改变了供需矛盾，加速了事物的变化过程，机会也就失去了效用，甚至成为创业者的威胁。对于创业者来说，要抓住创业机会并及时利用，越早发现创业机会并采取措施将机会付诸实施，成功的可能性也就越大。

4. 行业吸引力

不同行业的利润空间、进入成本和资源要求不同，其行业吸引力自然存在差异。一般来说，最具有吸引力的持续成长的行业，有不断增长的市场空间和长期利润的预期，对新进入者的限制较少。此外，当产品对消费者必不可少时，如生活必需品，消费者对该产品存在刚性需求，这也会提升行业吸引力。

行业的选择是创业者选择机会首要考虑的问题。对于任何创业者，应首选进入那些大部分参与者都能获得良好效益的行业，而不要选择那些很多公司为了生存而拼命挣扎的行业。迈克尔·波特（Michael E. Porter）认为，企业战略的核心是获取竞争优势，而获取竞争优势的因素之一是企业所处产业的整体盈利能力，即产业吸引力。因此，更多的创业机会应该来自具有潜在高利润的产业。

5. 创造或增加价值

创业机会能够为顾客或最终用户创造或增加极大的价值，能够解决一项重大问题或者满足某项重大需求或愿望，因此，顾客或最终用户愿意支付更多的费用。正如世界著名的市场营销学权威菲利普·科特勒所说，顾客是价值最大化者，所谓满足顾客的需求，就是要为顾客提供最好、最多、最大的价值。因此，创业者在选择创业机会时的核心问题是：我们创办的企业能为顾客或最终用户提供什么样的价值？例如，杨致远为了使成千上万的人方便地进入信息高速公路而创立了雅虎，他不仅考虑让雅虎为用户提供分类目录，更致力于将其发展成为一个能够为用户创造更多价值的具有极大竞争力的新媒体。

6. 不确定性

创业机会总是存在的，但机会的发展在事先往往难以预料。创业机会在一定的条件下产生，条件改变了，结果往往也会随之而改变。创业者在发掘创业机会的时候，一般是根据已知条件进行的，但结果可能会出乎意料，因为条件改变了，或者创业者利用机会的努力程度不够。

案例 4-1

比尔·盖茨和微软的机会

20 世纪 70 年代末，IBM 开始谋划进入个人计算机市场，并在 1981 年正式推出了 IBM 个人计算机（PC）。此时，IBM 急需为自己的产品寻找合适的、基于英特尔 x86 系列处理器的操作系统，并找到了微软公司。然而，微软公司自己并没有合适的操作系统，但微软公司的领导者比尔·盖茨（Bill Gates）知道西雅图计算机公司有这样的操作系统，于是他与西雅图计算机公司商议，以 5 万美元的价格向该公司购买该操作系统。微软购买了该操作系统并将其更名为 MS－DOS，再授权 IBM 使用该操作系统，售价 3 万美元，即 IBM 每装一台机器都要交 3 万美元的装机费。

当时，IBM 因为和王安公司竞争而选择了个人计算机的标准战，采取了开放性设计并激励出大批的兼容机生产企业。比尔·盖茨知道这些企业在 IBM 标准的带动下也要使用这一操作系统，便与其他计算机生产商谈判，将 MS－DOS 系统安装到所有兼容机的新计算机上。微软在这样的不断复制中迅速成长起来。

如果是你，你会像比尔·盖茨一样抓住这样的机会创业吗？

二、创业机会的来源

创业机会有可能是幸运女神的垂青，是“无心插柳柳成荫”，但更多的创业机会来自系统的分析研究。关于创业机会，德鲁克提出了七大来源，认为变化为人们提供了创造新颖与众不同事业的机会，创业存在于有目的、有组织地寻找变化，进而对这些变化可能导致经济和社会创新的机遇加以系统地分析。综合其他学者的研究成果，可以总结出创业机会的来源，如表 4-1 所示。

表 4-1　创业机会的来源

机会来源	德鲁克	Olm&Wddy	熊彼特	蒂蒙斯（Timmons）
存在市场不均衡		复制别人的成功经验，在不同区域或区隔市场改进做法	打开新市场，创造或获取供应的新来源	忽视下一波客户需要
环境变动	基于产业和市场结构上的改变，人口统计特性		引人生产或营销的新方法	法规的改变，价值链或营销通路的重组
提供新技术或服务	基于程序需要的创新	得到某一权力、授权或特许权	进入新产品或服务	技术的快速变革，技术创新

（续）

机会来源	德鲁克	Olm&Wddy	熊彼特	蒂蒙斯（Timmons）
现有厂商效率不佳			现有产品品质有明显的改善	现有管理或投资者的不良管理
其他	新知识		产业内组织的新形态	
相关领域知识	意料之外的事件，不一致的状况	产品的市场、供货商与客户知识		
先前的工作经验		先前的工作经验在个人经验的基础上，发展出事业化的需求		
创业警觉	意料之外的事件，不一致的状况，认知、情绪及意义上的改变	与熟知某一社会、专业或科技领域专家接触所引发的研究或资料所得		
学习能力		搜寻、研究先前市场失败的案例		
社会网络		从有创意的人那里得到机会，参加展览会、研讨会、贸易展示、座谈会等所得		
其他		把嗜好、兴趣、业余喜好转化成事业机会		具有创业精神的领导

（资料来源：笔者根据相关资料整理。）

创业机会可以经由系统性的研究来发掘，也可能来自创业者对工作和生活的长期体验和仔细观察。诸多创业研究和创业实践表明，技术、市场和环境的变化是创业机会的主要来源。

（一）技术机会

技术机会是指由于技术进步、技术变化带来的创业机会，是将新技术成功应用于生产的可能性。技术机会是现存技术的规范或性能有所改进的可能性，也包括全新技术的出现和应用。由于新的技术突破为创业者提供了创业的“技术来源”，这些技术来源有可能触发创业机会。技术机会体现在新技术和新功能的出现，新技术替代了旧技术，或者技术产生了新应用方式。技术的创新表现在产品技术创新、工艺技术创新和生产设备技术创新。这些创新可能是渐进性技术创新、根本性技术创新、技术体系创新，甚至是技术革命。通常，由于创业者掌握了某种先进技术，或者对现有技术进行了重大改良，能够有助于获得竞争优势，促进创业的成功。

1. 技术突破机会

技术的发展推动新技术的诞生，技术推力表现为科学和技术的重大突破，从而创造全新的市场需求，或是激发市场潜在的需求。对技术创新的需求并不是由市场产生的，而是由拥有技术专利的创新主体按技术的功能适用性进行创新，从而间接地满足市场上存在的某种需求或在市场上创造新的需求。在经济发展过程中，许多重大的技术创新成果，如尼龙、人造纤维、核电站、半导体等都属于这一模式。技术突破往往意味着新产品的出现。

任何领域的技术进步最终都受到自然规律的制约。例如，在一块硅片上能放多少晶体管取决于硅的晶体结构，一根纤维的最终长度取决于其分子间的连接状况。这种最终的制约可以称为极限，技术进步的过程就是不断向极限逼近的过程。现实技术手段与技术极限之间总有一定的差距，这便是技术机会。技术机会分为两种：一种是内含的，即沿着现有技术规范继续改进；另一种是外延的，即该技术应用于其他技术系统的可能性。所谓技术突破，就是某一领域沿着技术发展的既定方向或内含机会迅速推进。

要实现技术突破，需要投入资金和人力进行技术开发。技术开发具有以下特点：综合多种知识；既依赖于基础研究和应用研究，同时又有相对的独立性；要求严格保密；与基础研究相比，研究时间较短；较之基础研究，投资费用较高。

通过技术上的突破，创业企业要获得核心技术能力，就是企业通过特有的技术要素和技能或各种要素和技能的独特组合来创造具有自身特性的技术，以产生稀缺的、不可模仿的技术资源（包括技术和知识等）的企业能力。核心技术能力是企业竞争能力的重要基础，有意识地培养和发展企业的核心技术能力是企业成功建立和保持竞争优势的关键。与一般技术能力相比，核心技术能力有以下特性：①独特性。它为某一企业所独有。企业一般会采取申报专利、实行技术保密等各种手段确保核心技术不泄露。任何一个企业都不可能靠简单地模仿其他企业来建立和发展自己的核心技术能力。②关键性。企业要想在激烈的市场竞争中站稳脚跟，必须向市场提供品质优良、价格适宜的产品和服务，而其背后必须有较高的技术水平做保证。

在创业实践中，实现科学技术突破的创业机会需要大量的资金，风险很大，需要的时间也相当长。例如，从一项科学技术突破到能大规模地生产，长的有时需要 10 年左右，短的也需要 2 ~3 年。

2. 工艺创新机会

与技术突破相对应，工艺创新是技术融合，是指沿外延机会将不同领域的现有技术进行融合集成，形成新的生产能力。在技术发展的不同阶段，技术机会是不一样的。在一项技术的萌芽阶段或成长的初期，多数创新是重大的技术突破，如晶体管代替真空管、集成电路取代分立元件等。随着新技术与新产业的不断发展，在进入成长期或成熟早期以后，技术创新从产品创新转向工艺创新，突破型技术创新让位于渐进型技术创新，技术机会从内含更多地转向外延，技术融合逐渐占主导地位。

工艺创新是指创业企业通过研究和运用新的生产技术、操作程序、方式方法和规则体系等，提高企业的生产技术水平、产品质量和生产效率的活动。对于创业者来说，工艺创新可分为以下类型：

（1）围绕提高产品质量等级品率的工艺创新。产品质量等级品率是表征质量水平和技术规格符合度的指标。为提高产品质量等级品率，企业必须在工艺技术、工艺管理和工艺纪律三个方面协调创新，忽视其中哪一方面，都可能使产品质量和优等品产值率无法得到保证。

（2）围绕减少质量损失率的工艺创新。质量损失率是一定时期内企业内部和企业外部质量损失成本之和占同期工业总产值的比重，是表征质量经济性的指标。为降低废品、减少损失，企业工艺要在设计、工艺技术等软件方面和材料、设备等硬件方面进行协调配套创新。

（3）围绕提高工业产品销售率的工艺创新。工业产品销售率是一定时期内销售产值与同期现价工业产值之比，反映产品质量适应市场需要的程度。通过工艺创新，企业既能生产独具魅力的物化产品，又能提供优质的服务产品，从而吸引顾客、拓展市场、扩大销售。

（4）围绕提高新产品产值率的工艺创新。产品产值率是一定时期内新产品产值与同期工业产品产值之比，反映新产品在企业产品中的构成情况，体现企业技术进步状况和工艺综合性水平。现代企业的生产往往需要由多种学科、多种技术综合成的工艺技术，尤其是技术密集型创新产品，需要荟萃机、电、光、化学、微电子、计算机、控制及检测等技术工艺，特别需要 CIMS（计算机整合制造系统）技术。实现对产品生命周期信息流、物质流与决策流的有效控制与协调，以适应竞争市场对生产和管理过程提出的高质量、灵活响应和低成本的要求。

（5）围绕节约资源、降低成本的工艺创新。传统自然资源日益匮乏，通过改进原有工艺，科学、合理、综合、高效地利用现有资源，或是采用新工艺，开发利用新的资源，可以使企业节约能源，降低物耗能耗，降低产品成本。

（6）围绕有益于环境的工艺创新。低污染或无污染成为社会、政府和人民对企业生产及其产品越来越突出的要求。通过工艺创新，企业可以减少生产过程中产生的污染，提供无污染的产品。

3. 技术扩散机会

技术会在国家之间、地区之间和企业之间发生扩散。产生技术扩散有两个原因：一是存在技术势差；二是存在模仿学习者潜在利益的刺激。技术扩散可以包括技术贸易、技术转让、技术交流、技术传播等活动。当然，并不是所有技术都能得到扩散，其中有些技术禁止向外扩散。由于技术的扩散，创业者在本国家、本地区和本行业率先采用了扩散技术，能够获得技术上的优势，发现创业机会。

技术产生后总是要通过各种途径，经历一定时间，向不同国家、不同领域、不同地区进行推广应用，这就是技术转移和技术扩散的过程。技术转移一般需要通过技术贸易来完成。技术贸易又称有偿技术转让，或技术的商业转让，这是相对于技术的无偿转让而言的。在现实生活中，绝大多数涉及产品和生产技术的转让都是通过有偿方式进行的。技术贸易的基本内容是专利使用权、商标使用权和专有技术使用权。技术贸易的主要方式有：技术买卖，即技术所有权的转移，这种工业产权所有权的转让，在技术贸易中是极少见的；许可证贸易，即技术使用权的转移，是指技术的输出方将某项工业产权或专用技术的使用权及相关产品的制造权、销售权，通过许可证合同，有偿地转让给引进方的一种交易。许可贸易范围主要包括：专利许可、商标许可、专有技术许可、组合许可等；有偿技术咨询，提供技术服务与技术协助；合作开发经营等。

4. 技术引进和后续开发机会

技术引进是创业企业从外部获得先进适用的技术的行为，引进技术的内容主要有以下几个方面：引进工艺、制造技术，包括产品设计、工艺流程、材料配方、制造图样、工艺检测方法和维修保养等技术知识和资料，以及聘请专家指导、委托培训人员等技术服务；引进成套设备、关键设备、检测手段等；通过引进先进的经营管理方法，充分发挥所引进技术的作用，做到引进技术知识和引进经营管理知识并举；通过广泛的技术交流、合作以及学术交流、技术展览等，引进国外的新学术思想、科学技术知识以及人才。通过技术引进，能够弥补创业企业在技术方面的差距，提高技术水平，填补技术空白，获得发展的良好机会。

创业者通过对引进技术的消化、吸收与改进，也能够形成技术机会。创业者可以进行创造性模仿，消化、吸收引进技术，减少对技术提供方的依赖，实现更大的经济效益，甚至在新旧技术结构的相互适应下形成具有新质的技术结构。创业者还能够逐步形成自主研发的能力，进而根据市场需要，通过自主研发进行改进型创新。后续开发能够促进创业者对技术的消化，并提高其自我发展的能力，这是建立技术机会的重要途径。

案例 4-2

空气中抓汽油技术成就千万富翁

“空气中抓汽油”是通过把弥漫在空气中的汽油进行分离来实现油气回收。其核心技术是分离膜，通过这层膜将油气、空气分离开，使油气从气态转为液态，重新变为汽油，以便回收利用。该项技术既消除了空气中汽油的刺鼻味道，又解决了空气污染问题。为了在该项技术上取得突破，赵新在读研究生的 4 年里放弃了丰富的课外生活，每天都把自己关在实验室，反复实验。功夫不负有心人，2006 年研究生毕业时，赵新终于研发出了有机气体分离膜。不过，他并没有匆忙注册公司，而是去了一家中美合资企业做了一名技术员。他要在自己当老板前，先在这家企业积累一定的管理经验。

2007 年，国家出台了储油库大气污染物排放标准、加油站大气污染物排放标准、汽油运输大气污染物排放标准。根据新标准，北京、天津、河北等地的储油库、加油站不能直接将油气排入大气中，必须在 2008 年 5 月，赶在奥运会之前全部进行改造处理。赵新敏锐地意识到这一系列国标的出台，打开了创业机会窗口。当年 10 月，赵新辞职并成立了南京天膜科技有限公司，正式开始了自己的创业之路，并通过与北京 5 家民营企业的储油库合作，挖到了创业的第一桶金。

然而，随着奥运会结束，赵新的好日子也很快结束了。整个 2009 年，他的企业几乎没有接到一笔业务，另外 3 个股东也没有能力再投资，企业资金出现了严重问题，不仅拖欠了房租，连员工工资也只能靠信用卡来支付。但赵新自信地认为，21 世纪是膜分离的时代，于是他选择了坚守。

伴随上海世博会、广州亚运会的召开，赵新和他的企业又迎来了机遇。2010 年，仅借着世博会这股春风，他就成功将企业的产品推销给了 6 家储油库，并成功将产品打入了中石油、中石化这样的大企业。2011 年，赵新的企业纳税达到了 900 多万元。赵新研究的有机气体分离膜，被评为南京市十佳优秀专利，他本人也被评为南京市科技型创业家。

赵新表示，南京加油站年销售汽油达到约 100 万 t，这等于排放了 8000t 油气进入大气，如果将每年“漏”掉的油气都回收起来，不仅可以改善空气质量，还能带来经济效益。企业的目标是争取在 2016 年左右实现公司上市，但上市也好，盈利也罢，都只是企业追求的一部分，其更大的意义在于环保。

（二）市场机会

企业市场营销的前提是市场上存在尚未满足需求的市场机会。这种机会必须要有吸引力，要能给企业带来利润，如果没有获得利润的可能性，不论有多大的吸引力都不是市场机会。创业市场机会同一般意义上的市场机会有所不同，因为创业主要是指以全新产品进入全新市场。所以，创业市场机会就是市场中那些创业企业本身没有涉及过的领域、没有生产过的产品和没有进入过的市场，而这些领域、产品和市场可能是其他企业已经进入的，但是这些领域、产品和市场对创业企业本身具有极大的吸引力，而且创业企业本身也具备进入并获取高额利润的成功条件的机会。

1. 市场机会的特性

市场机会总是随着环境的变化而产生，并随着环境的变化而消失的。如果创业者推迟对市场机会的发现和利用，其他企业会抢先发现和利用，这使得机会效益减少或完全丧失。企业如果不能及时捕捉机会，就会丧失难得的市场良机。另外，创业者也必须看到机会和威胁是一个事物的两个方面。在一定范围内，市场机会随着营销环境的变化而产生，但也会随着时间的推移而减弱和消失甚至演变为环境威胁。因此，市场机会的利用结果难以预测，具有不确定性，创业者需要十分慎重。

市场机会在被发现这一点上不存在独占权，任何创业者和企业都具有平等的认识和利用的可能性，只要善于寻找和识别，通过努力总是可以发现或创造市场营销机会的。但是，由于每个市场营销机会都有其特定的机会成功条件，各个创业者和企业的素质、能力也不相同，所以在发现和利用同一市场机会获益的可能性和程度方面也难免存在差异。各个创业者和企业由于自身条件和所处环境不同，对同一市场的营销机会大小、获利能力等的认识也会产生很大差别，因此，在利用某一市场营销机会时享有的差别利益以及能够取得的竞争优势也就有所不同。而且，对某创业者或某类企业来说是市场营销机会的环境变化，对于另外一些创业者或企业来讲则可能被认为是比较大的威胁。

2. 市场机会的类型

创业市场机会存在于社会生活的各个方面，是多种多样的，但众多的市场机会中，仅有很少一部分才具有实际开发和利用价值。为了及时发现、识别和创造市场机会，有效地抓住和利用有利的市场机会，创业者需要了解市场机会的各种类型，以便机会来时能及时捕捉而不错过。

（1）环境机会与企业机会。随着企业环境的变化而客观形成的各种各样的市场机会，就是环境机会。环境机会是所有人都可以加以利用的，但对于不同的创业者来说，可能并不一定是最佳机会。这些环境机会可能不符合创业者的能力和目标，不一定能够取得竞争优势。只有环境机会中那些符合创业企业战略计划的要求，有利于发挥创业企业自身优势的可以获利的市场机会，才是创业企业自身的企业机会。创业者要仔细分析和评价整个环境机会，并以此来选择合适的企业机会，积极采取有效的对策加以开发利用，才能获得创业良机。

（2）表面机会与潜在机会。在市场上明显存在的、被所有创业者或企业都能很容易看到的市场机会，就是表面机会；而表现并不明显、还未完全为大多数创业者意识到的市场机会，就是潜在机会。

表面机会易于被创业者和企业所发现与识别，寻找和识别的难度小，这是优点也是缺点。由于容易被发现，利用表面机会的创业者和企业就较多，因而创业者难以取得较高的机会效益，甚至造成激烈的竞争，导致创业失败。

潜在机会虽然具有一定的隐蔽性，不易于为创业者所发现和识别，寻找和识别的难度大，但正因为识别难度大，能识别和抓住这种机会的竞争对手也相对较少，只要能够找到并抓住这种机会，就能取得较高的机会效益。所以，创业者应更加注意发现和利用潜在的市场机会。

(3) 行业机会与边缘机会。创业者由于拥有的技术、资源和经营条件不同，一般有其特定的行业领域。在创业企业所处的行业或经营领域中出现的市场机会，称为行业机会；而在不同行业之间的交叉或结合部分出现的市场机会，称为边缘机会。

因为能够利用自身的经验和优势，行业机会寻找、识别的难度较小，创业者一般都较为重视。而且，由于自身研发、生产、经营和各种其他条件的限制，创业者一般将其作为寻找和利用的重点，进而取得专业化的规模经济优势。但是，行业机会在行业内部企业之间或形成激烈的竞争，往往使得行业机会效益减弱甚至丧失。这样，很多创业者和创业企业只有寻求在行业外发现市场机会。

但是，利用行业外出现的市场机会，通常又会遇到一定的困难或较大的障碍，因为这些机会往往是其他企业的行业机会，对于行业外的企业来说进入的难度更大。不过，随着社会经济的发展，人们的消费需求呈现出高层次和多样化，一些新的更复杂的消费需求应运而生，这些需求的满足不能单靠某个行业，而需要一些新的行业之间的结合。这种情况就促使一些企业在行业与行业之间的交叉或结合部分寻求较为理想的市场机会，即边缘机会。这种机会处在行业与行业之间的边缘地带，而处于各自行业中的企业一般关注本行业的主要领域，对此边缘地带容易忽视，形成了真空地带。边缘机会较为隐蔽，不易被大多数竞争对手所重视和发现，而且还可以发挥企业的比较优势，所以利用这种机会的企业易于取得良好的机会效益。寻找和识别边缘机会的难度比较大，需要创业者具有创新思维和丰富的想象力以及较强的开拓精神。

(4) 目前机会与未来机会。目前机会是指在目前尚存在的比较大的企业能取得利润的需求领域。未来机会是目前只有少数人有消费欲望或少量需求的领域，但随着市场及市场环境的发展变化，这种少数人的欲望和少量需求将在一段时间以后变为多数人的欲望和较大需求的领域，并且企业能取得利润。

在把握目前机会的同时，创业者要注重寻求和正确评价未来机会，提前开发产品，并能在机会到来之时迅速将其推向市场，从而取得领先地位和竞争优势。这隐含着一定的风险性，但是利用的机会效益会非常大。目前机会与未来机会之间没有严格的界限，任何一种未来机会，经过一定的时间、一定的条件，待时机成熟后，都最终要转化为现实的市场机会。

对未来机会的准确预测和分析具有重要的战略意义，可以使创业者和创业企业选取到好的市场切入点，做好市场竞争的充分准备。当这种未来机会成为现实市场机会时，企业就能够迅速捕捉住这种机会，并牢牢把握住市场的主动权，获得领导地位。

(5) 全面机会与局部机会。市场就其范围来说，有全面的大范围的市场和局部的小范围的市场，市场机会也就有全面机会和局部机会的差别。

全面机会是在大范围市场上，如全国市场甚至全球市场上出现的未满足的需求。全面市场营销机会意味着整个市场环境正在发展变化的一种普通的趋势，对参与竞争的创业者有普遍意义。而在小范围市场上，如某一区域市场、某一市县市场出现的未满足的需求，则为局部机会，意味着局部市场环境的发展变化有别于其他市场部分的特殊发展趋势。

对于创业者来说，区分全面机会与局部机会是非常重要的。如果创业者或创业企业将全面机会误认为是特定环境中的局部机会，忽视了该地域或该领域的特殊条件，会使得企业水土不服；如果创业者或创业企业将某一地区的局部市场机会误认为是所有地区普遍的全面机会，就会因市场规模太小、企业吃不饱而出现被"饿死"的局面。创业者或创业企业需要在进入市场前测量市场规模、了解需求特点，从而抓住时机，有针对性地开展创业活动。

（6）大类产品市场机会与项目产品市场机会。市场上对某一大类产品存在的未满足需求，为大类产品市场机会；市场上对某一大类产品中某些具体品种存在的未满足需求，为项目产品市场机会。大类产品市场机会显示着市场上对某一大类产品市场需求发展的总趋势，是多数企业的寻求对象；而项目产品市场机会则表明社会上对某一大类中单项产品的市场需求的具体指向。了解大类产品的市场机会，对于创业者或企业制定生产任务，明确今后业务发展的总体方向，制订长远战略计划，具有重要意义；而了解项目产品的市场机会，对于创业者或创业企业明确将来怎么做才能有效率地实现战略计划的要求，制订市场营销计划，搞好市场营销工作，具有重要意义。

案例 4-3

"90 后"大学生智能手机维修市场年收入 20 万元

当刘询大学毕业时，他对家人朋友说出"创业"这个词时，大家都认为这是个玩笑。因为面对那张稚嫩的脸，人们很难将其与创业的艰难联系起来。但是，他却在众人的否定下，怀揣创业梦想踏上了创业之路。

"自己选择的路，就是跪着也要走完"，这是刘询一直不变的座右铭。创业的想法是在大二的时候开始萌芽的。那一年他报名参加大学生创业计划书大赛，在准备参赛项目的过程中，他对创业有了更进一步的认识，对创业项目的选择、创业项目的运作都有了更深的想法。

2009 年寒假，刘询回到家里仔细考察了当地的市场环境。他发现，在当地，手机市场是发展最快的，短短几年时间，在这个小小的县城里，智能手机已经风靡大半。回到学校后，他又在网上查询智能手机的特点，发现智能手机虽然功能很多，但是故障率也相对较高。也就是说，当时智能手机刚刚开始流行，那么半年后肯定是智能手机维修需求量开始逐渐加大的时候。

分析好市场需求后，刘询确定了自己的创业项目：开一家智能手机维修店。2010 年上半年，刘询除了忙学校学习上的事情外，还找了多份兼职，积攒自己的创业资金，每天经常只睡两三个小时。到当年 7 月，刘询终于攒够了自己的第一笔创业资金。2011 年 8 月，刘询的"任你飞"手机维修店红红火火地开起来了。小店开起来后，刚开始客户一看他那张年轻的娃娃脸，都不敢相信他的维修技术，生意颇为冷清。怎么办呢？刘询灵机一动，开始先抓住年轻网友这个目标客户群体，在网上做宣传，有了第一批客户后，就好办多了。慢慢的，刘询就以其精湛的维修技术抓住了越来越多的顾客。截止到2012年7月，刘询的小店已掘金20多万元。但是刘询并没有满足于现状，2012年8月，他在原来手机维修的基础上，加入手机美容、配件销售等业务，打通手机后续服务产业链，并开始走品牌化的道路。

谈起创业感受，刘询认为大学生创业，不仅要有启动资金，有毅力和决心，更重要的是要抓住市场机会。他自己的成功就得益于抓住了智能手机市场高速增长的市场机会，选择了很多大学生较少关注的智能手机维修项目。

（三）环境机会

外部环境对创业者来说是可变的，同时也是不可控的，既包含创业发展的机遇，也包含可能面临的挑战。创业者要善于发现和把握对自身有利的环境因素，积极利用环境机会，规避创业风险。

1. 宏观环境机会

对于宏观环境方面的创业机会，创业者可从以下几个方面入手：

（1）政策法规调整。政策法规对创业和企业经营活动加以限制和要求，对创业活动具有现存的和潜在的影响。当政策法规出现变化时，往往意味着创业机会。例如，国家加强了环保的立法和规定，这对环保产业就是一个巨大的创业机会。创业者应具备一定的政治头脑与法律意识，保持对政策法规的敏感性，分析国内外政治形势和法律、法规、方针、政策等是否适合创业。

随着我国市场经济及人口的发展，劳动就业问题成为社会的关注焦点，促进创业也成为政府重点关注的问题之一。国家和地方各级政府（如劳动和社会保障、财政、金融、工商、税务等机构）纷纷出台了相关政策，给予创业者更多的支持。创业扶持政策越来越多，面向就业者搭建创业平台专项扶持，体现在税收政策、资金定项扶持和开展专项工程支持等方面，使创业成本不断降低。政府扶持和发展非正规就业，增加了创业机会。非正规就业主要面向社区提供各种社会服务，具有广阔的发展前景。非正规劳动组织就业，在现阶段主要是通过为社区居民提供各类服务，或为企业提供各种临时性、阶段性的劳务，以及参加城市环境维护方面的公益性劳动，在社区中发展家庭手工业、开办工艺作坊等形式来实现。

创业的门槛不断降低。一是国家颁布的《中华人民共和国行政许可法》自2004年7月1日实施以来，更多的行业领域许可民营进入，一些经营手续办理程序得到简化，企业自主的经营范围更为宽泛和自由；二是自2006年1月1日起实施新的公司法，有限责任公司注册资本的最低限额下调至3万元人民币（法律、行政法规对有限责任公司注册资本有另行规定的除外），且股东既可以用货币出资，也可以用实物、知识产权、土地使用权等可以用货币估价并可以依法转让的非货币财产作价出资。公司的注册资本按规定还可以在两年内分期缴足（投资公司可以在五年内缴足）。

（2）经济发展。企业经营的成败在很大程度上取决于整个经济运行情况，创业者要善于对经济因素进行分析，发现机会。随着经济的发展，我国资本市场日趋健全和活跃，在融资方面，银行贷款、金融支持、融资担保、风险投资、产权交易等多种业务不断推陈出新。为解决创业过程中融资难的问题，有关机构还启动了为创业者提供开业贷款担保和贴息的业务。这个经济环境适合创业，为创业者提供了比以往更多的机会。

（3）社会进步。社会因素包括社会文化、社会习俗、社会道德观念、社会公众的价值观念、职工的工作态度以及人口统计特征等。变化中的社会因素影响社会对企业产品或劳务的需要，也会改变企业的战略选择和发展方向。社会的不断进步会催生很多新的需求，或改变人们对创业等的看法，诱导更多的机会。因此，创业者需要在创业前对有关的社会进步因素加以考虑，需要分析消费者的收入水平、受教育程度、地区特点和民族特色。这些因素决定了创业者的产品需求和发展方向，是细分目标市场的重要依据。

（4）技术进步。技术的进步可以极大地影响企业的产品、服务、市场、供应商、分销商、竞争者、用户、制造工艺、营销方法及竞争地位。技术进步可以创造新的市场，产生大量新型的和改进的产品，改变创业企业在产业中的相对成本及竞争位置，也可以使现有产品和服务过时。技术的变革可以减少或消除企业间的成本壁垒，缩短产品的生产周期，带来比现有竞争优势更为强大的新的竞争优势。对于创业者来说，能正确识别和评价关键的技术机会与威胁是至关重要的。

（5）自然环境条件。创业企业的自然环境主要是指企业所在地的全部自然资源。对于创业者，应该基于资源从事创业。因此，创业者在创业前对于选定的创业项目，需要认真分析一下是否有足够的资源来支持创业企业的生存与发展。

2. 地区环境机会

随着近几年国家和地方政府对商业基础设施投入的加大，我国商业运作的硬件环境已经得到了很大的改善。各地的创业园区都在努力为创业者们提供便利，商业基础设施的变化是可喜的，也是有目共睹的。创业的专业化商业服务机构，也将使创业环节更加顺畅，使好的技术和创意能够更快、更好地得以商业化并形成良性循环。当地的创业教育、文化素质状况的改善，也有助于创业项目的成功。

我国各地的创业载体和创业服务机构发展加快。创业载体，如各类企业孵化器、园区建设、社区建设、企业服务中心、指导机构等不断新增。风险投资机构、担保服务机构、信用服务机构、顾问咨询等服务机构得到发展，更有利于创业的启动与发展。

创业者在创业时对地区环境进行分析，可以主要考虑以下几方面的因素：创业者对该地区的熟悉程度如何；创业者在该地区有多大的影响力；新创企业在这个地区内将会有何影响；地区的人文和社区支持体系是否完善；创业者是否有特别的人际关系；地区的基础设施可行性如何；民情风俗是否会对创业产生正外部性，等等。

3. 行业发展机会

对行业环境因素的分析与评价将有利于创业者发现有价值的进入领域和创业的机会。

（1）行业竞争要素分析。迈克尔·波特的五种力量模型较好地反映了新创企业的行业环境因素。他认为，潜在的进入者、现有市场竞争者、供应商和购买商决定了一个产业的竞争力，构成了行业环境要素。

1）新进入者的威胁。新进入者是行业的重要竞争力量，它会对本行业带来很大威胁，称之为进入威胁。进入威胁的大小取决于进入障碍和原有企业的反击程度。如果进入障碍大，原有企业激烈反击，进入者难以进入本行业，则进入威胁就小；反之，进入威胁就大。

决定进入障碍大小的主要因素有以下几个方面：

① 规模经济。规模经济迫使新进入者必须以大的生产规模进入，或者以小的规模进入，但要长期忍受产品成本高的劣势。

② 产品差别优势。产品差别优势是指原有企业所具有的商标信誉和用户的信任程度等。它是通过以往的广告、用户服务、产品特色、行业成就等形成的差异优势。新对手要打入市场，需在产品开发、广告和用户服务等方面大量投资才能获得用户。

③ 资金需求。对于一些产业，创业者如果没有雄厚的资金实力，是很难进入的。

④ 转换成本。转换成本是顾客变换供应商所支付的一次性成本。这会造成顾客对变换供应商的抵制。进入者要进入，就必须用相当长的时间和特殊的服务等来消除抵制。

⑤ 销售渠道。正常销售渠道已经被在位者控制，对新进入者形成了进入障碍。

⑥ 其他因素。例如，专利权、优惠货源、政府补贴、生产经验、政府的某些限制政策等。

2）现有竞争者的抗衡。行业内企业之间存在着竞争，其竞争程度是由一些结构性因素制约的。每个行业的进入和退出障碍是不同的，可形成不同的组合。波特从企业长期利润的角度认为，理想的情况是进入壁垒高而退出壁垒低。这样，新进入者的扩张会受到阻碍，而不成功的竞争者将退出该产业，企业就会获得稳定收益。

3）替代品的竞争压力。所谓替代品，就是满足同一市场需求的不同性质的产品。科学技术的发展将导致替代品不断增多。创业企业在制定战略时，必须识别替代品的威胁及其程度，对于顺应时代潮流，采用最新技术、最新材料的产品，尤应注意。

4）购买者和供应者的讨价还价能力。任何行业的购买者和供应者，都会在各种交易条件（如价格、质量、服务等）上尽力迫使对方让步，使自己获得更多的收益。在这个过程中，讨价还价能力起着重要作用。无论作为供应者还是作为购买者，其讨价还价能力均由以下因素决定：行业的集中程度；交易量的大小；产品差异化情况；转换供货单位费用的大小；纵向一体化程度；信息掌握程度；其他因素。

5）其他利益相关者。这些利益相关者可能是股东、员工、政府、社区、借贷人、贸易组织以及一些特殊利益集团。它们各自对各个企业的影响大小不同。创业者从创业初始就应该适当考虑与利益相关者的价值均衡的问题以及他们对创业的影响。

（2）行业生命周期分析。行业是由产品和市场组成的，而任何产品都要经历一个从引入、成长到成熟和衰退的生命周期。这样，由产品及其市场组成的行业也就有一个生命周期。事实上，确定一个行业当前所处的生命周期位置并非易事。一般可考虑以下几个方面：市场规模（销售额或销售量）在过去的增长情况，从而判断行业是处于快速增长、平衡状态还是衰退状态，近期可能开发什么新产品或市场，这些新产品或市场的开发将引起更快的市场增长和吸引新进入者，或者导致中等的市场增长，并没有引起行业变化，或者只稍微延迟了市场衰退，减少了退出该行业的企业的数量。

创业者在选择进入一个行业时，除了要考虑行业的市场规模及变化趋势外，还需要考虑该行业的稳定性。一个国家周期性的经济波动对不同行业的影响程度是不同的。在经济下滑时，有的行业可能所受影响不大，行业内企业安然无恙，而有的行业可能会遭受巨大打击，行业内的企业都受到挫折。总之，创业者在分析行业机会时，不仅要考虑整个行业的抗冲力和稳定性，还要构筑自己的实力，使之比行业内的其他企业更有竞争力。

三、机会窗口

机会窗口是一种隐喻，用以描述企业实际进入市场的时间期限。一旦新产品市场建立起来，机会窗口就会打开。创业者利用机会时，机会窗口必须是敞开的。随着市场的成长，企业进入市场并设法建立有利可图的地位。在某个时点，市场成熟，机会窗口被关闭。

机会如同“窗口”，无意者可能从窗口前一掠而过，而有心者则能从窗口一角发现内在的商机。创业机会都有一定的潜在性，它有三个重要特点：一是会持续一段时间；二是市场会成长；三是创业者有条件利用。创业者选择了适当的创业机会，还需要在“适当的时间段”内启动创业、进入市场。这个适当的时间段，就是创业的机会窗口。换言之，特定的创业机会仅存在于特定的时段内，创业者只有在这个时间段内启动创业、进入市场，才有可能获得相应的商业回报。反之，如果创业者在机会窗口敞开之前或之后行动，那就可能血本无归。一般而言，特定机会的时间跨度越大，前景市场的成长性越好，相应地，机会窗口也就会越大。

创业者必须在多数人还没有醒悟过来之前就瞄准“机会窗口”打开的时间段，一旦时机成熟，在第一时间进入，才能占据有利地位，提高创业的成功性；如果等到机会窗口接近关闭的时候再去创业，留给创业者的余地将十分有限，新创企业将很难盈利且更难成长。

图 4-1 中的曲线描述的是一个典型的新兴行业的快速生长模式与生命周期。市场随着时间的变化以不同的速度增长，并且随着市场的迅速扩大，往往会出现越来越多的机会。但当市场变得更大并稳定下来时，市场条件就不那么有利了。因此，在阶段 1，当市场处于引入期时，市场规模太小，创业窗口尚未打开；在阶段 2，当市场进入成长期时，市场扩展到足够大的程度并呈现高速增长的态势，机会窗口正式打开；在阶段 3，当市场已经成熟时，机会窗口也就关闭了。

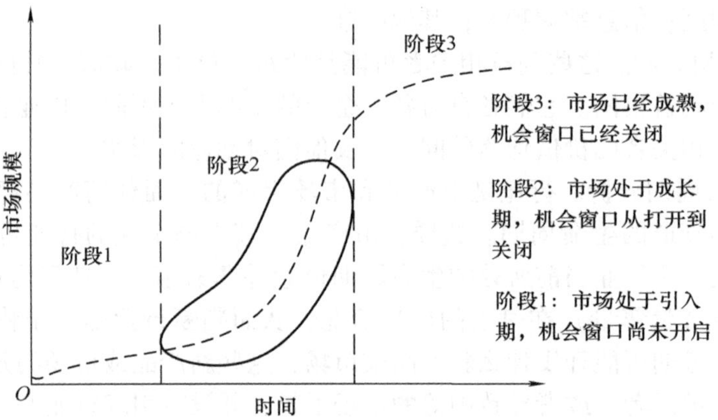

图 4-1　创业的机会窗口

机会窗口告诉创业者：①选择在哪个阶段进入市场，在很大程度上决定了创业的成败，当机会窗口打开时，进入市场越早，创业成功的可能性越大；②市场规模和机会窗口的长度构成了风险和回报的基础，机会窗口敞开时间的长短对创业成功十分重要；③不同产业存在不同的机会窗口；④动态的产业能够不断创造市场机会，一个产业的变化越大，创造的市场机会越大，市场进一步偏离均衡状态的程度就越大；⑤适度的前瞻性是创业者所必需的素质。

案例 4-4

西南航空公司的成功之路

20 世纪 90 年代，西方经济进入衰退期，美国航空业因此受到极大影响。1991—1992 年，美国航空公司的赤字总额累计达 80 亿美元，曾经盛极一时的 TWA、大陆、西北三家航空公司均经营不善而宣告破产。但一家名叫西南航空公司的小企业却在一片萧条气氛中异军突起。在 1992 年取得了营业收入增长 25% 的令人难以置信的佳绩。西南航空公司的成功首先得益于其公司领导者赫伯特·克莱尔对“战略性机会窗口”的把握，其次是低价格的营销策略。

西南航空公司的营业收入、利润与四大航空公司的比较如表 4-2 所示。

表 4-2　1987—1991 年西南航空公司的营业收入、利润与四大航空公司的比较（单位：百万美元）

	1987 年		1988 年		1989 年		1990 年		1991 年	
	营业收入	利润	营业收入	利润	营业收入	利润	营业收入	利润	营业收入	利润
美国航空公司	6369	225	7548	450	8670	412	9203	−40	9309	−253
三角洲航空公司	5638	201	6684	286	7780	467	7697	−119	8268	−216
联合航空公司	6500	22	7006	426	7643	246	7946	73	7850	−175
西北航空公司	3328	64	3395	49	3394	116	4298	−27	4330	10
西南航空公司	778	20	860	58	1015	72	1187	47	1314	27

第二次世界大战结束后，美国经济进入高速发展的繁荣期。在世界第三次科技革命的推动下，航空业等新兴工业蓬勃兴起。20 世纪 60 年代中期，美国约有 7 条国内定期航线。但当时的大航空公司更热衷于跨洋长途飞行，对短程空运业务则不屑一顾。而国内日趋频繁的商务旅行与美国过于广阔的疆土使短程运输业变成了有利可图的“战略性机会窗口”。1967 年，克莱尔律师与罗林·金在餐桌上发现了这个机会窗口。1968 年，他们以 56 万美元建立起西南航空公司，并将精力集中于得克萨斯州之内的短途航班上，只经营达拉斯、休斯敦和圣安东尼奥三个城市之间的短程航运业务。

西南航空公司在选择准战略性机会窗口后，低价格是保证它打赢这场战争的关键。不论如何扩展业务范围，公司都坚守两条标准；短航线、低价格。1987 年，西南航空公司在休斯敦—达拉斯航线上的单程票价为 57 美元，而其他航空公司的票价为 79 美元。20 世纪 80 年代是西南航空公司大发展时期，其客运量每年增长 300%，但它的每英里运营成本不足 10 美分，比美国航空业的平均水平低了近 5 美分。西南航空公司提供的航班不仅票价低廉，而且班次频率高，乘客几乎每个小时都可以搭上一架西南航空公司的班机。这使得西南航空公司在得克萨斯航空公司市场上占据了主导地位。同时，由于员工的努力，西南航空公司创下了世界航空界最短的航班轮转时间。当其他竞争对手需用 1h 才能完成乘客登机、离机及机舱清理工作时，西南航空公司的飞机只需要 15min。

在顾客服务上，西南航空公司针对航程短的特点，只在航班上为顾客提供花生米和饮料，而不提供用餐服务。一般航空公司的登机卡都是纸制的，上面标有座位号，而西南航空公司的登机卡是塑料的，可以反复使用。这既节约了顾客的时间，又节省了大量费用。西南航空公司没有计算机联网的订票系统，也不负责将乘客托运的行李转机。对于大公司的长途航班来说，这是令顾客无法忍受的，但这恰恰是西南航空公司的优势与精明之所在。它选择并进入这样一个狭小的战略机会窗口，使大型航空公司空有雄厚的实力却无法施展。西南航空公司是在确保控制成本、确保盈利的条件下拿起价格武器的，为了降低成本，它在服务和飞机舒适性上做出了一些牺牲。但是，只要质量、安全、服务不是太差，顾客仍是欢迎低价格的。

西南航空公司的成功说明，如果一家企业可以提供比竞争对手低的价格，同时既不影响服务或产品质量，又能保持一定的利润，那么它就具有了极强大的优势。而中小企业通过对战略性机会窗口的选择，是可以达到这一境界的。

第二节　创业机会识别

同样的创业条件下，有人一事无成，而有人却白手起家，取得非凡的成绩，因为创业机会很难识别。识别产品、服务或业务机会很困难，因为它不单是换一种眼光看待现存事物。机会识别一半是艺术，一半是科学。创业者必须依靠直觉，使它成为一门艺术；也必须依靠有目的的行为和分析技能，使它成为一门科学。

一、创业机会识别的影响要素

同样的机会，有的人留意了并抓住了，而有的人则没有。正确地识别和筛选创业机会是创业者成功必备的重要素质之一。如下因素会影响人们对创业机会的识别：

1. 先前经验

一些研究表明，产业中的先前经验有助于创业者识别商业机会。有调查显示，43%的被调查者是在为同一产业内的企业工作期间，获得他们的新企业创意的。有三类先前经验对创业机会的识别至关重要，包括先前市场经验、先前市场服务经验和先前顾客接触经验。这些可在日常工作中年复一年地积累，使得创业者能够发现未满足的需求空间。创业者还会对某些特殊领域感兴趣，并花费大量时间和精力进行学习，这种积累就构成了发现创业机会的知识源泉。

专栏4-1

先前经验对创业活动的作用

1. 先前经验与机会识别

机会识别通常被认为是创业领域的核心概念，因此对该主题的研究向来是重点。有关先前经验与机会识别的研究起源很早。不少研究发现，先前经验丰富的创业者掌握了有关市场、产品、资源等的有价值的知识，因而发现创业机会的能力得到强化。先前经验中所积累的知识造就了创业者的“知识走廊”，他往往能解读出与其先前经验密切联系的机会。韦斯特海德和赖特从认知理论出发，证明有先前经验的创业者会发现更多的机会，尤其是那些具有更高财富创造潜力的创新型机会。

2. 先前经验与新企业资源获取

创业是新企业从零资源建立起资源优势的过程。在新企业生成之后，先前经验中所蕴含的独特资源进一步促进新企业从外部获取资源。例如，创业者利用自身的先前经验解析机会的本质，吸引优秀员工加入新企业，争取到供应商的合作，并依此从资源提供者那里获得投资。

3. 先前经验与新企业战略选择

创业者往往根据其先前经验，有选择性地解读从内外部获得的信息，因此，先前经验对于企业战略决策制定至关重要。目前，学者们正努力拓展理论视角，如尝试从社会认知理论出发，透过先前经验概念本身，挖掘先前经验背后的创业团队认知模式，先前经验如何转换成认知，又如何影响新企业的创业行为，这样的逻辑链条将研究延伸到更本源的层面，有助于深化对创业过程与创业行为的认识。

4. 先前经验与新企业生存、成长绩效

创业者的先前经验与新企业初期生存、成长绩效之间的关系，是学者们竞相关注的焦点。该主题下的研究成果较为丰富，但结论并不一致。例如，巴林杰发现相比低成长的企业，高成长企业的创业者具备更丰富的创业经历；另一些学者却认为，创业经验与新企业绩效之间无相关关系，拥有创业经验的创业者与新手创业者相比，这些所创建企业绩效之间并没有差异；还有一些学者从中立的角度出发，提出创业者先前经验与新企业绩效之间呈现非线性关系。

综合学者们的研究成果可以发现，创业者的先前经验对一系列创业活动都具有显著影响，但具体作用机理和路径学术界还没有达成共识，有待于进一步深入挖掘。

2. 创业警觉

创业警觉首先由奥地利经济学家柯兹纳（Kirzner）提出，并将其定义为："①一种注意到迄今尚未发掘的市场机会的能力；②一种激发人们大胆构想未来的倾向性。"他指出，创业警觉越强的个体，越容易迅速解读隐藏在信息背后的商业价值，从而发现创业机会。Gaglio 和 Katz 进一步丰富了前人的研究，延伸出一个更为完整和可操作化的创业警觉性概念，包括三个要素：①正确地感知市场环境；②识别关键的驱动要素；③推断因素间的动态关联性。比如在一个动荡的环境中，善于识别市场中现有产品服务的局限，从而推测出隐含的商业利润。

专栏4-2

创业警觉的心理机制

Gaglio 和 Katz 将创业警觉性视为机会识别的心理基础，与其他很多图式相似，警觉性有助于指引各种注意力去关注新颖的、不同寻常的事物出现；有助于指导信息加工过程，将各种新线索加以整合，对既有"目的—方式"重构。警觉性个体有一种内在的习惯，倾向于反向思考或者寻求变革。这种习惯性思维常常会激发创业者去反思当前的状态，促使创业者频繁地在保留图式和批判图式的两重境界中做出决策。逆向思维和心理模拟是两种重要的过程，旨在改变以往框架和模式。对新开办业务或者商业信息重新估价，以实现准确判断。研究指出，除了图式内部的精密程度和复杂性之外，图式之间的交叉链接也是一个重要环节。例如，在1945—1964年出生的人群，这20年是美国历史上人口增长最密集的时期，在一定程度上也影响到当今美国经济发展和老龄化消费趋势。具有特殊警觉性的个体不仅能够快速预见这一现象，而且能够从人口统计学的变化中寻找出很多数据信息。近乎专家的状态使得警觉性个体能够在干扰信号中侦测到所需模式。在他们身上似乎存在大量的图式链接，包括对行业、政治、经济等，从而能近乎自动化地识别行业变化所蕴含的意义（见图4-2）。

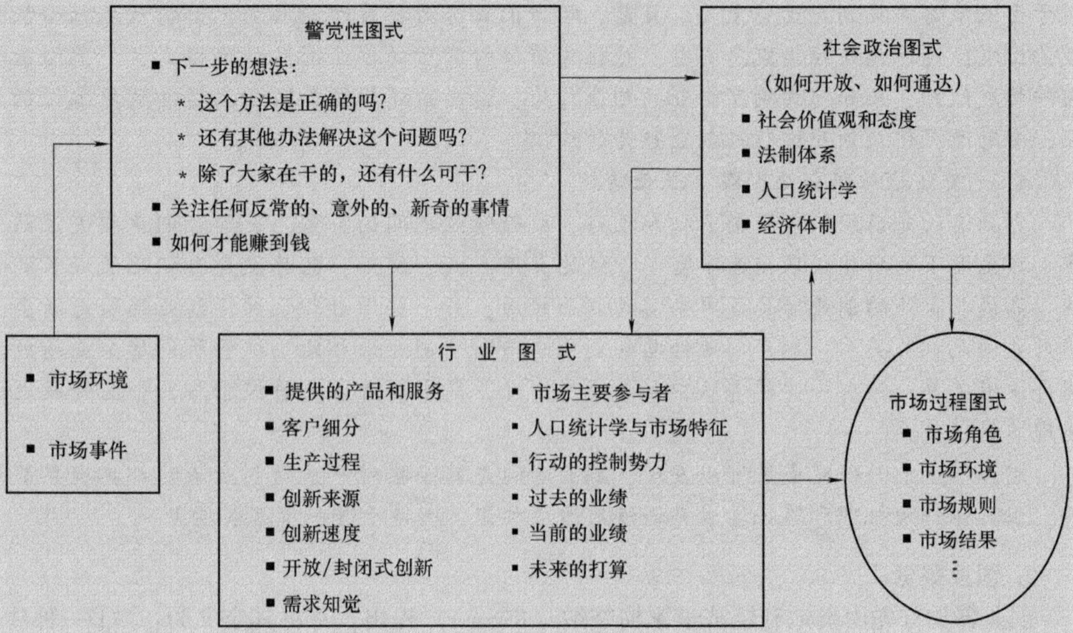

图4-2 创业警觉的交叉链接图式

（资料来源：苗青. 基于规则聚焦的公司创业机会识别与决策机制研究［D］. 杭州：浙江大学，2006：27）

创业警觉性是衡量一个创业者是否成熟的标准，它具有10个重要特征：①不均衡事件的识别。在一个特定市场中，警觉性个体较非警觉性个体对市场失衡信息更为敏感。②图式改变与信息影响。警觉性个体将会改变自身图式来适应和调整，以适应不匹配的信息。③认知错误的控制力。在一个特定市场中，警觉性个体将不会受制于框架效应等错误认知的影响。④准确性与时效性。非警觉个体以满意作为目标选择的依据，而警觉个体可以寻找到客观、准确的目标。⑤图式复杂性。警觉个体对市场环境的变迁具有更为复杂的图式识别功能。⑥图式的交叉链接。警觉性个体具备相对复杂的图式系统，包括行业发展、社会环境以及市场过程等图式的交叉链接。⑦逆向思维。警觉个体采取逆向思维，以抵消既有的因果思维；非警觉性个体采用折扣机制抵消新异和反常事物，保持以往的因果思维框架。⑧打破既有框架。警觉性个体更倾向于打破既定的“手段—目的”框架。⑨敏感于潜在利润。警觉性个体对某个思想或者事件的潜在利润更为敏感，而非警觉性个体对此敏感性较差。⑩警觉的连续性。根据信息的敏感性与否可以将个体分为四类：评价者（完全警觉型）、折扣者（边际警觉型）、排斥者（无效警觉型）和无兴趣者（全无警觉型）。

3. 创造性思维

创造性思维是在两个或两个以上的信息矩阵或者信息环境中进行的，通过这种跨类别、跨领域的认知思维加工，将原先毫无联系的信息或领域经验整合在一起，从而得到一种创造性的解决思路。创造性思维是创造力的主要表现形式之一。从现实角度来看，创造性思维可以将来源于某一个领域中的知识作为模型来帮助理解或发展想法，并将其应用到另外一个领域中，从而提升了产生新颖性想法的可能性。创造性在思维创业过程中也至关重要。从某种程度上讲，机会识别就是一个创造过程，创造性包含在许多产品、服务和业务的形成过程中。

4. 社会关系网络

社会关系网络是创业者的重要隐性资源，对创业有着重要的推动和促进作用。个人社会网络的深度和广度影响到创业机会的识别。建立了大量社会与专家联系网络的人，将比那些拥有少量网络的人得到更多机会和创意，这将有助于新企业创建。

成功的创业者通常能够从社会关系网络中发现和捕捉机会，获取资源并创造出只凭创业者显性资源所无法实现的价值。创业企业的社会关系网络具有扩展性和延伸性，逐步转化为企业的资源，形成企业生产力的组成部分。

5. 各因素对创业机会识别的作用关系

创业者是通过社会网络与更大范围的经济活动参与者紧密联系的人，社会关系网络对创业者识别和开发利用创业机会起着重要的作用。创业者花费时间和精力构建和维护个人关系网络，是因为社会关系网络能够为创业者提供各种信息资源支持，创业者可以利用网络关系获得有价值的信息、经营担保、资金、设备和土地。不同创业者的社会关系网络获取的信息存在差别，而这种差别恰恰是个人竞争的优势，可能形成信息不对称。因此，社会关系网络通过提供信息和获取资源来直接影响创业机会识别。

创业警觉反映的是一种持续关注的能力，是一种对信息敏感性的把握，主要表现在对市场的精准感知、对关键要素的精准识别、对要素间关系的精确判断。创业者通过专注于敏感信息，从而增加在市场环境异动中觉察到潜在商业机会的可能性。创业者的创业警觉越高，识别创业机会的可能性就越高。

在特定产业中的先前经验有助于创业者识别机会。有调查发现，70%左右的创业机会其实是在复制或修改以前的想法或创意，而不是全新创业机会的发现。

创造性思维是一种整合不同类型信息的认知思维方式，贯穿于整个机会识别过程。创造性思维的存在增大了机会识别的可能性，而创业机会的识别本质上是为了维持超额利润的行为。同时，有学者认为机会识别乃至创业行为是一种对可行性技术创新的尝试。

创业者先前经验的知识结构属性会影响创造性思维。创业者拥有的知识适合于不同的领域，他们拥有的知识量级在不同的领域之间存在差异。不同类型的信息蕴含着创业者等待识别的机会，创造性思维是整合不同类型信息的过程，它可以集成专业领域中引发创业行为的知识域。因此，创造性思维作为创业警觉、先前经验、社会关系网络与创造性创业活动的联结点，起到了传导作用。

综上所述，创造性思维、创业警觉、先前经验和社会关系网络对创业机会识别的内在作用机理模型如图 4-3 所示。

二、创业机会识别的方法

在同样的创业环境下，有人一事无成，而有人却取得很大的成功。人们常常认为那些成功的创业者有着某种特别敏锐的、与众不同的洞察能力，使他们能够看到别人没看到的机会；或具有特别的能力，知道如何来开发这个机会。事实上，在机会发现过程中，灵感和创造力确实十分重要，但是创业者在实际发现和评价创业机会过程中的艰苦努力和所采用的正确方法也同样不容忽视。

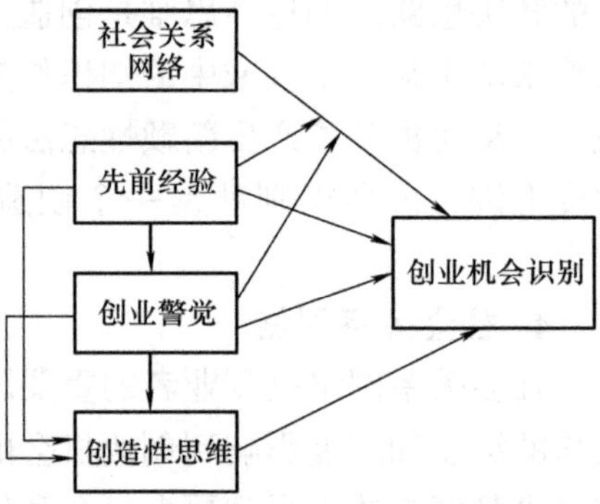

图 4-3　各因素对创业机会识别的内在作用机理模型

1. 正确处理顾客的抱怨或建议

一个很好的创业机会也许就隐藏在顾客的抱怨或建议之中。如果顾客认为其需要没有得到满足或没有很好地得到满足，就往往会基于对自己需求的认识，提出各种各样的抱怨，甚至对可以采取的各种形式提出建议。有些抱怨、建议可能是很简单的、非正式的形式，有些建议可能是十分正式且具体的，并有十分详尽的资料和说明来为其建议提供支持。现实生活中，某些组织会积极主动地向供应商“逆向营销”他们的需求，并向供应商提出需求要求满足。例如，双门冰箱的开发设计就得益于顾客的抱怨。总之，只要顾客提出抱怨或建议，无论采取什么方式，一个有效的创业者都应当热情地听取并做出相应的反应，因为这也许是一个非常好的商业机会。

2. 在偶然之中寻找机会

索尼公司董事长盛田昭夫喜欢一边打网球，一边听音乐，因此，他必须在球场上装麦克风、扬声器及唱盘。他想，总该有一个较好的方法来解决这个麻烦。随身听（Walkman）就是在这种需求下产生的，这是索尼公司有史以来最具革命性与利润性的产品。

3. 善于捕捉意外发现

普强（Upjohn）制药公司在进行降低高血压固态晶片的反应测试时，意外地发现这些药不仅可以控制高血压，还有促进头发生长的效果。因此，他们积极改良开发生发剂的产品市场。

4. 变不利为有利，在有害的偶然事件中寻找机会

汤姆·休士顿（Tom Houston）是一位出色的水管装配工。1979 年，他不幸从鹰架上摔落，腰部以下瘫痪。在友人雷·莫兹格（Ray Metzger）的协助下，休士顿利用他的技巧，发明了一种能让他站立起来的轮椅。利用这个轮椅，他甚至能够与他的孙子打排球。今天，他的公司推出了以 HiRier 为名的“步行轮椅”在市场上销售，售价高达 1.15 万美元。

5. 问题分析法——提出问题，解决问题

埃德温·兰德（Edwin Land）跟女儿在新墨西哥州闲逛时，女儿问她：“为什么我不能马上看到你刚刚为我拍摄的照片？”兰德灵光一闪，1h 后，拍立得相机和软片的创意与构想浮现在她的脑海中。她迫不及待地前往在当地拍立得公司的专利律师处，描述她的新产品。五年后，拍立得公司推出拍立得照相机。

该方法起始于个人或组织的需求及其所面临的问题，核心在于“提出问题，解决问题”。创业者在应用该方法时，首先应询问“什么可以做到更好”。在确定了这一问题之后，下一个问题是“应当如何解决，即怎样才能做得更好”。一个有益的、有效的解决方案代表着创业者的基础。

6. 启发式方法

启发式方法与创业者的创造性联系最为密切。它首先是分析，即选取一个特定的市场或产品领域，并弄清楚与这一领域相联系的概念；然后是综合，即将这些概念以一种提供一个新视角的方式归到一起。这个过程是相互作用、相互启发的，每一个分析—综合的循环都改进了对机会的洞察，并使之更加清晰。

7. 市场坐标图法

市场坐标图的具体做法是：根据产品的价格、质量和功能等参数来定义某一产品种类的纬度，将顾客的特性参数作为另一类纬度，这两类纬度构成一种市场坐标图，产品基于在坐标图中的位置被定位于不同的组，即坐标图中的不同象限。这种图的制作需要有效地确定产品和顾客的纬度，以及充分的市场信息和有关的统计技术。这种二维的市场坐标图不仅可以分析目前的产品在市场坐标图中所处的位置，而且可以表明产品之间的相互关系以及留下的市场空缺。

8. 特性延伸法

特性延伸是指确定一个特定产品或服务的基本特性，然后去考察如果它们以某种方式发生变化，发生什么事情。应用特性延伸法的技巧是，以一系列适当的形容词来试验每个特性，如“更大”“更强”“更快”“更经常”“更多乐趣”“更方便”等。例如，“傻瓜”相机是以使用者的“更方便”取胜的，计算机的更新换代是以其芯片运行速度更快为标志的，低度白酒受欢迎是沿着“度数更低”特性展开的。当然，特性延伸也可采取更加复杂的、混合的方式，将来自不同产品的特性混合在一起来创造新产品。实践证明，在产品的特性延伸上孕育着巨大的潜在商机。

案例4-5

厨师也疯狂

克里斯·科森蒂诺（Chris Cosentino）在旧金山当地是个美食天王级人物，曾获得顶级厨师比赛“美国食神”和“下一个食神”的冠军，是旧金山非常知名的意大利餐厅Incanto的行政主厨。同时，克里斯还有另外一个身份——Betabrand服装公司的设计师，他的很多服装的创作灵感都来自食品行业。

1. 通风牛仔裤

美国人对牛仔服装情有独钟，连厨师也不例外，但厨房不太通风又靠近火炉。考虑到厨师会长时间接触火源，克里斯特意为厨师们设计出一条裤裆可以通风的牛仔裤，而且是防火布料，用骨头纽扣代替了密闭的拉链，背后设有口袋，方便厨师放手机，口袋是用黑白色的围裙布编制而成的，宽松的版型能让厨师们时刻保持凉快。通过这一创意，克里斯帮厨师们实现了“厨房也要穿牛仔”的愿望。现在，每个在Incanto餐厅厨房的人都穿着牛仔裤。

2. 暴食裤子

克里斯对暴殄天物的行为深恶痛绝，他知道美国人有暴饮暴食的习惯，所以在设计裤子方面，他要满足人们吃饱后的需要。他自己也在经营一家卖超大份食物的餐厅，穿这样的裤子去他的餐厅最合适不过了。

裤子的版型是直筒宽松款，外表看上去是一条普通的焦糖色的帆布裤子，但当穿这条裤子的人吃饱时，裤子可以让他随时松开扣子而又不必担心裸露的尴尬。为此，克里斯特意在裤子腰围、裤袋衬底以及裤裆位置做了特别的“处理”：裤子有三个纽扣，可根据需要选择不同位置的纽扣来适应不同的腰围，纽扣下面是三个分别对应“小猪”“母猪”和“野猪”的标签，可以精确地告诉每位客人每一餐后腰围增长了多少。

在露出来的裤裆和口袋的内衬布上，克里斯也花了心思：选用酒红色舒适度较高的棉布，并设计了一组生动的卡通形象，描绘人们从出生到最后的“馋嘴的生命周期”，尽显“吃货”的生活轨迹。

第三节　创业机会确认

一、创业机会的确认过程

创业机会的识别和确认是一个创造过程，可分为五个阶段，如图4-4所示。如果在某个阶段停顿下来或没有足够的信息使创造过程继续下去，创业者的最佳选择就是返回到准备阶段。

1. 创业准备

创业准备是指创业者根据自身的背景、经验和知识，决定是否创业，然后思考创业的方向，去发现创业的机会。正如运动员必须训练才能变得优秀一样，创业者需要经验以识别机会。研究表明，50%～90%的初创业者的创意来自个人的先前工作经验。在这个阶段，创业者仔细考虑创意或思考问题，是对事情进行深思熟虑的时期。有时候这种思考过程还会无意识地出现在人们从事其他活动的时候。

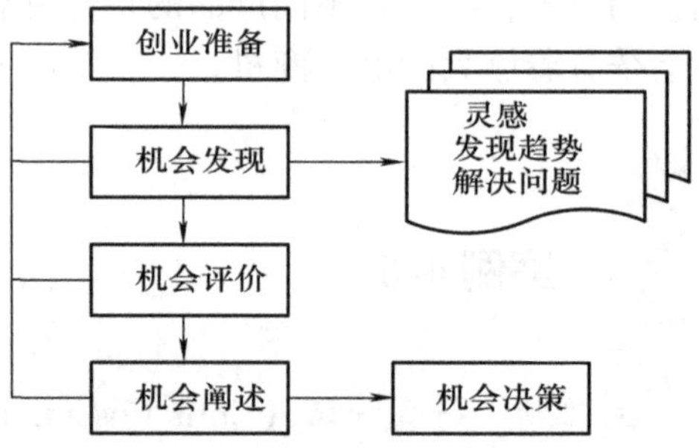

图4-4　创业机会的确认过程

2. 机会发现

机会发现是创业准备的结果，是经过创业者的深思熟虑的。机会发现也是一个洞察的过程，此时问题的解决办法被发现或创意得以产生。有时，它被称为“灵感”体验。在商务环境中，这是创业者识别出机会的时刻。有时候，这种经验推动过程向前发展；有时候，它促使个人返回到准备阶段。例如，创业者可能意识到机会的潜力，但认为在追求机会之前需要更多的知识和考虑。

3. 机会评价

机会评价是创造过程中仔细审查创意并分析其可行性的阶段。许多创业者错误地跳过了这个阶段，在确定创意可行之前就去设法实现它。评价是创造过程中特别具有挑战性的阶段，因为它要求创意者对创意的可行性采取一种公正的看法。创意需要符合一定的标准才能成为真正的创业机会，而且创业机会只有符合创业者的能力和目标才是有价值的。

4. 机会阐述

机会阐述是创业机会变为最终形式的过程：细节已经构思出来，并且创意变为有价值的东西，如新产品、服务或商业概念。这是一个条理化和逻辑化的过程，需要将天马行空的想象进行数字化的分析，可以表现为商业计划书的撰写。机会阐述是对问题的进一步落实和解决，是创业机会选择和决策的依据。在这个时候，也有可能发现创业机会不可行，需要重新去做准备和发现。

5. 机会决策

机会决策是指根据创业者自身的条件和环境的限制，决定是否采用创业机会进行创业。不同的时代有着不同的社会环境，不同的社会环境造就不同的商界英雄。他们成功的经历也许各不相同，但有一点绝对是相同的，那就是他们每一个人都善于根据自己所处的特殊时代制定相应的经营方针。

二、创业机会的评价指标

很多精巧的创意并不能够成为创业者真正的创业机会，很多创业者的失败从某种程度上讲，就是错误地评价了机会。对创业机会的评价主要基于如下指标：

1. 盈利时间

有价值的创业机会可能是项目在两年内达到盈亏平衡或者取得正现金流。如果取得盈亏平衡和正现金流的时间超过三年，那对创业者的要求就高了，大多数创业者支撑不了这么长的时间，其他投资者和合作伙伴也没有这么长时间的耐心，则这种创业机会的吸引力就大大降低了。除非有其他方面的重大利好，一般要求创业机会具有较短的获得盈利的时间。

2. 市场规模和结构

如果市场规模和价值小，往往是不足以支撑企业的发展的。而如果创业者进入一个市场规模巨大而且还在不断发展的市场，即使只占有很小的份额，也能够生存下来度过发展期，存在竞争对手也不害怕，因为市场足够大，构不成太大威胁。一般来说，市场规模和价值越大，创业机会越有价值。

但是，市场规模大，可能的进入者就多，也可能市场已趋于成熟和稳定，会面临来自巨型和超大型企业的竞争。创业者要避免进入这样的市场，或者在市场中发现被忽略的细分空间。缺乏价值的市场结构通常具有如下特征：①高度集中，一家或者少数几家企业垄断市场，每家企业都是巨无霸，无法撼动；②完全竞争，任何的进入者都会招致业内企业的反击，使得创业企业无法获得足够的利润；③已经成熟或者进入衰退期，市场的增长空间有限，创业企业生存困难。

3. 资金需要量

大多数有较大潜力的创业机会需要相当大数量的资金来启动，只需少量或者不需要资金的创业机会是极其罕见的。如果需要过多的资金，则这样的创业机会就缺乏吸引力。有着较少或者中等程度的资金需要量的创业机会是比较有价值的，创业者需要根据自身的资金实力和可以动用的资源来评价创业机会，超出能力范围的一概不予考虑。

4. 投资收益

创业的目标就是要获得收益，这要求创业机会能够有合理的盈利能力，这包括较高的毛利率和市场增长率。毛利率高说明创业项目的获利能力强。市场增长率表明了市场的发展潜力，使得投资的回报增加。如果每年的投资收益率能够维持在25%以上，这样的创业机会就是很有价值的；而若每年的投资收益率低于15%，则不能够对创业者和投资者产生很大的吸引力。

5. 成本结构

竞争优势的来源之一就是成本，较低的成本会给创业企业带来较大的竞争优势，使得该创业机会的价值较高。创业企业依靠规模来达到低成本是比较可行的，低成本优势大多来自技术和工艺的改进以及管理的优化。创业机会如果有这方面的特质，对于创业者来说是非常有利的。

6. 进入障碍

如果创业机会面临着进入市场的障碍，那么这可能不是一个好的创业机会。例如，存在资源的限制、政策的限制、市场的准入控制等，都可能成为市场的进入障碍，会削弱创业机会。

但是，对进入障碍要进行辩证的分析。进入障碍小是针对创业者自身的，如果创业者进入以后，不能够阻止其他企业进入市场，这也不是一个好的创业机会。

7. 退出机制

有吸引力的创业机会应该有比较理想的获利和退出机制，以便于创业者和投资者获取资金及实现收益。没有任何退出机制的创业企业和创业机会是没有太大吸引力的。

8. 控制程度

如果能够对渠道、成本或者价格有较强的控制，这样的创业机会就比较有价值。如果市场上不存在强有力的竞争对手，控制的程度就比较大。如果有竞争对手已有较强的控制能力，如把握了原材料来源，独占了销售渠道，取得了较大的市场份额，对价格有较大的决定权，在这种情况下，创业企业的发展空间就很小。除非这个市场的容量足够大，并且主要竞争者在创新方面行动迟缓，时常损害客户的利益，才可能有进入的机会。

9. 致命缺陷

创业机会不应该有致命的缺陷，如果有一个或者多个致命缺陷，将使得创业机会变得没有价值。

第四节　创新商业模式

一、商业模式及其特征

（一）商业模式

著名管理学大师德鲁克认为，当今企业之间的竞争不是产品之间的竞争，而是商业模式之间的竞争。市场经济发展到今天，竞争已经不仅仅停留在产品、技术、服务、管理、人才、品牌、文化等单独的要素或资源上，而是以一种有形的模式存在或出现。一个企业要在竞争中获胜，必须把企业有形的和无形的资源整合到一个商业模式中，赋予这个商业模式特殊的生命力，并依靠这个独特商业模式发挥出来的力量，最大限度地提升核心竞争能力。问题是，究竟什么是商业模式？或者说，商业模式的本质是什么？

玛格丽塔（Magretta）认为，商业模式的本质是叙述企业如何运作的事。一种好的商业模式既可以回答企业最本质的问题：谁是顾客？顾客珍视什么？也能回答每个管理者必定要回答的基本问题：我们如何通过商业活动来赚钱？还能够解释企业如何以合适的成本向顾客提供价值的潜在经济逻辑。商业模式与企业整个业务体系运作方式相关，如能得到正确使用，就可以促使管理人员认真对待自己的业务。

所谓创业的商业模式，即将创业者的创意转变为目标客户愿意接受的价值的逻辑化的商业方式与方法。不同的商业模式体现着特定商业交易中利益相关者相异的交易关系，既决定着目标客户从创业者手中得到什么，也决定着创业者从特定的创业活动中可以得到什么。创业的商业模式通常涉及创业者的创意价值、内部结构、外部关系、营销战略、盈利途径、利润屏障六个要素。创业者能否通过自己的创意为客户创造并提供有价值的商品和服务，从根本上决定着创业的成败，而其他五个要素则是支撑并服务于创意价值的支撑性因素。

（二）商业模式的特征

1. 持续盈利

企业能否持续盈利是判断其商业模式是否成功的唯一的外在标准。在设计商业模式时，盈利和如何持续盈利自然就成为最重要的原则。持续盈利是指既要盈利，又要具有可持续性，而不是一时的偶然盈利。

2. 客户价值最大化

商业模式能否持续盈利取决于该模式能否实现客户价值最大化。一个不能满足客户价值的商业模式，即使盈利，也一定是暂时的、偶然的，不具有持续性；反之，一个能使客户价值最大化的商业模式，即使暂时不盈利，但最终会实现持续盈利。

3. 资源整合

整合就是要优化资源配置，有取有舍，获得整体的最优。在战略思维层面上，资源整合是通过组织协调，把企业内部彼此相关但却分离的职能，把企业外部既参与共同的使命又拥有独立经济利益的合作伙伴整合成一个客户服务系统，取得“1 + 1 > 2”的效果；在战术选择层面上，资源整合是根据企业的发展战略和市场需求对有关的资源进行重新配置，以凸显企业的核心竞争力，并寻求资源配置与客户需求的最佳结合点，目的是通过组织制度安排和管理运作协调来增强企业的竞争优势，提高客户服务水平。

4. 持续创新

商业模式的创新形式贯穿于企业经营的整个过程之中，贯穿于企业资源开发模式、制造方式、营销体系、市场流通等各个环节，也就是说，在企业经营的每一个环节上的创新都有可能变成一种成功的商业模式。

5. 有效的融资

融资模式的打造对企业有着特殊的意义。企业生存需要资金，企业发展需要资金，企业快速成长更需要资金，谁能解决资金问题，谁就赢得了企业发展的先机，也就掌握了市场的主动权。商业模式设计的重要一环就是有效的融资模式，甚至可以说，能够有效融资的商业模式就已经成功了一半。

6. 高效率的组织管理

高效率的组织管理是每个企业管理者都梦寐以求的境界。一个企业要想高效率地运行，首先要解决的是企业的愿景、使命和核心价值，这是企业生存、成长的动力；其次要有一套科学、实用的运营和管理系统，以解决系统协同、计划、组织和约束问题；最后要有科学的奖励方案，解决的是如何让员工分享企业的成长果实的问题。良好的商业模式能帮助解决这三个主要问题，从而保障组织管理的高效运行。

7. 风险控制

良好的商业模式能够抵御和规避企业在经营过程中遇到的风险。这包括两个方面：一是系统外的风险，如政策、法律和行业风险；二是系统内的风险，如产品的变化、人员的变更、资金的不继等。

案例4-6

易货网：以物易物商业模式的空间与困境

郭建刚是创业路上的一名“老兵”。过去10年的创业路上，他几经成功与失败。这一次，他将目光落在了一个全新的商业模式——“易货网”上。

所谓易货，也有一个新名词“换客”，就是以货物或者服务交换货物或者服务，交易并不通过货币结算。该种交易可在多个企业之间“循环”进行，易货交易是企业（包括个人）之间不用现金的商品和服务的等价交换。企业之间的易货交易，可以解决资金短缺、产能过剩、库存积压等难题，有很好的发展前景。

在我国，较早开创这种创业模式的商家是郑州万家易货网，目前已经拥有1000多个会员企业，年交易量超过6亿元。万家易货公司成立于2001年，前身是销售单一品牌龙行天下酒的贸易公司。2008年，正值全球金融危机，我国的贸易企业普遍存在库存积压等问题。万家易货网的董事长王立新参加了一个企业家联谊会，其主题就是让企业家们抱团取暖、互帮互助。

在联谊会上，主办方让每一个企业家写出自己有什么资源（包括产品和客户、渠道），有什么困难，希望得到什么帮助，自己又可以提供哪些帮助。组织者的本意是汇总以后，将优势和困难对接，让有需求的商家、厂家帮助困难的一方销售。结果资料汇总出来以后，发现了一种现象：房地产商需要建材产品用于建房，建材商和他的朋友圈也需要房子；白酒商也可以销售红酒，红酒商也可以销售白酒；广告媒体有很多朋友、客户，这些客户需要很多的用于吃、喝、生活及请客、招待、奖励的众多小家电、土特产、酒水等商品……

王立新发现，让一个企业帮助另一个企业销售有很多环节，操作比较麻烦，不如让互有需求的商家的商品直接互换更好。因为万家易货公司供应白酒的渠道有很强、很广泛的消化众多商品的能力，于是王立新当场提出，愿以龙行天下酒的优惠价格换大家的红酒、小家电、饮料、化妆品、洗漱用品、名优食品等，并现场达成了近百万元的易货额度。随后，万家易货公司把交换来的商品销售到原来的渠道，并多销售了近百万元的龙行天下酒。

通过这次活动，王立新组织人员进行研讨，发现易货是一个可以大有作为的商业模式，有很大的商机和潜力，不但每个商家、企业可以做，也可以做成一个专业为其他商家穿针引线、达成交易、解决困难，并且收取一定费用的盈利项目。

在美国，同样有类似的模式。美国的 Ben Franklin 公司原先是一家制造风筝的公司。在它要转型生产灯泡的时候，仓库里还有一万多只库存的风筝。为避免损失，该公司与一家易货公司签订协议，将过时的风筝以易货方式销售，换回了宝贵的“易货额度”（Barter Dollar）。使用“易货额度”，该公司不仅可以在电视台、电台和杂志上为其新产品——灯泡做广告，还可以用来住宿酒店或采购其他商品和享受服务。这种双赢的交易方式，使 Ben Franklin 公司避免了对库存商品低价出售、大甩卖式核销的通常做法，从而使可能出现的亏损变成了盈利。这是一个典型的现代易货案例。

同样，郭建刚在创办青橙易货公司之初，拿到一个全新的产品——京典洗车一卡通，持卡人可在北京百余家洗车店里享受半价洗车优惠，计算下来，每年可以让持卡人获得400 元以上的实惠。通过易货，公司迅速决定通过将手中的全部存货换成价值 30 万元的京典洗车一卡通，经过再易货，就换回了高于市场价数倍的产品，让企业易货的利益倍增。经过几年发展，郭建刚发现，渠道与人才的管理问题，是易货类网站突破规模与发展瓶颈的关键所在——一个好的商业模式还需要有与之匹配的人才。

二、商业模式创新及其途径

（一）商业模式创新

商业模式创新是指企业商业模式作为一个整体所发生的变化或改进。它可以是由一项或几项关键要素的改变所引发的，但其最终结果一定是对企业商业模式的各个方面产生影响，并使商业模式作为一个整体发生改变。例如，当企业的价值主张发生改变时，如诺基亚由向市场提供化工产品改为提供移动通信产品，其资源组合、运作流程以及供应商和分销渠道等都随之发生变化。这种表面看来由单一产品要素引发的商业模式变化，事实上导致了商业模式整体的变化。此时，也可以简单地说，诺基亚赚钱的方式发生了改变，即商业模式创新。

商业模式创新极为重要，因为它关系到创业者能否有效地将自己的创意转变为客户所需要的价值。从行业的视角观察，新商业模式的出现可以有两种不同的基本途径：一种是以新企业形式出现的全新的商业模式，其创新过程表现为拥有新模式的新企业的创业过程。例如，比尔·盖茨创建微软，弗雷德·史密斯创建联邦快递。另一种是在原有企业的基础上发展演变而成的新商业模式，其创新的过程则表现为企业内部旧模式被替代，新模式逐步形成发展的过程。例如，诺基亚作为一家企业，从最早的伐木工场，到现代的移动通信设备制造商与服务商，经过数次商业模式的转变。

商业模式创新需要具备一些基本条件：①提供全新的产品或服务，开创新的产业领域，或以前所未有的方式提供已有的产品或服务。例如，孟加拉乡村银行面向穷人提供的小额贷款产品服务，开辟了全新的产业领域，是前所未有的。又如，亚马逊网站上卖的书和其他零售书店没什么不同，但它销售的方式全然不同。②商业模式至少有多个要素明显不同于其他企业，而非少量的差异。例如，孟加拉乡村银行不同于传统的商业银行，主要以贫穷妇女为主要目标客户，贷款额度小，不需要担保和抵押等。亚马逊相比传统书店，其产品选择范围更广，通过网络销售，并在仓库配货运送等。③有良好的业绩表现，体现在成本、盈利能力、独特竞争优势等方面。例如，孟加拉乡村银行虽然不以盈利为主要目的，但它一直是盈利的。亚马逊在一些传统绩效指标方面的良好表现，也表明了它的商业模式的优势，如仅用短短几年就成为世界上最大的书店。数倍于竞争对手的存货周转速度给它带来独特的优势，消费者购物用信用卡支付时，通常在24h内到账，而亚马逊付款给供应商的时间通常是收货后的45天内，这意味着它可以利用客户的钱长达一个半月。

案例4-7

苹果是如何创新商业模式的？

2010年5月26日，美国发生了一件大事：苹果公司以2213.6亿美元的市值，一举超越了微软公司，成为全球最具价值的科技公司。然而，仅仅在7年前的2003年，苹果公司的市值也不过60亿美元左右。苹果公司在短短7年之内市值增加了近40倍，可以说是一个企业史上的奇迹。

在《商业周刊》列出的全球最伟大的公司中，苹果公司排名第一。在连篇累牍的媒体报道中，大多数观察家将苹果的成功归功于其CEO乔布斯的天才。事实上，一个企业家之所以伟大，并不在于他多么具有个人魅力，而在于他给企业带来了什么样的商业模式，乔布斯即是如此。那么，乔布斯给苹果公司带来了什么样的创新商业模式呢？

要回答这个问题，先看看1997—2003年，乔布斯在苹果公司做了些什么。1997年，乔布斯回到苹果做的第一件事情，是重新塑造了苹果的设计文化，推出了iMac，让苹果计算机重新成为“酷品牌”的代表。2001年，乔布斯推出了后来创造了奇迹的iPod，进入音乐播放器市场。2003年，苹果推出了iTunes，这是苹果历史上最具革命性的创新产品，也推动了苹果市值的快速飙升。起初，iTunes只是一个和iPod相匹配的音乐管理平台，后来，它成为苹果终端的管理平台，无论是iPod、iPhone还是iPad，都是通过iTunes来管理的。iTunes是苹果的创新枢纽，可以说，没有iTunes，就没有iPhone和iPad这样革命性的产品出现。

为什么说iTunes如此重要？这是因为iTunes绝不只是一款软件产品，它的出现意味着苹果转型的开始。iTunes出现之前，苹果只是一家产品公司，虽然这些产品非常优秀，但在若干同样优秀的产品面前，苹果的产品是可以替代的。因为iTunes的出现，苹果公司得以进入音乐市场，它不仅仅是靠卖产品赚钱，还可以通过卖音乐来赚钱。iTunes得到了来自用户与合作伙伴的广泛支持。因为iTunes的存在，更多人能够更方便地下载和整理音乐，从而大大促进了iPod的销售，并让iPod和其他音乐播放器区分开来，短时间之内占领了近90%的市场份额。唱片公司也欢迎iTunes的出现。在iTunes出现之前，唱片公司对于泛滥成灾的音乐盗版现象无能为力，而iTunes让他们看到了盈利的可能性。当然，最高兴的是苹果公司，它通过卖iPod赚硬件的钱，再通过iTunes赚音乐的钱，短短3年内，iPod与iTunes组合为苹果公司创收近100亿美元，几乎占到公司总收入的一半。

因此，可以说利用 iTunes 与 iPod 的组合，苹果公司开创了一个全新的商业模式：将硬件、软件和服务融为一体。这种商业模式创新改变了两个行业——音乐播放器产业和音乐唱片产业。因为正是在商业模式上的创新，才会有苹果 7 年来脱胎换骨的变化，对苹果公司而言，商业模式的创新远远超越了其在产品创新方面的意义。

（二）商业模式创新的类型

1. 商业模式原始创新

如果以前所未有的商业模式为客户提供产品和服务，那么这种商业模式创新就是原始创新。它既可以发生在现存的企业中，也可以伴随着新生企业或者新一代企业家的成长而出现。原始创新并无定式，有时灵感就来源于企业家的直觉，只需要简单的分析，就可以大体判断什么可以成功。例如，亚马逊公司的产生，还有雅虎，最初只是创始人随性做着玩，后来发现大受欢迎，才想着去创办自己的企业。

有的商业模式创新是一开始就很明确的，企业家对其商业模式所要包含的要素在基础层次上的形态以及部分要素的具体特性，大体是清晰的。随着企业的发展和学习，根据具体情况做过相应的调整变化后，其要素特性也变得越来越具体和清晰，并形成指导企业当前经营和发展的若干简单原则。例如，如家快捷酒店在基础层次上是提供经济型快捷酒店服务的。从具体特性层次上看，它面向中小企业商务人士活动和休闲旅游的人群，不提供星级酒店的过度服务，如 KTV、桑拿，不设置豪华的酒店大堂、餐厅等。这些特性可简化为几个原则，如每个房间的平均投资不超过 5 万元，尽可能地提高房间入住率，为此开设短时钟点房，等等。

2. 商业模式模仿创新

并非所有的商业模式创新都是原始的或者需要原始创新的，更多的是模仿创新，是对现有商业模式的改革发展。近十年来，中国企业界出现了很多在商业模式模仿创新上取得显著、积极成绩的企业，而在这些星光熠熠的企业身上，几乎都可以找到国外与之对应的原型。流通领域里的连锁超市、家电卖场，如苏宁、国美，与之对应的是国外的百思买（Best Buy）等家电连锁企业；互联网企业中的百度、搜狐、淘宝则依稀可以看到谷歌、雅虎、亚马逊的影子。虽然这些商业模式在国外已经有了多年的发展，但是在我国的一些领域还是新鲜事物，在这个新兴市场中它们被复制，并在与原来国内的商业模式竞争时存在明显的优势。如今，在纳斯达克股票市场上市的新型中国企业已有近 100 家，这些新型公司都在中国国内取得了不同程度的成功，而这些公司大多在国外都可以找到原型，属于模仿创新。

3. 商业模式持续创新

并不是所有的企业都需要进行持续的商业模式创新，在过去的几十年里，有很多公司不需要进行商业模式创新，其商业模式在相当长的时间内都是有效的，如沃尔玛。进行商业模式的风险是很高的，目前的成功率也只有 10% 左右。但是，相当一部分领导者企业在 20 世纪 90 年代以后开始了持续的商业模式创新，很多公司在创新中保持或成就了其领导地位，如 IBM 公司。

在全球一体化的今天，企业面对的不仅是来自国内的竞争，还有来自国外的竞争。同时，客户的需求也在不断地发生着变化。企业为了获取更多的客户和更好地成长，持续的商业模式创新越发重要。

专栏4-3

商业模式模仿创新：从后发劣势到后发优势

有人曾提出这样一个讨论：如果厂商A在某一情境下第一次引入一个特殊的创新，厂商B随后在另一个情境下引入相同的创新，我们能称B为创新者吗？尽管实践中我们通常把A称为创新者，把B称为模仿者，但事实上也可以认为B同样是一个创新者，因为B第一次将该创新引入了一个新的情景。我们将这种从发达经济体引进商业模式，并运用到新兴经济体中以满足本地客户偏爱和市场基础设施的流程定制，称为商业模式模仿创新。

互联网打破了信息流动的界限，硅谷出现任何一种新的商业模式，几乎瞬间都会传到中国，并且很快就会出现模仿者。一位顶级的风险投资人表示，在硅谷出现任何一种新技术、新商业模式或者概念新颖的公司，几乎是同一天，在北京、上海或深圳的咖啡馆或者某个酒店大堂里，就会有人在谈论并探讨创业的可能。但中国互联网企业绝对不仅仅是模仿，而是在模仿的基础上不断创新。目前全球前五大互联网公司，中国占了两个：腾讯和阿里巴巴。它们在中国市场环境下进化，已经成为互联网公司在中国创新的典范。在中国的创业与创新正日益引起国际上的关注，一个跨国界的全球创业网络正在形成，而中国在其中扮演着越来越重要的角色。

（三）商业模式创新的途径

苹果公司的成功告诉人们，商业模式创新对企业的发展至关重要。那么，企业到底应如何对商业模式进行创新呢？首先需要对商业模式创新所要解决的问题进行重新审视：公司为目标消费者提供什么样的产品或服务？公司如何将产品和服务传递给目标消费者？公司在其所处的商业生态网络中该如何定位自己的角色？企业有必要适时创新自身的商业模式，保证持续的盈利，获得竞争优势。具体来说，商业模式创新的途径包括如下几种：

1. 重新定义顾客，提供特别的产品和服务

顾客需求不断发生变化，企业根据这种变化重新定义顾客，选择新的细分顾客，为顾客提供特别的、更新、更快、更好、更全的产品和服务，可以帮助企业更好地适应顾客需求，获取潜在的利润，从根本上创新企业的商业模式。例如中国民营航空公司——春秋航空，避开了与大航空公司的竞争，做了特别的顾客定义，抓住了观光度假旅客和中低收入商务旅客的需求，仅仅为顾客提供最基本的服务，如在飞机上仅提供一瓶免费的矿泉水等，以降低机票价格来实现“省之于旅客，让利于旅客”，创造了国内唯一的“廉价航空”商业模式。

2. 改变提供产品或服务的路径

改变提供产品或服务的路径就是要改变分销渠道。例如，戴尔公司去掉了营销渠道中的分销商，去除了中间商所赚的利润，极大地降低了成本，取得了巨大的竞争优势，创造了直销商业模式。通过直接接触，特别是互联网，戴尔公司能够掌握第一手的顾客需求和反馈信息，可以为顾客提供“一对一”的服务。围绕直销商业模式，戴尔公司打造了整合采购、装配、输出的高效运转链条。

3. 改变收入模式

麦当劳作为知名的连锁快餐企业，其收入中很大一部分来源于房地产——它将租来的房产转租给加盟店，通过赚取租金差额来获得大量利润。

4. 改变对顾客的支持体系

国内对顾客支持做得最好的莫过于海尔。依靠庞大而有效的信息化组织保障，海尔建立了闭环式的服务体系，服务创新每次都走在行业的前列。例如，顾客拨打“海尔全程管家365”热线，就可以预约海尔提供的先设计，后安装、清洗、维护家电的全方位服务。增值的服务已经成为海尔商业模式中不可缺少的部分。提到海尔，人们就会联想到优质服务。

5. 发展独特的价值网络

例如，在全球家电产业链中，格兰仕自定位为“全球名牌家电制造中心”，为国外知名企业进行微波炉贴牌生产，不断积攒实力，实现了超大规模和专业化生产，极大地降低了产品成本。在国内，格兰仕以自有品牌为主，专注于研发和制造，将物流外包给专业公司。格兰仕在价值链中选取了合理的定位，发展出独特的价值网络，创造了“低成本设计”的商业模式，将微波炉做到了全球市场占有率排名第一。

从对商业模式创新的分析中，更加了解到创新的重要作用。企业要通过创新，而不是简单地照搬他人的成功模式。要根据企业自身具体的实际情况，借鉴他人的成功模式，将他人的成功方法与自身相结合，做出合理的创新调整，为本企业所用，从而在激烈的竞争中掌握主动权，推动自身长足、高效的发展。

专栏4-4

解析服装巨头ZARA的商业模式创新

ZARA创建于1975年，它既是服装品牌，也是专营ZARA品牌服装的连锁店零售品牌。ZARA可以说是时尚服饰业界的一个“另类”，在传统的顶级服饰品牌和大众服饰中间独辟蹊径，开创了快速时尚（Fast Fashion）模式。作为一家引领未来趋势的公司，ZARA在2005年全球100个最有价值品牌中位列77名，成为时尚服饰业界的标杆。

一些国际服装品牌巨头明知ZARA厉害，就是学不来，模仿不了。为什么？因为ZARA创立了以快速时尚服装为核心，以供应链全程控制为基础的商业模式系统，这也正是ZARA成功的关键所在。

（1）锁定个性化消费需求。ZARA的成功最重要的在于它把握了个性化消费的潮流。在传统行业里，大规模生产的同质化产品只能依靠低廉的价格来吸引消费者，以赚取微薄的利润，但没考虑到消费者对于满足自己个性化的产品是愿意支付高价的，而这正是ZARA瞄准的客户对象。

（2）提供与众不同、独一无二的产品价值。“品种少，批量大”是传统制造业的规则，而在“长尾市场”中，“款多量小”却成为当红的商业模式。ZARA以其“多款式、小批量”，创造了长尾市场的新样板。ZARA有意识地在自己的产品中“制造短缺”。虽然一年中它大约推出12000种时装，但每一款的数量并不多。即使是畅销款式，ZARA也只供应有限的数量，常常在一家专卖店中一个款式只有两件，卖完了也不补货。正如ZARA公司总裁Isla说：“我们不想所有人都穿同样的衣服。”通过这种方式，满足了大量顾客的个性化需求，培养了一大批忠实的追随者。通过“多款式、小批量”，ZARA实现了服装企业商业模式的突破。

（3）通过全程控制供应链，创造快速时尚的稀缺价值。ZARA 商业模式的成功还得益于公司出色的服装行业的全程供应链管理，以及支撑供应链快速反应的 IT 系统应用。ZARA 公司采取“快速、少量、多款”的品牌管理模式，在保持与时尚同步的同时，通过组合开发新款式，快速推出新产品，而且人为地造成“缺货”，以实现快速设计、快速生产、快速出售、快速更新，专卖店商品每周更新两次的目标。

（4）压缩的黄金渠道。ZARA 只设专卖店，不搞特许经营。专卖店每周根据销售情况下订单两次，这就减少了需要打折处理存货的概率，也降低了库存成本。ZARA 的每一位门店经理都拥有一部特别定制的 PDA（Personal Digital Assistant，个人数码助理）。通过这台联网的 PDA，他们可以直接向总部下订单，而总部可以直接掌握每一间门店的销售情况，同时门店店长也可以与总部产品经理及时沟通。这样，ZARA 可以做到设计、生产、交付在 15 天内完成。ZARA 从不需要与大牌设计师协作，也不需要花费几百万美元开展广告攻势。取而代之，它通过旗下规模庞大、达到最低限度要求的分店和从人行道获得灵感的服装来建立自己的品牌。ZARA 总裁 Isla 认为：“我们的商店就是最好的广告。我们节省下来的资金可以花在顶级的选址地段上。”ZARA 的店铺开设在全世界最昂贵的街道上：第五大道、东京银座、罗马康多蒂大街和巴黎香榭丽舍大街。

（5）重金打造信息系统。首先，ZARA 设有专门的调控中心，收集来自世界各地的客户信息。时尚情报信息每天源源不断地从世界各个角落流入 ZARA 总部办公室的数据库。其次，ZARA 要求各店每天都要向总部进行数据汇报。为方便每位专卖店经理即时向总部汇报最新的销售信息和时尚信息，ZARA 专门为每位店长配备了特制的手提数据传输设备。另外，设计师们还可以实时与全球各地的专卖店店长召开电话会议，及时了解各地的销售状况和顾客反馈情况，从而适当调整产品设计方向。设计团队会不断地根据顾客的反馈调整颜色、剪裁等，而这种顾客反馈的信息便来自 POS 系统所显示的销售业绩和门店经理的信息反馈。最后，ZARA 在 2008 年引入了美国一家图像公司发明的社会零售系统，将它应用在试衣镜上。当顾客穿着一件衣服站到试衣镜前试穿的时候，镜子上就可以显示出衣服的品牌、面料、可选颜色以及可搭配的其他服饰等信息，顾客可以直接将视频发到朋友的手机上，听听朋友们的意见。这种顾客信息对于 ZARA 来说十分宝贵。

“以史为鉴，可以知兴替”，不同经济时代伟大品牌的兴衰史告诉人们：一个伟大的品牌的崛起往往在于其商业模式与整体性时代精神及消费者深层需求的高度契合。ZARA 商业模式在全球所向披靡、大获成功，正是对此最好的诠释。

本章小结

创业机会是创业活动中的机遇和机会，是对新产品、新服务或新业务需求的一组有利环境，具有客观性、偶然性、时效性、不确定性等特点，可以经由系统性的研究来发掘，也来自创业者对工作和生活的长期体验和仔细观察。创业机会可分为技术机会、市场机会和环境机会。

创业机会很难识别，受到先前经验、创业警觉、创造性思维和社会关系网络等的影响。正确地识别和筛选创业机会是创业者成功必备的重要素质之一。创业机会的识别和确认是一个创造过程，可分为五个阶段：创业准备、机会发现、机会评价、机会阐述和机会决策。在此过程中，要遵循创业机会确定的原则，考虑政策和法律、兴趣和特长、行业熟悉程度、资源运用能力、风险承受能力等决策因素。创业的商业模式，即将创业者的创意转变为目标客户愿意接受的价值的逻辑化的商业方式与方法。不同的商业模式体现着特定商业交易中利益相关者相异的交易关系，既决定着目标客户从创业者手中得到什么，也决定着创业者从特定的创业活动中可以得到什么。商业模式创新是指企业商业模式作为一个整体所发生的变化或改进，它可以是由一项或几项关键要素的改变所引发的，但其最终结果一定是对企业商业模式的各个方面产生影响，并使商业模式作为一个整体发生改变。商业模式创新的类型包括原始创新、模仿创新和持续创新。

课后练习

1. 如何正确理解创业机会的概念？
2. 技术机会有哪些？
3. 创业机会的识别会受到哪些因素的影响？
4. 如何识别创业机会？
5. 创业机会确认的过程包括哪些环节？
6. 如何理解商业模式的本质？
7. 如何理解商业模式创新及条件？
8. 商业模式创新的途径有哪些？

第五章

创业团队

核心问题

1. 创业者和创业团队有何不同？
2. 为什么说创业团队的构成十分重要？
3. 创业团队的产权安排需要考虑哪些因素？
4. 创业团队的管理包括哪些内容？

学习目标

1. 了解创业者与创业团队的关系，掌握创业团队的主要任务。
2. 掌握高效率创业团队安排的基本技巧。
3. 了解创业者和团队产权安排的基本依据和实现途径。
4. 理解和掌握创业团队的管理机制。

引例

马化腾五兄弟：难得的创业团队

腾讯公司的马化腾创业五兄弟，堪称难得。1998 年的那个秋天，马化腾与他的同学张志东“合资”注册了深圳腾讯计算机系统有限公司，之后又吸纳了三位股东：曾李青、许晨晔、陈一丹。为避免彼此争夺权力，马化腾在创立腾讯之初就和四个伙伴约定清楚：各展所长，各管一摊。马化腾是 CEO（首席执行官），张志东是 CTO（首席技术官），曾李青是 COO（首席运营官），许晨晔是 CIO（首席信息官），陈一丹是 CAO（首席行政官）。

之所以称创业五兄弟“难得”，是因为直到 2005 年的时候，这五人的创始团队还基本是保持这样的合作阵形，不离不弃。直到腾讯公司发展到如今的帝国局面，其中四个还在公司一线，只有 COO 曾李青挂着终身顾问的虚职退休。

都说“一山不容二虎”，尤其是在企业迅速壮大的过程中，要保持创始人团队的稳定合作尤其不容易。在这背后，工程师出身的马化腾从一开始对合作框架的理性设计功不可没。

从股份构成上来看。5 个人一共凑了 50 万元，其中马化腾出了 23.75 万元，占 47.5% 的股份；张志东出了 10 万元，占 20% 的股份；曾李青出了 6.25 万元，占 12.5% 的股份；其他两人各出 5 万元，各占 10% 的股份。

虽然主要资金都由马化腾所出，他却自愿把所占的股份降到一半以下——47.5%。“要他们的总和比我多一点点，不要形成一种垄断、独裁的局面。”而同时，他自己又一定要出主要的资金，占大股。“如果没有一个主心骨，股份大家平分，到时候也肯定会出问题，同样完蛋。”

保持稳定的另一个关键因素，就在于搭档之间的“合理组合”。据介绍中国互联网史的《沸腾十五年：中国互联网 1995—2009》一书的作者林军回忆：“马化腾非常聪明，但也非常固执，注重用户体验，愿意从普通的用户的角度去看产品。张志东是脑袋非常活跃、对技术很沉迷的一个人。马化腾的技术也非常好，但是他的长处是能够把很多事情简单化，而张志东更多的是把一件事情做得完美化。”

许晨晔和马化腾、张志东同为深圳大学计算机系的同学，他是一个非常随和而有自己的观点，但不轻易表达的人，是有名的“好好先生”。而陈一丹是马化腾在深圳中学时的同学，后来也就读深圳大学。他十分严谨，同时又是一个非常张扬的人，他能在不同的状态下激起大家的激情。

如果说其他几位合作者都只是“搭档级人物”的话，那么只有曾李青是腾讯公司五个创始人中最好玩、最开放、最具激情和感召力的一个，与温和的马化腾、爱好技术的张志东相比，他是另一种类型。其大开大合的性格，也比马化腾更具备攻击性，更像拿主意的人。不过或许正是这一点，也导致他最早脱离了团队，单独创业。

后来，马化腾在接受多家媒体的联合采访时承认，他最开始也考虑过和张志东、曾李青三个人均分股份的方法，但最后还是采取了五人创业团队，根据分工占据不同的股份结构的策略。即便是后来有人想加钱、占更大的股份，马化腾说不行，“根据我对你能力的判断，你不适合拿更多的股份”。因为在马化腾看来，未来的潜力要和应有的股份匹配，不匹配就要出问题。如果拿大股的不干事，干事的股份少，就会发生矛盾。

当然，经过几次稀释，最后他们上市所持有的股份比例只有当初的 1/3，即便这样，他们每个人的身价都达到了数十亿元人民币，是一个皆大欢喜的结局。

可以说，在中国的民营企业中，能够像马化腾这样，既包容又拉拢，选择性格不同、各有特长的人组成一个创业团队，并在成功开拓局面后还能依旧保持着长期默契合作，是很少见的。而马化腾的成功之处，就在于其从一开始就很好地设计了创业团队的责、权、利。能力越大，责任越大，权力越大，收益也就越大。

第一节　创业团队概述

创业的主体是创业者，创业者可以是个体，也可以是团队。经济发展依赖于企业发展，而企业发展的关键在于有一大批具有企业家精神的企业家。创业者也被称为创业家、企业家和老板，企业家对生产要素的重新组合是经济增长的动力，是经济增长的内在因素。所以，现代经济在某种意义上说就是企业家经济。

一、创业团队的内涵

创业团队是由参与公司创建、制定发展战略和从事企业管理的两个或两个以上成员组成的团体。他们之间的技能互补，为了实现共同的创业目标彼此担负相应的责任，并为达成高品质的结果而共同努力。他们一般占有公司股份或享有某种程度的企业所有权。创业团队要比一般的团队具备更多的知识储备和内涵，并且团队成员之间还具备开创事业的共同承诺。

一个完整的创业团队应具有五项基本要素，称为5P，如图5-1所示。

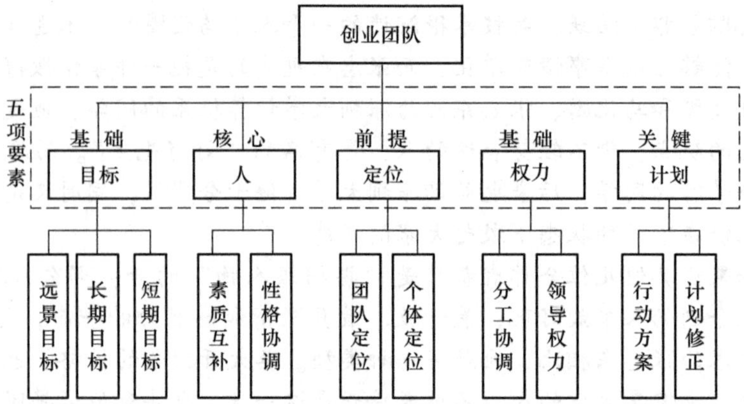

图5-1　创业团队的五项基本要素

1. 目标（Purpose）

创业团队应该有一个既定的共同目标，为团队成员导航。要知道向何处去，没有目标这个团队就没有存在的价值。

2. 人（People）

人是构成创业团队的最核心的力量。在一个创业团队中，人力资源是所有创业资源中最活跃、最重要的资源。应充分调动创业者的各种资源和能力，将人力资源进一步转化为人力资本。

3. 定位（Place）

创业团队的定位包含两层意思：

（1）创业团队的定位。创业团队在企业中处于什么位置，由谁选择和决定团队的成员，创业团队最终应对谁负责，创业团队采取什么方式激励下属。

（2）个体（创业者）的定位。作为成员，在创业团队中扮演什么角色？是制订计划还是具体实施或评估？是大家共同出资，委派某个人参与管理，还是大家共同出资，共同参与管理，或是共同出资，聘请第三方（职业经理人）管理？这些体现在创业实体的组织形式上，是合伙企业还是公司制企业。

4. 权力（Power）

创业团队当中领导者的权力大小与其团队的发展阶段和创业实体所在行业相关。一般来说，创业团队越成熟，领导者所拥有的权力相应越小，在创业团队发展的初期阶段，领导权相对比较集中。高科技实体多数实行民主的管理方式。

5. 计划（Plan）

计划有两层含义：①目标的最终实现，需要一系列具体的行动方案，可以把计划理解成达到目标的具体工作程序。②按计划进行可以保证创业团队的正常运作。在计划的控制下，创业团队会一步一步地接近目标。

二、组建创业团队的条件

1. 树立正确的团队理念

（1）凝聚力。拥有正确团队理念的成员相信他们处在一个命运共同体中，共享收益，共担风险。

（2）诚实正直。这是有利于顾客、公司和价值创造的行为准则。

（3）为长远着想。他们追求的是最终的资本回报及带来的成就感，而不是当前的收入水平、地位和待遇。

（4）承诺价值创造包括为顾客增加价值、使供应商获利、为团队的所有支持者和各利益相关者谋利。

2. 确立明确的团队发展目标

目标在团队组建过程中具有特殊的价值。共同的未来目标是创业团队克服困难、取得胜利的动力。孙子曰："上下同欲者，胜。"只有真正目标一致、齐心协力的创业团队，才会获得最终的成功。

3. 建立责、权、利统一的团队管理机制

（1）妥善处理创业团队内部的权力关系。在创业团队运行过程中，团队要确定谁适合于从事何种关键任务，以及谁对关键任务承担什么责任，以使能力和责任的重复最小化。

（2）妥善处理创业团队内部的利益关系。由于新创企业的报酬体系十分重要，而且在创业早期阶段财力有限，因此要认真研究和设计整个企业生命周期的报酬体系，使之具有吸引力，并且使报酬水平不受贡献水平的变化和人员增加的限制，即能够保证按贡献支付报酬和不因人员增加而降低报酬水平。

（3）制定创业团队的管理规则。企业的管理规则大致可以分为三个方面：

1）治理层面的规则，主要解决剩余索取权和剩余控制权问题。治理层面的规则大致可以分为合伙关系与雇佣关系。在合伙关系下大家都是老板，大家说了算；而在雇佣关系下只有一个老板，一个人说了算。除了利益分配机制和争端解决机制，还必须建立进入机制和退出机制。没有出入口的游戏规则是不完整的，因此要约定以后创业者退出的条件和约束，以及股权的转让、增股等问题。

2）文化层面的管理规则，主要解决企业的价值认同问题。企业章程和用工合同解决的是经济契约问题，但作为管理规则，它们还是很不完备的。因此，经济契约不完备的地方要由文化契约来弥补。

3）管理层面的规则，主要解决指挥管理权问题。管理层面的规则最基本的有三条：①平等原则。制度面前人人平等，不能有例外现象。②服从原则。下级服从上级，行动要听指挥。③等级原则。不能随意越级指挥，也不能随意越级请示。这三条规则是秩序的源泉，而秩序是效率的源泉。当然，仅有这三条规则是不够的，但它们是最基本的。

第二节　创业团队的构成

创业团队的构成应该是质的构成与量的构成的统一。创业团队的构成可以分为业务构成、性格构成和数量构成等。

一、创业团队的构成原则

1. 素质互补

创业团队的素质互补，即要求创业团队成员在技能、经验或人文因素上要具有互补性。技能广义上包括概念技能、人际关系技能和技术技能，狭义上则包括创业者的受教育程度、所学专业、掌握的技术等。经验包括个人的工作经历、专长、产业背景知识等。人文因素主要是指创业者的性别、年龄、民族等方面。创业团队的互补性有助于提高团队创业的科学性。创业者们可以从不同的角度分析问题，有更多的思维和理解方式，从而能为创业提供更多的决策选择和解决问题的方法。团队成员的异质性能起到相互补充和平衡的作用，在创业过程中遇到的问题都能有相对专业的人士来解决，提高了团队的效率和创业的成功率。不仅如此，团队成员在技能和经验上的差异性，使得每个成员都拥有其独立的、有差别的社会网络资源，从而使得整个团队的社会网络资源呈互补和扩大的趋势而非层层叠加。因此，创业团队的构成需要成员在价值观和创业观上相似，而在专业技能、管理能力、战略思考上形成互补。

2. 性格协调

性格是一个人比较固定的对人和事的态度和行为方式，是人的最核心的个性心理特征。在一个创业团队中，性格应该是协调的。协调并不是完全一致，而是指性格的补偿作用。创业团队只有将不同性格的人的优势发挥出来，相互弥补不足，才能发挥整体团队的最大优势。例如，性格活泼开朗的人与性格稳重沉静的人、内向的人与外向的人相互结合等。

3. 分工明确

创业团队的每一个人都应该有明确的分工，担任不同的角色。团队成员之间的明确分工可以带来多方面的好处：一方面，可以发挥整体效能，提高工作效率。例如，流水线生产就是将一个生产过程划分为很多环节，每个人各自负责其中的一个环节，一个环节完成后，这个环节的人就可以接着开始下一轮生产，而不用等整个环节都完成再开始下一轮生产，大大地节约了时间。另一方面，能充分发挥每个人的特长、优势。分工协作令每个人根据自己的专长去完成相应的工作，这样可以使每个部分的工作都能相对尽善尽美，可以弥补个人的不足。很多工作是一个人所没有办法完成的，即使完成了也不能有很好的效果。《西游记》中，虽然唐僧师徒四人每个人都有不足，但最终取经成功，正是分工协作弥补了这个不足。团队精神和团队氛围会产生强大的动力。古语说，近朱者赤，近墨者黑。良好的氛围对人的影响是巨大的，因而良好的团队氛围可以使每个成员都心甘情愿尽自己最大的努力去完成工作，使工作效率成倍增长。

专栏5-1

飞行的大雁

大雁有一种合作的本能，它们飞行时都呈“V”形。这些大雁在飞行时定期变换领导者，因为为首的大雁在前面开路，能帮助它两边的大雁形成局部的真空。科学家发现，大雁以这种形式飞行，要比单独飞行多飞出12%的距离。合作可以产生“1+1>2”的倍增效果。据统计，诺贝尔获奖项目中，因协作获奖的占2/3以上。在诺贝尔奖设立的前25年，合作奖占41%，而现在则跃居80%。

启示：分工合作正成为一种企业中工作方式的潮流而被更多的管理者所提倡。如果我们能把容易的事情变得简单，把简单的事情也变得很容易，我们做事的效率就会倍增。合作就是简单化、专业化、标准化的一个关键。世界正逐步向简单化、专业化、标准化发展，于是合作的方式就理所当然地成为这个时代的产物。一个由相互联系、相互制约的若干部分组成的整体，经过优化设计后，整体功能能够大于部分之和，产生“1+1>2”的效果。

二、创业团队的业务构成

创业团队的业务构成是指各类业务人员的比例结构。一个科学的创业团队，从业务上讲，应该具有合理的比例结构。

（一）基于业务的创业团队构成

一般来说，从业务构成上讲，创业团队应包括以下几类人员：

1. 技术人员

如果创业企业以技术为核心，则创业者往往应该是技术的掌握者。如果创业者不懂技术，则在创业团队成员中应该有专门的核心技术骨干，技术骨干应该精通技术的工艺、技术的实施过程、产品制造工艺流程及新产品的包装和新产品开发计划等主要内容。

2. 管理人员

管理人才主要是指企业行政或业务管理部门的人才。企业管理人才是企业决策机构的核心，是企业创立和发展的主要策划者，其工作内容包括企业发展规划和决策、项目管理、专业人才管理、人事管理、生产管理、质量控制、工作评估等。

3. 市场开发和销售人员

创业企业产品和服务的市场推广是经营活动的最终目的，因而要选择从事和实施创业企业市场研究和评估、市场营销计划、产品定价、销售管理、服务管理等工作的人员。

4. 财务管理人员

财务管理人员主要从事包括筹集资金，管理现金流、信用和托收，短期融资，公开发行和私募资金，簿记、会计和控制等工作。

5. 法律人员

法律人员应熟悉与创业企业的相关法律，如民营企业法、公司法和证券法、合同法、税法、破产法、有关专利和所有者权利的法律，应该具备与企业活动相关法律实践的经历和经验。

6. 商务、金融人员

商务、金融人员应通晓并熟悉国际贸易有关规则，有形成交易与交易合同的谈判能力，熟悉国际金融业务或与国际贸易相关的业务。这类人员可以来自从事经营国际结算业务的银行或企业，也可以来自从事国际贸易财务结算的部门。他们应具有形成交易的财务评估能力和交易清算能力。

（二）基于业务的创业团队成员的选择标准

在一个高效、强有力的创业团队中，成员之间应该形成各种业务的互补，以使个人的能力和素质得到最大限度的发挥，并形成新的集体力量。创业团队成员的选择应从四个方面考虑：基本素质、知识结构、能力结构以及年龄。

1. 基本素质

创业者的基本素质常常泛指创业者的个人综合素质。它是由文化素质、企业伦理素质、业务素质和心理素质构成的，是创业者所具有的内在特质。

（1）文化素质。创业者应该接受过良好和系统的教育，具有厚实的文化基础、比较高雅的情趣，注重以文化艺术陶冶自己的情操，注重礼仪和形象。

（2）伦理素质。伦理素质包括道德水平、价值观、法律意识。在创业过程中，创业者应爱国守法，明理诚信，具有较强的法律意识，遵守法律和社会公德；坚决维护国家利益和企业利益，为人正直，尊重他人，平等待人，具有谦虚、协作、敢于承担责任的品德；具有高度的责任感和纪律性，有为事业献身的精神。

（3）业务素质。业务素质包括专业背景、经验与创新力、行业知识，以及战略策划、市场运作、组织管理、判断分析和解决问题等能力。创业者应具备相关的专业知识，熟悉本专业领域的科学、技术及经营管理的知识，能够担当专业性较强的任务；创业者应该具备较高的学历和相当广泛的阅历，有较强的求知欲和获取新知识的能力；创业者应熟悉新创行业的发展历史、空间、结构、潜力和方向；创业者能够熟练掌握创业策划、市场规划与运作、组织管理的理论方法；创业者应善于考察市场，及时捕捉市场信息，发掘企业价值，面对风云变幻的市场形势能够冷静思考、果断决策。

（4）心理素质。心理素质包括意志品质、工作责任心、自控和协调能力、承担压力和风险的能力。创业者应具有坚强的毅力和百折不挠的进取精神，较强的工作责任心和事业进取心；创业者的自控能力表现在激烈的竞争中对企业的组织、控制、协调和管理能力；创业者面对成就风险、财富风险和声誉风险，若承受度过高，企业会陷入险境，若承受度太低，则决策保守，失去创新机会；创业者应尽可能保持稳定的创业心理状态，大工作量、高工作强度以及瞬息万变的市场变化要求心态沉稳、不急不躁；应善于同自己团队的人员相处，善于协调不同文化、阅历、经验背景的人员的关系。

2. 知识结构

创业者的知识结构是由多方面组成的，包括经济管理的基础知识、专业知识、法律法规和其他相关知识等。创业企业涉及的知识是多方面的，创业者除了必须具备本行业产品、市场、用户等相关业务知识外，还必须具备经济学科及相关学科的基本知识，这样才能构成创业者的综合知识能力。

3. 能力结构

创业者除具备基本的知识结构外，还要将知识转换成能力，具有较强的运用知识的能力。知识和能力是密切相关的，只有掌握了一定的知识，并能灵活运用，才能将知识转变为能力，如组织能力、管理能力、市场运作能力、产品研发能力、协调能力、应变能力以及创新能力等。

4. 年龄

据2012年我国创业活动统计，创业者年龄一般集中在25~44岁，男性创业最多三个年龄段，依次为25~34岁、35~44岁和18~24岁；女性创业活动也集中三个阶段，依次为35~44岁、25~34岁和45~54岁。现在随着国家创业政策的不断完善，创业人员年龄有低龄化趋势。处于这些阶段的创业人员思想比较成熟，并且精力充沛，富有进取心。一些专家研究认为，人在就业早期，具有竞争力较强的特点和理想主义的特征。在这个时期，人关心的是个人的社会地位，希望尽快实现自我价值。而人在就业晚期，变得比较宽容，对组织及社会具有较高的责任感，但竞争性不足。所以，在25~44岁这个阶段的人最适合作为创业者。当然，这只是一般的情况，选择什么样的年龄从事创业活动，应根据具体情况进行具体分析。

三、创业团队的性格构成

（一）性格及其分类

1. 性格

性格是人对现实的态度及其行为方式。它是个性中最重要的心理特征，是一个人的本质属性的独特结合，是人与人之间相互区别的主要方面。

性格反映在人对现实的态度以及与之相适应的习惯了的行为方式之中。态度是个体对人、对事所持有的相对稳定和内化了的心理反应倾向，它是在社会环境中，随着意识的成熟、情感的丰富、经验的积累而逐步形成的。人对事物的态度一旦在生活经验中得以巩固，便成为人在一定场合中习惯了的行为方式。这种态度和行为方式便构成了一个人的性格特征。例如，见到一个小孩溺水，有人勇敢无畏、奋力抢救；有人却胆怯退缩、犹豫不决。这就是人们对待同一事件的不同态度，并表现出不同的行为方式，其中反映了人们的不同性格。

性格是一个人独特的、稳定的个性心理特征。所谓独特，是指某种性格特征为某人所独有，而不为他人所具有。世界上没有两个性格完全相同的人。即使两个人的性格同为勇敢、鲁莽，但两者的表现却不尽相同。所谓稳定，是指那些一时性的、偶然的、情景性的表现都不能代表一个人的性格特征，只有当一个人的态度以及符合这些态度的行为方式是比较稳固和经常的，能从本质方面表明一个人个性的，才具有性格的意义。正因为性格是稳定的，并体现在习惯的行为方式中，因此，一个人的性格总是通过他的行为举止表现出来，即使能做一时伪装，但总会在各种场合中有所流露。从这个意义上讲，只要了解了一个人的性格特征，就能对他在一定条件下的行为倾向做出预测。此外，性格的稳定性也表现为态度和行为的一致性。当然，性格的稳定性只具有相对意义，在纷繁复杂的现实事物的影响下，性格也会发生一定程度的变化，具有一定的可塑性，这正是人的态度及其行为方式能得以改变的内在根据。

性格是具有核心意义的个性心理特征。性格之所以在个性中占据核心地位，是因为性格与世界观和人生观密切相连。甚至可以说性格是一个人的世界观和人生观的集中表现，它决定着人对现实事物的基本态度及其行为反应。因而性格决定人的社会价值，性格的好坏具有社会意义，忠诚、坚定等性格对社会有积极意义，而虚伪、奸诈等性格对社会有消极影响。此外，性格还能规定气质、能力的发展方向。气质、能力如何表现及表现程度也以性格为转移。所以，人的个性差别主要不是表现在气质和能力方面，而是表现在性格方面。

2. 性格的类型

依据人所具有的性格特征的相似与差异，可以把人的性格划分为不同的类型。目前，在性格分类问题上具有代表性的观点有以下几种：

依据心理机能在性格结构中何者占据优势，英国心理学家培因（A. Bain）将人的性格划分为三种，即理智型、情绪型和意志型。理智型的人通常以理智来支配自己的行为，并理性地处理自己所面临的问题；情绪型的人容易受情绪所支配，处事接物容易情绪化；意志型的人往往能根据预定目的对行为进行调节与控制。

依据文化生活形式，德国心理学家斯普朗格（E. Spranger）将人的性格大致划分为六种类型，即理论型、经济型、审美型、社会型、权力型和宗教型。理论型的人具有较强的理论思维能力，以探求未知领域与未知现象为己任，善于冷静、客观地审视事物，并力图揭示事物的本质与规律，但他们淡泊名利，重事业而轻生活，处理生活问题的能力相对较弱；经济型的人则相反，他们注重功利，追求利润，具有很强的经济意识，经常以经济价值标尺来评判事物，以获取最大收益为生活目标；审美型的人多半为文艺创作家，他们往往从美的角度来评判事物的价值，他们看重美、珍惜美、创造美，以追求美为己任；社会型的人善交际、易合作，看重友谊，乐于助人，有志于增进他人或社会的福利，热衷于从事慈善事业及教育、卫生工作；权力型的人有强烈的权力意识，看重权力，想方设法去争取权力，并有利用权力去支配他人的欲望；宗教型的人信奉宗教，生活中，他们以善良为本，以关爱为怀，富有同情心。

依据心理活动的倾向性，瑞士心理学家荣格（Jung）将人的性格粗略地分为内倾型和外倾型两种。内倾型的人心理活动倾向于主观世界，表现为沉静、反应缓慢，适应环境的变化较为困难；外倾型的人心理活动倾向于客观世界，表现为开明、活跃、善交际，能顺应周围环境的变化。

依据个体独立程度，还可以把人的性格粗分为顺从型和独立型两种。顺从型的人能照章办事，按他人旨意勤奋工作，但独立性差，有盲目接受他人暗示、影响的倾向，容易受人摆布，不善于处理偶发事件；独立型的人不易接受暗示，凡事有主见，善于独立发现与解决问题，能果断地处理偶发事件。

（二）性格对创业团队的影响

个体的性格差异对组建创业团队有非常重要的影响，研究个体性格的优势和劣势就显得非常重要。下面选取几种对创业团队有直接影响的性格特征加以分析。

1. 自信型性格

自信是成功的第一秘诀，是人生成就事业最重要的资本。一个自信心很强的人必定是敢为人先的人，面对生活的压力，不怕挫折、百折不挠。其优点主要在于，这种类型的人往往不受环境和条件的制约：在没有“天时”时，他会韬光养晦，为自己的目标做充分准备；在没有“地利”时，他会在运动中观察、寻找机会并创造机会；在没有“人和”时，他总是会化敌为友，化友为戚，不惧怕失败，敢于挑战困难。这种类型的人会把失败视为财富，把坎坷视为必然，把对手视为朋友，把工作视为享受，把挑战视为快乐，绝不会消极等待各种机遇。米歇尔·雷诺兹说过：“依靠自己，相信自己，这是独立个性的一种重要成分。”他说明了一个道理，即世上唯有独立自主的人，才能打开成功之门。其劣势在于，容易被已有的成绩蒙住眼睛。这样的人容易以己之长较人之短，既可呼风唤雨又可点石成金，形成唯我独尊，唯我独大的心态，轻视对手，从而容易步入失败的境地。难以听取别人的意见，也不会尊重别人。故步自封，游离于现实之外。刚愎自用，得不偿失。

2. 敢为型性格

敢作敢当、雷厉风行的人总是能赢得创业者的欣赏和钦佩，那些敢于打破传统、突破常规、有新思维的人往往是各个行业的佼佼者。这类性格的优点在于能够在风险中捕获机会。敢为型性格的机遇是冒险干出来的，是拿命拼出来的，敢于打破常规，突破环境的限制。这种人不囿于传统，不愿意做浪费生命的毫无意义的事情，而去做自己想做的事，能果断挖掘第一桶金。有了第一桶金，就会继续用敢闯、敢冒险的精神和强烈的创业欲望去获取第二桶金。如杰克·韦尔奇，他的伟大就在于他的敢为型性格。其劣势在于，勇气是人类的标志，是性格的产物，但敢于走向极端就容易冲动和鲁莽，可能把事情办砸。总的来说，敢为型性格的劣势就是好冲动、易鲁莽、粗心大意。

3. 谨慎型性格

谨慎型性格的人最大的优点是思虑周详、小心谨慎、事无巨细。具体来讲，一是小心谨慎不易出错。这种人的智慧源于多思而不是灵光一闪，对于解决一个问题的方法往往从正、反、侧各个角度去考虑，通常别人只想出一个或者几个解决方案，而他会从多角度、多侧面去反复假设，最终找到解决问题的正确途径，做事稳妥，易成大事。从性格谨慎的人的经历来看，修身是最重要的，其次才是做。这种人深知“满招损，谦受益”的道理，经商时必遵循“有钱不可挣尽”，当官时必信守“有权不可使尽”。谨慎型性格使他们成为天生的理财家、天才的守业者。大家熟悉的沃伦·巴菲特（Warren Buffett）就是靠不断进取的精神、冷静敏锐的判断力和谦虚谨慎的性格赢得了“天才理财家”的称号。这位财富仅次于比尔·盖茨的世界第二大富豪的每一笔投资都是经过他的深思熟虑的，依靠“看重品牌的商誉价值”的经营要诀获得了巨大的成功。其劣势在于，谨慎性格应该说是无可非议的，一般来说也是积极的性格，但作为一种性格，过度的谨慎就会招致负面效果。事必躬亲，劳体伤神，缺少霸气，甘为他人做嫁衣，不敢冒险，容易错过良机。

4. 敏感型性格

敏感型性格的人属于自我实现型，他们通过独特的想象力、敏锐的感悟力，在对目标的追求中寻求自我价值。其优点是：一是有敏感性才有灵感。爱因斯坦说过：“想象比知识更重要。”这里所指的就是创造性想象。一切发明、创新都离不开创造性想象。二是善于捕捉信息。这种人对信息的敏锐性是无与伦比的，他们善于发现商机、掌握信息，往往能在别人未出手之前就出手，从而大获其利。敏感型性格的人的最大优势就是比别人领先一步，嗅到商机，善于把信息转化为财富。创新企业的成功者中，有相当一部分人的性格属于敏感型性格。但是这种性格的人容易神经过敏，易感情用事，猜忌心理过重。

5. 理智型性格

与才气和博学相比，理智型性格更能决定个人的命运。纵观古今，许多有大成就的人物并不具备过人的学识，但他们依靠性格的伟大，往往做出了超越常人的成就。理智型性格的优点是：比较理性，是非观念清晰；处变不惊，镇静自若；淡泊名利，急流勇退；创业理智，稳扎稳打；理论性强，思维严密。此外，这种性格还有戒骄戒躁、常思己过、奋发自新等优点。当然，理智型性格也有劣势：小心谨慎，前进缓慢；冷漠残暴，不近人情。

6. 坚忍型性格

“兵强则灭，木强则折”，这是至理名言。人的性格只有坚是不行的，还要忍。坚和忍的结合一定是打不垮、拖不烂、折不弯的个性。坚忍型性格的优势是：能适应环境，并改善环境；善于保存自己的实力；曲径通幽，善于悄悄地靠近成功目标；在逆境中极其冷静，坚信有路就有机遇。坚忍型性格的劣势是：刻板、认死理；容易感情用事；过于专注自己的事业。

7. 完美型性格

这种性格的人对人和事严肃认真，注意细节，在意事情的成功率。其主要优点是：看得远，想得多，表现力出众，重视人际关系。其劣势在于：过分追求完美，优柔寡断，容易轻信。

值得指出的是，以上介绍的几种性格的分类及优劣仅有相对意义，既不可能把所有的人都对号入座地归入某种典型的性格类型，也不可能刻板地划定各种类型所属的性格特征。理由很简单，事物千差万别，作为处事态度及其相应行为方式的性格特征必然多种多样，内容极为丰富。因而，除极少数人具有某类典型的性格特征之外，大多数人都属混合型，他们较多地具有某一类型的特点，同时又兼有其他类型的一些特征，所以性格分类是粗略的、相对的。在组建创业团队时要认真甄别分析。

（三）基于性格的创业团队成员的选择

1. 创业者及其团队的性格特征

（1）独立。独立兼有敢为型性格、谨慎型性格和敏感型性格的特点。独立之所以是创业者应有的性格特征，因为开放、竞争、进取的时代特征要求人必须有独立性，有独立性才使人敢于开拓创新，才能在激烈的竞争中另辟路径，在事业中有所成就；反之，缺乏独立性格的人则容易接受别人的暗示，为别人的言行所左右，人云亦云，或左顾右盼，犹豫不决，不敢果断行事。这种人显然无法把自己的潜力充分发掘出来，更无法开创事业的新局面，无法成为当今时代的强者。

（2）自信。自信型性格中的“自信”是创业成功的基本条件之一。一个人只有相信自己，尊重自己，认可自己，才能体会到自身和团队的价值所在，才能激发自身的力量，凡事尽力争取，才会有坚强的毅力，克服面临的种种困难。显然，这种人才能在创业过程中有所成就。如在事业中能主动出击，并锲而不舍地坚持努力，成功的可能性就会大得多。而一个人主动性发挥的内在动因之一，就是自己对自己要承认与认可，在充分相信自己能够成功的前提下，才会在实践中尽力而为。这样，自信就决定了人的主动精神，决定了一个人的追求与勇气。当然，自信必须建立在对自己能做客观认识与评价的基础上，任何不切实际高估自己的实际能力的做法都是有害的，因为盲目乐观终究无法使幻想成为现实。

（3）坚忍。坚忍是性格的意志特征。具有坚忍性格的人能长时期坚信自己决定的合理性，坚持自己的行为方向，并能锲而不舍、百折不挠地克服种种困难，直至实现自己的预定目标。在创业中，由于知识经验、思想方法的缺陷及其条件和环境的限制，经常会碰到种种困难与干扰。困难与干扰容易使人丧失兴趣，滋生畏难情绪，使行为方向失去控制，进而影响团队的意志力。此时，为了驾驭自己的行为方向，就要有顽强的毅力，制止与预期目标相矛盾的行为，并克服种种困难与干扰，才能实现预定目标。尤其在进行开拓创新的事业中，开拓者更需具有坚忍的性格特征。在无人涉足的新领域中探索，自然会碰到无法预知的困难，唯有不怕困难，敢于披荆斩棘、奋力拼搏者才能开辟出一条光明的新路。

（4）自制。自制兼有坚忍型性格和理智型性格的特点，是调控自身行为方向的性格特征。具有自制力的人也是理性的人，能不为他人所诱惑，自主地决定行为方向。坚忍、自制最为重要的作用在于能坚持自己的行为方式，克制自己的情绪，表现出应有的忍耐性，不断发展自我、完善自我。

（5）合群。合群是完美型性格的特征，它是指善于交往，能与人和睦相处。合群作为对待群体与他人态度的性格特征，在现代社会中具有重要意义。任何个人都是社会系统中的一员，不可能孤立地存在于社会之外。一个人要学习、工作、生活，必须同他人发生这样或那样的联系，于是形成了各种不同层次、不同性质和不同规模的团体。创业团体中的每个成员都存在与他人的关系问题：是归属于团体、善于交往、和睦相处，还是离群独处、洁身自好、孤僻敌对？在这个竞争的时代，要提高生活质量，在事业中有所成就，更应具有合群的性格特征。合群才能得到别人的关心、支持、友谊、合作与欣赏；合群也能使自己感到安全、有依靠、增强生活和活动的勇气；合群更能通过相互交流，传递信息，增进彼此之间的了解，体验到愉快与幸福。

2. 不适宜创业的性格特征

一般认为，具有下列性格的人不适宜创业：①缺少职业意识的人；②优越感过强的人；③唯上是从的人；④偷懒的人；⑤片面和傲慢的人；⑥僵化、死板的人；⑦感情用事的人；⑧多嘴多舌与固执己见的人；⑨胆小怕事、毫无主见的人；⑩患得患失却又容易自满自足的人。

四、创业团队的数量构成

创业团队的人数多少取决于多种因素，如创业企业的规模、复杂程度以及创业团队成员的自身素质等，因此，可以组成规模不同的创业团队。

绝大多数创业团队的核心成员都很少，一般是 3 ~4 人，不宜太多。这主要因为：从业务构成看，创业团队可以包括技术人员、管理人员、法律人员，而市场营销、商务和财务可以集于一身，必要时一人可以兼顾法律、市场营销、商务和财务等业务，3 ~4 人可以满足业务构成的需要；从管理学的角度看，由于创业是一项高度紧张、复杂的活动，3 ~4 人也是最佳的管理幅度，便于内部的分工和协作，意见交流比较顺畅，若规模过大，容易造成沟通困难。因此，创业团队成员以 3 ~4 人为宜。当然，对于小型创业活动的创业团队，数量可适当灵活。

第三节　创业团队的产权安排

一、企业产权关系及其特征

相当多的创业企业在组建之初产权关系没有明确，结果不仅影响了企业后来的发展，更使得创业投资家等潜在新股东望而却步。因此，分析企业产权关系对创业企业的经营发展至关重要。

（一）企业产权关系

企业产权关系是指企业出资者与资产运营者因企业财产而发生的权利义务关系，包括主体、客体和内容三方面。

企业产权关系主体是指参与企业产权关系，依法享有权利、承担义务的人，包括注入资本金者（出资者）和企业。它享有所有者权益和行使产权主体职责。其中，出资者就是向企业注入资产的人（包括国家、法人、个人及其他经济组织）。不同类型的企业，其产权主体结构的表现形式也不同。

企业产权关系的客体即财产。财产在资本运营者经营管理的过程中具有不同的表现形态。首先表现为出资者提供给企业的各种生产要素，如资金、设备、知识、劳动力等；然后表现为生产要素的转化形态，即产品（值得注意的是，这些产品必须是适应消费者需求的）；最后表现为商品价值的货币转化形式，即资金收入。

企业产权关系的内容是指产权主体，即出资者和企业所享有的权利和应承担的相应义务。出资者向实业投资后，其权利表现为股权，即以股东的身份来参与、影响或建议企业的行为。而企业一旦接受出资人的资产后，它所拥有的权利是法人所有权，即对这部分财产享有占用、使用、处置分配等权利，并独立承担责任和义务，同时，其行为受股东和董事会的监督和制约。

（二）企业产权关系的特征

在工业经济时代，企业的核心生产要素是财务资本。财务资本是首要的主导因素，并支配企业中的其他生产要素。谁拥有了财务资本，谁就拥有了支配生产力的主动权，也就拥有了雇用其他生产要素的主动权。换句话说，谁拥有了财务资本，谁就拥有了财富，拥有了效益，拥有了蓬勃发展的机遇。在知识经济时代，知识要素已经从其他生产要素中独立出来，成为一种具有主导作用的首要的生产要素，其他生产要素都依附于知识要素，受其支配。谁拥有和占用了知识要素，谁就拥有了雇用其他生产要素的主动权和优先权，以及更好的发展机会和权利。当知识成为企业价值增值的主要手段时，知识便变成知识资本，具有和财务资本同等重要的地位，甚至有过之而无不及。

知识资本在知识企业产权关系中地位的变化，在高科技企业中已迈出了成功的一步。深圳华为公司就是很好的一个例子。其具体表现在：①充分肯定了人力资本在企业价值创造中的首要地位，并肯定了人力资本的增值功能强于财务资本的增值功能。由于人力资本所有者是知识的载体，所以肯定了人力资本在公司财富创造中的地位，也就肯定了知识在企业中的地位。②明确规定企业价值分配的依据是知识、技能、责任、工作态度以及风险承诺等。通过把知识转化成资本的形式，企业家以及管理高层的劳动、知识、管理才能得到体现，并让他们获得报酬。③率先实行利用股票期权，让一部分知识资本拥有者拥有企业产权。

二、对创业者的产权安排

对创业者的产权设计，对于一个新创股份制企业来讲，实际上是创业者的股权安排问题。要弄清这一概念，必须对企业的股权结构进行分析。

（一）股权结构及类型

1. 股权结构

股权结构是指股份公司总股本中不同性质的股份所占的比例及其相互关系，包括两个方面：一是指公司的股份由哪些人持有；二是指股东所持有的股份占公司总股份比重有多少。前者说明股份持有者的特性，是股权结构质的体现；而后者则说明股权集中或分散的程度，是股权结构量的体现。一般而言，股权结构包括股权属性、股权集中度和股权流通性三个方面。

2. 创业企业的股权结构类型

在创业企业中，由于股东的种类以及持股比例不同，从而导致有不同的股权结构，概括起来，大致有以下三种类型：

（1）高度集中型股权结构。在这种股权结构下，绝大多数股票掌控在少数股东手中，尤其是第一大股东，往往持股数目非常大，占有绝对控股地位，掌握着公司的控制权。相对于这些大股东，其他股东只占有公司的少量股票，在企业的经营决策、利润分配等方面都受制于大股东。创业企业中，这种股权结构占多数。

（2）适度分散型股权结构。在这种股权结构下，既有一定的股权集中度，又有若干大股东存在，主要是机构法人相互持股，控股者也多为法人股东。这种股权结构能促使股东适度、有效地行使最终控制权，既不忽视权力，又不滥用权力，从而有效地解决委托—代理关系下效率损失的问题，这是一种较为合理的股权结构。

（3）过度分散型股权结构。在这种股权结构下，有相当数量的股东持有相当数量的股票，不存在大股东，股权高度分散，股东之间容易出现相互推诿、“搭便车”的现象，也就容易造成公司的控制权实际上控制在经营者手中，即所谓的“内部人控制”的现象。

（二）影响创业企业股权结构的因素

1. 国家法律对投资者权利的保护程度

有的学者认为，投资者被保护程度和股权结构分散程度成正比。在投资者被保护程度差的情况下，股权集中成了法律保护的替代品，因为只有大股东非常在意预期投资收益，所以能代替法律扮演监督角色。同时，在投资者被保护程度差的条件下，小股东生存的概率比较低，发行新股对小股东的吸引力也小，这样就让股权走向集中。

2. 公司规模

公司规模与股权结构集中程度成反比。创业企业在创业之初，如果规模较大，股权结构则较分散；如果规模较小，则股权结构集中。这是因为企业的规模小，需要的资金也较少，投资者投入较少的资金就能占有较大份额的股权；企业规模大，需要的资金多，投资者以相同的资金就只能占有较小比率的股权。

3. 是否上市

上市与否也会影响到创业企业的股权结构。一般而言，非上市公司的股权结构集中度要高于上市公司的股权结构集中度。

（三）创业企业股权结构优化设计

1. 股权结构的设计原则

（1）人力资本所有者与投资人共同分享利润。对于高科技企业而言，技术和产品的完整结合是完成产品研发和企业发展的必要条件，因此，企业获得的利润是人力资本所有者和投资人的共同贡献，人力资本所有者和投资人共同分享利润是合理的。两者之间的分配比率最终由其反复博弈之后而定。

（2）采用期权制度。创业企业在研发新产品、销售产品的过程中不仅要产生现金利润，同时还要产生无形资产，因此，人力资本所有者和投资人按比例分享企业的无形资产是合理的。但是，与现金利润不同的是，无形资产往往是与企业的发展联系在一起的。以企业为载体，难以分割。只有企业的股东才有权利享受企业的无形资产。因此，要想让人力资本所有者能像投资人一样享受企业的无形资产，就要想办法让人力资本所有者变成企业的股东。其中比较有效的方法就是期权制度，也就是说，人力资本所有者首先得到的就是分红权和在一定时间内按原始价格收购一定比例股权的承诺，技术人员分到红利以后，从投资人手中收购部分股权，成为投资股东，再按原定比例与投资人一起分享企业的所有利润。

（3）遵循股权动态变化的原则。对于创业企业而言，它们是在不断发展的，这就需要不断地为企业输入新鲜血液。不管是人力资本还是非人力资本，对于新加入的投资人和人力资本所有者，也要参加到企业的股权分配中去，这就要求企业的股权比例呈现动态变化。

2. 股权结构的优化设计

（1）投资者呈现多元化。对于创业企业而言，融资方案最好考虑投资加借贷的方式。对于创业企业来说，最需要的是资金，但是相对于发展成熟的企业来说，它们并不是要求投资人投入的资金越多越好，只要能满足其产品开发就行，这样更加有利于人力资本所有者参与到企业的股权分配中。对于企业生产经营所需的流动资金，可以与债权人达成协议，以借贷的方式来筹措资金。

（2）企业间相互持股。要完善公司的治理结构，必须推进股权的分散化。在我国特定的国情下，中小股东势单力薄，靠扩大个人股权实现分散股权是不现实的，可行的办法就是通过企业法人相互持股，推进股权分散化。例如，企业为了保证原材料、半成品、零部件等生产物资的供应，可以选择合适的供货伙伴进行投资，掌握对方企业一定的股份，从而影响其经营以确保稳定的供货关系。同样，供货企业为了保证产品稳定的销售渠道，也可以选择合适的购货伙伴进行投资，控制其一定的股权。

（3）积极推进独立董事制度。虽然创业企业处在种子阶段，但是“麻雀虽小，五脏俱全”，因此，在创业企业中也要引入独立董事制度，发挥独立董事的监督和制衡作用，这对完善公司治理结构具有现实意义。相对于步入成熟期的企业而言，创业期企业的独立董事人数相对要少一些。要建立独立董事制度，必须赋予独立董事明确的权力，以充分发挥其作用。

（4）建立经理人股票期权激励机制。国外的经验表明，在企业的激励措施中，产权激励是最有效的。在一定限度内提高内部股东（尤其是经营管理者）的股权比例，能激励经营管理者为了增加自己的财富而不断努力地工作，使他们的目标与投资人的目标趋于一致，减少两者之间的代理成本，降低代理风险，避免经营者的短期行为，提高公司的治理效率。这在后面将详细阐述。

第四节 创业团队的管理机制

一、创业团队的领导

据丹尼尔·戈尔曼（Daniel Goleman）历时三年对3000多名中层管理人员进行的调查，得出一份名为《领导决定结果》的研究成果。调查结果显示，管理人员的领导方式将影响一个公司30%的收益。就算是领导方式能产生1%的影响力，也能为公司创造大量的利润，能为公司在处理事务、提高效率上减少大量的开支。戈尔曼通过调查研究得出了六种类型的领导风格以及不同领导风格在团队中的效果：

1. 标杆式领导

以优异表现和自我引导成为团队成员的模仿对象。这种领导风格可以浓缩成一句话，那就是“照我做的去做，马上”。在创业团队成员技能熟练、被调动起来之后，标杆式领导最合适。但是这种风格如果用得太多，就会扼杀创业团队成员的创新精神。

2. 权威式领导

推动整个团队一致向前进，关注最终结果，让团队中的成员自己处理问题。如果将这种领导风格浓缩成一句话，那就是“跟我来”。当创业团队需要新的创业愿景时，权威式领导最佳。权威式领导充满创业精神，为整个创业团队提供创业激情。但是，如果创业团队中有人比他更专业时，这种风格可能不再适合。

3. 亲和式领导

与团队成员培养感情，让他们有团队成员一家亲的感觉。如果将这种领导风格浓缩成一句话，那就是“以人为本”。在创业团队遇到压力，成员需要心理安慰或者需要重建信心时，这种亲和式领导是最合适的。这种领导风格也不可经常使用，过度使用容易导致创业团队成员过度依赖领导，缺乏斗志和发展方向。

4. 辅导式领导

为企业的未来而培养团队成员。如果将这种领导风格浓缩成一句话，那就是“这样做试试吧”。在领导想培养创业团队成员的个人终生能力时，这种辅导式领导非常有效。但是，如果创业团队成员目中无人、不想学习或者改变，或者领导人员的业务也不熟练时，这种领导风格的效率会非常低。

5. 高压式领导

要求成员绝对服从领导。如果将这种领导风格浓缩成一句话，那就是“叫你做什么你就做什么”。在创业团队面临危机时，如创业方案重整或者面临重大困难时，高压式领导最有效果；它在对付惹麻烦的创业团队成员时也非常有效。但是，这种领导风格容易使领导者脱离创业团队成员，扼杀灵活性和创造性。

6. 民主式领导

通过全员参与建立共识。如果将这种领导风格浓缩成一句话，那就是“你觉得该怎么办”。当创业团队面临选择、计划和目标而难以做决定时，或者领导人没法做决定，需要创业团队中的专业人员提出新鲜观点的时候，民主式领导最有效果。但是在紧急时刻，创业团队成员获知信息不足时，这种领导风格并不合适。

因此，在创业过程中，领导者要根据创业团队、创业活动的具体情况来选择不同的领导风格，将多种领导风格融合使用，这样可以保持整个创业团队的活力，促进创业活动的持续、健康进行。

二、创业团队的决策

如何从混乱中理出思绪，为创业企业做出最佳决策？这个问题令每一个无畏追求梦想的创业者都十分困扰。学者切普·希斯（Chip Heath）和丹·希斯（Dan Heath）提出，做出清晰决策的关键，是创业者自身应该避免“证实性偏见”和“过分自信偏见”。过分自信偏见会让创业者对未来做出过高的估计，导致那些基于预测所制定的决策出现错误；而证实性偏见则意味着创业者往往会倾向于相信那些能够支持原有观点的信息。

要克服这两种偏见，创业者必须在考虑解决问题方案时想得更远，而且要考虑解决问题的多种方案。例如，为了避免证实性偏见，当面临任何进退两难的困境时，创业者可以考虑反向的解决方案，然后找到办法，并看看需要做什么才能让所有方案都奏效；要避免过分自信偏见，创业者需要考虑到一些不可避免的意外，包括好意外和坏意外，这些意外有可能破坏企业已经设定好的一些计划方针，此时，创业者必须设想有可能产生的最好和最坏结果，然后考虑好如何应对各种可能发生的情况。

希斯把这两种偏见归结为“精神聚光灯效应”，也就是说，人们的思维通常会倾向专注于一个过分狭隘的范围。为了减弱两种偏见的影响，创业者要扩大“聚光灯”的照射范围，以做出更好的业务决策。

案例5-1

UC优视董事长兼CEO俞永福：创业就是要“打群架”

在UC优视，每一个人都可以说不，但是必须要有一个人负责做决策。

2006年年初，我第一次见到了UC的两个创业搭档——何小鹏和梁捷，当时我还在联想投资，而他们正在找投资。接到他们递过来的名片，我愣了一下：两个人的名片怎么都是副总经理？

我马上就问总经理是谁，他们的回答让我眼前一亮。实际上，他们两个就是公司的负责人，都印“副总经理”有两个考虑：第一是见客户的时候，如果有些问题不好当场拍板，可以说“我们再回去跟老大商量商量”；更关键的是，他们觉得两个人都是技术出身，未来需要找到一个在战略规划、经营管理上更成熟的人，由他来当总经理。

这是我投资生涯看过的500家创业公司中，创业者第一个能这样想问题的，背后体现了一种大智慧。中国的技术类创业公司，有明显的成长天花板，员工一百多人，收入两三千万，大多数企业就再也长不大了。为什么？因为创业者自己都是技术和产品出身，在公司管理和战略规划上并不擅长，但中国的创业环境又要求创业者“十项全能”。投资人如果意识到这个问题，通常会找一个副总裁来补充团队能力。但由于很多事情还是需要企业“一号位”决策，所以瓶颈问题还是无法完全突破。

要突破成长瓶颈，还得创业者自己有“打群架”的意识。中国当下的创业环境，对创业公司的要求是“十项全能”，技术、产品、管理、市场……任何一块“短板”都会限制木桶的盛水量。创业者不能一味单打独斗，而“补短板”最有效率的方法就是“找搭档”。

今天如果有创业者来找我谈投资，我的第一个问题就会问：“你们团队有几个搭档?”在我看来，三个人是比较好的创业团队架构。一个人很容易“一言堂”；两个人时间长了也会累积矛盾；三角形则最稳固，两个人有分歧时，还可以听听第三个人的意见。

当然，早期人多了也有效率问题，所以创业团队最重要的一个关键点是决策机制。小公司、家族企业通常都是“一言堂”，“Nobody Can Say No”（没人可以说不）；大企业或跨国公司则往往走向另一个极端，“Everybody Can Say No，Nobody Can Say Yes”（每个人都能说不，但没人能说就这么做），即典型的“假民主”，人人都可以说不，但到了决策时，却永远停留在讨论阶段，没人愿意承担责任。

有鉴于此，UC将自己的决策机制定为“Everybody Can Say No，Someone Can Say Yes”（每个人都可以说不，但是必须要有一个人负责做决策）。例如，在公司战略、市场管理上，我就是UC的“一号位”，所有人都可以提意见，但最终做决策的一定是我；而产品创新上的“一号位”是何小鹏，我们可以提意见，但最终拍板的应该是他。原因很简单，在各自的领域，我们都用了最多的时间去思考，即使犯错误，这个学费也要交给“一号位”。

志同道合、能力互补、决策机制，建班子时做到这三点，创业团队就具备了“打群架”的能力，也才有可能突破瓶颈，走得长远。

三、创业团队的沟通管理

在创业团队中，最基本的沟通原则就是畅所欲言。沟通在创业团队管理中的重要性可以通过两个数字很直观地反映出来，这就是两个70%。

第一个70%是指团队管理者实际上70%的时间都用在沟通上。开会、谈话、做报告是最常见的沟通形式，撰写报告实际上是一种书面的沟通方式，各种拜访、约见也都是沟通的表现形式。所以，创业团队管理者70%的时间花在了沟通上。

第二个70%是指工作中70%的问题是由沟通障碍引起的。例如，常见的效率低下，实际上常常是有了问题、出了事情后，创业团队成员之间没有进行及时的沟通或不懂得如何去沟通而造成的。另外，创业企业里面执行能力差、领导力不高等问题，归根结底，也都与沟通能力的欠缺有关。

对创业团队来说，成员彼此之间良好的沟通至关重要。因为团队领导者要做出决策，就必须从团队成员那里得到相关的信息，而信息只能通过相互之间的沟通获得；同时，决策要付诸实施，又要在团队内进行相应的沟通。创业者再优秀的想法、再有创意的建议、再完善的计划，离开了与团队伙伴的沟通都是无法实现的，就像虚幻的空中楼阁。对于创业团队来说，要做到良好沟通的前提就是畅所欲言。

案例 5-2

雅虎创业团队：畅所欲言

作为雅虎的第六个成员，库格（Koogle）很快就影响了公司：刚刚走出斯坦福校门，又在互联网中逍遥惯了的公司创始人们，不情愿把他们的站点变成一家受广告驱动的企业。但是，注重现实的库格说服了他们，告诉他们有钱赚，同时仍然可以提供雅虎的在线服务。

库格让他们回心转意，并不是靠挥舞着自己的资历来压制年轻人的声音，而是通过畅所欲言——有时甚至通过费尽心机的辩论——建立共识。雅虎创始人杨致远扮演的是胸怀大志的热情小伙；菲洛是保守的技术奇才；马里特是满脑子生意经的行动主义者；而库格则是身经百战的老兵。

雅虎策略中采用的方法简直可以称为疯狂。的确如此，公司的座右铭就是这么要求的：行狂而不行痴。这条原则在雅虎的品牌战略中得到了最好的体现。流行而不前卫，易用而不流于简单——借助脍炙人口的“加州形象”，雅虎正努力创造新一代时尚追随者。

四、创业团队的激励机制

创业者在创业过程中始终都需要考虑的一个问题是：如何更合理地激励创业团队？这是创业团队成员极为关注的问题，毕竟，取得合理的收益是创业收获的具体表现。能否解决好这个问题直接关系到创业企业的存亡。

（一）报酬制度

创业企业的报酬制度包括股票、薪金和补贴等经济报酬以及其他一些非经济报酬，如实现个人发展和个人目标、培养技能等。每个团队成员对报酬的理解各不相同，这取决于个人不同的价值观、目标和愿望。有人追求长期的资本收益，而另外一些人可能更偏向于短期的资金安全和短期收益。

新创企业团队的报酬制度应该能够激发促进管理团队成员的积极性，使他们更好地把握企业的商机。它必须贯穿于建立团队、增强创业氛围和培养团队有效性的整个过程中。例如，能否吸引到高素质的团队成员并留住他们，这在很大程度上取决于给予他们的物质报酬和精神激励。团队成员的技能、经验、风险意识和对企业的关心等都是通过合理的报酬制度实现的。

在企业生命周期的各个阶段，给予创业团队的报酬可以有所不同。像自我发展机会和自我实现机会等这样的无形报酬可以始终贯彻在企业的整个生命周期，而经济奖励在企业发展的不同阶段则可以采取不同的策略。

由于报酬对每个人都至关重要，而企业在早期阶段给付报酬的能力常常比较有限，因此要仔细而全面地考虑企业在整个生命周期的总体报酬制度，而且要确保企业具备长期支付报酬的能力，避免出现在员工贡献水平提高的情况下没钱给他们加薪，或在新员工加入的情况下不能支付报酬等情况。

外部环境也会对新创企业奖励的报酬制度产生重要的影响。创业者要意识到，企业和外部投资者之间的权益分配会影响到团队成员所能获得的权益份额。另外，企业对报酬的处理方式也会成为投资者和其他人判断该企业可信度高低的一个依据，因为这些人员会凭借企业的报酬制度来判断企业团队是否敬业。

（二）合理分配报酬

1. 形成分享财富的理念

创业团队的分享理念和价值观可以归结为一条简单的原则：首先，与帮助企业创造价值和财富的人一起分享财富。其次，吸引到风险投资的企业，其最终目标往往是实现5～10倍于原始投资的报酬。从美国创业企业首次公开募股（IPO）的经验来看，创始人一般可以获得100万～300万股，价值1200万～4500万美元。由此就很容易理解，为何寻找好的创业机会、建立优秀创业团队并采取分散型持股方式实行财富共享远比拥有公司多少股权份额重要。另外，成功的创业者往往不只是创建一个企业。因此，当前的企业可能并非其最后一家企业，最重要的事情是取得这次创业的成功。做到这一点之后，将来还会有很多商机。

2. 综合考虑企业与个人目标

如果一个企业不需要外部资本，就可以不考虑外部股东对报酬问题的态度或影响，不过还是需要考虑其他一些有关事宜。例如，如果一家企业的目标是在未来5～10年获得大量资本收益，那么就需要针对如何完成这一目标以及如何保持团队成员的长期敬业精神来制定报酬制度。

3. 规范制定报酬制度的程序

创业带头人要建立起一种氛围，让每一个团队成员都觉得自己的付出应该对得起所得的报酬。每一个关键团队成员都必须致力于寻找有关合理制定报酬制度的最佳方案，使它能够尽可能公平地反映每位团队成员的责任、风险和相对贡献。

4. 实施合理分配方案

关于如何分配的问题，目前还没有任何有效的公式可以套用，也没有简单而行之有效的答案。在制订方案时，需要对各团队成员的贡献大小进行衡量。可以重点考虑以下几个方面：

（1）创业思路。创业思路提出者的贡献应当予以充分考虑，尤其是提供对原型产品或服务极为重要的商业机密、特定技术，或是对产品、市场进行了调研的当事者。

（2）商业计划准备。制订一份优秀的商业计划往往需要花费很多时间、资金和精力。因此，商业计划书制订者的贡献也应该适当予以考虑。

（3）敬业精神和风险。一个把大部分个人资产投入到企业的团队成员，不仅会在企业失败时承担巨大的风险，还将牺牲一定的个人利益、投入大量的时间和精力并接受较低的报酬。因此，应充分考虑员工的敬业精神和所承担的风险。

（4）工作技能、经验、业绩记录或社会关系。团队成员可能为企业带来工作技能、经验、良好的工作记录，或是在营销、金融和技术等方面的社会关系。如果这些对于新创企业而言至关重要而且是来之不易的，那么就必须予以考虑。

（5）岗位职责。团队成员在不同的岗位上为企业做贡献，而岗位所需技能和工作强度各不相同，应该考虑为不同的岗位分配不同的权重。

在衡量每一位团队成员的贡献率时，需要充分考虑上面列举的各项因素，团队成员不仅要自己协商，达成对各项贡献价值的一致意见，而且还应该保持充分的灵活性，以适应今后的变化。

5. 综合考虑分配时机和手段

报酬分配制度往往会在企业发展的第一阶段就被制定出来并加以实施，不过这还应该按个人在企业整个周期内的业绩来定。创业团队可以综合采用月薪、股票期权、红利和额外福利作为反映业绩变化的一种措施。但是，运用上述手段的能力，在一定程度上取决于企业的发展程度。以现金报酬为例，把现金作为报酬分给员工还是留着作为企业发展的基金，其间存在一个平衡问题。因此，在企业成立的初期阶段，薪金往往需要维持在较低的水平甚至不发薪金，其他红利和福利等则先不做考虑。薪金、红利和福利都要占用现金，而在企业盈利之前，现金往往优先用于支持企业的经营和发展。就算企业在获得盈利之后，现金的支付仍然会制约企业的成长。只有在企业顺利实现盈亏平衡后，薪金的提高才会促进企业的竞争力。至于红利和额外福利，还是保持在最低水平比较好，直至企业持续多年获利后才可以考虑进一步提高。

6. 适时采用股票托管协议

一般来说，当一个创业企业的股票分配方案确定下来之后，团队成员的相对持股地位就比较稳定。即使有新成员或是外部投资者加入可能会削弱各个团队成员的持股比例，但一般也不会对这种相对持股地位产生影响。不过，在创业初期可能会发生一些不确定情况，如拥有大量股份的某一团队成员可能会因为表现不佳而被早早地替换；某位重要的团队成员有了更好的发展机会而退出企业；甚至是某个关键成员可能在事故中意外丧生。在任何一种可能发生的变故中，团队成员都可能需要改变各自所持股份的比例。

当遇到某位团队成员因为各种原因退出时，可能会出现弄不清其拥有的股份中哪一部分是他自己赚得的，哪一部分是原来公司分配所得。在此情况下，企业可以将该团队成员认购的股份交由第三人托管，并在2～3年后交付给受让人。这一机制称为股票托管。它有助于培养员工为企业奉献的长期敬业精神，同时又为大家在合作不成功的情况下提供了文明而又不遗憾的“分手”方式。这类股票托管协议作为限制性条件附加在股票证明上，期限一般在4年以上。如果成员在期满前离开公司，则要以原先认购时的价格（价格通常很低甚至是免费）把股票还给公司。在这种情况下，持股人在离开企业时就不能拥有任何股份，当然也不会获得任何意外的资本收益。在其他一些情况下，企业创始人可以每年托管一部分股票，这样就算他们离开企业，也可以获得一部分股票。这种托管方式还可以采取在托管期限内逐年加权的办法，直至期满前最后一两年。另外，还有其他限制性措施来保证，不管持股人是去是留，都可以由管理层和董事会对其股票加以控制和处理。实质上，股票托管协议这类机制可以让团队成员面对这样一个事实：这不是一项能让他们快速致富的活动。

（三）股票期权计划与准股票期权计划

股票期权计划是美国等西方国家比较普遍采用的一种员工长期激励计划。在我国，由于法律法规上有一定限制，创业企业还不能完全照搬西方的模式，但是可以采用相同的思路实施变通的股票期权计划。

1. 股票期权计划

2006年《财富》杂志评出的全球500家大工业企业中，有89%的企业已采用向其高级管理人员授予股票期权的薪酬制度，同时，股票期权数量在公司总股本中所占比例也在逐年上升。可见，在美国，股票期权计划作为一种长期激励和约束机制成为企业较普遍和重要的方式。

美国的股票期权计划主要分为两类：激励股票期权和非法定股票期权。由于激励股票期权计划有更大的税收优惠，因此对激励对象（期权持有者）更具有吸引力。股票期权通常需要在授予期结束后才能行权。股票期权的行使权将分几批授予期权激励对象，这个时间安排称为授予时间表。时间表可以是匀速的，也可以是加速的。一般而言，高级管理人员在获赠股票期权5年后才可以对其所持有的股票期权行权。

股票期权对于创业企业而言非常重要，“它能够为企业引来天才，为企业内已有的员工提供激励，并能够留住重要员工”。股票期权还是职业化的一种标志，它能够在企业所有者和员工之间形成正式的员工激励合约。

2. 准股票期权计划

尽管股票期权在对国外创业企业的激励中起到了非常重要的作用，但迄今为止，我国尚没有一部类似于美国国内税务法的国家法律涉及股票期权制度的基本框架和实施细则。现实情况是，各企业一般都参照《公司法》及证监会和地方政府下发的相关政策来制定股票期权实施方法，这往往面临股票来源、股票流通、税收优惠和内幕交易等方面的障碍。例如，股票来源方面，我国首次公开发行股票和增发新股方面都没有明确允许预留股份以实施股票期权激励计划，回购股票以获得库存股票的方式，也受到《公司法》中“公司不能收购本公司的股票”的限制，《公司法》还明确规定上市公司不能赠予股票。在这些限制下，我国创业企业要实施真正意义上的股票期权激励就有一定困难。此外，从创业团队到创业企业最终变成上市公司的成功创业企业的比例非常低，因此，对于大多数创业团队来说，可以考虑借鉴股票期权激励的原理，实施各种形式的“准股票期权计划”。

近几年，我国一些创业企业在创业初期就有了较为清晰的产权结构。如亚信、商务通等较为成功的企业以及清华科技园中的大多数企业，都有着清晰的股份结构。对于新创企业来说，在团队最初组建的时候，由于各成员在创业企业中的作用和贡献还无法比较准确地衡量，可以考虑采用“期股”的方式，即在成员进入创业团队的时候事先签署全体团队成员的内部协定，承诺团队成员在创业企业服务一定年限、做出一定贡献后能够得到一定数量的名义股份。在团队成员刚加入时，可以先兑现一部分股权，而剩余的股权则根据一定的规则评估成员的贡献后，在创业过程中按照事先约定的计划，逐步释放给该团队成员。由于其股票的获取同团队成员为企业工作时间的长短和服务的绩效相关，因此可以将这种期股计划看作准股票期权计划的一种。

在采用期股计划的时候，如果能够除了名义股份之外，在团队总股份中再预留一部分股权作为机动股份，由某个个人（如CEO）代持，则会得到更好的激励效果。例如，公司总股份中如果有25%给了天使投资者，则剩下的75%股份中，团队成员名义股份总共占55%，有10%留给未来的核心团队成员或技术人员，另有10%作为奖励股份由CEO代持，如果团队成员做出特别贡献后可以进行奖励。

需要注意的是，在创业初期，创业企业一般以有限责任公司的形式存在，因而在实施期股计划的时候，名义股东及各股东的名义股份与公司章程中的实际股东和股份往往并不一致，股东身份和股权的真正确认往往在必要的法律手续变更之后才能实现。在这之前，名义股东身份及名义股份往往由各团队成员认可的书面协议加以明确和保证。因此，期股计划更适用于创业团队初创和创业企业成长初期。当企业成长到一定规模，甚至实现公开上市之后，就需要设计更规范的治理结构，并考虑更多的法律法规的限制。

五、创业团队的文化管理

美国著名的管理大师彼得·圣吉（Peter M. Senge）说："一个缺少全体衷心共有的目标、价值观和使命的组织，必定难成大器。"创业团队作为一个微型组织更是如此。一个创业团队要想超越自我，存活得更长久，就必须找到可以传承的生命基因——团队文化。创业团队的成员可以进入，可以退休，也可以老去，创业企业的产品可以被淘汰，可以升级，也可以被替代，但在创业企业中可以继承、发扬和流传的就是创业团队的文化。一个优秀的创业团队必须具备下列三种关键的团队文化：

1. 勇气文化

创业团队首要的就是"勇敢"。任何人，不管是何方神圣，必须符合企业的创业文化，否则只能对不起。这并不残忍，而是生存有道。同情并不能让任何人活下去，所以人类最伟大的品格之一就是勇敢。一个勇敢的人并非不害怕，只是面对恐惧时能够依然向前，单靠这一关，就能刷下一批"南郭先生"。

2. 学习文化

让创业团队中的每个人自我学习，相互学习，借脑学习，学会把经验、知识、实践相互实现转化。这一点应该尽可能量化，如果用概念性的方式让A学习，并告诉他学习有什么好处，这毫无意义。建立学习型团队，最好应该用更具体的方式。例如，"小A，你这个月准备看几本书？"A答："两本吧！""好，那你把书名报上来，月底我要检查，另外准备好，你可能得在月底业务会议上对书的内容及感受做一次分享。"这样，务实的学习氛围就会被建立起来，然后有机会引进一些好的专业培训，从而使员工的专业知识提升得很快，学习才会变成真正的团队文化。

3. 忠诚文化

一个勇敢而善于学习的人，常常会成为智勇双全的人，但如果他不能为你所用，又有什么意义呢？因此，接着要培养他们的忠诚度。当然，忠诚度会受到企业的用人制度、战略及利益分配所影响，因此，作为创业者所能做的，就是在同样的条件下做一些合理建议，加强团队的凝聚力和忠诚度。例如，团队的职业生涯建议，对自己和家人负责的心态，自己价值的提升和挑战精神。除此之外，创业者应尽量制定出更加科学的薪酬制度，改善工作环境等，以增加员工的忠诚度。

专栏5-2

创业企业如何拥有良好的公司文化？

客户在线服务公司（Live Person）近年来经历了一次快速发展的过程：拥有400多个员工，年收入超过1亿美元。这对于一个创建于1992年的公司而言，能在20多年后突然再次爆发，其中一个重要的原因即重建公司文化。

客户在线服务公司的CEO罗伯特介绍，他们学习的目标就是那些拥有鲜明文化的公司，比如Zappos、谷歌等。当每个管理者手下都要管理超过10个人时，事情就开始变得官僚主义。所谓建立公司文化，一般都是自上而下进行的，即由管理者来决定他们的信条，一般无外乎客户至上、保持创新、重视团队合作。面对这些，员工一般也不会买账，因为觉得和他们无关。

为此，客户在线服务公司开始建立一套让所有员工都参与进来的公司价值观再建体系。每个人都阐述自己的想法，然后大家再从共性的40条里面精练出核心价值。最终，他们的结论是："做公司的主人并且互相帮助。"这里面就蕴含着保持创业精神、有风险意识、维持创造力，此外还包括了团队合作、信赖自己的团队。而这些归结于一条结论，就是"建立有价值的沟通"。

最终的价值观获得了公司91%的人支持。罗伯特意识到，作为公司的CEO和领导者，自己并不是超人，不可能一切都靠自己来推动，这时候就需要内部人员的力量。想要创建一个长期发展的公司，必须面临公司文化改变的现实，而且保证员工真的奉行公司文化。

本章小结

创业团队是由少数具有技能互补的创业者组成的，他们是为了实现共同的创业目标，共同为达成高品质的结果而努力的共同体。组建优秀的创业团队要有正确的团队理念、明确的团队发展目标，并要建立责、权、利统一的团队管理机制。

一个高效的、强有力的创业团队，成员之间应该形成各种业务的互补，以使个人的能力和素质得到最大限度的发挥，并形成新的集体力量。个体的性格差异，对组建创业团队有非常重要的影响，在组建创业团队时认真甄别分析显得非常重要。同时，只有合理安排创业团队内部的股权，才能更合理地激励创业团队。创业团队的管理相当复杂，如采用什么样的团队领导风格，如何进行决策，如何建立畅所欲言的沟通机制，如何设计科学的激励机制以及文化管理。

课后练习

1. 简述创业团队的主要任务和要求。
2. 简述创业团队构成要素的主要内容。
3. 简述高效、出色的创业团队的特点。
4. 如何对创业者和创业团队产权进行安排？
5. 如何更合理地激励创业者和创业团队？
6. 结合自身情况谈一谈如何培养自己的创业团队意识。

第六章

创业计划

核心问题

1. 什么是创业计划？为什么要制订创业计划？
2. 制订创业计划时应该考虑的因素有哪些？
3. 创业计划的核心内容有哪些？
4. 如何编写创业计划？有什么原则和技巧？

学习目标

1. 了解什么是创业计划。
2. 明确创业计划的类型和基本格式。
3. 掌握创业计划的主要内容。
4. 学会编写创业计划书。

引例

刘先生和他的创业计划书

刘先生毕业于某著名大学，经过多年研究，他在建筑节能材料方面取得了一项重要突破，这项技术如果在实际中得到应用，将显著减少建筑物的能源消耗，应用前景非常广阔。于是，刘先生辞去原有工作，准备创业。

由于多年来的积蓄都用在了建筑节能材料的研究上，刘先生在东拼西凑注册了一家公司后，已经无力再招聘员工、购买实验材料了。无奈之下，刘先生想到了风险投资基金，希望通过引入合作伙伴的方式解决困境。为此，他多次与一些风险投资机构或个人投资者接洽商谈。虽然刘先生反复强调他的技术多么先进，应用前景多么广阔，并拍着胸脯保证投资他的公司回报绝对不错，但总是难以令对方相信，而且他对风险投资机构负责人问到的一些数据也没有办法提供，如：你的产品的市场需求量有多少？一年可以有多大的销售量？投资后年回报率有多高？就连他想招聘一些技术骨干也比较困难，这些人总是对公司的前景缺乏信心。

这时，曾在刘先生注册公司时帮助过他的一位做管理咨询的朋友的一句话点醒了他："你的那些技术有几个投资者搞得懂？你连一份像样的创业计划书都没有，怎么让别人相信你？"于是，在向有关专家请教咨询后，刘先生又查阅了大量资料，然后静下心来，从公司的经营宗旨、战略目标出发，对公司的技术、产品、市场销售、资金需求、财务指标、投资收益、投资者的退出等方面进行了论证和分析。在这个过程中，他做了大量的市场调研。一个月后，他拿出了一份创业计划书初稿，经过几位相关专家的指点，又再次进行了修改和完善。凭着这份创业计划书，刘先生不久就与一家风险投资公司达成了投资协议，有了风险投资的支持，员工招聘问题也迎刃而解了。

现在，刘先生公司经营得红红火火，年销售利润达500多万元。回想往事，刘先生感慨地说："创业计划书的编制与我研究的节能材料差不多，绝不是随便写一篇文章的事。编制计划书的过程就是我不断理清自己思路的过程，只有企业家自己的思路清楚了，才有可能让投资者、员工相信你。"

第一节 创业计划的概念及作用

创业者应该制订一份完整的创业计划，向现实的和潜在的合作伙伴、投资者、雇员、客户及供应商等全面阐述公司的创业机会，阐述创立公司、把握这一机会的措施以及实施进程，说明所需要的资源，揭示风险和预期回报等。

一、创业计划的概念

创业计划又称商业计划（Business Plan），是对与创业项目有关的所有事项进行总体安排的文件，是创业者准备的一份用以描述创办一个企业时所有相关的外部及内部要素的书面计划，是各项职能计划的总和，是对企业人员、资金、物质等各种资源的整合，是为完成创业目的而制定的一份完整、具体、深入的行动指南。

创业计划是创业者为了实现未来增长战略所制订的详细计划，主要用于向投资方和创业投资者说明公司未来发展战略与实施计划，展示自己实现战略和为投资者带来回报的能力，从而取得投资方或创业投资者的支持。尽管创业计划有一定的规范格式，但是并没有一种能够对各种创业企业都普遍适用的创业计划。针对不同的行业、不同的环境、不同的目标，制订的创业计划也不尽相同。

二、创业计划的主要特征

创业计划的编制是一个创造性的过程。由于创业者的创业构思、创业方式和创业领域的不同，其编制的创业计划也各具特色。但是，成功的创业计划总是具有如下共同特征：

1. 循序渐进

创业计划的编写一般要经过四个阶段，并在每个阶段进行多次修改：第一阶段，在充分掌握资料的基础上编制创业计划概要；第二阶段，加入新的议题或新的内容，形成创业计划初稿；第三阶段，进一步修改完善，形成完整的创业计划；第四阶段，运行计划，发现问题并及时反馈，进行创业计划的调整。

2. 一目了然

创业计划应该重点突出投资者、合作者或员工等读者所关心的问题，对关键问题进行直接、明确的阐述，整个计划脉络清晰、结构完整、意义表达明确。

3. 令人信服

创业计划的内容表达应运用中性语言，保持客观态度，力求对计划中涉及的内容不进行主观倾向性的评论，既要令投资者、合作者及员工等信服，又要给读者留出评判的空间。切记不能使用广告性语言，也不能进行过多的自我批评，更不能过分夸大其词。

4. 通俗易懂

在创业计划的编写中，对技术和工艺的阐述应简单明了、通俗易懂，避免过于专业化的描述或过于复杂化的分析，对必须引用的专业术语及特殊概念，应在附录中给予必要的解释和说明。

5. 风格统一

创业计划的编写如由多人协作完成，最后应指定专人统稿、修改和校对，力求整体内容风格统一。同时，对引用数据应给予明确的说明并标明出处。

6. 严谨周密

创业计划撰写的宗旨是客观表述拟创立企业的发展规划和前景，因此，不但结构必须完整，内容也必须严谨周密，既清晰阐述蕴含的利益，又明确说明可能的风险，能提供给投资者、合作者及员工清晰的、易于理解的画面，使计划本身更具有说服力，并体现出专业素质。

三、创业计划的作用

创业计划具有“计划”和“营销”两大功能。“计划”功能是指其可以作为创业的行动指南；“营销”功能是指可以通过向投资者或合作者展示企业的发展规划和前景，获得创业融资等支持。具体来讲，创业计划具有以下几个方面的作用：

1. 帮助创业者理清思路

创业计划的编制过程也是创业者整理思路的过程，可以帮助创业者认真地对自己所拥有的资源、目前的市场状况和未来的竞争策略进行全面分析，并明确创业步骤。

2. 有助于创业融资

创业计划是创业融资的必备工具。风险投资者往往根据创业计划进行风险评估，并选择最具有发展潜力的企业进行投资。对于银行来说，初创企业的经营风险太大，因而其往往不愿意为这类企业提供贷款，即便提供贷款，也会先要求创业者提供详细的创业计划。显然，一份详尽的、与众不同的、切实可行的创业计划是获得风险投资、银行贷款及其他形式融资的必备材料。

3. 增强团队的凝聚力

初创企业往往缺乏吸引力，能否吸引和留住人才，关键要看创业计划能否打动他们的心。好的创业计划不仅能留住现有的人才，吸引潜在的人才，还能使创业团队成员全面了解企业发展战略，增强团队的凝聚力。

4. 取得政府支持

我国政府每年都会在科技、资金等方面选择一些前景良好的创业项目并提供支持，但要取得政府的支持，必须有完整的创业计划，展现创业活动积极的社会意义，让政府机构充分了解企业的创业思路和所需要的具体支持。

第二节 创业计划的类型和要求

创业计划通常围绕某一具有市场前景的产品或服务，描述创业机会，阐述创立公司、把握这一机会的进程，说明所需要的资源，揭示风险和预期回报，并提出行动建议。

一、创业计划的类型

根据创业计划的结构和内容来划分，创业计划可以分成以下两类：

1. 简式创业计划

简式创业计划是一种比较简明、短小的计划，它包括企业的主要信息、发展方向以及少部分重要的辅助性材料，通常有10~15页。一般来讲，简式创业计划主要适用于以下情况：

（1）创业者享有盛名。

（2）试探投资商的兴趣。

（3）申请银行贷款。

（4）竞争激烈、时间紧迫等。

2. 详式创业计划

详式创业计划是一种结构比较完整、内容比较详细的计划，内容一般有30~40页，并附有10~20页的辅助文件。详式创业计划使创业者能够对整个创业思想、关键内容进行比较全面、详细的阐述，一般用于详细探索和解决企业的关键问题和寻求大额的风险投资。

二、创业计划的要求

创业计划的读者可能是雇员、投资者、银行家、风险资本者、供应商、顾客以及顾问等，他们通过创业计划来熟悉企业，了解它的目标，因而对创业计划中所包含的内容非常关注。创业计划也把创业者带到将来，引导创业者去考虑那些阻碍创业成功的重要问题，并为创业者提供了自我评价的机会。通常，创业者对拟创企业的成功满怀信心，然而，制订计划的过程强迫创业者将其设想带到客观现实中去考虑各种问题。如：这个设想有意义吗？它可行吗？市场在哪里？我将与谁竞争？等等。这些问题都需要创业者一个个地去考虑，一个个地去寻找答案。因此，创业计划在总体上要做到规范性、新颖（创新）性、科学性、逻辑性、完整性、简洁性和效益性（市场评价、能力评价、效益评价；社会价值/团队能力/投资回报）的统一。

不同的读者阅读创业计划时的目标和目的不同，对创业计划的实际问题和关注焦点也不相同。因此，创业者必须换位思考，从不同角度准备可能遇到的各种问题：

1. 创业者的角度

创业者必须能够清楚地表达出自己所创办的企业是经营什么的，以及通过什么样的方式来达到自己怎样的目标；必须比其他任何人都能更好地理解包含在这个新创企业中的创造力和技术。

2. 市场的角度

创业者不仅仅要考虑产品或服务本身，还应该从市场的角度考虑产品或服务是否有人会买，使用价值如何。

3. 投资者的角度

创业者应该试着用投资者的眼光来考察企业的经营，这需要有好的财务预测。如果创业者不具备准备这些信息的技能，可以寻求外部人员协助。

一份成功的创业计划应该做到以下几个方面：能够展示市场调查和市场容量；了解顾客的需要并引导顾客；解释他们为什么会掏钱买你的产品或服务；在头脑中要有一个投资退出策略；解释为什么你最合适做这件事。一份成功的创业计划不应该过分乐观，或者拿出一些与产业标准相去甚远的数据，或者仅仅面向产品而忽视市场，或者忽视竞争威胁，进入一个拥塞的市场等。

第三节　创业计划的核心内容

一份完整的创业计划包括以下几个部分：封面或封页；内容索引和目录；摘要；企业简介；产品或服务；技术开发；创业管理团队与组织；市场分析；营销计划；生产计划；财务计划；风险分析；融资、收获及退出机制；附件等。创业者可以根据适合企业的表达方式编制创业计划，不必拘泥于固定的格式，但必须突出核心内容。

一、摘要

创业计划的摘要又称执行摘要或执行总结，是投资者阅读时首先要看的内容，通常列在计划书的最前面，是整个计划精华的浓缩。摘要力求一目了然，能立刻引起投资者兴趣，并使其在最短的时间内评审计划并做出判断。所以，摘要的写作最为重要。

摘要部分应该重点传达以下五点信息：

（1）创业企业的理念是正确的，创业预期提供的产品、服务或技术方面具有竞争对手所没有的独特性。

（2）商业机会和发展战略有科学根据并经过充分考虑。

（3）企业管理团队是一个坚强有力的领导班子和执行队伍。

（4）创业者清楚地知道进入市场的最佳时机，知道如何进入市场，并且预料到什么时间应该适当地退出市场。

（5）企业的财务分析是实际的，投资者不会把钱扔到水里。如果能简洁、清楚地阐述这些内容，投资者将会更有兴趣读完整篇创业计划书，甚至会把钱投入该项目。

一个出色的摘要将使投资者有兴趣了解更多的内容和信息。它应该成为吸引投资者出资的重要部分，因为它会给风险投资人留下深刻和长久的影响。摘要应是商业计划书中最精干和与项目实施最为相关的部分，一般包括以下内容：公司介绍；主要产品和业务范围；市场概貌；营销策略；销售计划；生产管理计划；管理者及其组织；财务计划；资金需求状况等。

在介绍企业时，首先要说明创办新企业的思路，新思想的形成过程，以及企业的目标和发展战略。其次，要交代企业现状、过去的背景和企业的经营范围。在这一部分中，要对企业以往的情况做客观的评述，不回避失误。中肯的分析往往更能赢得信任，从而使人容易认同企业的创业计划书。最后，还要介绍创业者自己的背景、经历、经验和特长等。创业者应尽量突出自己的优点并表现自己强烈的进取精神，以给投资者留下一个好印象。

二、企业简介

企业简介可以使投资者初步了解拟创企业，其主要内容包括：

（1）企业的一般性描述，包括企业概况、地址和联系方式等。

（2）经营业务或行业的历史背景及现状。

（3）公司的组织结构。

（4）产品或服务的独特性。

（5）营销方式。

（6）公司沿革：说明自公司成立以来主营业务、股权、注册资本等公司基本情形的变动，并说明产生这些变动的原因。

（7）目前公司主要股东情况：列表说明目前股东的名称及其出资情况，参见表6-1和表6-2。

表6-1 公司基本情况一览表

公司名称		公司目前员工情况	
注册地点		成立时间	
实际到位资本		注册资本	
无形资产占股份比例		其中现金到位	
曾经经营过的业务		主营业务	
目前经营的业务		其他	

表6-2 公司经营财务状况 （单位：万元）

项　目	本年度	前1年	前2年	前3年
销售收入				
毛利润				
纯利润				
总资产				
总负债				
净资产				
3～5年发展战略和目标				

（8）目前公司内部部门设置情况：以组织结构图来表示。

（9）公司的注册资本。依照《公司法》规定，公司的注册资本必须经法定的验资机构出具验资证明，验资机构出具的验资证明是表明公司注册资本数额的合法证明。依照国家有关法律、行政法规的规定，能够出具验资证明的法定验资机构是会计师事务所和审计事务所。

(10) 本公司的独资、控股、参股的公司以及非法人机构的情况。

三、产品或服务

风险投资者最关心的问题之一就是产品或服务到底有什么独特性，能否卖出去，市场有多大，能否赚钱等。这就要求创业者对新产品或服务做出详细的说明。

(1) 在市场调查的基础上选择项目，或者围绕一项发明创造、技术专利，或者选择一项通过研发可以实现的概念产品或服务。

(2) 产品介绍。通常产品介绍应包括以下内容：产品的概念、性能及特性；主要产品介绍；产品的市场竞争力；产品的研究和开发过程；发展新产品的计划和成本分析；产品的市场前景预测；产品的品牌和专利；产品的排名及品牌状况；目前产品市场正处于什么样的阶段（空白/新开发、可成长/成熟/饱和）。在产品（服务）介绍部分，企业家要对产品（服务）做出详细的说明，说明既要准确，又要通俗易懂，使不是专业人员的投资者也能明白。一般的产品介绍都要附上产品原型、照片或其他介绍。

(3) 生产或服务组织。这部分内容应包括：企业如何设计生产线或服务渠道？企业如何组织生产？原料来源于哪里？拥有哪些生产资源？还需要增加什么生产资源？生产和设备的成本是多少？设备的采用方式是租还是买？储存和物流的状况怎么样？等等。

(4) 产品介绍必须回答以下问题：顾客希望企业的产品能解决什么问题？顾客能从企业的产品中获得什么好处？企业的产品与竞争对手的产品相比有哪些优缺点？顾客为什么会选择本企业的产品？产品的独创性是什么？企业为自己的产品采取了何种保护措施？企业拥有哪些专利、许可证，或与已申请专利的厂家达成了哪些协议？为什么企业的产品定价可以使企业产生足够的利润？为什么用户会大批量地购买企业的产品？企业采用何种方式去改进产品的质量、性能？企业对发展新产品有哪些计划？等等。

产品（服务）介绍的内容比较具体，写起来也相对容易。在介绍产品（服务）时，虽然赞美自己的产品（服务）是必需的，但是企业所做的每一项承诺都是“一笔债”，都是要通过努力去兑现的。

四、技术开发

这一部分并不是所有的创业计划书都必须具有的，取决于拟创企业提供产品（服务）的类型和性质。如果拟创企业是一个高新技术创业企业，创业计划书就需要对技术开发进行特别的说明，主要介绍研发的投入和要实现的目标。

五、创业管理团队与组织

有了产品（服务）之后，创业者要做的就是构建一支有战斗力的管理队伍。企业管理的好坏直接决定了企业经营风险的大小，而高素质的管理人员和良好的组织结构是管理好企业的重要保证。目前风险投资人已从过去看重创意转为看重企业的经营团队，因为一个好的策划和项目要想成功，必须有一支强有力的管理队伍，这支队伍中应该集管理、技术、市场、财务等各方面的精英，不仅要志同道合，更要协调互补。

一个企业必须要具备负责产品设计与开发、市场营销、生产作业管理、企业理财等方面的专门人才。在创业计划书中，必须要对主要管理人员加以阐明，介绍他们所具有的能力、他们在本企业中的职务和责任、他们过去的详细经历及背景。此外，在这部分内容中，还应对公司结构做一简要介绍，包括：公司的组织机构图；各部门的功能与责任；各部门的负责人及主要成员；公司的报酬体系；公司的股东名单，包括认股权、比例和特权；公司的董事会成员；各位董事的背景资料。

六、市场分析

市场分析是编制创业计划书的依据，在充分分析的基础上，对整个产业以及竞争状况进行充分、详尽的分析，并在此基础上逐渐形成对企业目标市场的清晰认识，从而可以为制定企业战略提供依据。市场分析常常被认为是商业计划最重要的部分，可以从整体市场、细分市场、目标客户、企业面临的竞争态势等方面进行阐述。

对企业所面对的竞争格局进行分析，内容主要包括：市场中的主要竞争者有哪些？是否存在有利于本企业产品的市场机会？本企业产品预计的市场占有率是多少？本企业产品进入市场会引起竞争者怎样的反应，这些反应对企业会有什么影响？等等。

（1）行业发展状况。

（2）主要竞争对手。

（3）竞争对手的产品特点及市场状况分析。

竞争对手的企业实力、产品情况（种类、价位、特点、包装、营销、市场占有率等）以及潜在的竞争对手情况和市场变化分析。

七、营销计划

营销计划中应列出本企业打算开展广告、促销以及公共关系活动的地区，明确每一项活动的预算和收益；还应简述企业的销售战略，如，企业是使用外面的销售代表还是使用内部职员？企业是使用转卖商、分销商还是特许商？企业将提供何种类型的销售培训？此外，营销计划还应特别关注一下销售中的细节问题，包括消费者的特点、产品的特性、企业自身的状况、市场环境方面的因素等。最终影响营销策略的则是营销成本和营销效益因素。

1. 目标市场、市场容量及发展速度

目标市场就是企业决定要进入的市场。企业在对整体市场进行细分之后，要对各细分市场进行评估，然后根据细分市场的市场潜力、竞争状况、本企业资源条件等多种因素，决定把哪一个或哪几个细分市场作为目标市场。对市场容量的估算、未来增长的预测的数据最好来源于中立第三方的调查或研究报告，避免自行估计。对于特殊市场，在预估时则力求保持客观、中肯的态度，要给投资者提供企业对目标市场的深入分析和理解；要细致分析经济、地理、职业以及心理等因素对消费者选择购买本企业产品这一行为的影响，以及各个因素所起的作用。

2. 营销策略

营销策略应包括以下内容：市场机构和营销渠道的选择；营销队伍和管理；促销计划和广告策略；价格决策。对创业企业来说，由于产品和企业的知名度低，很难进入其他企业已经稳定的销售渠道中去。因此，企业不得不暂时采取高成本低效益的营销战略，如上门推销，商品广告，向批发商和零售商让利，或交给任何愿意经销的企业销售等。对发展企业来说，一方面可以利用原来的销售渠道，另一方面也可以开发新的销售渠道以适应企业的发展。

3. 营销推进计划及目标

营销推进计划及目标主要包括：区域、方式、渠道、预估目标、份额以及销售政策的制定；销售渠道、方式、行销环节和售后服务；企业主要的业务关系状况等。

八、生产计划

如果新创办的企业属于制造业，那么创业计划中必须要制订生产计划。这个计划主要描述产品完整的生产制造过程，包括以下几个方面：

（1）项目实施进度图。

（2）项目实施设计说明。

（3）项目实施难点和阶段性目标。

九、财务计划

财务计划是创业计划的核心和灵魂，投资者可以从财务计划中看到一个好的创业计划如何转化为利润。这一部分内容提供了有关公司当前财务状况，拟创企业将如何使用从投资者那里获得的资金，拟创企业如何管理其财务资源以实现组织目标等信息。财务计划的主要内容为财务报表（资产负债表、损益表和现金流量表等）、财务预测和融资计划，财务预测中最重要的是拟创企业的盈亏平衡预测，融资计划主要说明资金的来源和运用。此外，还包括财务的内部控制和监督机制。

创业企业应详尽描述投资后 3 ~ 5 年拟创企业的销售数量、销售额、毛利率、成长率、投资报酬率预估及计算依据。

财务规划和分析应是创业计划中最花费精力的部分，它包括：财务数据预测（销售收入、成本费用、薪金水平、固定资产明细表、资产负债表、利润及分配明细表、现金流量表），财务指标分析（反映财务盈利能力的指标，如财务内部收益率、投资回报期、财务净现值、投资报酬率、投资利税率、资本金利润率），以及不确定性分析、盈亏平衡分析、敏感性分析等。

1. 财务分析依据

财务分析的依据包括建设规模、建设期及生产负荷、折旧与摊销等。必须明确下列问题：产品在每一个期间的发出量有多大？什么时候开始产品线扩张？每件产品的生产费用是多少？每件产品的定价是多少？使用什么分销渠道？所预期的成本和利润是多少？需要雇用哪几种类型的人？雇用从何时开始？工资预算是多少？等等。

2. 财务预测

财务预测是对创业计划中的所有定性描述进行量化的一个系统过程。财务预测的合理性直接影响融资方案的设计和取舍。财务预测的内容主要包括明确预测目标，收集相关资料，建立预测模型，确定财务预测结果等。

3. 财务分析

用于财务分析的主要经济指标包括投资回收期、投资报酬率、财务净现值等。

十、风险分析

创业的高风险是众所周知的，风险投资者在向创业企业投资时，总是希望尽可能地弄清企业可能面临的风险、风险的程度和如何规避风险。这一部分内容将有助于消除和减轻投资者的疑虑。

十一、融资、收获及退出机制

在创业计划中应充分说明项目所需资金数额以及资金来源渠道，应包括吸纳投资后的股权结构、股权成本、投资者介入公司管理的程度说明、投资回报与退出（股票上市、股权转让、股权回购、股利）。具体内容包括：①融资计划（包括资金总需求、融资金额、融资方式、渠道）；②资金使用计划（包括项目总投资及用途、投资结构、已经完成投资、新增投资等）；③资金退出计划（包括资金退出时间、退出方式和还款计划等）。

投资者需要知道他们如何从新企业管理中获利，资金如何收回，以及何时能够收回。因此，风险投资者通常对创业投资的收获、退出策略也极为关注。常见的投资退出方式主要有公开上市、兼并和回购、管理层收购等。拟创业企业应该对这几种方式进行可行性分析，并且说明每种退出方式的投资回报率。

十二、附件

附件一般包括企业营业执照、审计报告、查新报告、用户报告、新产品鉴定商业信函、合同和相关荣誉证书等。

第四节 创业计划的编写原则和技巧

创业计划是创业者计划创立业务的书面报告，它对业务发展有明确的界定，同时也是衡量业务进展情况的标准。一个酝酿中的项目，往往各方面都很不确定，创业者可以通过编写创业计划，罗列出项目的优缺点，再逐条推敲，从而得到更清晰的认识。

一、编写创业计划的步骤

创业计划聚焦于特定的策略、目标、计划和行动，对于一个非技术背景的、有兴趣的人来说应该清晰易读。创业计划的制订分为以下几个步骤：

1. 创业构思

创业构想阶段重点关注与产品或服务有关的细节。例如，产品处于什么样的发展阶段？它的独特性何在？销售产品的途径有哪些？消费群体有哪些？生产成本和售价如何确定？企业发展新的现代化产品的计划是什么？如何把出资者拉到企业的产品或服务中来……以上种种问题，都是在计划书撰写之前应该详细考虑的。通过对创业计划的构思和细化，创业者就相当于提前在理论上把创业过程演练了一遍。

2. 市场调研

“没有调查就没有发言权”，编写创业计划书的第二步就是进行市场调研，了解行情。创业者除了要对企业所处的行业、环境和政策进行调查分析外，还应该对消费者进行调查。创业者要认真分析经济、地理、职业以及心理等因素对消费者选择产品和服务时的影响，收集顾客购买此类产品的周期、谁决定是否购买、如何防范别人模仿你的产品或服务、你的产品或服务凭什么吸引目标市场中的消费者等信息，以便制定营销策略。

市场调研还包括对竞争对手的调查。例如，竞争对手都是谁？他们的产品与本企业的产品相比，有哪些相同点和不同点？竞争对手所采用的营销策略是什么？在调查阶段，创业者还必须做好财务分析，即要量化本公司的收入目标和公司战略，详细而精确地考虑实现目标所需的资金。总之，创业计划要说服读者，本企业不仅是行业中的有力竞争者，将来还可能会是确定行业标准的领先者。

3. 计划撰写

当以上两方面准备充分后，就可以着手撰写创业计划了。一份完整的创业计划，在上述几项工作的基础上，还要重点构思市场机遇与开发谋略、产品与服务构思、竞争优势、经营团队等。在收集了大量相关资料的基础上，制定出明确目标、实施策略、管理团队以及财务计划等。

4. 修改完善

创业者在撰写创业计划的过程中，对具体的细节都有很详细的描述，但往往忽视了综合性把握。因此，撰写完成后还必须统筹兼顾，系统梳理，拾遗补阙，回答好如下几个问题：创业计划是否显示出你具有管理公司的经验？创业计划是否显示了你有能力偿还借款？创业计划是否显示出你已进行过深入的市场分析？你的创业计划是否容易被投资者所领会？等等。一份好的创业计划书是创业的理论演练，就好比首先把要创立的企业推销给创业者自己，既坚定了信心，又能发现不足之处，有助于尽快“补课”。

二、创业计划的编写原则

一份好的创业计划必须呈现竞争优势与投资者的利益，同时也要具体可行，并提出尽可能多的客观数据来加以佐证。在编写过程中，应该遵循以下原则：

1. 市场导向

利润来自市场的需求，没有对市场进行深入的调查和分析，所撰写的创业计划将是空泛的。创业计划应该以市场导向的观点来写，并充分体现对市场现状的掌握和对未来发展趋势的预测能力。

2. 简明扼要

风险投资人不会花过多的时间来阅读一份对他来说毫无意义的创业计划。因此，开门见山、直切主题的写法较容易引起风险投资人的注意和兴趣。

3. 条理清晰

投资者真正关心的问题都是相同的，即做的是什么产品，怎么赚钱，能赚多少钱，为什么。创业计划应该把这些问题回答清楚，使投资者看完后，能很清晰地了解拟创企业的商业机会、所需资源、风险和预期回报。

4. 观点客观

创业计划中的所有内容必须实事求是，尤其是财务规划，必须事先进行大量的调查和科学分析，在调研数据分析的基础上得出合理的结论。在创业计划中，数据越充分，就越容易让投资者信服。

5. 突出优势

突出优势也就是突出这份创业计划的“卖点”。例如，创业者有非凡的经营管理能力和目标一致的管理团队、独一无二的技术优势、对市场的清晰认识等。

6. 注意用语

创业计划应力求语言生动，尽量避免使用技术性很强的专业术语。风险投资人更关心企业能创造多少价值，过多的专业术语会影响他们的兴趣。即使不得已要使用专业术语，也应在附录中加以解释和说明。

三、创业计划的编写技巧

一份创业计划书要具备可操作性（如何保证成功）、可盈利性（能否带来预期的回报）和可持续性（能生存多久）。一般情况下，创业计划涵盖以下关注重点：项目的独特优势，市场机会与切入点分析，问题及其对策，投入、产出与盈利预测，如何保持可持续发展的竞争战略，风险应变策略等。

（一）明确关键问题

（1）提出关键问题：你亟待解决或者最重要的问题是什么？你正在瞄准的机会是什么？

（2）提出解决方案：你如何解决这个问题或者如何抓住机遇？

（3）商业模式创新：谁是你的客户？你如何赚钱？

（4）潜在的吸引力：你的公司如何做到与众不同？

（5）营销和销售战略：你切入市场的战略是什么？

（6）竞争现状分析：你跟谁竞争？你与竞争对手各自的优势何在？

（7）未来发展预测：未来三年你的财务预测是怎样的？实现这些预测的假定条件有哪些？

（8）组建优秀团队：你的团队包括哪些人？他们各自有什么特长？

（9）现状和未来安排：企业现在的发展情况如何？近期将达到哪些重要目标？

（二）抓住要点

1. 关注产品

在创业计划中，应提供所有与企业的产品或服务有关的细节，包括企业所实施的所有调查。这些问题包括：产品正处于什么样的发展阶段？它的独特性如何？企业分销产品的方法是什么？谁会使用企业的产品，为什么？产品的生产成本是多少，售价是多少？企业发展新的现代化产品的计划是什么？把出资者拉到企业的产品或服务中来，这样出资者就会和创业者一样对产品有兴趣。创业计划对产品的阐述，要让投资者感到：“这种产品是多么美妙、多么令人鼓舞啊！”

2. 敢于竞争

在创业计划中，创业者应仔细分析竞争对手的情况。问题包括：竞争对手都是谁？他们的产品是如何销售的？竞争对手的产品与本企业的产品相比，有哪些相同点和不同点？竞争对手所采用的营销策略是什么？首先，要明确每个竞争者的销售额、毛利润、收入以及市场份额。然后，再讨论拟创企业相对于每个竞争者所具有的竞争优势。要向投资者展示，顾客偏爱本企业的原因是本企业的产品质量好、送货迅速、定位适中、价格合适等。创业计划书要使它的读者相信，本企业不仅是行业中的有力竞争者，而且将来还会是确定行业标准的领先者。在创业计划书中，创业者还应阐明竞争者将给拟创企业带来的风险以及采取的对策。

3. 了解市场

创业计划要为投资者提供拟创企业对目标市场的深入分析和理解。要细致分析经济、地理、职业以及心理等因素对消费者选择购买拟创企业产品这一行为的影响，以及各个因素所起的作用。创业计划中还应包括一个主要的营销计划，计划中应列出本企业打算开展广告、促销以及公共关系活动的地区，明确每一项活动的预算和收益。创业计划书中还应简述拟创企业的营销策略。例如，企业是使用外面的销售代表，还是使用内部职员？企业是使用代理商、分销商还是特许商？企业将提供何种类型的销售培训？等等。

4. 阐述行动方针

拟创企业的行动计划应该是无懈可击的。创业计划中应该明确下列问题：企业如何把产品推向市场？如何设计生产线，如何组装产品？企业生产需要哪些原料？企业拥有哪些生产资源？还需要什么生产资源？生产和设备的成本是多少？企业是买设备还是租设备？解释与产品组装、储存以及发送有关的固定成本和变动成本的情况。

5. 展示管理队伍

管理是一个队伍行动的准则与核心，创业成功的关键因素之一是要有一支强有力的管理队伍。这支队伍的成员必须具有较高的专业技术知识水平、管理才能和多年的工作经验。要给投资者这样一种感觉："看，这支队伍里都有谁！如果这个公司是一支足球队的话，他们将会一直杀入世界杯决赛！"在创业计划中，应首先描述一下整个管理队伍及其职责，然而再分别介绍每位管理人员的特殊才能、特点和造诣，细致描述每个管理者将对公司做出的贡献。创业计划中还应明确管理目标以及组织机构图和管理人员的配置。

6. 出色的计划摘要

创业计划中的摘要十分重要。它必须能让读者有兴趣并渴望得到更多的信息，并将给读者留下长久的印象。计划摘要将是创业者所写的最后一部分内容，但却是出资者首先要看的内容。它将从计划中摘录出与筹集资金最相干的细节，包括对公司内部的基本情况、公司的能力以及局限性、公司的竞争对手、营销和财务战略、公司的管理队伍等情况的简明而生动的概括。如果公司是一本书，它就像是这本书的封面，做得好就可以把投资者吸引住。它会让风险投资人有这样的印象："这个公司将会成为行业中的巨人，我已经迫不及待地要去读计划的其余部分了。"

（三）写作误区

对创业计划在创业投资过程中所起的作用，人们有很多误解。有人认为"酒香不怕巷子深"，一两页的项目介绍就足够了，认真准备创业计划对于吸引投资完全没有必要；也有人认为创业计划越详细越好，应写出上百页的创业计划，里面充满了鉴定报告、报章摘要和大量的分析图表。事实上，创业投资家根本没有耐心阅读这么长的计划。从另一方面来讲，也很难找到一个创业企业，其发展完全是按原来的创业计划实施的。创业投资者们的经验也表明，创业计划越长、越详细，以后失败的可能性越大。

本章小结

创业者为了确保的创业活动能够取得成效，必须从实际出发，认真思考，制订一个切实可行的创业计划。本章主要介绍了创业筹划与创业计划，包括为什么要做创业筹划，创业筹划需要考虑的主要因素，创业计划的概念及作用；创业计划类型、基本格式和要求，包括创业计划类型、创业计划基本格式、创业计划要求；创业计划的核心内容包括封面或封页、内容索引和目录、摘要、企业介绍、产品（服务）、技术、管理团队和组织、市场分析、营销计划、生产计划、财务计划、风险管理、退出策略等；创业计划的编写原则和技巧，包括制订创业计划的步骤、编制创业计划的基本原则以及编制创业计划的技巧。

课后练习

1. 分别寻找一个创业成功和创业失败的案例，分析其成功和失败的原因，以及创业计划在其中发挥了怎样的作用。

2. 成立模拟创业小组进行创业计划书撰写前的调研工作。

第七章

创业资源

核心问题

1. 什么是创业资源？它的分类有哪些？
2. 创业资源的获取途径和方法有哪些？
3. 创业资金的来源有哪些？
4. 什么是风险资本？如何获取风险资本？

学习目标

1. 了解创业资源的分类。
2. 掌握创业资源的获取途径和方法。
3. 熟悉风险资本的获取渠道。
4. 掌握创业资金的来源。

引例

蒙牛的资源借用

1999年，在中国乳业老大伊利当了10年生产经营副总裁的牛根生被开除了。失业的牛根生决定自己创业。凑集启动资金是创业者遇到的第一道坎，几个人跑遍全国，东拼西凑了900万元，于1999年8月18日注册成立了“内蒙古蒙牛乳业股份有限公司”。蒙牛最初的启动资金来自至爱亲朋，承载着亲情、友情和信任。包括牛根生在内的10位创业者中有5位来自伊利，凭借丰富的行业内经验、广泛的人脉关系和可以利用的市场渠道，蒙牛在第一个年头剩下的3个半月就实现了3730万元的销售收入。过了这道坎，蒙牛就没有什么办不到的事了，它的销售收入开始以223%的年复合增长率上升。2002年，已驶入“快车道”的蒙牛对资金仍然十分渴求，资本的注入对其成长至关重要。当时国内握有数亿资本的投资人不在少数，而蒙牛却是被顶级国际投资人相中的。2002年10月和2003年10月，摩根、英联、鼎辉分两次向其注入了约5亿元资金。

从1999年的3730万元销售收入飞速增长到2009年超过200亿元的销售收入，

牛根生说："蒙牛的企业文化中有'四个98%'：资源的98%是整合，品牌的98%的是文化，经营的98%是人性，矛盾的98%是误会。"在这里，第一个98%就是资源整合，可见在牛根生眼中资源整合之重要。蒙牛资源整合的主要方式是资源借用。

资源借用是企业获取非关键资源的重要而有效的战略。蒙牛在创立初期，借用地域品牌和行业领军品牌的"借船出海"的广告战略，其广告是"向伊利老大哥学习，做内蒙古乳业第二品牌"。作为乳品企业，"得奶源者得天下"。但当时的奶源已被大企业瓜分殆尽。自建奶源基地，自建工厂，没有一年半载根本就不可能。如果按部就班，在强大竞争对手的层层围困中，弄不好就会落个"出师未捷身先死"的下场。面对窘境，蒙牛公司管理层跳出"先建工厂，后建市场"的窠臼，创造性地提出"先建市场，后建工厂"的战略，采取了"虚拟联合"额度方式。1999年2月，杨文俊（后任公司总裁）率领8人远赴冰城哈尔滨，跟一家液体奶公司洽谈接管。这家企业当时经营不善，正缺管理人才。通过为合作方出人才、出标准、出管理、出技术、出品牌，蒙牛运作了国内8个困难企业，盘活了7亿~8亿元资产，实现了双赢：一方的资产得以激活，另一方的品牌得以确立。蒙牛在创建时，利用承包、租赁、托管的方式"盘活"其他乳制品企业，派出自己的管理人员和技术骨干进行技术改造和设备更新。蒙牛用标准、技术和品牌，把别人的工厂变成了"自有"车间的方法，具有"研发与销售在内，生产加工在外"的"杠铃型"企业组织特点，凭借自己的核心资源管理、经验、技术和文化等获得快速、大规模的产品上市，从而创造了"先有市场，后有工厂"的奇迹。"蒙牛"与这些企业和工厂的合作，打破了传统企业的组织结构层次，自愿互利，各取所需，没有上下级之间的约束关系，没有控制与被控制的压力，是一种弹性的合作伙伴关系。到1999年年底，蒙牛开始由"虚"转"实"。公司一方面继续扩展自己的"虚拟联合"经营方式，另一方面创建自己的工厂。初创的蒙牛买不起的2500万元的液态奶设备，通过沟通，利乐公司采取了灵活的变通策略：先在北京找了一家租赁公司，然后由这家租赁公司以第三方的身份，把设备转租给蒙牛。如果蒙牛将来不出问题，那就一直租下去；如果万一出了问题，就撤回设备。这样双方都没有风险。1999年年底，蒙牛总部一期工程竣工投入使用；2000年年底，二期工程投入使用；2002年年底，三期工程投入使用。蒙牛有了自己的工厂后，"虚拟联合"不仅没有收缩，而且进一步延伸。目前，奶站基地、运输车辆和员工后勤系统都外包给了其他主体运营，把传统的"体内循环"变为"体外循环"；公司只专注于自己最擅长的事，其他的就由那些更有效率的外部专家去做。资源外取战略强化了蒙牛的核心业务，补足了短板，催生了规模快速膨胀。蒙牛整合了大量的社会资源，把传统的"体内循环"变作"体外循环"，把传统的"企业办社会"变作"社会办企业"。这正是虚拟经营方式中"不求所有，但求所用"的生动体现。正是这种虚拟经营的外部资源整合策略，通过与外部资源合作，充分发挥了企业外部和内部两个优势，提高了资源利用效率，借梯上楼，使得蒙牛只用几个月就完成了一般企业几年才能实现的扩张。

牛根生和他的创业团队把一个一无奶源、二无工厂、三无市场的“三无企业”发展成为年销售额达20多亿元人民币的大企业，成功秘籍就在于创业资源的运用和整合。

第一节 创业资源及其分类

一、创业资源的概念

1. 资源

《辞源》关于资源的解释是：“资财的来源，一般指天然的财源”，即生产资料和生活资料的天然来源。联合国环境规划署对资源的定义是：“所谓资源，特别是自然资源，是指在一定时期、地点条件下能够产生经济价值，以提高人类当前和将来福利的自然因素和条件。”马克思在《资本论》中说：“劳动和土地，是财富两个原始的形成要素。”恩格斯对资源的定义是：“其实，劳动和自然界在一起它才是一切财富的源泉，自然界为劳动提供材料，劳动把材料转变为财富。”经济学则认为资源是能够产生新的价值和使用价值的客观存在物，包括物质资源和人力资源。百度百科中，“资源”是指一国或一定地区内拥有的物力、财力、人力等各种物质要素的总称，分为自然资源和社会资源两大类。

2. 企业资源

艾迪丝·彭罗斯（Edith Penrose）在1959年出版的管理名著《企业成长理论》一书中提出，企业是建立在一个管理性框架内的各类资源的集合体，企业的成长则“主要取决于能否更为有效地利用现有资源”。从资源有效利用的角度看，企业的成长就是不断挖掘未利用资源的过程。沃纳菲尔特（Wernerfelt）1984年在《战略管理杂志》上发表的《企业的资源基础论》一文中指出，企业具有不同的有形和无形资源，这些资源可以转变成独特的能力；资源在企业间是不可流动的且难以复制；这些独特的资源与能力是企业持久竞争优势的源泉。巴尼（Barney）提出资源就是任何一个主体，在向社会提供产品或服务的过程中，所拥有或者所能够支配的能够实现自己目标的各种要素以及要素组合。阿密特和肖美克（Amit & Shoemaker）将企业资源定义为企业拥有或者控制的有用的要素存量，包括可交易的专有技术、财务或者物质资产、人力资本等。

3. 创业资源

狭义的创业资源是与创业直接有关的资源，包括有形资源，如厂房、设备等，还有无形资源，如品牌、声誉等。林强和林篙曾对创业资源给出了学术定义。他们认为，创业资源是企业创立以及成长过程中所需要的各种生产要素和支撑条件。也就是说，创业资源还包括狭义资源载体的资源网络，如家庭、产业群、供销商、顾客、员工、企业家、银行、风险投资者、政府等。创业本身也是一种资源的重新整合。简单地说，“创业资源”就是创业者所需具备的一些创业条件。广义的创业资源就是那些已经显现的和现在尚未显现、潜在的但是在将来可能会为创业者所利用的一切资源。

二、创业资源的分类

1. 直接资源和间接资源

按照资源要素对企业战略规划过程的参与程度，创业资源可分为间接资源和直接资源。

财务资源、管理资源、市场资源、人才资源是直接参与企业战略规划的资源要素，可以把它们定义为直接资源；政策资源、信息资源、科技资源这三类资源要素对创业成长的影响更多的是提供便利和支持，而非直接参与创业战略的制定和执行，因此，对于创业战略的规划是一种间接作用，可以把它们定义为间接资源。根据上述分析，创业资源的概念模型如图 7-1 所示。

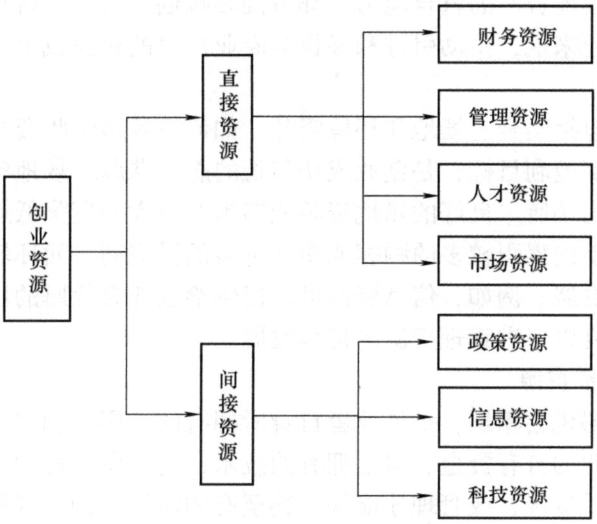

图 7-1 创业资源的概念模型

2. 人力和技术资源、财务资源、生产经营性资源

从巴尼的分类出发，创业资源可分为组织资源、人力资源、物质资源。对于新创企业而言，组织资源无疑是三类中较为薄弱的部分；而人力资源为创业时期中最为关键的因素，创业者及其团队的洞察力、知识、能力、经验及社会关系影响整个创业过程的开始与成功；同时，专门的知识技能往往掌握在创业者等少数人手中。因而，此时的技术资源在事实上与人力资源紧密结合，并且上述两种资源可能成为企业竞争优势的重要来源。在物质资源中，创业初期的资源最初主要为财务资源和少量的厂房、设备等。因而，细分后的创业资源经过重新归纳，主要为以下几种：①人力和技术资源，包括创业者及其团队的能力、经验、社会关系及其掌握的关键技术等；②财务资源，即以货币形式存在的资源；③生产经营性资源，即在企业新创过程中所需的厂房、设施、原材料等，如图 7-2 所示。

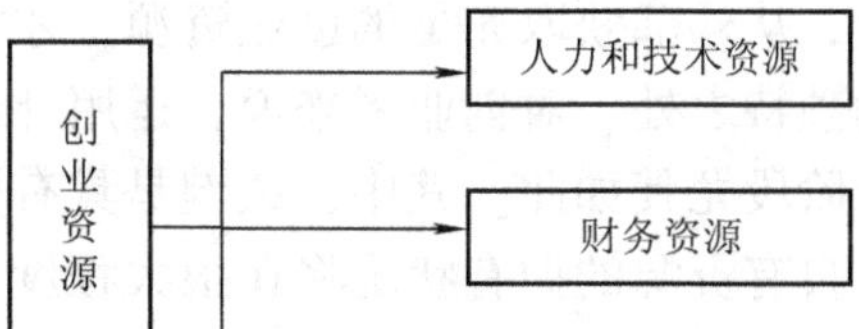

图 7-2 巴尼等人的创业资源细分概念模型

3. 核心资源与非核心资源

根据资源基础论，创业资源可分为核心资源与非核心资源。识别核心资源，立足核心资源，发挥非核心资源的辐射作用，实现创业资源的最优组合，这就是创业资源运用机制的基本思路。根据创业资源的分类，具体可做如下解释：

核心资源主要包括技术、管理和人力资源。这几类资源涉及创业企业有别于其他企业的核心竞争力，是创业机会识别、机会筛选和机会运用几大阶段的主线。必须以这几类要素资源为基点，扩展创业企业发展外延。人力资源对于企业来说，主要是一种知识财富，是企业创新的源泉。高素质人才的获取和开发是现代企业可持续发展的关键。管理资源又可理解为创业者资源。创业者的自身素质对创业企业的成长有至关重要的作用。创业者的个性、对机遇的识别和把握、对其他资源的整合能力，都直接影响创业成败。科技资源是一种积极的机会资源。对于新创企业来说，主动引进和寻找有商业价值的科技成果，是企业的立身之本和市场竞争之源。

非核心资源主要包括奖金、场地和环境资源。如何有效地吸收资金资源，并保持稳定的资金周转率，实现预期盈利目标，是创业成功与否的瓶颈课题。场地资源是指高科技企业用于研发、生产、经营的场所。良好的场地资源能够为企业大幅度降低运营成本，提供便利的生产经营环境，在短期内累积较多的顾客或质优价廉的供应商。而环境资源作为一种外围资源，影响着创业企业发展。例如，信息资源可以提供给创业者优厚的场地资金、管理团队等关键资源，文化资源可以促进管理资源的持续发展。

4. 自有资源和外部资源

自有资源来自内部机会积累，是创业者自身所拥有的可用于创业的资源。例如，创业者自身拥有的可用于创业的自有资金、自己拥有的技术、自己所获得的创业机会信息、自建的营销网络、控制的物质资源、或管理才能等，甚至有的时候，创业者所发现的创业机会就是其所拥有的唯一创业资源。

外部资源可以包括如朋友、亲戚、商务伙伴或其他投资者、投资人的资金，或者包括借到的人、空间、设备或其他原材料（有时是由客户或供应商免费或廉价提供的），或通过提供未来服务、机会等换取到的，有些还可能是社会团体或政府资助的管理帮助计划。外部资源更多来自外部机会发现，而外部机会的发现在创业初期起着决定性作用。创业者在创业初期面临的一个重要问题即资源不足和资源供给。一方面，企业的创新和成长必须消耗大量资源；另一方面，企业自身还很弱小，无法实现资源的自我积累和增殖。所以，企业只有识别机会，从外部获取充足的创业资源，才能实现快速成长。这也是创业资源有别于一般企业资源的独特之处。对创业者来说，运用外部资源是一种非常重要的方法，在企业的创立和早期成长阶段尤其如此。其中，关键是具有资源的使用权并能控制或影响资源部署。

自有资源的拥有状况将在很大程度上影响甚至决定企业获取外部资源的结果。“打铁还要墩硬”，立志创业者首先应致力于扩大、提升自有资源。自有资源的拥有状况（特别是技术和人力资源）可以帮助创业者获得并运用外部资源。

第二节　创业资源的获取途径和方法

一、创业所需资源

（一）创业起步资金

雄厚的资金实力是企业创业、发展、壮大的坚实后盾，其作用如同水、粮食之于人体一样。毋庸置疑，没有资金（自有、融资等）显然无法创业，无法设立企业和推动创业起步项目。新创企业往往由于资产不足而缺乏抵押能力，很难从银行获得足够的贷款，这更使得资金资源成为企业发展的瓶颈。目前，不少创业者受困于缺少创立企业和起步项目所需的资金。一些企业即使已开始起步，也常常受困于创业资金的短缺。因此，资金是创业所需的资源之一，如何有效地吸收资金资源是每个创业者都极为关注的问题。

（二）创业所依赖的技术与人才

1. 技术资源

创建企业是否掌握创业需要的核心技术或根部技术，是否拥有技术的所有权，决定着创业的成本，决定着新创企业能否在市场中取得成功。尤其对依托高科技创业而言，更是如此。例如，国外的软件能在中国很快被汉化，关键在于不少企业掌握了软件汉化的核心技术。如将创业需要的技术分为根部技术、树干技术、树枝技术、树叶技术，那么在此技术链条上，创业者掌握的是否是根部技术，决定着未来企业产品的市场覆盖率，进而决定着新创企业的市场占有率和利润率。英特尔公司之所以能称雄全球市场，就在于它掌握着最先进的芯片技术，而芯片技术是制造计算机的根部技术和核心技术。

一般而言，在创业初期，创业技术是最关键的资源。其原因有三：一是创业技术是决定创业产品的市场竞争力和获利能力的根本因素；二是创业技术核心与否决定了所需创业资本的大小——对于在技术上非根本创新的创业企业来说，创业资本只要保持较小的规模就可维持企业的正常运营；三是从创业阶段来说，由于企业规模较小，管理及对人才的需求度不像成长期那样高，因此技术成为创业阶段最关键的资源。美国的微软公司和苹果公司，最初的创业资本都不过几千美元，创业人员也只有几人。它们之所以走向成功，正是因为它们拥有独特的创业技术。所以，创业企业成功的关键是首先寻找成功的创业技术。

美国的一项统计资料显示，自行创业的中小企业中，有40%的小老板在创业的第一年就不得不面临关门大吉的命运，而在存活下来的60%中小企业中，约有八成无法欢度五周年庆，更令人惋惜的是，能够熬过五年的中小企业，其中只有20%能继续走完第二个五年。为什么创业成功后能守住成功的人那么少？其实，创业者有无独特的“看家本领”是其成功与否的关键。

2. 人才资源

当代企业管理中，人才已经由传统的“劳动力”概念转变为“人力资本”的概念，高素质人才的获取和开发成为现代企业可持续发展的关键。而对于高科技企业来说，因为其较大的知识比重，人才资源更为重要。

创业不仅需要持续的技术支持，还需要出色的创业团队，而优秀的创业团队需要优秀的人才。而且，创业投资者真正看中的往往就是创业所依赖的技术潜能以及出色的人才。

（三）技术、市场及政策信息

技术、市场及政策等信息是创业者做出正确决策的信息依据，是适时调整创业思路的基础。在千变万化的市场经济中，如不能及时、完备地得到这些信息，创业者必然会“盲人摸象”，处处碰壁。同时，如果各种来源的信息离散度大、层次浅，难以保证技术经济信息的完整性、准确性、及时性和有效性，无疑会影响到创业企业的决策，甚至关系到创业企业的成败。对于高科技新创企业来说，由于竞争十分激烈，就更加需要丰富、及时、准确的信息，以争取到更多的其他要素资源。

（四）社会关系网络

市场经济是人与人形成契约利益关系的经济，在这一经济制度下进行创业，绝对离不开人们的社会关系网络。社会关系网络包括个人的人际社会网络，以及个人作为成员与社会团体和组织所建立起来的稳定联系，即个人的社会网络和组织的社会网络。

社会关系网络作为一种重要的社会资本，同经济资本一样属于有用的创业资源。它对创业机会的开发和利用过程主要有三方面积极的影响：①能为创业者提供关键性资源。例如，朋友可以带来某些资源，包括传统的生产要素（如资本），与天使投资人或风险投资家的关系，通过适当有效的网络发布关键的生产或营销信息。因此，如果妥善利用社会资本，就可以在信息不完全、市场不完善的环境（如新生行业、产品、市场和技术）里获得资源。②社会关系网络的构建影响创业决策，可以提高资源的利用效率。③社会关系网络为新企业提供竞争优势。如果创业者具有特殊的社会关系，更容易取得其他企业或组织的信任，增强组织绩效。例如，比尔·盖茨就是因为特殊的家庭关系，得到了 IBM 公司的软件开发订单。尽管这不是微软成功的决定性因素，但这样的社会关系网络的确降低了讨价还价的成本，促进了创业的成功。社会网络有助于创业企业实现外部交易的内部化，同时节省大量的审查、谈判、监督等交易成本。创业企业拥有的企业网络关系，就是获得新资源、新市场、新产品的信息渠道。

创立新企业要求在资本有限的条件下积累大量资源，而创业者广泛的社会联系可以使他们在资产很少的情况下，具有广泛的资源获取途径。因此，成功的创业应该懂得如何创造和构建有效的社会网络，通过开发创业企业与政府部门、合作伙伴、供应商、客户等利益相关者网络中的隐性资源，来寻找创业商机，减少机会成本，从而扩大创业企业的财富。

（五）营销网络

新创企业无论是销售别人生产的商品，还是销售自己生产的商品，都需要强大的营销网络作为营销平台。通过良好的营销网络与客户关系网络，可以减少对市场开发、产品推广等营销费用的投入，同时，稳定的客户关系可为企业节省巨额佣金，并且顾客的品牌忠诚度将无形中增加竞争对手的进入壁垒与转换成本。一些新创企业的成功往往与拥有或成功借助别人强大的营销网络有关。因此，营销网络也是重要的创业资源之一。

二、创业资源的获取途径

（一）技术资源的获取途径

新创企业需要获得起步项目依赖的技术。其获取途径主要有：技术持有者自己创业；吸引技术持有者加入创业团队；购买他人的成熟技术并进行技术市场寿命分析；购买他人的前景性技术，再通过后续的完善开发，使之达到商业化要求；同时购买技术和技术持有者。

1. 技术持有者自己创业

尤其在高新技术领域，最常见的是技术持有者自己创业。美国的戴尔公司，中国的四通集团、联想集团、方正集团等，都是技术持有者自己创业的典型例子。一般情况下，技术持有者自己创业具有较高的成功概率，但需要组建一支囊括各类管理人才并且团结一致的创业团队。

2. 吸引技术持有者加入创业团队

在一些情况下，不少创业者并不掌握创业需要的技术。这时，创业者就需要吸引技术持有者加入自己的创业团队。作为近年学生创业典型的视美乐科技发展有限公司即是一例。王科是有经营头脑和管理才能的高智商才子，有着强烈的创业意识。当他意识到邱虹云研发的技术具有良好的市场前景时，即邀请邱虹云一起创业，随后又邀请其他志同道合者加盟。这里，邱虹云和其他成员的加盟，是视美乐得以起步的重要因素。

3. 购买他人的成熟技术

前面讲过，在高新技术创业中，采用的技术最好是成熟的。采用的技术越成熟，则创业成功的概率越大。一些军工企业解密成熟的军用技术，迅速开拓民品生产新业务，占领新市场，即是这方面的典型例证。当然，购买他人的成熟技术，需要进行深入、详尽的技术甄别，进行技术的市场寿命分析，防止购买的是落后技术，进而避免进入一个已经拥挤的产品市场。

4. 购买他人的前景性技术

所谓前景性技术，即具有市场前景的技术。在激烈的市场竞争中，购买他人的前景性技术，进行后续的完善开发，使其达到商业化的程度，进而推出市场需要的产品，这也是购买他人技术而创业的可行之路。当然，借助这一模式来创业，要求创业者具有优异的技术辨识能力，能够把握新技术的发展方向和市场前景，同时有能力进行后续的研究开发。例如，不少企业从高校院所购买技术，目的在于拓展自己的新业务、新事业，它们得到的往往就是前景性技术。但企业通过进一步的研究开发，推出了极有市场竞争力的产品，这不能不说是成功的范例。正是基于这类成功的示范作用，目前已有一些个人加入了通过购买他人的前景性技术来进行创业的行列。

5. 同时购买技术和技术持有者

在某种意义上，这是购买他人技术进而创业的最佳路径。因为技术最终是由人掌握的，在购买技术的同时，“购买”掌握技术的人，无疑有助于创业者迅速消化、理解、完善和使用所购买的技术。例如，我国台湾的工业研究院，就是这样输出自己的技术成果和技术人员，以推动当地的高新技术创业的。其一般做法是，当某个企业欲发展新业务、拓展新事业，或者是某个创业者欲创办新企业时，只要对方给研究院一定的补偿，在科技人员自愿成为创业团队成员的前提下，该研究院即同时向外“出售”技术成果和技术人员。

案例 7-1

浙江新和成股份有限公司的技术研发与整合

浙江新和成股份有限公司主要从事药品、保健品、医药中间体、香精香料、食品添加剂、饲料添加剂等系列50多个产品的生产和销售，目前已成为国内最大的饲料、添加剂生产企业，是世界第三大维生素E、维生素A生产基地，拥有自主知识产权的新产品乙氧甲叉产量多年雄踞世界第一。

1988 年，在十分艰苦的条件下，这个借款 10 万元创办起来的民营企业创办当年就盈利 10 万元。初尝成果后，浙江新和成主要创始人胡柏藩并没有停滞不前。他意识到废酒精回收技术含量低，企业难以做大，而化工企业发展的关键点在于整合技术资源以达到技术的不断创新。经过多次的市场调研，他发现我国生产抗生素原料药诺氟沙星的中间体乙氧甲叉完全依赖进口。他决心整合人才资源和技术资源攻下这一目标，于是冒着风险、顶着压力筹资 30 万元，经过上百次化学实验，功夫不负有心人，终于在 1991 年开发成功，成为新和成第一项国家级新产品，不仅填补了国内空白，还打入了国际市场。胡柏藩利用技术资源在高科技产品开发中脱颖而出，为了在科技创新中继续攻坚啃硬，他不惜巨资为科研开发创造优越的条件。1999 年，他斥重金 3000 万元，建成了现代化的科研开发中心；2000 年又成立了博士后工作站，吸引了一大批长期从事医药研究和科研开发的行业专家、资深人士。目前，公司的技术中心已成为国家发改委等部委审定的国家级技术中心，也是浙江省为数不多的国家级技术中心之一。为了不断积聚技术资源，新和成快速发展后，胡柏藩坚持 15 年不建办公大楼，而在科研开发上却平均每年按销售额的 2% ~6% 投入，为企业的可持续发展注入了强劲的动力。富有远见的眼光造就了东方的“巴斯夫”。胡柏藩还通过广泛的技术信息交流来提高企业的技术水平，与全国各大院校和科研单位建立了长期的合作关系，把科研基地“搬”到上海、杭州等大中城市，有的则与大专院校和科研机构合作创办实验室，大大提高了企业的科技创新能力。技术资源的主要来源是人才资源，重视技术资源的整合同时也就是注重人才资源的整合。技术资源的整合，不仅要整合、积聚企业内部的技术资源，还要整合外部可资利用的技术资源。整合技术资源只是起点，技术资源整合是为了不断创新，自主研发并拥有自主知识产权，保持技术的领先，就能逐步占领市场、壮大企业。

（二）创业所需信息的获取途径

技术、市场、政策等信息是创业者必须获得的创业资源。一般而言，获取这些信息的主要来源或途径有以下几种：

1. 政府机构

政府机构往往是信息的集散地，掌握着大量技术、经济与政策信息，同时也在制造大量政策信息，某些政府机构甚至还垄断着某些信息。因此，随时关注政府机构发布、集散的信息，无疑有助于创业者的创业决策和新创企业的运营管理。一般情况下，收集与自己创业活动有关的政府出版物，参与政府机构召集的有关会议、主持的有关活动，就可能得到需要的某些信息。

2. 同行创业者或同行企业

在市场经济中，同行经济行为主体既是竞争者，又有着互为存亡的关系。同行得到的信息往往对创业者是十分有益的。当然，由于同行之间的竞争关系，某些同行会限制某些信息的外泄，或制造虚假信息，以误导同行创业者，这是获取他人信息时必须注意的问题。特别值得指出的是，收集同行企业的活动信息，对于创业者更为重要。对同行行为的了解和把握，无疑有助于创业者把握同行之间的竞争态势，判断自己的优劣长短，进而正确地调整、决定自己的行为策略。一般情况下，积极参与同行创业者或同行企业举办的各类活动，加强与对方成员的感情沟通，收集有关它们公开的、非公开的文字材料，就可能得到有关信息。

3. 专业信息机构

目前社会上存在很多专业信息机构，它们掌握着大量与创业相关的技术、经济、市场和政策信息。这些专业信息机构通常可分为两类：一类是综合性信息机构，集散着技术、经济、市场、政策各方面信息，如中国科技信息研究所、国家信息中心等；另一类是领域性信息机构，集散着某一领域、行业的信息，如各行业部门的信息中心、专业性咨询机构等。创业者需要从自己创业活动的需要出发，对所需要的信息进行领域细分类，然后从相关信息机构检索、获取自己需要的信息。

4. 研究开发机构

客观地看，专业研究开发机构掌握着大量科技信息。专业科研机构大致可以分为四类：①基础性科研机构，制造和掌握着相关领域的科学进展信息；②开发性科研机构，制造和掌握着相关领域的技术进展信息；③商品性科研机构，制造和掌握着相关领域的商品开发信息；④公共服务性科研机构，制造和掌握着相关领域的技术标准、技术进展信息。创业者同样可以从自己的创业活动出发，对所需要的科技信息进行专业领域细分类，在尊重对方知识产权的前提下，从相关科技机构获取自己需要的专业信息。

5. 新闻媒体

新闻媒体，如报纸、杂志、电视、广播等，也是重要的创业信息来源。它们每天都在集散并快速传播着各个领域的科技、经济、市场和政策信息。创业者只要留心观察，同样可以从自己的创业活动出发，获取自己需要的相关信息。但需注意的是，新闻媒体，特别是广播电视媒体，其所提供的信息多数是“线索性的”。创业者需要紧抓线索，顺藤摸瓜，寻找“初始信息源”，进一步获取详尽的信息。

6. 会议

各类会议，特别是专业性会议，也是重要的创业信息来源。例如，政府机构、行业协会、企业联盟、科研机构、信息机构、媒体机构等举办的信息发布会、研讨会、展览会等。参加各类会议，创业者往往可以面对面、交互式地获取需要的信息。特别是通过与对方的交流、探讨，创业者可以引导对方为自己现场“生产”信息，甚至可以通过交朋友，为自己培育未来稳定的信息来源。

7. 公众信息网

随着知识经济时代的到来和信息技术的飞速发展，以及全球经济一体化的加剧，信息传输的途径已经越来越依赖于电信网络方式，尤其是计算机互联网络。计算机信息网络具有三大特点，即网络化、国际化、公众化。借助这样的信息网络和工具软件的查询功能，创业者可以迅速检索到大量的特需信息。根据对一些企业的调查，由于网上检索和查询有很多优势，企业上网后较之前在检索和与对方联系以及获取详细资料等方面所用时间都有所缩短，而获取的信息量却大大增加，但在筛选有用信息上花费的时间也大大增加。例如，上网后，企业获取国内技术资料的时间可从三个月缩短到一个星期左右，获取国外技术资料的时间可从一年内缩短到一个月以内。由此不难看到，创业者确实可以借助网络收集信息。但需注意的是，网上的信息往往是庞杂的，个别信息甚至是以诈传诈，需要创业者去粗取精、甄别真伪。

（三）营销网络的建设

企业的产品要走向市场，进入用户之家，换回用户的“货币选票”，要求企业拥有可靠的营销网络。新创企业从零起步，更需逐步建设和完善自己的营销网络。一般情况下，新创企业可以通过以下三种途径拥有未来的营销网络：

1. 自建

自建即从头起步，自己建设自己的营销网络。这往往要求创业者投入必要的人力、财力、物力，并在建设中学习，逐步完善、提升自己的营销网络体系。对于缺乏营销经验的创业者来讲，这无疑是一项挑战。

2. 借用

借用即借用他人已有的营销网络，借助公共流通渠道。前者（借用他人已有的营销网络）可以为创业者节约大量的网络建设费用，免去新创企业起步阶段的营销困难。但是，假若你的产品会变为畅销产品，也可能为代销企业提供创新思路。一旦对方模仿你的产品，你极可能在竞争中败北。后者（借助公共流通渠道）虽也有前面的好处，但公共流通渠道往往缺少专业营销经验和耐心，也可能使你潜在的畅销产品恶化为滞销产品。

3. 自建与借用结合

自建与借用结合即将前两种办法结合起来，扬其长、避其短。一种理性的做法是，在创业初期，以借用他人的营销网络为主；待新创企业发展到一定程度，以建设自己的营销网络为主。另外，无论是自建、借用还是两者结合，都需要考虑不同行业产品经营要求的营销网络的差异，使得营销网络更适应新创企业产品营销的客观要求。

案例 7-2

交大昂立的渠道借用与整合

上海交大昂立股份有限公司是集现代生物和医药制品研制生产、营销于一体的高科技股份制企业。从1990年的几十名员工、36万元资本起家的校办企业，到注册资本1.5亿元、连续三年居全国保健品市场销量榜首的行业巨人，昂立的业绩令人瞩目。成立之初，昂立的市场份额很小，生存举步维艰，帮助昂立走出困境、促成昂立成长的是行业内的资源整合。昂立负责科研、生产，三株负责销售，销售价双方各赚一半。1992年，昂立成立了天王公司，根据从三株学来的营销思路，重点抓销售，以己为主来实施昂立的产品营销。1992年销售额才400多万元，而1993年就达到了7000多万元。

创业企业不可避免地存在诸多方面的不足。因此，同行之间或者产业上、下游之间的创业企业通过策略联盟或股权置换等种种方式整合资源，能使人力资源、研发能力、市场渠道、客户资源等方面实现优势互补，对内相互支持，对外协同竞争。这种方式往往是几家创业企业作为核心，同时带动一批创业企业，形成利益共同体。

三、创业资源的整合

资源整合就是把企业所拥有的自然资源、信息资源等在时间和空间上加以合理配置、重新组合，以实现资源效用的最大化。

创业企业最理想的条件是能同时拥有以上所述的各种创业资源，但国内外大量创业实例表明，只有极少数的创业企业能够同时拥有这些创业资源，绝大多数创业者只拥有一种资源或其中的几种资源。在当今时代，人们对创业所需资源的态度正在转变，"在乎其所用，而不在乎其所有"。能够"所用"关键在于创业者个人的经营能力，在于其整合这些资源的能力。精明的创业者之所以成功，就在于能对其创业资源进行有效整合，进而形成自己的核心竞争力。整合能力来源于创业者及其团队的经验，来源于对机会的警觉和把握，来源于持续的学习和提高。所以，创业者最宝贵的资源是整合能力，而不是资源本身。

在这种新理念指导下的"白手起家"，就是创业者运用自己的能力和有限的资源，充分利用市场机遇和外部资源，创办新企业的过程。过去，资金、人才、市场等资源处于短缺状态，"白手起家"可谓艰辛；而今"白手起家"，创业者看似同样缺少物质资源，但这些资源却在社会中大量存在，如等待好项目的资金、富余人力、过剩生产能力等。创业者能否运用自己有限的资源和高超的运作能力，将这些社会资源整合起来成为创业成功的关键。

第三节　创业资金需求与来源

一、创业资金需求

一般来说，决定新创企业所需资金的因素通常有以下几个方面：

1. 拟创办企业的行业特点

不同行业的企业所需的创业资本是不一样的，往往相差巨大。例如，钢铁、汽车、石油、冶金、航空等行业的资本需求量一般在亿元以上，一般的创业者是无法进入的。而一般的服务行业所需资本规模就相对较小，在目前的情况下，一般数万元就能支撑一个小型的服务企业。一家小型零售商店的创业资本一般不会超过5万元。

2. 拟创办企业的法律形式

法律所规定的个人独资企业和合伙企业所需资本较少，一个人或几个人达成共识就可以开业，但这两类企业的规模相对较小。而有限责任公司则有一定的资本要求，注册资本最低不能少于10万元人民币。

3. 创业者的创业策略

创业的本质是使有限资源达到最大效果的发挥，运用创新与创意来创造企业的价值。创业者必须考虑要在哪种类型的市场中竞争，是刚萌芽的早期市场，还是快速成长中的主流市场，或是完全竞争的成熟市场。不同的市场对资金需求量的差别也是较大的。一般而言，刚萌芽的早期市场的资金需求量较小，而完全竞争的成熟市场的资金需求量较大。

4. 创业的不同阶段

创业过程一般可以分为五个阶段，在不同阶段，资本需求的数量、类型以及融资成本等也各不相同：

（1）种子阶段。种子阶段基本上处于技术和产品的研究开发阶段，一般来说，投资者在研究开发阶段投入资金非常谨慎，而且金额不高。

（2）创建阶段。这一时期企业的资金需求量不大，但风险仍然很高。由于创建阶段的技术风险和市场风险未得到有效释放，企业仍处于现金流出远大于现金流入的阶段，因此，创建阶段的企业资金需求量比种子阶段资金需求量大，但投资回报也高。

（3）成长阶段。创业企业进入成长期后，其发展潜力已初露端倪。但创业企业仍没有销售收入，而费用却不断增加，资金需求量较前两个时期有了大幅度的提高。企业必须在短时间内获得大量的资金，以便迅速组织生产和销售，抢占市场。这一阶段创业企业的资金需求量迅速上升。

（4）扩张阶段。在这一阶段，企业的生产、销售、服务已具备成功的条件和把握，企业初步形成规模生产，由于生产和销售扩大需要，扩张阶段的资金需求量达到自种子阶段以来的最高水平。

（5）成熟阶段。进入成熟阶段后，企业已经盈利，属于收获阶段，资金需求趋于平稳，而此阶段也是风险投资退出的较好时机。

二、创业资金的来源

一般来说，创业资金来源可分为自筹资金和外部资金。自筹资金主要包括个人资金（自有资金、亲友借款）；外部资金包括天使投资、商业银行贷款、政府机构的资助与支持、风险投资基金和直接融资（股票融资和债券融资）等，如图 7-3 所示。

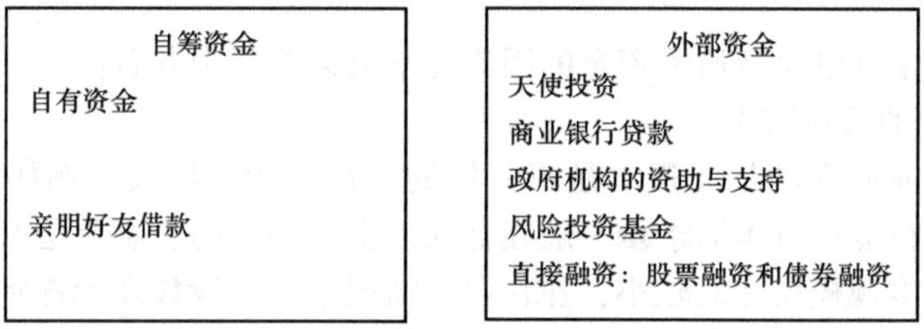

图 7-3　创业资金的来源

（一）自筹资金

个人资金的来源主要是创业者的自有资金和亲朋好友借款。

1. 自有资金

自有资金是创业的一个重要的来源，它往往构成了创业起步资金。有不少创业者在创业初期并没有借别人的资金，靠的是自己的积蓄或其他收入，甚至是变卖个人资产而获得的资金。在创办企业时，创业者必须投入一部分个人资金作为权益资本，这不仅是由于创业初期需要启动资金，而且是基于企业所有者地位的象征和外部融资的基础。没有自有资金，企业很难获得外部投资者的信任。

使用自有资金创业有较多好处：①保证经营的自主性。创业者不用担心别人来干涉自己的经营计划，可以完全按照自己的理念和想法去经营。而如果是借别人的资金，无论是投资还是借贷，他们总是要对企业进行一定的监督或干预，这可能对企业造成一些不利的影响，或许创业者可能被迫放弃一些风险很大但回报极高的项目。②减少创业者的压力。创业者面临的压力很大，若创业资金是借来的，不仅要为这些资金承担利息费用，而且如果投资失败，其后果是难以想象的。如果是自有资本，即使投资失败，那么可以通过其他方式回避暂时的不利局面，仍然可以谋求东山再起。但如果是借贷资金，一旦创业者投资失败，将使创业者背负沉重的债务负担，使其个人与家庭生活受到很大影响。

2. 亲朋好友借款

许多创业者从朋友和家庭那里获得他们的第一轮投资。例如，创业者大学毕业后，从父母及其他亲戚朋友那里借来1万~2万元来开办一家公司，同时还做一些兼职工作，这些资金使得公司能够支撑18个月。实际上，亲戚和朋友是创业者开办企业所用资金的第二种主要来源。新创企业因为高度不确定性和规模小、无知名度、所需要资金数量不够大等特点，很难吸引投资者和银行的资金。而身边的亲戚朋友对创业者的个人信息比较了解，诚实守信和个人能力比较强的创业者更有可能获得借款。然而这种借款也是有风险的，如果创业失败，创业者就无法偿还借款，会给亲戚和朋友带来一定的资金压力。

从亲戚、朋友那里借资金创业，要注意以下问题：首先写出详细的商业策划书，向亲戚、朋友如实说明企业的经营情况与项目内容，包括其投资额度、预期收入和风险管理等内容；其次要写出书面的借据，详细说明借款金额、还款时间、利率水平以及还款保障等，利率水平由双方协商决定。

（二）外部资金

1. 天使投资

天使投资人一般是富有的个人。这个词最开始被用在百老汇演员的支持者身上，但是现在一般被用在个人投资者身上，如律师、医生、企业家等高收入阶层。他们的投资是针对零收入初创阶段的，或者初步创建起来的存在销售和盈利的企业。

天使投资的特点是：①资金主要来源于富有的个人。与银行贷款不同，天使投资的资金主要来源于富豪的个人闲置资本。当然，他们进行天使投资的一个主要目的同样是使资本增值。虽然投资期限会比较长，但是，一旦这部分资本“功成身退”，它所带来的绝不仅仅是2~3倍的投资收益，而是几十倍的回报。例如，在创业最初，百度创始人李彦宏从美国融资到120万美元的天使投资。时至今日，百度总市值近400亿美元，而最初投资的两家公司回报率最高时已经超过3500倍。②主要投资于初创企业和早中期的企业。企业在刚刚起步时需要的资金不是很多，去银行贷款条件又比较苛刻，而风险投资对于这种小业务又不愿意去接。而天使投资家由于资金的限制，一般只会选择在企业早期进行投资。这样，创业者跟天使投资家就开始有了千丝万缕的联系。

目前天使投资比较集中的区域是在美国硅谷，相当多的天使投资者是那些成功的创业企业家、创业投资家或者大公司的高层管理人员，他们不仅拥有一定的财富，还具有经营理财或技术方面的专长，对市场、技术有很好的洞察力。有的本身就是以前成功的创业者，十分了解创业企业的发展规律，他们能够在很多方面帮助创业者，如经营理念、关键人员的选聘以及下一步融资等。此外，他们对创业者的要求不像正规的风险投资机构那样苛刻，因而更受创业者的欢迎。

专栏 7-1

硅谷的天使投资

在美国硅谷，关于天使投资有一个最常被人引用的经典案例是：1998 年，两位还没毕业的穷学生去向 Sun 公司的联合创始人安迪·贝托尔斯海姆（Andy Bechtolsheim）讲述他们的创业梦想。他们讲了半天，贝托尔斯海姆不是很理解，但他被两个年轻人的激情和梦想所感染，对他们说："我听不懂你们的商业模式，先给你们一张支票，半年之后告诉我你们在做什么。"于是，靠着这 20 万美元支票起家，两个人一步步打造出了今天的谷歌，而贝托尔斯海姆的 20 万美元后来演变成近 3 亿美元。

在国内比较典型的案例有：搜狐公司创始人张朝阳从 MIT 斯隆管理学院的著名天使投资人爱德华·罗伯特教授、《数字化生存》的作者尼葛洛庞帝等人那里共获得 22.5 万美元的创业资本；徐少春创建金蝶软件科技（深圳）有限公司时，获得美籍华人赵西燕女士的天使投资；易趣的第一轮创业投资中有一部分也来自天使投资人。这些投资都取得了良好的投资回报。

2. 商业银行贷款

商业银行是新创企业负债资金的主要来源。新创企业可以以一定价值的资产作为抵押或担保向商业银行贷款。如果创业者无法提供抵押或担保人，商业银行往往对新创企业不感兴趣。但随着金融市场化程度的提高以及商业银行体制改革的不断深化，商业银行逐渐对创业者开始关注，尤其是中小型商业银行以及各级农村信用社，可以说是创业者获得贷款的一个重要来源。

在进行贷款决策时，银行要审查申请人的条件，即"6C 标准"，包括借款人的品质（Character）、借款人偿还贷款的能力（Capacity）、借款人注入企业的资金（Capital）、借款人的抵押品（Collateral）、借款发生时的经济环境（Condition）、银行对贷款的控制（Control）。

对于创业者来说，所创办的企业一般规模较小，另外不能提供较安全的抵押品，因此很难获得商业银行贷款。但近年来，银行为了拓展信贷业务，在充分考虑创业者风险的基础上，为创业者提供创业贷款。这类贷款的期限一般在 3 年以内，金额在 50 万元以下，主要解决的是启动资金问题。但是，对于处于成长阶段和成熟阶段的企业而言，一般要寻求大额的商业银行贷款。

3. 政府机构的资助与支持

尽管各国政府都已经认识到新创企业对经济增长、工作创造、市场创新和经济效益等方面具有重要的促进作用，并表现出支持新创企业的倾向，但对新创企业的支持程度和方式却有所差异。

政府的资助通常用于企业的初创阶段，此时投资资金最难获得，现金流十分紧张。政府机构一般不直接向新创企业投资，而是提供担保由商业银行向新创企业提供贷款，但这种贷款要由政府有关机关进行审批，因为要承担担保引起的责任。除了提供资金资助之外，政府可能还提供其他支持，如咨询服务和培训等。例如，美国的小企业管理局（SBA）、英国的培训和企业委员会（TECS）、我国的国家发展和改革委员会中小企业司等。

在我国，各级政府对创业活动的重要性认识越来越深入，出台了一系列针对创业和中小企业发展的优惠政策。中小企业融资担保基金、科技型中小企业技术创新基金、地方政府的留学生创业基金等，都可能成为创业企业的重要融资选择。例如，杭州市提出建设"天堂硅谷"，把高科技发展作为一号工程来抓，与之相配套的措施是杭州市及各区县（市）均建立了"孵化基地"，为有发展前途的高科技人才提供免费的创业园地，并拨出数目相当可观的扶持资金。另外，各地对农业项目的支持力度也是较大的。特别是取消了粮食订购任务后，各地都将大力发展高效农业，因此农业发展基金也相当可观。有些偏远的农村为了加快发展步伐，还提供给开发者免费使用土地若干年等优惠政策，都是节省创业资金的有效办法。

4. 风险投资基金

风险投资基金又称创业基金，是当今世界上广泛流行的一种新型投资机构。它以一定的方式吸收机构和个人的资金，投向那些不具备上市资格的中小企业和新兴企业，尤其是高新技术企业。风险投资基金无须风险企业的资产抵押担保，手续相对简单。它的经营方针是在高风险中追求高收益。风险投资基金多以股份的形式参与投资，其目的就是帮助所投资的企业尽快成熟，取得上市资格，从而使资本增值。一旦公司股票上市，风险投资基金就可以通过证券市场转让股权而收回资金，继续投向其他风险企业。

5. 直接融资

对于股份有限公司和有限责任公司，在企业成熟后可以通过发行债券和股票来进行融资，同时为天使投资人和风险资本提供有效的退出机制，形成资本的良性循环。但是，由于直接融资的对象是社会公众，因此审批较为严格，不适合初创期的创业企业。

案例 7-3

北京数码视讯的三次融资

在2004年中关村科技园区评选出的10位优秀创业者中，北京数码视讯科技有限公司（以下简称数码视讯）总裁郑海涛身在其列。在经过一番市场调查后，2000年，郑海涛带着自筹的100万元资金，在中关村创办以生产数字电视设备为主的北京数码视讯科技有限公司。2000年公司成立之初，郑海涛将全部资金投入到研发。不料，2001年互联网泡沫破灭，投资形势急转直下，100万元的资金很快用光，而后续资金还没着落。此时，郑海涛只得亲自捧着周密的商业计划书，四处寻找投资商，进行第二次融资。经过多次寻找，2001年4月，第一笔风险投资有了着落——清华创业园、上海运时投资和一些个人投资者共投了260万人民币。2001年7月，国家广电总局为包括北京数码视讯科技有限公司在内的四家公司颁发了入网证，允许它们生产数字电视设备的编码、解码器。清华科技园、中国信托投资公司、宁夏金蚨创业投资公司又对数码视讯投了450万元人民币。在公司获得快速发展之后，2004年年底，北京数码视讯科技有限公司又开始了第三次融资，以35%的股权向中科招商融资2500万元。此次融资后，数码视讯开始了由硬件、软件产品到增值服务产品的拓展，成为国内唯一一家在数字电视领域完成从硬件、软件到增值业务全系列产品布局的公司。而第三次融资更多的意义是战略合作，包括歌华网络、湖南电广传媒等的投资，都是从深入合作现代服务行业的角度出发的。因为这时公司的资金状况已经非常良好了，考虑更多的是如何融合行业优势资源，把这个行业做大做强。之后，公司开始步入快车道，并于2010年4月上市，市值超过70亿元，成为中国最大的三网融合龙头企业。2013年，数码视讯首次进行海外收购，将国际上发射机翘楚企业LARCAN公司收入麾下，同时在硅谷建立海外研发中心，在世界五大洲建立办事处。截止到2014年，数码视讯成立14年，快速增长14年，年复合增长率达到40%～50%，公司市值在100亿元左右，资产超过30亿元，10年增长2000倍。

第四节　风险资本

风险投资业的起源可追溯到20世纪二三十年代的美国。直到20世纪50年代，美国的风险投资开始进入一个快速发展的时期，并在20世纪60年代末70年代初发展成为一个独立的产业，但由于石油危机和随之而来经济衰退的影响，20世纪70年代到80年代陷入了一个漫长的低潮。20世纪80年代之后，法律制度和税收政策的调整为风险投资创造了一个良好的环境，风险投资事业有了较快的恢复和发展。由于风险资本在西方发达国家经济发展中发挥了极其重要的作用，更由于它对高风险、高收益和高增长潜力的风险企业的青睐，引起了学术界和实业界的广泛关注。那么，如何获取风险资本呢？首先需要了解风险资本的特点、来源及运作机制，从而获取风险资本。

一、风险资本的概念及特点

（一）风险资本的概念

风险资本（Venture Capital）又称为创业资本。本书使用“风险资本”，主要原因是：①风险资本比较青睐高风险、高收益和高增长潜力的创业企业，用“风险资本”这一提法能更贴切地表达这类资本的真正含义，同时也表达出了“venture”所蕴含的“敢于做什么”“冒险从事什么事业”的内在本质。②广义的创业资本概念是指对一切开拓性、创新型经济活动的资金投放。将创业需要的资本称为创业资本，而风险资本是创业资本的一种类型，是一种狭义的创业资本。

本书对风险资本做这样的概念界定：风险资本是由风险投资管理机构负责的，投入具有快速增长潜力并能带来一定资本收益的拟创立的新企业，或刚刚诞生还处于创业阶段的新创企业、既赋予极大希望的高回报，又承担一定风险的权益资本。

风险资本是专业化管理的权益资本的源泉。通常，权益资本是由富有阶层、养老基金、福利基金以及包括外国投资者在内的其他金融机构等投资资金构成的。这一资金由一般的合伙企业——风险投资企业管理，用以获得一定比例的投资收益和利息费用。其本质内涵是：向创业项目或创业企业（包括需要再次创业的老企业）提供资本支持，并通过资本经营服务培育和辅导创业者创业，在完成创业过程后就退出投资，以获得资本增值。

（二）风险资本的特点

1. 一般不需要任何担保

风险资本所投资的对象一般为刚刚起步或还没有起步的高新技术企业或高新技术产品，没有固定资产或资金作为贷款的抵押和担保。因此，风险资本所冒的风险要比一般性投资高得多。

2. 是一种高风险与高收益并举的资本

由于风险资本没有抵押和担保，所投资的对象又常常是高技术中的种子技术，而某种设计思想尚未起步或刚刚起步时，不确定的因素很多。此外，创业投资通常要经过种子期、创建期、成长期、扩张期和成熟期五个阶段，才能完成一项高新技术产品的产业化和市场化过程，每个环节都有失败的风险。因此，创业资本具有高风险的特点。与此同时，依靠风险资本建立起来的创业企业，其生产的产品，成本低、效益高、性能好、附加值高、市场竞争能力强，因此创业企业一旦走向成功，其投资利润率远远高于传统的产业和产品。通常情况下，风险资本投资人退出投资时至少能够获得原始投资额5～7倍的利润和资本升值。所以说，风险投资既是双赢，也是双方共同承担风险，充分体现了高风险、高收益的特点。

3. 是一种低流动性的中长期的权益资本

风险投资是一种中长期投资，其投资周期要经历研究开发、产品试制、正式生产、扩大生产到盈利规模进一步扩大、生产销售进一步增加等阶段。风险投资人从来就没有幻想过“忽如一夜春风来，千树万树梨花开”的景象，他们靠着对目标企业踏踏实实地精心培育，直到企业股票上市、股价上升时，才能收回风险资本获得的投资利润。这一过程少则3～5年，多则需要7～10年。因此，风险资本是一种中长期投资，其流动性很低，投资方式一般为股权投资。

4. 是一种金融与高科技相融合的资本

形成风险资本投资机制的两大主要因素：一是资金，二是高新技术，两者缺一不可。从导向看，风险资本几乎就是为了支持高新技术产业而产生的。因此，很多人认为，风险资本是一种金融与科技相结合的融资、投资机制。当然，风险资本并非一定要投入高新技术项目。因为风险资本追求的不是技术上的卓越，而是投资的高回报。因此，那些虽然称不上高新技术，但却具有良好的市场前景，能够带来丰厚的利益回报的项目，也极受风险投资人的青睐。

5. 是一种资金与管理相融合的资本

在风险资本运营的机制中，投资者和被投资者之间是患难与共、风雨同舟的关系。风险资本家将资本投入某个新创企业后，积极参与创业企业的管理，提供咨询，参与重大问题决策。风险资本家之所以参与创业企业董事会，对创业企业的发展实行实地管理和经营，最重要的原因是为了降低投资风险，提高投资成功率。

6. 是一种主要面向高新技术中小企业的投资

风险资本可以理解为对传统资本的一个重要补充。它是金融投资机制发展到较为成熟阶段后的一种更为高级的投资机制，所投资的对象是一般投资机构所害怕投资、所不愿投资的领域。从投资对象上讲是中小企业，它们的资金力量薄弱，无法得到担保并取得银行贷款，但又迫切需要资金；从投资项目上讲是高新技术项目，是新技术，是经济结构升级换代的关键，对经济发展有着重要意义。各国都已经充分肯定了高新技术中小企业对国民经济的贡献，风险资本投资的对象主要是它们。

7. 是一种创造性的投资，与投机有着本质区别

风险资本是金融资本与知识资本的有效结合。它的效益不是由金融资本独立产生的，而是由金融资本和附加在金融资本之上的管理、技术等知识资本所共同产生的。因此，风险投资是一种创造性的投资，它为自己创造财富的同时，也为社会创造了财富。它是一个既有经济效益，又有社会效益的投资行为。风险资本是通过创业企业的成长达到资本增值的，它通过投资的整体收益来衡量投资的效益。因此，风险资本投资是一种积极的投资，与投机有着本质区别。

二、风险资本的来源

一般而言，风险资本的来源十分广泛，其募集对象并不限于某一行业。不同的国家以及同一国家的不同时期，受各国政策、投资取向、闲散资本规模等因素的影响，风险资本的来源各不相同。在选择募集对象时，不应该拘泥于别国的已有模式，而应该结合本国的现有特点，灵活选择，广泛开拓风险资本的募集渠道。

（一）国外风险资本的一般来源

风险资本属于高风险的中长期投资，其投资时间通常是 3 ~ 7 年。正因为如此，人们也将风险资本称为是“有耐心和勇气”的资金。这些资本主要来自一些敢于承担风险并有能力承担风险的机构和个人投资者。以美国为例，其风险资本的来源一般有以下几种形式：

1. 各类基金

其主要包括公司退休基金（养老金）、公共退休基金和捐赠基金等。

公司退休基金也称为养老金，是由公司、社会、个人共同交纳的。它和公共退休基金是西方社会养老计划的重要组成部分。公司养老基金是指由公司管理的用于支付退休收益的基金。公共退休基金是指由政府管理的用于支付退休收益的基金。20 世纪 80 年代以来，养老金开始以有限合伙人的身份大量进入风险资本市场，并持续不断地为其私人合伙人提供了大约占总量 25% 的资金。到 80 年代末，公共退休金取代了养老金，一跃成为风险资本市场的最大投资者。据美国《私人资本分析》刊物 1992 年对 56 家最大的公共退休基金的一项调查显示，公共退休基金已将其资产总额的 4.3% 投入风险资本市场，有 9 家公共退休基金投入的风险资本达到了 8 亿 ~20 亿美元。

捐赠基金则类似于基金会的形式，是私人或机构以某种名义捐赠给大学、科研机构或者某些非营利性机构的基金。这些基金也委托专业的管理人进行管理。捐赠基金和一般基金都属于风险资本市场的最早投资者，大多数投资都是通过合伙制实施的。但是，一些大学的捐赠基金也对某些项目进行直接投资，这些项目往往是与其本校的研究项目相联系而启动的。一般来讲，它们为私人资本合伙项目提供大约 12% 的资金。相对于退休基金而言，典型的捐赠基金一般规模较小。捐赠基金在美国风险资本市场构成中所占的比例虽然不大（一般不超过 5%），但其仍是美国风险资本来源中不可忽视的一支力量。

2. 富有的家族和个人

由富有的家族和个人投资者所构成的私人风险资本是美国风险资本的重要来源。他们在风险资本市场上投入了大量的资金，但是由于退休基金和捐赠基金投资额的增长，这一投资群体在市场上的重要性已经大大减小。此外，富有的家族也是最早的风险投资人之一，包括退休的企业家和具有敏锐的商业和投资经验的富有客户。和其他投资者群体一样，这一投资者群体也被风险投资的高额回报所吸引。由于富有的家族和个人所要求的投资回报期通常比其他类型投资者所要求的投资回报期要长，因此，他们相对更适合投资流动性较小的资产，如风险资本。

3. 银行控股公司

银行控股公司是指控制一家或多家银行股票的公司。美国的大银行基本上是由银行控股公司来掌握的，如花旗银行就是由花旗公司控股的。银行控股公司也是风险资本市场上最早的一类投资者，而且还是风险资本市场上最大的直接投资者。20 世纪 80 年代以来，它们便作为一个群体活跃在风险资本市场上，但有关的银行控股公司已经发生了很大的变化。这是因为在许多情况下，控股公司对这种投资行为缺乏强有力的支持。在 20 世纪 80 年代中期至后期，其分行设立一些附属机构来管理用发展中国家债务所交换来的资产，这时，它们才进入到风险资本市场。

因为美国银行法限制银行控股公司投资于其他商业机构，因而银行控股公司一般通过其附属机构而投资于风险资本市场，而其直接投资则通过特许的小型投资公司进行。据统计，在美国进行风险资本投资的最大的 20 家银行控股公司中，前五家占了其投资总额的 2/3。因此，大规模的银行控股公司在风险投资中的作用相当大。

4. 大型企业

出于对企业未来发展的战略考虑，一些大型企业向与自己战略利益相关的风险企业进行风险投资，或在本企业内部建立风险投资基金，由此形成了风险资本的另一类来源。

美国的微软公司、英特尔公司、摩托罗拉公司以及通用电气公司等大企业都设有专门从事风险投资的机构。它们通过对国内外相关企业的风险投资，充分利用目标企业的技术、市场等优势，拓宽了企业自身的技术发展空间、市场领域和企业规模。实际上，这是一种面向全球的资源整合，通过这种整合提升了企业的综合竞争能力。另外，在企业内部设立风险投资基金，鼓励了企业内部的新产品、新技术开发活动以及企业的技术改造活动，可以使有这方面才能的专业人士脱颖而出，也有利于技术成果的迅速转化，形成效益，为企业服务。由于大型企业的风险资本在实践中收到了很好的效果，因此，许多大型企业都乐于拿出一定的资金来拓展风险投资业务。

5. 保险公司

保险公司参与风险资本市场上的业务是从融资企业的私募业务中衍生出来的，其间经历了由融资企业向保险公司募集资金到保险公司主动参与投资的转变过程。保险公司早期的风险投资活动主要是以麦则恩投资方式参与的。麦则恩投资（Mezzanine Financing）又称半楼层投资，是一种中期风险投资。在这一时期，企业可能还没有盈利，但需要资金来增加人员和扩展生产。其投资介于银行贷款和纯粹的风险投资之间。当企业自身的条件不能够吸引银行贷款和纯粹的风险资本的时候，麦则恩投资就会出现。麦则恩投资的获利方式不是投资的红利所得，而是企业给付的利息，只不过这一利息要高于银行的贷款利息。因此，麦则恩投资实质上是一种债务性融资式的风险投资。

后来，随着投资专业技术的发展，为进一步拓展业务和投资的交易量，保险公司开始投资于风险资本市场上的有限合伙公司。同时，保险公司之间还相互联合起来成立自己的风险资本合伙公司，并将自身资金与从外部投资者处筹集来的资金，结合起来一并投入其中。

6. 投资银行

随着风险资本市场的发展，美国投资银行的部分资金也流向了这一领域，以扩充自己的业务范围。投资银行从事风险投资业务主要基于以下两点：①作为风险投资基金的管理人或管理合伙人，投资银行可以获取管理费收益以及分享基金收益的20%，这对投资银行而言是颇具吸引力的；②作为投资人，投资银行在对风险企业的投资过程中，往往可以获得这些企业的相关投资银行业务，如企业上市发行业务、收购兼并业务等。

如同前面作为风险投资基金的管理人一样，投资银行还以普通合伙人的身份参与到有限合伙的风险投资机构中，在风险资本市场上从事投资活动。但投资银行有自己的投资重点。投资银行所支持的合伙公司的业务方向主要是投资在已设立的公司的后期融资和风险性较小的投资，同时，这些合伙公司的金融活动需与投资银行的其他业务处于同一经营范围。一般而言，投资银行单独进行风险投资的情况并不多见。但近年来，一些有实力的大型投资银行业也开始通过下设的直接投资部门进行风险投资。例如，美林公司斥资10亿美元建立了其内部的风险投资基金，高盛集团也建立了高盛亚洲风险投资基金，等等。

7. 非银行金融机构

和银行控股公司一样，非银行金融机构从20世纪60年代以来，就是风险资本市场的有力支持者。非银行金融机构常常设立一些特殊的附属机构来进行此类业务，它们主要通过自己的直接风险投资进行投资，而不通过有限合伙人。非银行金融机构主要投资于那些符合其竞争和战略目标的、处于早期发展阶段的风险投资项目。在它们投资的公司中，大约2/3集中在保健、制造业、化工业以及通信行业。

8. 国外资本

由于美国是世界风险投资的发源地，风险投资市场比较发达，因此吸引了大量国外资本进入美国从事风险投资活动。这些资金主要来自欧洲各国以及亚洲的日本等国家。国外资本是美国风险资本市场的重要组成部分，它在美国风险资本市场中的构成比例已经超过了10%，在20世纪80年代中期前后，这一比例曾一度超过23%。

在美国风险资本的八项主要来源中，退休基金所占的比例最大，至少超过了风险资本构成总额的40%。当然，资金来源的比例在不同时期是经常变化的，只需清楚各项资金参与风险投资的动因以及风险投资的主体来源就可以了。

美国的很多高科技公司都是在风险资本的支持下获得成功的。下面是一个比较典型的风险投资案例：苹果公司的创始人乔布斯（Jobs）在20世纪70年代初与几位同事到施乐（Xerox）公司参观时，看到一部图像化的荧幕操作计算机的雏形后感到非常震撼，决定根据所见到的创造一台属于自己的革命性计算机。结果，他们于1976年成功在车房设计了苹果计算机（一种新型微机），但当时他与搭档仅获得1300美元现金，根本无法进行大量生产。风险投资人马克库拉（Markkula）看中计算机的发展将主宰人类未来生活，毅然投资9.1万美元帮助他们创建了苹果公司。想不到苹果计算机推出后大受欢迎，5年后，苹果公司更成为美国500家大企业之一。公司上市后，马克库拉的股份价值1.54亿美元。小规模公司单凭本身资金，要在短短的时间落实公司发展大计，机会几乎微乎其微，但风险基金却让这些有创意、有潜力的公司抓住了创业先机。

（二）我国风险资本的来源

我国目前风险资本的来源比较单一，主要是由政府提供的资金构成的。政府资金在我国风险资本市场中占到了80%，因而导致了我国现有风险资本的规模较小，影响了风险投资活动的扩展。在我国，风险资本的来源主要有以下几种：

1. 政府投资

根据我国国情，我国的风险资本市场应该由政府出资启动。这一点不同于美国，美国的风险资本市场是由私人资本来启动的。在我国，由于政策、市场、认识等因素，没有政府出资引导，风险投资很难展开。无论是先期启动还是后期参与，政府资本在风险投资中的作用都是不可替代的。因此，在现阶段，政府投资是我国风险资本的第一个重要资金来源。

2. 金融资本

我国有三类金融资本有可能成为风险投资的主要来源，分别来自商业银行、证券公司和保险公司。其中，保险基金是一项重要的资金来源。2005年，我国各项保险的保费总收入达4927亿元人民币，世界排名第11位。保费收入是保险基金的来源。我国商业银行控制了全国大部分资金，沉淀了大量储蓄存款；证券公司经过发展，也具备了相当的资金实力，并且积累了融资和投资管理方面的经验。但受现行保险法和商业银行法的限制，目前我国保险机构的资金和商业银行的资金都难以介入风险投资领域。只要投资政策上有所放宽和突破，建立起风险—收益相关机制，并加强投资风险管理，这些金融资本就会成为风险资本的有效来源。

3. 产业资本

产业资本主要是指非金融部门的企业资本，主要是那些经济效益良好的大型企业和上市公司的资本。在欧美等国家，这是一项主要的风险资金来源。但我国的现实是，大多数国有大中型企业经营状况并不理想，企业缺乏技术进步和投身高新技术产业的能力和实力，无力向技术开发和高新技术领域投入资金。但仍有一定数量的具有相当规模的大型企业集团，如宝钢、首钢、海尔、联想、方正等，具有相当的投资能力和丰富的投资管理经验。国家应当鼓励它们设立风险投资基金。据不完全统计，深、沪两市已有73家上市公司通过各种方式介入风险投资业，雅戈尔、杉杉股份、腾讯、阿里巴巴、百度等多家产业资本都已涉足。

4. 个人资金

巨额的储蓄存款是我国风险资本的一个重要来源。据中国人民银行发布的数据，截至2014年年底，我国居民的储蓄存款已经超过49万亿元人民币。这些资金需要寻找投资机会，如能引导它们进入风险投资领域，对风险资本来说将是一个重要的资金来源。但考虑到风险资本的特性，我国宜通过发行高面值基金收益凭证或股份的方式将部分富裕阶层的储蓄存款转化为风险资本。我国目前已经尝试通过设立风险投资基金的方式，在证券市场上向个人投资者发行。

5. 国外风险资本

国外风险资本是我国风险资本的一个有益补充。国外风险资本进入我国，一方面可以引进资本，另一方面也可以引进国外风险投资管理经验。由于我国经济持续高速增长和人民币币值稳中有升，境外风险资本非常看好我国的风险投资业。美国、新加坡、日本等国对我国风险投资业表现出了极大兴趣和关注。

我国已经有利用国外风险资本成功运作的风险企业案例，如搜狐、四通利方、新浪等。国外风险资本登陆中国的火热场面主要出现在1997年，闻名全国的软件生产厂商四通利方得到以美国署名创业投合公司——罗约特·史蒂文森为首的三家创业公司650万元的股权投资。随着我国资本市场的逐步开放，可以预见进入我国的国外风险资本的数量将十分可观。

专栏7-2

车库咖啡

车库咖啡于2011年4月开始营业，是一家以创业和投资为主题的咖啡厅。到这里来办公的创业者，只需要每人每天单点一杯咖啡，就可以享受一天的办公环境，可共享iOS设备、Android设备，以及平板电脑测试机、投影、桌面触屏等设备，这里还有许多IT界名人推荐的图书。

车库咖啡不是普通的咖啡厅，而是为早期创业者提供开放式的办公环境，并与早期投资机构对接。在车库咖啡办公地附近，有一家著名的早期投资机构——创新工场。车库咖啡“民营资本的孵化器”的目标，与创新工场早期投资机构的定位有些许相似之处，但又有着很大的不同：车库咖啡的定位更为早期，来这里办公的甚至是思路尚未成型的项目；车库咖啡可以为创新工场“服务”，向创新工场输送优秀的项目。

这家以创业和投资为主题、在北京创投领域颇有名气的咖啡馆，聚集了一批拥有创新技术、怀揣创业梦想的创业团队。目前，车库咖啡已促成10余个创业团队获得天使投资。如今的车库咖啡，已成为创新与创业的代名词。

车库咖啡的成功也吸引了金融机构的注意。北京银行副行长许宁跃与车库咖啡创始人苏莉签署了北京银行中关村分行与车库咖啡战略合作协议。包括段利军的掌游移动科技公司在内的四个创业团队，也同时获得了该行总计32万元的贷款。根据协议，北京银行中关村分行将为车库咖啡及其认证团队推荐的创业团队提供包括存贷款服务、公司注册服务、日常结算服务、专属信用卡业务、公司及个人理财咨询等在内的一揽子综合金融服务，并与车库咖啡的其他服务项目共同组成服务产品包支持企业发展。

如果说车库咖啡致力于为初创企业降低办公与社交成本，是在为创业者与投资人牵线搭桥，那么作为金融机构，北京银行中关村分行此次针对初创期、轻资产、首次融资难的企业推出一系列优惠服务，则是进一步为创业企业发展搭建起完善的金融服务平台。

据介绍，今后，车库咖啡及其认证团队推荐的创业企业，均可享受北京银行中关村分行提供的“金融产品服务包”：一是公司注册服务。中关村分行携手正规中介机构，为车库咖啡创业团队提供公司注册等相关服务，并提供后续的银行结算等服务。二是公司结算服务。由北京银行中关村海淀园支行提供结算服务，包括存现、托收、电汇、支票等传统的柜面账户结算业务，通过网上银行进行的收付款、资金归集等电子银行结算业务，POS结算业务，代发工资、代扣社保等代发代扣业务。三是企业贷款服务。中关村分行为车库咖啡创业企业提供多种授信方案，并提供“创业贷”专属信贷产品——小额信用流动资金贷款，无须任何实物资产抵押或担保，解决资金需求。四是信用卡服务。针对园区内的创业团队设计推出专属信用卡产品，满足创业者的消费需求。五是银行角——综合金融咨询服务。随着创业团队的日益壮大，北京银行中关村分行将继续为其提供更加多元的产品服务和业务解决方案，打造全面的金融服务平台。通过在车库咖啡设立“银行角”，定期为创业企业进行银行业务介绍，为创业者提供金融知识普及和培训，并制订专属理财方案，实现资产保值增值。

三、风险资本的运作机制

风险资本的运行机制是指风险投资系统运行的一般规律及确保投资活动正常进行的机理和条件。它具有复杂性、连续性和动态性的特征，覆盖了从资金投入到资金回收的全过程。无论是国际还是国内学术界，都从不同的角度做出了不同的论述。这里，从风险投资本身的操作过程将风险资本的运作划分为筹资、投资、撤资三个关键性环节。

（一）风险资本的形成机制

风险资本的形成机制即筹资机制。资金是风险投资的首要元素，对于风险投资来说，需要大规模的资金才能保证组合投资的需要，而组合投资是化解投资风险的有效方式。

1. 筹资主体

风险投资的筹资主体是各种风险投资机构，包括专业的风险投资公司、风险投资基金、政策性金融机构、金融机构附属的风险投资部门、大公司所属的风险投资部和政府设立的风险投资机构等。

2. 筹资方式

（1）通过组建有限合伙制风险投资公司筹资。这是美国模式，也是最流行的一种筹资模式。

（2）通过股本、债券等形式向政府、银行、保险、企业等机构筹资。

（3）面向公众公开发行股票、证券。

（4）设立开放式共同基金，使共同基金成为投资公司的直接股东，共同基金的收益人则是投资公司的间接股东。

3. 资金来源

风险资本的来源已经在前面做了详细的介绍。各种风险投资机构要广开资金渠道，动员全社会将资金投入风险投资的系统中。

在风险资本的形成阶段，风险投资公司所融得的资金在很大程度上取决于自己的信誉、吸引人的投资计划和对未来收益的预期。

（二）风险资本的投资机制

风险资本的投资即风险资本的运用。风险资本是一种长期的、流动性低的权益资本。风险资本的运用阶段是风险投资运作的最重要阶段，它创造了决定风险投资成功的两个结合：风险资本与增长机会（风险企业）相结合；风险投资人与风险企业家相结合。投资阶段一般可分为三个子环节：选择阶段、协议阶段和辅导阶段。

1. 选择阶段

这个阶段是风险投资运作的起点，主要包括投资方案的取得、筛选和评估，并做出是否投资的决策。如何获得较多、较优的投资方案，而且有效地进行评估，将是这一阶段成败的关键因素，也是整个风险投资活动中最重要的部分。因为一旦接手一个先天就有缺陷的项目，即使以后各阶段工作进行得再好，最后仍将面临非常高的失败风险。同时，获得比较多的投资方案以供选择，也是风险投资公司降低投资风险的一种有效管理手段。

2. 协议阶段

风险投资公司在完成项目选择之后，就需要与被投资的风险企业进行实质性的接触，共同协商投资方式、投资条件等有关权利与义务，最后形成有法律效力的文件，作为以后辅导和撤出阶段的依据。同时，由于投资公司与风险企业之间的合作方式也较为复杂，因此，在协议阶段，把各种与双方利益相关的问题加以明确，将有助于风险投资项目的顺利实施。

在协议阶段，协议的重点主要集中在以下三个方面：

（1）投资的安排及保障方式。在风险投资项目中，为了实现高回报，风险投资公司一般选择参股的形式进行投资，参股的形式可能是普通股、优先股或是可转换公司债券。不同的股权形式、股票价格和数量都将影响风险投资公司和风险企业的未来收益和风险分摊。风险投资公司为了降低风险、保障股权，通常会在协议书中明确股权的保障方式，如技术折股价值的确定、董事会与监事会席位的分配、总经理的任免、重大资本预算的审核与决定等。

（2）股金的投放及撤回的时机与方式。除了对风险企业首次投入的用于启动的“种子资金”外，风险投资公司还需与风险企业对未来企业不同发展阶段的增资进行协商。此外，风险资本的回收年限、风险投资公司出售持股的时机与规范、被投资公司股票上市的时机与方式，或者被投资公司无法达到预期财务目标时所应承担的责任等，也都是影响双方合作的重大事宜。

（3）参与经营管理的方式。应对风险投资公司参与风险企业决策及协助经营管理的范围与程度加以确认。

3. 辅导阶段

这是风险投资运作的实质阶段。在完成了风险投资项目选择，并与风险创业企业达成合作协议后，风险投资公司就要按协议要求，提供风险资金的融通，参与被投资风险企业的经营管理，协助其进行产品开发和市场开发。风险投资公司参与被投资企业管理的主要目的是保证风险创业企业的高速发展，早日实现风险资本和收益的回收。

总之，风险投资公司对风险企业的辅导有助于提高投资成功率。

（三）风险资本的撤出机制

撤出阶段是一个完整风险投资周期的完成阶段，从风险企业抽回投入的资本加上被投资企业增值的收益，是风险投资公司循环运转的目标环节，也是风险投资业正常运转的关键环节。否则，风险投资公司的资本就无法实现正常循环流动，也就无力投资新项目，因此风险投资公司也就失去存在的意义。撤出方式根据被投资企业的经营状况和外部金融环境的不同，主要分为三种：一是公开上市；二是出售和回购；三是破产清算。这三种方式中以公开上市为最佳撤出方式，这是风险投资公司的奋斗目标，也是风险投资实现自身最佳价值的重要体现。

1. 公开上市

风险投资公司将其持有的股票在公开市场中抛售，收回投资和收益。这无论对风险投资公司还是风险企业都是最理想的结局。通过上市，新公司（风险企业）确立了价值，风险投资公司也赚进了巨额利润。著名的苹果公司和英特尔公司就是这种理想情况的代表。但要做到这一步，风险企业必须经营状况良好、财务结构健全，具有继续成长的潜力，并符合政府、法律对上市公司的规定。因此，只有少数风险投资企业（项目）能以这种方式完成。从各国实践看，这种方式约占全部撤出方式的20%。风险企业一般在特定的股票市场——二板市场上公开上市。

2. 出售和回购

具体分为以下三种情况：

（1）风险投资公司在私人权益（股票）市场上将所持股权转让给其他投资者，也就是出售（或被收购）。收购的主体可能是大企业、大公司，也可能是其他风险投资公司。当风险企业达不到上市公司的要求，无法公开出售其股权时，如果风险企业具有独特的技术、良好的市场前景，就会有其他企业或投资者对它感兴趣，把它接管下来。风险投资公司可以借机抽身，不仅能收回全部投资，还能获得可观的收益。

（2）风险企业被其他企业兼并。这种情况是风险企业在经营的某一方面陷入困境，被其他企业兼并或接管。这时企业的价值往往被低估，风险投资公司能否收回投资已是未知，更不用说投资收益了。

（3）风险企业自己回购股权。

出售和回购在全部撤出方式中所占比例最高，约为60%，其中出售和兼并占40%，风险企业回购占20%，但收益率一般只有公开上市的1/5。

3. 破产清算

被投资的风险企业因经营不善等原因宣布破产，这是风险投资公司和风险企业最不愿看到的结果。但高风险的特征决定了每一家风险投资公司都要面对完全失败的投资项目，由此造成的损失只能由成功的投资项目来弥补。据统计，美国风险投资完全失败率高达20%~30%。

四、风险资本的获取

（一）获取方式

创业企业获取风险资本的方式有两种：一种是直接向风险投资机构进行申请。由于目前国内尚未形成风险投资的有效机制，所有风险投资机构都是分散经营的，而且以国外机构占主要地位，因此直接申请的相对难度较大。另一种获取风险资本的方法是通过中介机构进行申请。申请人的利益保障主要看中介机构的素质，并不是所有的中介机构都能承担申请工作，即使是著名的或经验丰富的中介机构也未必都能满足每个申请人的要求。

（二）申请步骤

无论是直接申请还是通过中介机构间接申请，获取风险资本必须经过以下步骤：

（1）编制商业计划书。

（2）递交申请文件。

（3）与风险投资机构洽谈。

（4）风险投资机构考察项目或企业。

(5) 签署法律文件，获取风险资本。

(三) 注意事项

在获取风险资本时，创业者要注意以下几点：

(1) 创业者要能推出好的项目，项目本身有好的盈利预期与前景。这一点很重要。另外须注意的是，项目要有一定的投入。许多人只是有个想法，就去找风险投资人，要求投入多少资金。其实种子期、萌芽期风险资本的投入占整个风险投资的比例极小，纯粹的创业概念一般难以获得风险投资的青睐。如果自身对某一项目已有一定的投入，并积累了相当的经验，获得风险投资的可能性将会大大增加。

(2) 包装好的商业计划书。通过商业计划书勾画出创业者的设想，反映出创业者对新创企业发展障碍的认识及对策，是风险投资公司筛选评估的主要依据。往往只有注重新技术思想、采取新的推销战略开拓市场的商业计划书才会受到青睐。这部分已经在前面的创业计划中做过详细的介绍。

(3) 创业者在选择和接触风险投资公司时，为了保证筹资成功，最可靠的方法是选定6～7位可能对项目感兴趣的风险投资人作为目标，然后再与他们接触。创业者在选择风险投资人时，应考虑其资金实力和专业管理能力，及其在投资时对成长阶段、技术、地区和资金方面的偏好。处于早期创业阶段的创业者，应寻找具有以下特征的投资者：正在考虑新的融资请求并有能力提供所需的资金规模；对公司的早期成长阶段感兴趣；熟悉并偏好创业者所在的行业；可以提供好的商业建议、道义支持以及在商界及金融领域的关系；有好的声誉；有10年以上成功投资新创企业的业绩纪录。

如果是通过中介机构进行风险资金申请时，一定要注意中介机构的个人和整体素质。中小型民营企业自己所拥有的资金很少，但又不得不聘用中介机构，这时可以在征得中介机构同意的情况下，自己负担申请过程中的主要工作，由中介机构从中协助。

(4) 培育优秀的创业团队。这是关键中的关键。风险投资业内有这样一个形象的比喻：马（产品或项目）、赛马场（市场）和机会（财务指标）都不是最重要的，决定风险投资人是否下注的是骑手（创业家或创业团队）。统计数据表明，大约只有不到1%的项目能通过风险投资人的初步筛选。可见，优秀的创业家及其创业团队的品行、创新能力至关重要。

本章小结

创业资源是创业者在创业过程中必须时刻放在最重要位置、反复估量权衡的要件。对一般的创业者来说，成功的创业至少离不开以下几种创业资源：创业资金，技术及人才，技术、市场及政策等信息，社会关系网络，营销网络等。优秀的创业者需要不断地开发和积累创业资源，还要借助内外部的力量对各种创业资源进行组织和整合。

如何有效地吸收资金资源是每个创业者都极为关注的问题。拟创办企业的规模、企业的法律形式等因素都会影响创业资金需求。在创业过程的不同阶段，资金需求的数量、类型以及融资成本等也各不相同。一般来说，创业资金的来源包括：以自有资金为主的个人资金、商业银行贷款、政府机构的资助与支持、风险投资基金等。风险投资是快速成长的新创企业的一个重要资金来源。风险资本一般不需要任何担保，是一种金融与高科技相融合、资金与管理相融合、高风险与高收益并举、低流动性的中长期权益资本。不同的国家以及同一国家的不同时期，受各国政策、投资取向、闲散资本规模等因素的影响，风险资本的来源各不相同。创业者需要了解风险资本的运作机制，从而顺利地获取风险资本。

课后练习

1. 创业所需资源主要有哪些？如何获取？
2. 创业资金的来源有哪些？
3. 简述风险资本的特点及其主要来源。
4. 如果你去创业，将怎样获取风险资本？

延伸阅读

阿里巴巴：风险投资的成功案例

阿里巴巴是全球企业间（B2B）电子商务的著名品牌，是目前全球最大的网上交易市场和商务交流社区。阿里巴巴创建于1998年年底，总部设在杭州，并在海外设立美国硅谷、伦敦等分支机构。良好的定位、稳固的结构、优秀的服务使阿里巴巴成为全球商人网络推广的首选网站。而阿里巴巴的成长过程也是借力融资迅速扩张的过程。

1999年年初，马云决定回到杭州创办一家能为全世界中小企业服务的电子商务站点。回到杭州后，马云和最初的创业团队开始谋划一次轰轰烈烈的创业。大家集资了50万元，在马云位于杭州湖畔花园的100多平方米的家里，阿里巴巴诞生了。这个创业团队里除了马云之外，还有他的妻子，他当老师时的同事、学生，以及被他吸引来的精英。比如阿里巴巴首席财务官蔡崇信，当初抛下一家投资公司的中国区副总裁的头衔和75万美元的年薪，来领马云几百元的薪水。

阿里巴巴成立初期，公司是小到不能再小，18个创业者往往要身兼数职。好在网站的建立让阿里巴巴开始逐渐被人们知道。来自美国的《商业周刊》还有英文版的《南华早报》最早主动报道了阿里巴巴，令这个名不见经传的小网站开始在海外有了一定的名气。有了一定名气的阿里巴巴很快也面临资金的瓶颈：公司账上没钱了。当时马云开始去见一些投资者，但是他并不是有钱就要，而是精挑细选。即使囊中羞涩，他还是拒绝了38家投资商。马云后来表示，他希望阿里巴巴的第一笔风险投资除了带来钱以外，还能带来更多的非资金要素，如进一步的风险投资和其他海外资源，而被拒绝的这些投资者并不能给他带来这些。

第一轮融资：引入投资界大鳄。

1999年10月，马云拒绝38家风险投资后，接受了以高盛为首，包括富达投资（Fidelity Capital）和新加坡政府科技发展基金、InvestAB投资在内的首期500万美元的风险投资。高盛公司认为，阿里巴巴是高盛在亚洲开展投资以来第一家一流的投资对象。高盛曾经帮助IBM、微软成为世界上伟大的公司，而此次是高盛第一次对亚洲互联网公司投资。高盛几分钟之内就下定决心投资，显示出对马云团队的发展前景及超强执行力的看好。

第二轮融资：孙正义慧眼识英雄。

从2000年4月起，纳斯达克指数开始暴跌，长达两年的熊市寒冬开始了，很多互联网公司陷入困境，甚至关门大吉。但是，阿里巴巴却安然无恙，很重要的一个原因是阿里巴巴获得了融资。2000 年年初，经摩根士丹利的印度分析师介绍，马云认识了 IT 财团大亨、雅虎最大的股东、号称“全球互联网投资皇帝”的软银投资主席兼行政总裁孙正义。马云用短短 6 分钟的演讲便征服了孙正义，之后，双方经过反复协商，认为互联网今后的发展需要足够的资金支持。马云决定再次融资 2000 万美元，并同时获得了软银的资源支持，孙正义接受成为阿里巴巴的首席顾问。

距第一轮融资仅短短 3 个月后，阿里巴巴便启动第二轮融资，说明融资并不是因为缺钱，而是为引入更多的资源。声称“不缺钱”的阿里巴巴也会接受巨额投资，原因是阿里巴巴高管判断，中国互联网乃至全球电子商务的发展趋势可能会出现下滑，同时电子商务方向更有发展机会，需要大力投资。阿里巴巴需要在短时间内给竞争对手设置一个更高的门槛，进一步强化其在电子商务领域的领先地位，并在即将开始的电子商务格局变化中掌握主动权。

这也告诉企业家们，即使有钱也要融资，千万不要在“寒冬”中融资，“寒冬”中很难找钱，很多人会因为缺少一件“棉衣”而被冻死。这次融资，让阿里巴巴在 2000 年年底全球互联网泡沫破灭后仍然有足够的粮草“过冬”，显示出马云高超的前瞻性眼光。

第三轮融资：阿里巴巴借巨擘助力。

通过前两轮的融资，公司获得了迅速发展，同时也感觉需要更多的国际性人才加盟。之后，三大高管成为马云的“三驾马车”，包括 CFO 蔡崇信（法学博士，曾任欧洲 InvestAB 基金公司副总裁）、COO 关明生（曾在 GE 工作 16 年并历任要职）、CTO 吴炯任（雅虎搜索引擎发明人）。加上 CEO 马云，公司组成了强有力的“4XO”豪华战车领袖团队。此外，微软（中国）原人事总监和联想网站原财务总监也加盟了阿里巴巴。

有了上述高管加盟，公司在整体运营、技术研发、战略、发展等方面都获得了极大的提升，再次获得软银、富达投资、GGV 合计达 8200 万美元的投资。公司不仅快速发展了 B2B 业务，同时还进入 C2C（淘宝）、电子支付（支付宝）领域，业务实现了全面扩张并迅猛发展。

对大多数中小企业而言，引入人才意味着大大提升了企业的价值，但同时也意味着创业股东必须放弃部分利益，因而不是所有企业都愿意这样做。从蒙牛、小肥羊等众多成功的案例分析，高水平的管理团队加盟对企业的价值提升远远超过原始股东所放弃的利益，原始股东可以从中获得更大的企业增值溢价，公司的发展也将更加健康。

第四轮融资：拯救雅虎中国并实现扩张。

2005 年 8 月，阿里巴巴收购雅虎中国，同时得到雅虎 10 亿美元的投资。背景是雅虎中国由于“水土不服”、管理不善，在中国的业务远远落后于三大门户及本土搜索企业百度，所以急于寻找能振兴雅虎中国的团队和人才。

雅虎的最大股东孙正义、创始人杨志远均对阿里巴巴的执行力深信不疑，希望马云临危受命，接管雅虎中国。但马云提出投资 10 亿美元的要求，以达到补充业务发展所需的资本金、与雅虎形成战略业务紧密合作、为以前的投资人部分套现等目的。雅虎高层对马云的义气十分赞赏。此次融资为“火速烧钱”业务——支付宝和淘宝的迅猛发展提供了充足的“粮草弹药”，为这两大业务今后实现盈利打下了雄厚的资金基础。

第五轮融资：把握大势，在金融危机前实现香港联交所首次公开募股（IPO）。

金融危机实际上在2007年年初已出现苗头，实体经济及能源价格飞涨，股市突破原先高点继续飙升，香港恒生指数超越30000点、上证指数跃过4000点。而过度繁荣的资本市场必然蕴藏着“获利大逃亡导致的下跌风险”。

阿里巴巴高管团队一方面对外宣布上市没有时间表，另一方面紧锣密鼓地实施首次公开募股（IPO）准备进程，短短6个月便完成了复杂庞大的IPO工程，抓住了金融危机爆发前的机会，完成了互联网领域世界最大的17亿美元IPO融资工程，为金融危机爆发后的“寒冬”准备了超级金字塔般的雄厚基础（粮草），一跃成为世界五大互联网公司之一。

根据行业研究机构iResearch的研究报告，2004—2007年中国B2B电子商务市场规模复合增长率为70%，与此同时，B2B电子商务交易规模增速更高，复合年增长率达到89%，2007年全年突破2万亿元人民币。

阿里巴巴通过几年来的多次私募融资及上市融资，实现了业务的迅速增长，同时通过帮助客户融资服务、有效控制成本等措施，提升了市场份额，其占中国电子商务市场的份额达57%，将众多本土竞争对手远远甩开。

之后，阿里巴巴创办淘宝网，创办支付宝，收购雅虎中国，创办阿里软件。2007年11月6日，全球最大的B2B公司阿里巴巴在香港联交所正式挂牌上市，正式登上全球资本市场舞台。随着这家B2B航母登陆中国香港资本市场，此前一直受外界争论的“B2B能不能成为一种商务模式”也有了结果。当日，阿里巴巴交易笔数达到14.4万多宗。按收盘价估算，阿里巴巴市值约280亿美元，成为当时中国市值最大的互联网公司。在此次全球发售过程中，阿里巴巴共发行了8.59亿股，占已发行50.5亿总股数的17%。按每股13.5港元计算，共计融资116亿港元（约15亿美元）。加上当天1.13亿股超额配股权获全部行使，融资额将达131亿港元（约16.95亿美元），接近谷歌的纪录（2003年8月，谷歌上市融资19亿美元）。

阿里巴巴集团的两个大股东——雅虎和软银，在阿里巴巴上市当天，账面上获得了巨额的回报。阿里巴巴招股说明书显示，软银持有阿里巴巴集团29.3%股份，而在行使完超额配售权之后，阿里巴巴集团还拥有阿里巴巴公司72.8%的控股权。由此推算，软银间接持有阿里巴巴21.33%的股份。到收盘时，阿里巴巴股价达到39.5港元，市值飙升至1980亿港元（约260亿美元），软银间接持有的阿里巴巴股权价值约55.45亿美元。若再加上2005年雅虎入股时曾套现1.8亿美元，软银当初投资阿里巴巴集团的8000万美元如今回报率已高达71倍。

软银不是阿里巴巴的第一个风险投资商，却是坚持到最后的那个。而一些风险投资商显然错过了最好的收获期。从阿里巴巴集团的第三轮融资开始，早期的一些风险投资商已经开始陆续套现。1999年阿里巴巴创办之初的天使投资高盛集团因战略调整，退出了中国风险投资市场．其所持股份被新加坡的寰慧投资（GGV）接手。事实上，寰慧投资的创始人托马斯（Thomas）早在1999年就以个人身份投资了阿里巴巴。此后，包括富达等在内的风险投资商又陆续套现。到阿里巴巴上市之前，只有软银一家风险投资商还一直在阿里巴巴的股份中牢牢占据主要地位，其他风险投资商已经全部退出。

第六轮融资：纽约证券交易所二次IPO融资。

当然，在中国香港上市并不是马云及阿里巴巴集团的终点，阿里巴巴集团终究还会向资本市场发起冲击。果然，两年后马云再踏征途。美国时间2014年9月19日，马云将在纽交所敲钟，阿里巴巴正式登陆纽约证券交易所，股票代码BABA。

阿里巴巴此次上市成为全球最大规模IPO。十几年前马云在杭州湖畔花园的一间小公寓里创立的“阿里巴巴”，终于在19日晚叩响美国资本市场大门。阿里巴巴在纽约证券交易所上市交易首日开盘价92.70美元，收于93.89美元，市值为2314亿美元，超越Facebook，成为仅次于谷歌的世界第二大互联网公司。

第八章

创建企业

核心问题

1. 创建企业的程序是什么？
2. 新创企业有哪些类型？
3. 新创企业经营场所的选择依据和影响因素有哪些？
4. 企业登记注册的过程是什么？

学习目标

1. 了解什么是新创企业。
2. 明确新创企业组织形式的多元化发展。
3. 掌握新创企业经营场所的选择方法。
4. 学会如何进行企业登记注册。

引例

新创企业合伙人的重要性

新创企业最重要的是什么？在新东方创始人之一、真格基金合伙人徐小平看来，拥有可靠的合伙人要比商业模式更重要。

徐小平在投资过的众多公司中，遇见过很多企业在创始人问题上存在漏洞。所谓的合伙人，是你在股权上跟他分享，在荣誉上跟他分享，这样，他也自然会跟你分享。在创业的长征路上，他都会跟你不离不弃，一路走下去。合伙人的结合，“应该是50:50的股份、60:40的股份、70:30的股份，最差也应该是75:25或者80:20。”创业失败的企业绝大部分都有共同的特点，或者说做得非常艰难的企业有一个共同的因素，就是他们的创始人里只有一个老大，没有老二、老三，没有占两位数的合伙人。这是非常惨痛的教训。你从出发的那一天起就没有同盟军，就没有跟你同生共死的，一起爬雪山、过草地的伙伴。这个问题非常糟糕。

为什么许多优秀的创业者没有合伙人？徐小平认为：一是创业者没有认识到拥有合伙人的重要性；二是创业者没有胸怀；三是因为缺少资源，找不到合伙人（这样的项目不应该投）；四是遇到优秀的人才，但没有魅力吸引对方加入。

第一节 企业设立的一般程序

建立一个新企业是大多数创业者进入市场的首选方式。在创业之初，是单干还是合伙，抑或选择其他组织形式？对于所有准备创业的人来说，是首先要考虑和解决的问题。创业者应该根据自己的实际情况，选择不同的企业形式。

当创业者发现创业机会，看好某个市场并准备进入该市场时，首先面临的问题是采用何种方式进入该市场，即选择进入市场的方式。现有的市场进入方式主要有三种：创建一个新企业；收购现有企业；加入特许经营。

一、新创企业的类型

（一）个人或家庭创建新企业

这类新创企业的所有者为个人或者家庭，所有者集企业出资者与经营者的身份于一身，并在企业经营活动中处于经营决策者和指导者的地位，既决定着企业生存与发展的方向，又担负着日常经营管理等事务性工作的企业管理。根据所有者及其家庭成员参与程度的不同，这类企业又可分为完全个人创业型企业和家庭参与创业型企业两种。

1. 个人或家庭创建新企业的类型

（1）完全个人创业型企业。企业所有者为个人，所有者独自创办企业并始终作为企业经营者全面管理企业，家庭成员及外部人员不参与日常经营管理活动。这种类型的企业的经营活动完全由所有者个人控制，他人基本无法介入企业的日常经营活动。其特点是企业对市场变化的反应较快，能较迅速地把握商机，做出经营决策。

（2）家庭参与创业型企业。企业管理所有者为个人及其家庭，家庭投资创办企业并在企业创办初期由主要投资者个人承担经营职责，其他成员在企业度过生存危机之后开始参与企业经营管理，主要承担部分或大部分管理职责。这类企业的特点在于，企业的经营决策权依然掌握在某个人手中，但日常经营管理事务则部分或大部分转交给家庭成员。随着企业的不断发展，其家庭成员参与企业经营管理的程度也日益加深，但通常仍局限于日常经营管理。

2. 个人或家庭创建新企业方式的优缺点

个人或家庭创建新企业的优点是：经营管理上的制约因素少，创业者可以按照自己的意愿进行经营管理；经营者拥有完全决策权，可以按照市场变化及时调整生产和经营，处理问题快捷简便；不需要向企业外部公布企业管理信息，企业信息完全保密；可以按法律规定享受税收优惠。在个人独资企业中，由于企业所得即为个人所得，所以可以免收个人所得税；企业的全部利润归创业者所有。

个人或家庭创建新企业的缺点是：企业注册资金少，抗风险能力差；经营状况受个人经营能力的影响大；融资难度大，较难获得银行贷款；承担无限责任，一旦经营失败，企业财产无法清偿债务时，创业者的个人财产也要用来清偿债务。

（二）合伙创建新企业

合伙企业是指自然人、法人和其他组织依照《中华人民共和国合伙企业法》在中国境内设立的，由两个或两个以上的自然人通过订立合伙协议，共同出资经营、共负盈亏、共担风险的企业组织形式。合伙企业可以由部分合伙人经营，其他合伙人仅出资并共负盈亏，也可以由所有合伙人共同经营。

1. 合伙企业的类型

合伙企业包括普通合伙企业和有限合伙企业。普通合伙企业由 2 人以上普通合伙人（没有上限规定）组成，合伙人对合伙企业债务承担无限连带责任。有限合伙企业由 2 人以上 50 人以下的普通合伙人和有限合伙人组成，其中普通合伙人至少有 1 人；当有限合伙企业只剩下普通合伙人时，应当转为普通合伙企业；当只剩下有限合伙人时，应当解散。普通合伙人对合伙企业债务承担无限连带责任；有限合伙人以其认缴的出资额为限对合伙企业债务承担责任。

2. 合伙企业的特征

（1）生命有限。合伙企业比较容易设立和解散。合伙人签订了合伙协议，就宣告合伙企业的成立。新合伙人的加入，旧合伙人的退伙、死亡、自愿清算、破产清算等，均可造成原合伙企业的解散以及新合伙企业的成立。

（2）责任无限。合伙组织作为一个整体对债权人承担无限责任。按照合伙人对合伙企业的责任，合伙企业可分为普通合伙和有限合伙。普通合伙的合伙人均为普通合伙人，对合伙企业的债务承担无限连带责任。有限责任合伙企业由一个或几个普通合伙人和一个或几个责任有限的合伙人组成，即合伙人中至少有一个人要对企业的经营活动负无限责任，而其他合伙人只能以其出资额为限对债务承担偿债责任，因而这类合伙人一般不直接参与企业经营管理活动。

（3）相互代理。合伙企业的经营活动由合伙人共同决定，合伙人有执行和监督的权力。合伙人可以推举负责人，合伙负责人和其他人员的经营活动，由全体合伙人承担民事责任。换言之，每个合伙人代表合伙企业所发生的经济行为对所有合伙人均有约束力。因此，合伙人之间较易发生纠纷。

（4）财产共有。合伙人投入的财产由合伙人统一管理和使用，不经其他合伙人同意，任何一个合伙人不得将合伙财产移为他用。只提供劳务，不提供资本的合伙人仅有权分享一部分利润，而无权分享合伙财产。

（5）利益共享。合伙企业在生产经营活动中所取得、积累的财产，归合伙人共有；如有亏损，则亦由合伙人共同承担。损益分配的比例，应在合伙协议中明确规定；未经规定的可按合伙人出资比例分摊，或平均分摊。以劳务抵作资本的合伙人，除另有规定者外，一般不分摊损失。

3. 创建合伙企业的注意事项

为了避免经济纠纷，在合伙企业成立时，合伙人应首先订立合伙协议，其性质与公司章程相同，对所有合伙人均有法律效力。合伙协议一般包括以下内容：合伙企业的名称（或字号）、所在地及地址；合伙人的姓名及其家庭地址；合伙企业的经营以及设定的存续期限；合伙企业的设立日期；合伙人的权利和义务；合伙人的投资形式及其计价方法；合伙的退伙和入伙的规定；损益分配的原则和比率；付给合伙人贷款的利息；付给合伙人的工资；每个合伙人可以抽回的资本；合伙人死亡的处理以及继承人权益的确定；合伙企业结账日和利润分配日；合伙企业终止以及合伙财产的分配方法；其他需经全体合伙人同意的事项。

二、新创企业设立的具体程序

（一）企业登记注册

我国《公司法》在其有关条款中对公司登记做了具体规定，并于1994年6月颁布了《中华人民共和国公司登记管理条例》，并于2005年、2014年分别进行了修订，明确规定有限责任公司和股份有限公司的设立、变更和终止，都应该依照该条例办理登记。企业法人登记注册事项主要包括：名称、住所、经营场所、法定代表人、经济性质、经营范围、经营方式、注册资金、从业人数、经营期限、分支机构等。

企业登记注册的具体过程、步骤及内容将在本章第四节做详细的介绍。

（二）员工招聘与培训

在公司开业前，需要招聘第一批员工，并对员工进行必要的培训。

1. 员工招聘

（1）员工招聘的程序。招聘是一个连续的过程，包括制订招聘计划、发布招聘信息、接待和甄别应聘人员、发出录取通知书。

1）制订招聘计划。招聘计划应该包括招聘目的、招聘职务描述、招聘标准和条件、招聘对象的来源、传播招聘信息的方式、招聘组织人员、参与面试人员、招聘时间、新员工入职时间、招聘经费预算等。

2）发布招聘信息。发布招聘信息是利用各种传播工具发布职位信息，鼓励和吸引人员参加应聘。企业根据面向内部或外部的不同招聘对象，选择最有效的发布媒体和渠道传播信息。发布招聘信息时要有明确的潜在应聘对象，招聘内容要求正确描述职位的特点、应聘者必备的条件，以及有关应聘的方法、需要提供的应聘资料等。

3）接待和甄别应聘人员。接待和甄别阶段是在招聘当中对职位申请人的选拔过程。招聘人员一般首先要审查申请表，初步筛选出那些满足最低应聘条件的人员；然后安排候选人面谈，参加各种必要的测试，对通过测试的应聘者进行背景调查；再从中优选出应聘人员接受主管经理或高级行政管理人员的面谈；最后通知合格人员做健康检查。这个阶段对应聘人员的评价必须客观与公正，这是控制招聘效率的关键。

4）发出录用通知书。在这一阶段，招聘人员与正式受聘人共同签订劳动合同，并向其发出上班试工的通知，通知中应写明上班时间、地点与报到部门。

（2）招聘员工的来源。招聘员工的具体来源很多，主要包括：

1）直接的求职者和被推荐者。直接的求职者是指那些得到企业明确的招聘信息后，直接申请某一职位的人。被推荐者是指那些企业内部人员或熟人推荐而申请职位空缺的人。对新创企业来说，这两类来源往往是很有利的，他们有可能成为可供挑选的最优资源。

2）通过报纸和期刊广告招聘。通过做广告来招聘人员是一种很普遍的方式。尽管这种方式要比采用直接申请或挑选的方式来填补所有职位空缺花费的费用要高，合适的人选要少，但一些形式的广告还是必需的。

3）普通人才中介机构。在我国的很多城市都有大量的人才中介机构，这些机构规模不等，性质也不同。有些机构规模较大，覆盖的行业和地理范围比较广泛；有的机构规模较小，覆盖的地区和涉及的行业比较有限。其中有些大机构已经建立起自己较完善的网络，创业者也可以通过互联网与它们联系。

4）大型人才交流会。一些劳动力中介机构和有关大型活动场所往往会在周末举办大型的人才交流会。对很多新创企业来说，这种人才交流会也是招聘员工的主要途径。

5）猎头公司。猎头公司是一种特殊的人才中介机构，“猎头”招聘来源往往与这里所谈的其他招聘来源有很大不同。它们所做的工作是“挖人”和“推荐人”，与这些公司发生关系的几乎全是有工作的人，而且一般都是专业人士和职业经理。这往往是创业者获得杰出人才的一种方式。

6）高等院校。一些小型企业的创业者一般很少会到高等院校去招聘工作人员，一个原因是小型企业往往不能等到把一个大学毕业生培养成为合格的工作人员再来用他，而且刚毕业的学生跳槽的可能性非常大。

专栏 8-1

企业如何招聘到合适人才

企业和求职者之间是一个互相选择的关系，企业在选择自己想要的人才时，求职者也在选择自己满意的企业。那么，对于一个企业，什么才是求职者最看重的？

有研究机构做过一份调查显示，求职者在选择企业的过程中，最看中的几项企业指标分别为薪资福利（40%）、个人发展前景（29.33%）、公司前景（18.67%）、其他因素（5.33%）。专家表示，企业在网络招聘的过程中，可以尽量着重企业自身在薪资福利和该职位发展前景上的描述，从而获得更多求职者的青睐。同时，在招募人才的过程中，企业本身就成为一件“商品”，若要让“消费者”（求职者）对商品产生兴趣，企业在招聘信息中必须考虑“商品”的五大要素：品牌、质量、价格、渠道和口碑。对于求职者来说，企业是否有知名度、职位要求是否符合期望、薪资福利是否合理、上班地点是否方便以及他人对该企业的评价如何等，都是他们考虑的因素。

因此，企业希望招聘到合适的人才，必须先将自己介绍得清清楚楚。企业是否有知名度、其传递给求职者的信息是否正确、是否具有吸引力，都直接影响企业的招聘效果。一些企业在招聘过程中极度神秘，不愿意让应聘者了解公司，也不愿意公开薪资福利待遇。但这些企业忽略了很重要的一点：现今网络极其发达，求职者通过各种平台同样能够了解到企业的基本情况，包括薪资福利待遇。与其这样，还不如用自己的声音，官方地、正式地告之求职者招聘方是什么样的企业，希望找寻什么样的人才。

首先，企业在填写“公司介绍”一栏时，应多花些心思。尤其对于中小企业来说，这是一个让求职者了解自身的非常好的渠道。也许很多企业在招聘时，非常注重对职位的描述，但往往忽视了“公司介绍”这一栏的作用，一般的人力资源管理人员会将已有的、针对客户端的企业介绍不管三七二十一统统贴上去，又或者只是写个两三行介绍敷衍了事。其实，这些细节可能都会让求职者觉得企业招人的诚意不够。其实，在这一栏恰当表现公司的创设愿景、成立宗旨、重要里程碑、经营状况、过往绩效和未来的发展期许，都可以让求职者更加了解该公司的经营特色和企业文化是否符合自身需求。但也不要过于冗长，求职者可能会没有耐心看完全部。当然，如果可以用多种介绍方式去吸引求职者，如图片、博客等，那就更亲切了。还有些企业喜欢在“公司介绍”一栏写出企业与众不同的特点和理念，比如一些有特色的企业福利，去吸引求职者。这样的成功招聘案例也不在少数。

曾经有一家刚成立不久的企业需要招聘员工，他们在公司介绍中这样描述道：所有员工都有“董事长椅”可以坐。其实，这个简单的想法背后，希望传达给求职者的信息是这家公司对员工的尊重和期许，表示公司将员工放在一个非常重要的位置。并且，这样的表达方式会让员工觉得这是一家非常有创意和人性化的企业，主动应聘的简历就会像雪花般飞来了。

其次，除了公司介绍之外，职位描述是否准确、详细也非常重要。比如，求职者通常能够在很多企业的招聘职位中看到“储备干部”这一条，但很多人其实不了解它其中的含义。所以，如果企业对这部分有比较详细的描述，那么求职者主动应聘的意愿就会提高。除了以上提到的这些因素，企业自身的口碑、薪资水平等状况也是影响到求职者考虑是否应聘的重要条件，这必须要求企业自身不断改善。

所以说，要想赢得求职者的青睐，首先还是要从企业自身下功夫。

2. 员工培训

新员工被企业录用以后的第一件事就是熟悉组织环境，掌握工作要求和工作技能。企业会将他们介绍给同事和领导，使他们能尽快担当起企业分配的任务。通常在招聘过程中，被录用的员工已经对企业的性质、声誉、产品或服务的类型有所了解，同时，企业也会向他们介绍企业的总体情况以及工作的条件和职责、薪金、福利待遇等。此外，在新员工进入企业后，同事、领导会向他们说明企业内部的一些情况。但是，所有这些信息都比较粗略，甚至有时候会产生误导，因此对新员工的培训就显得格外重要。一个有效的培训计划会对新员工产生及时的和长久的良好影响，并成为新员工走向成功的起点。新员工培训包括两个主要层次：公司层次的一般培训，内容是与所有员工相关的共同问题；部门层次的岗位培训，内容针对新员工的具体部门和具体工作。

（三）设备安装与调试

在确定了开业日期后，在正式投产前，应该对设备进行调试与试生产，检查设备运行状态，验证工艺，以便调整。

（四）开业典礼

对于开业典礼，创业者需要做好充分的准备。首先，这一天需要生产出合格的产品，并保证工艺与设备运行正常，这样能够给创业者极大的信心。同时，可以邀请有关人士，如政府官员、用户、媒体参加开业典礼，以加强新创企业与社会各界的联系，扩大企业的社会影响。

第二节　新创企业的组织形式

一、企业组织形式分类

企业组织形式是指企业财产及其社会化大生产的组织状态，它表明一个企业的财产构成、内部分工协作与外部社会经济联系的方式。根据市场经济的要求，现代企业的组织形式可按照财产的组织形式和所承担的法律责任划分。国际上通常的分类为独资企业、合伙企业和公司企业。

1. 独资企业

独资企业，西方也称“单人业主制”。它是由某个人出资创办的自然人企业，即个人出资经营，归个人所有和控制，由个人承担经营风险和享有全部经营收益的企业。其主要优点是，企业的建立与解散程序简单，经营管理灵活自由，业主对企业的债务负无限责任。但是，也存在一般情况下企业的规模有限，企业的存在缺乏可靠性等缺点。我国的个体户和私营企业很多属于此类企业。

2. 合伙企业

合伙企业是由几个人、几十人甚至更多人联合起来共同出资创办的企业。它不同于所有权和管理权分离的公司企业。它通常是依据合同或协议组织起来的，结构较不稳定，合伙人对整个合伙企业所欠的债务负有无限责任。合伙企业不如独资企业自由，决策通常要由合伙人集体做出，但它具有一定的企业规模优势。

以上两类企业均属于自然人企业，出资者对企业承担无限责任。

3. 公司企业

公司企业是按所有权和管理权分离，出资者按出资额对公司承担有限责任创办的企业。它主要包括有限责任公司和股份有限公司。

有限责任公司是指不通过发行股票，而由为数不多的股东集资组建的公司（一般由2人以上50人以下股东共同出资设立），其资本无须划分为等额股份，股东在出让股权时受到一定的限制。在有限责任公司中，董事和高层经理人员往往具有股东身份，使所有权和管理权的分离程度不如股份有限公司那样高。有限责任公司的财务状况不必向社会披露，公司的设立和解散程序比较简单，管理机构也比较简单，比较适合中小型企业。

股份有限公司的全部注册资本由等额股份构成并通过发行股票（或股权证）筹集资本，公司以其全部资产对公司债务承担有限责任的企业法人。其主要特征是：公司的资本总额平分为金额相等的股份；股东以其所认购股份对公司承担有限责任，公司以其全部资产对公司债务承担责任；每一股有一表决权，股东以其持有的股份享受权利，承担义务。股份有限公司本质也是一种有限责任公司。

专栏8-2

深入解读：重新定义“企业”

只有把企业定义弄清楚了，创业、战略管理、企业文化等问题才会清楚。现在对企业的研究越来越模糊，甚至弄不清楚什么是企业。发展形势变化了，传统意义上的企业已经消亡，无论从形态还是本质上看，企业除了作为契约型组织外，传统概念的企业定义亟须突破。

（1）企业是一个市场性组织。人对市场负责，市场化程度的高低决定了企业盈利能力的高低。

（2）企业是学习型组织。过去认为企业是制造产品的，现在看来，企业是制造思想的。企业内部有两条价值链：一条是知识价值链，由信息和知识到能力，再到思想；另一条是物质形态价值链。

(3) 企业是一个虚拟组织。现在人们都讲虚拟生产、虚拟营销、虚拟运输、虚拟分配、一切都被虚拟化了。

(4) 企业是一个无边界组织。过去认为企业是有边界的，后来发展了，企业就成为无边界的，再后来，企业既有边界又无边界，边界模糊化。现在看来，一个企业边界，若按照边际成本乘以边际收益来看，许多企业的边际成本小于边际收益，或者边际成本为零，边际收益不变，那么边际成本、边际收益递增的规律发挥主导作用，即边界可以无限大。这对于企业的运作意义是很大的。

(5) 企业是一个系统性组织。现在的企业分成两条线：第一条线是产品和服务；第二条线是使企业具有持续竞争力的保障系统。一般来讲，国外成功的大企业都是系统化运作的，讲究系统性。

(6) 企业是网络化组织。网络化是企业组织发展的重要形式。企业运行需要联系网络和信息的变化，使企业组织结构日益从原来复杂的层级化垂直管理向简约的网络化平面管理转变，企业集团通过网络化渠道与分包的生产、供给、销售部门建立起各种各样的合作关系。这样企业就可以成为一个联合体。对于中国企业来讲，应该融入这个网络，融入更大、更多的价值网络。

(7) 企业是全球性组织。过去根据木桶理论，认为企业利润取决定最短的那块木板。要想提高利润，就要把最短的木板补齐，则企业总在经营劣势。现在，新木桶理论出现了，也就是说短的那一块不补了，专做最擅长的那一块，每个企业都经营优势，就像每个人做自己最感兴趣的事。这样成本很低，效率很高。由木桶理论发展到新木桶理论，每个企业根据全球定位，你做一块，我做一块，全球集成，融入全球化过程中，最终的企业就是全球化组织。

(8) 企业是体系性组织。最终把企业打造成一个体系，也就是让平凡的人做出不平凡的事，即具体到一个人很平凡，但成为一个体系就很厉害。通过打造这个体系，可使管理达到最高境界，即没有管理；使战略达到最高境界，即没有战略。

二、决定新创企业组织形式的主要因素

企业组织形式反映了企业的性质、地位、作用和行为方式；规范了企业与出资人、企业与债权人、企业与政府、企业与企业、企业与员工等内外部关系。企业只有选择了合理的组织形式，才有可能充分地调动各个方面的积极性，使之充满生机和活力。在决定新创企业的组织形式时，需要考虑如下几个因素：

1. 税收

在西方发达国家，新创企业的创办人首先考虑的因素就是税收。在美国公司法中，也将这一因素称为决定性因素。在我国，对公司企业和合伙企业实行不同的纳税规定。国家对公司营业利润在企业环节上征公司税，税后利润作为股息分配给投资者，个人投资者还需要缴纳一次个人所得税；而合伙企业则不然，营业利润不征公司税，只征收合伙人分得收益的个人所得税。再对比合伙企业和股份有限公司；合伙企业要优于股份有限公司，因为合伙企业只征一次个人所得税，而股份有限公司还要再征一次企业所得税；如果综合考虑企业的税基、税率、优惠政策等多种因素的存在，股份有限公司也有有利的一面，因为国家的税收优

惠政策一般都只为股份有限公司所适用。

2. 利润和亏损的承担方式

独资企业，业主无须和他人分享利润，但其要一人承担企业的亏损；合伙企业，如果合伙协议没有特别规定，利润和亏损由每个合伙人按相等的份额分享和承担。有限公司和股份公司，公司的利润是按股东持有的股份比例和股份种类分享的，对公司的亏损，股东个人不承担投资额以外的责任。

3. 资本和信用的需求程度

通常，如果投资人有一定的资本，但尚不足，又不想使事业的规模太大，或者扩大规模受到客观条件的限制，则更适宜采用合伙或有限公司的形式；如果所需资金巨大，并希望经营的事业规模宏大，则适宜采用股份制；如果创办人愿意以个人信用为企业信用的基础，且不准备扩展企业的规模，则适宜采用独资的方式。

此外，企业的存续期限、投资人的权利转让、投资人的责任范围、企业的控制和管理方式等因素都会对投资人在选择企业组织形式时形成影响，必须对各项因素进行综合分析。

三、新创企业组织形式的多元化发展

企业组织存在于一定的社会经济环境之中，像自然界一样，也是“适者生存”。为了适应企业不断发展变化的内外部环境，企业的组织形式也在不断发生着新的变化。特别是进入21世纪后，经济全球化和知识经济时代的到来，引发了企业组织结构形式的一系列变化。

1. 组织重心两极化

买方市场的形成和竞争的不断加剧，使企业管理的工作重心由过去的生产问题逐渐转向新产品的开发研制和市场销售。从企业经营的过程来看，企业的组织结构特征正在形象地由“橄榄形”转变为“哑铃形”。所谓“橄榄形”企业形态，是指企业以生产为中心，以新产品开发和市场销售为辅助的企业形态，其工作的主要投入为生产过程，即“中间大，两头小”；而“哑铃形”企业形态，则是以企业的新产品开发和市场销售为主，产品生产只是新产品开发的目的和市场销售的前奏，其工作的投入主要在两头，即“两头大，中间小”。

企业组织结构由“橄榄形”向“哑铃形”发生转变的最主要原因是企业市场环境的变化。买方市场形成、技术进步加快、新技术的不断应用等，都使得企业解决生存发展的核心问题由产品的生产问题转变为企业产品创新的速度和市场拓展能力的问题。在传统的大批量生产的工业经济时代，企业竞争取胜的法宝只是低成本，而当今和未来企业竞争取胜的关键将逐步转变为快捷的服务和全新的个性化。

2. 组织结构扁平化

扁平化的组织结构是相对于传统的“金字塔形”结构而言的。在“金字塔形”结构中，由于管理信息传递的层次多、速度慢、信息的衰变严重等，已经越来越严重地制约企业管理效率的提高，制约企业市场竞争能力的提高。又由于电子计算机和互联网在企业生产经营中的应用日益普及，企业管理信息的收集、整理、传递以及经营控制手段逐步现代化，传统的“金字塔形”组织结构越来越不适应企业经营环境的变化。这些直接促使传统组织结构向层次少的扁平化组织结构演变。在当今的企业组织结构的变革中，减少中间层次、加快信息传递速度、实现直接控制是一个基本趋势。

3. 组织运作柔性化

柔性的概念最初起源于柔性制造系统，是指制造过程的可变性、可调整性，描述的是生产系统对环境变化的适应能力。柔性概念应用到企业的组织结构上，是指企业组织结构的可调整性以及对环境变化的适应能力。很显然，企业组织结构发生这种变化，也是企业所处的社会经济环境不断变化的结果。随着新经济时代的到来，企业外部环境的变化已大大高于工业经济时代的变化，企业的战略和组织结构也将因此做出及时调整。所以，企业组织运作柔性化也将成为企业组织结构未来发展的一种趋势。

4. 团队组织形式兴起

所谓团队组织形式，是指由为数不多的团队成员承诺共同的工作目标和任务，并且互相承担责任的一种企业组织形式。这种组织形式多出现在知识型企业中。实践证明，这是一种非常适应企业现代经营环境的组织形式，因此备受赞誉，并被普遍推广采用。第一，团队组织与传统的部门不一样，它是自觉形成的，是为完成共同的任务，建立在自觉的信息共享、横向协调的基础上的；第二，在团队中，没有拥有制度化权利的管理者，团队成员不是专业化人才，而是多面手，具有多重技能；第三，团队中员工的分工界限不像传统的组织结构形式那么明确、严格，他们相互协作、彼此激励、共同承担责任。团队组织形式的采用，消除了因目标对立而引起的组织内耗增加，彼此之间的竞争关系转化为共同合作关系，团队成员相互取长补短、支持促进，从而提高了团队效率。团队组织具有的这些积极作用，使它得到了迅速普及和发展。

5. 企业整体形态创新

企业整体形态创新的根本原因是企业高新技术的不断运用以及互联网技术的不断发展。在高新技术，特别是互联网技术的激励下，企业模式正经历着一场深刻的、根本性的大转变。这场变革的结果就是企业内部组织结构的重大变化。如何实现企业组织形态的创新以适应新知识经济时代的要求，已经成为每个管理者所必须面对的严肃课题。

例如，虚拟企业就是企业组织形态创新的一种具体表现，也是企业整体形态创新的一种尝试。所谓虚拟企业，是在经济全球化、信息化、知识化的大环境下与传统企业相对而言的一种动态网络联盟企业。它最重要的特征是将传统企业固定的、封闭的集权式结构改变为灵活的、开放的网络式结构。这种网络式结构将所有协作伙伴、雇员、外部经销商、供货商和客户以各种不同的合作形式联系在一起，形成一个错综复杂的平面网络，彼此互相依存、紧密合作。虚拟企业是一个没有固定构成的外部化的网络组织，是一个在一定利益条件下靠协议结合成的松散组织，组织各部分的调整皆因企业市场经营环境的变化，容易而且快捷，是一种能够满足当前市场变化快、技术进步快、信息传递快、产品研制开发难度大的现状要求的企业生存发展模式。这种企业可能总部设在美国，在印度编制软件，在德国进行工程设计，而在日本进行制造。每个前哨基地都通过网络进行无缝连接，以使分布广泛的雇员和自由职业者能够同时工作。

第三节　新创企业经营场所的选择

一、经营场所与企业法人住所

经营场所是指企业法人进行主要业务活动、经营活动的处所，是企业进行生产、经营、服务的基本条件。场所大小是确定企业经营规模的依据之一。企业法人住所或公司住所是指公司主要办事机构所在地，即公司主要经营活动的中心场所。企业法人住所和经营场所的法律意义是不同的，但在实际工作中，企业法人住所和经营场所往往是同一地点。所以，必须把住所和经营场所作为企业法人的主要登记事项。

在法律上规定企业法人住所的意义，主要是为了确定以下几项内容：①企业法人住所是企业法人独立承担民事责任的必备条件。②企业法人住所是确定诉讼管辖的依据。③企业法人住所是确定企业登记主管机关管辖的依据。企业登记主管机关对企业的管理首先是地域管辖。企业没有固定住所，国家执法机关就无法对其进行有效的管理。④企业法人住所是企业法人从事生产经营活动的必要条件。

需要说明的是，在《公司法》《税法》等各种法律制度中，经营场所和企业法人住所在使用上会有所不同：①二者的适用范围不同。经营场所可泛指公司、企业的一切经营所使用的场所，明显要比企业法人登记住所（只准一处固定场所）范围广泛。②二者的法律内容不同。经营场所的其中一个中心场所登记为企业法人住所，经营场所可用于所有的日常经营使用；而企业法人住所是具有法定的民事、刑事的权利和义务所指向的。

二、经营场所选择的影响因素

社区环境是选择经营场所时需要重点考虑的方面。因为创业者在进入一个社区创业前，必须了解它的历史、人口、收入状况、其他的相关企业和商业繁荣程度等。最重要的是对以下一些因素进行考察：

1. 现有的竞争者

现有企业已经在社区内占有了一定的市场份额，赢得了一定的竞争地位，新创企业的加入会瓜分现有企业的市场份额，对其竞争地位构成威胁。因此，现有企业的反应是选择经营场所是需要考虑的重要因素。当然，创业者不应该把社区的其他企业仅仅看成是竞争对手，很多情况下它们还可能成为企业的朋友和合作伙伴。

2. 潜在市场的规模

在选择经营场所时要考虑的最重要因素之一是企业潜在的市场。创业者应该考虑下面几个问题：①社区内人们的职业主要是什么？②社区内主要是年轻人、中年人还是老年人？③社区内人们的生活方式怎样？他们如何度过闲暇时间？④该社区有什么特殊需要？⑤顾客到拟创企业购物是否方便？⑥交通流量是否足够大？⑦潜在的顾客群的收入和购买力是否能承受得起创业者所提供的商品和劳务价格？等等。

3. 潜在的竞争者

如果新创企业具有较大的市场潜力，那么除了考虑现有企业的竞争之外，还必须考虑潜在的竞争因素。主要包括：社区内还有哪些企业可能提供同样的商品和服务吗？这些企业的实力和竞争能力如何？新创企业能否在社区内取得一席之地并获得生存发展呢？等等。

4. 建筑物和其他费用

在寻找经营场所时，要对附近企业所付的租金和地产进行比较。如果准备租用厂房或店面，需要考虑的因素之一是建筑的自然条件。建筑物是否需要整修？如果需要，整修的费用如何承担？有时创业者可能希望把租约期限定得尽可能短，以防万一经营场所选得不满意可以重新选择新的经营场所。然而，如果企业经营比较成功，签订一个较长时期的合同可能对创业者更为有利。如果准备自建厂房或店面，创业者应该将自建成本与租赁成本进行比较，选择一种成本更低的形式。

三、企业经营场所选择的依据与策略

当企业选择经营场所时，首先要考虑是租赁还是购买。如果选择购买，对于企业来讲是一种房地产投资。作为企业固定资产投资中最重要的活动，因其具有高投入性和长期性，直接影响着企业的财务成本、现金流及股东投资回报率。因此，每一项房地产投资都必须引起企业最高管理者的高度重视，在选择之前一定要慎重考虑。

企业经营场所的租赁或者购买涉及金额巨大，因此无论是购买还是租赁，任何企业都十分关注在这个过程当中遇到的法律问题，如开发商的资信、签订合同的阶段、企业自身利益的保障等。

新创企业选择经营场所时还需要注意三点：①邻居群体。企业选择物业，从某种程度上也可以提高企业的形象。置身一个高知名度的邻居群体当中，会让人觉得自身也是很好的企业。②办公室功能的灵活性。如果企业成长很快，购买办公室时要考虑，如果将来一旦扩充，现在的办公室是不是可以转型做其他功能使用。③历史与文化。这个方面可以提高企业本身的文化，是塑造品牌的一个基础、一个渊源。

四、不同类型企业的经营场所选择

不同类型的企业在选择经营场所时遵循的原则不同。

1. 制造型企业厂址的选择

对大多数制造型企业来说，是否靠近顾客并不是关键因素，因为顾客一般不会到企业直接购买。比较重要的是与企业生产成本相关的因素，如企业是否接近原材料供应地点，水电供应情况，运输情况等。如果大部分的原料都来自同一地区，应当考虑是否在该地设厂。同时，要分析一个离原料产地较近的竞争对手是否比一个离原料产地较远的竞争对手更有优势，而这种优势和离顾客较近相比，哪一个更重要。一般来说，对制造型企业而言，接近原料的产地比接近顾客更为重要，如很多大型钢铁公司都选择离铁矿很近的地方建厂。另外，还要考虑原材料供应是否受季节的影响以及未来的供应情况等。

2. 服务型企业经营场所的选择

服务型企业选址考虑最多的因素是目标顾客群的特点，在此基础上再选择一个最适合这类顾客的地点或场所。例如，一般认为，高档饭店最好不要开设在低收入社区；便民连锁店、美容美发店、家用电器维修店有时并不需要开设在商业区，而开设在居民住宅区，可以更方便为顾客服务。

3. 零售型企业经营场所的选择

零售型企业选择经营场所是一个更为复杂的问题，要考虑的因素很多，主要有：

（1）各种企业的相容性。在一定区域内的不同类型企业之间可以共享顾客，或者同类企业之间相对集聚形成“商圈”，使各企业可以在巨大的客流中受益。例如，人们经常看到一些大型零售商店周围布满了许多饭店、美容美发店、冷饮店等，因为大型零售商店的巨大的客流量往往会为它们带来很多生意。即使是出售同类商品的竞争企业，如果它们出售产品的形式、种类和价格不同，也能通过综合的吸引力创造更多的顾客，也具有一定的相容性。

(2) 房租或地产成本。不论营业的建筑设施是租用的还是自己拥有的，企业都要支付房租或地产成本。自己拥有的房产也要提取房屋折旧、原始投资的利息、保险费、税收以及房屋的维修费等。地产成本通常从商业中心到边缘地带逐渐降低。一般来说，广告成本从商业中心到边缘地带逐渐提高。因为位于商业中心的企业不需要花费多少广告费就可以招徕顾客，而离市中心较远的企业则要花费大量的广告费以吸引顾客。一些专业性较强的零售企业由于位于黄金地带，分享大企业的顾客，从而获取较高的利润，其广告成本却非常低。

国外对消费者的调查资料对企业经营场所的选择具有借鉴作用。例如，位于步行者多的一边比步行者少的一边好；与交易量很大的企业在同一边比在这类企业的对面要好；位于人口增长较快的一边比人口增长缓慢的一边要好；位于最不受气候影响的一边比气候多变一边要好；位于能遮蔽下午阳光的一边比下午有阳光直射的一边要好，位于汽车较少来往的一边比汽车较多的一边要好。有的研究者认为，零售型和服务型企业选址时，宁可位于街道较有利的一边的底端，也不要位于另外一边。因为步行者一般不会因对面商店的装潢很吸引人而绕到马路对面去购物。同时，商店位于中心街道的右侧或位于下班人群经过的路上也是非常有利的。

专栏8-3

商铺选择经营场所的步骤

1. 了解该地段的家庭状况

家庭状况是影响消费需求的基本因素。家庭状况包括家庭的人口、家庭成员年龄、收入状况等。例如，每户家庭的平均收入和家庭收入的分配，会明显地影响未来商店的销售。如所在地区家庭的平均收入提高，则会增加家庭对选购商品数量、质量和档次的要求。家庭的大小也会对未来的商品销售产生较大影响。例如，一个由年轻人组成的两口之家，购物追求时尚化、个性化、少量化；而一个三口之家的家庭（有一个独生子女），其消费需求几乎是以孩子为中心来进行的。家庭成员的年龄也会影响其对商品的需求。例如，老龄化的家庭，其购物倾向为购买保健品、健身用品、营养食品等；而有儿童的家庭，则重点投资儿童食品、玩具等。

2. 人口密度的普查

一个地区的人口密度可以用每平方公里的人数或户数来确定。一个地区人口密度越高，则选址商店的规模可相应扩大。要计算一个地区的白天人口，即户籍中除去幼儿的人口数加上该地区上班、上学的人口数，减去到外地上班、上学的人口数。部分随机流入的客流人数不在考察之内。白天人口密度高的地区多为办公区、学校文化区等地。对白天人口多的地区，应分析其消费需求的特性进行经营。例如，采取延长下班时间、增加便民项目等以适应需要。人口密度高的地区，到商业设施的距离近，可增加购物频率；而人口密度低的地区吸引力弱，且顾客光临的次数也少。

3. 客流量的统计

一般在评估地理条件时，应认真测定经过该地点的行人的流量，这也就是未来商店的客流量。人流量的大小同该地上下车人数有较大关系。上下车人数的调查重点为：

(1) 各站上下车人数历年来的变化。

（2）上下车人数越多的地方越有利。

（3）上下车人数若减少，又无新的交通工具替代，则商圈人口也会减少。

根据车站出入的顾客年龄结构，可了解不同年龄顾客的需求。一般而言，调查人口集聚区域是企业选择经营场所的重点。例如：

（1）居住人口集聚区，如新建小区、居民居住集中区等。

（2）日常上班的场所、学校、医院等是白天人口集结的场所，也是人口聚集地区。

（3）火车站、汽车站、地铁站等是人们利用交通工具的集结点，也是人口聚集之处。

（4）体育场、旅游观光地及沿途路线也是人们集聚活动的场所。

4. 分析消费者的购买力

商圈内家庭和人口的消费水平是由其收入水平决定的，因此，商圈人口的收入水平对地理条件有决定性的影响。家庭人均收入可通过入户抽样调查获取。例如，某商厦在立地之初，就对周围商圈1～2km半径内的居民按照分群随机抽样的方法，抽取出2000个家庭样本。经过汇总分析，在这2000户居民家庭中，人均月收入在3000元左右的约占50%，1000～2000元的占15%，2000～3000元的占20%，1000元以下的占5%，3000元以上的约占10%。由此说明，该地区的居民大都是工薪族家庭，属于中等收入水平。

专栏8-4

商铺选择的调查方法

1. 商圈的调查

商圈也称商业圈，是指店铺吸引消费者的地理区域。商圈的大小与消费者所购买商品的特性、消费习惯、交通因素等有很大关系。一般以商铺设定的地点为圆心、周围一定距离为半径所划定的范围作为商圈设定考虑的因素，但实际上，还应综合店铺的业态形式、商品的特性、交通网的设立等一系列因素。而且，商圈的形式不一定都是同心圆，店铺类型、规模、周围有无竞争者、顾客往返时间和交通障碍等都会影响商圈调查的结果。

商圈包含三个层次：中心商业圈、次级商业圈和边缘商业圈。中心商业圈占这一店铺顾客总数的55%～70%。这是最靠近店铺的区域，顾客在人口中所占的密度最高，每个顾客的平均购货额也最大，很少同其他商圈发生重叠。次级商业圈包含这一店铺顾客总数的15%～25%。这是位于中心商业圈外围的商圈，顾客较为分散。一般日常用品对这一商圈的顾客缺少吸引力。边缘商业圈包含了剩余部分的顾客，他们最为分散。如便利店对他们就不具有吸引力，只有一些特殊品、选购品才会吸引他们的到来。

2. 有效商圈范围的调查

对于新设店铺商圈的划定，往往通过调查评价，包括对市场趋势的分析和对消费者的调查。

市场趋势分析要收集有关资料，如人口分布的预测、新住宅的兴建、公共交通运输、城市规划等方面的资料。对消费者的调查，内容包括往返于商店的距离和花费的时间多少是顾客乐于接受的，一家商店的坐落场所要具备哪些特征才能吸引顾客，最可能来新店的顾客的住址，等等。分析市场趋势和调查消费者这两方面可以同时采用，也可只采用其中一项，同样可为勾画商圈轮廓提供依据。

要划定一家新设店铺的商圈界限，可使用美国学者威廉·雷利（W. J. Reilly）提出的雷利法则，也可称为“零售引力法则（定律）”。他认为，商圈规模由于人口的多少和距离店铺的远近而有所不同，店铺吸引力由最临近商圈的人口和距离两因素发挥作用。其内容是在两个城镇之间设立一个中介点，顾客在此中介点可能前往任何一个城镇购买，这个点位于对顾客具有同等吸引力的两家商店位置上。

雷利法则假定两地的交通条件和供应状况是相同的。则A城镇的商圈范围为15km，B城镇的商圈范围为5km。实际上，任何两地的交通条件和供应状况都不会完全相同。因此，企业在确定商圈时，要考虑到不同地点的实际情况，对测定的商圈大小进行适当的调整，使之更接近真实情况。雷利法则较适用于以汽车为交通工具的国家和地区，对亚洲地区来说，人口密度高，购物主要以步行为主，需要更多地考虑步行的距离对商圈的影响作用。

不同的业态模式由于经营的商品种类不同，目标顾客不同，因而具有不同的商圈范围。借鉴国外经验，一般而言，仓储式商场实行会员制度，许多商品都是成批购买，商圈范围可达到50km；大型综合超市卖场面积大，经营商品种类丰富，因而可吸引远距离的顾客，商圈也可达到15～20km；而标准食品超市主要经营食品、商圈一般为5km；传统食品超市经营的商品种类少，商圈约为1～3km；便利店因为经营商品种类少，而价格又比其他超市高，消费者购买主要是为了求方便，因而商圈只有500m左右。

3. 经营场所的顾客群调查

经营场所内的顾客群分为两部分：一是流动人口；二是住户。两种人口对营业额的影响不同。流动人口测定的一般方法是：

（1）指定专人（最好是两个以上的人员，可轮流测量，以获得全天的测试资料）到预定的店址测定各年龄层的人数。

（2）将几个时段内测定的流动人口数平均，得到每小时平均人数。

（3）预估不同年龄层可能发生的客单价，即每个顾客的购买金额。

（4）预估入店率，即流动人口中进入店铺的人数比例。

住户测定的方法是：

（1）按商圈范围分层测定住户效。当前资料可从居民住宅区的居委会获得，未来资料可从政府有关部门获得。

（2）根据远近距离估计入店概率，第一商圈最高，第二商圈次之，第三商圈最低。

（3）顾客单价预估与入店率成反比。距离近、常上门的顾客，其购买单价通常不会太高；而距离远、上门次数少的顾客，其购买单价通常较高。

住户的情况调查是耗时最多的调查项目，而且了解得越详细越好。有关资料的收集可借助问卷调查表，调查表可通过4条渠道发送：委托专业人员上门分送；与居委会合作分送；与学校合作，通过中小学生送达到家庭；邮寄或直接送入住宅区的信箱内。无论采取何种方式，都必须有必要的诱导，如重要性说明、赠送小礼品等。

4. 经营场所内的竞争店调查

在做经营场所内的竞争店调查时，必须考虑下列因素：现有同种业态店铺的数量、规模分布、新店开张率、所有商店的优势与弱点、短期和长期变动以及饱和情况等。任何一个商圈都可能处于商店过少、过多或饱和的情况。过小的商圈内只有很少的商店，提供满足商圈内消费者需求的特定产品与服务，以至每家商店都得不到相应的投资回报；一个饱和的商圈内的商店数目恰好满足商圈内人口对特定产品与服务的需要。饱和指数表明，一个商圈所能支持的商店不可能超过一个固定数量。

一般来说，应选择饱和指数较高的商圈开店。因为饱和指数越高，意味着该商圈的饱和度越低；饱和指数越低，意味着该商圈的饱和度越高。

案例

沃尔玛如何选择经营场所

沃尔玛百货有限公司由美国零售业的传奇人物山姆·沃尔顿（Sam Walton）于1962年在阿肯色州成立。经过50多年的发展，沃尔玛公司已经成为美国最大的私人雇主和世界上最大的连锁零售企业。目前，沃尔玛在全球15个国家开设了超过8000家商场，下设53个品牌，员工总数210多万人，每周光临沃尔玛的顾客达2亿人次。

选址对于零售型企业来说是关系到企业成败的一个重要环节。沃尔玛从选址到开业，周期非常漫长。如果沃尔玛打算在一个城市开设新店，它会参照该城市已有的零售店的商圈大小。为了尽量接近实际情况，沃尔玛会调研目标城市的居民人口分布、城市规划、交通状况、商业布局、人口流动等情况，以及仓储式零售店在经营规模和经营特色上的不同，进行合理修正，以取得商圈的各种参数。

沃尔玛选址的过程严谨而且复杂。在确定商圈后，沃尔玛的新店址一般都选在城乡接合部、次商业区、新开辟的居民区中，在该商场周围要有20万~30万的常住人口。

沃尔玛对事先拟定的地点做市场调查分析：①城市结构，包括交通条件、地形地貌；②商业结构，包括销售动态、零售商店的种类和经营方式、竞争的饱和度分析；③人口特征，包括数量和密度、年龄分布、文化水平、职业分布、人口变化趋势、人均可支配收入、消费习惯；④交通便利性，包括交通网络布局、交通设施、行政部门的规定、公交车路线；⑤可见度，包括店铺是否显而易见，能引起路人的重视；⑥适用性，包括土地面积形状，以及建筑物的层高、构造、材料、立面造型及可塑性。

经过汇总，沃尔玛就开始如下程序对其所选的地点进行整体评估：首先，由市场调查委员会研究各潜在地点，收集信息；其次，由一执行小组评估经济上的可行性，然后由一财团评价该地点；最后，由决策委员会评审决定。

随着越来越多的网店的开发，沃尔玛总结出了一套自己的选址经验，并在新店的选址过程中认真遵循和参考：一是从连锁发展计划出发；二是选择经济发达的城镇；三是独立设置门店；四是选择城乡接合部。

第四节　企业登记注册过程

企业登记注册是创办企业的法定程序，主要包括工商登记注册、税务登记、银行开户、其他相关手续等。

一、工商登记注册

在办理工商登记注册时，创业者应该仔细阅读有关要求，熟悉基本的办事程序，按照工商行政管理机关提供的办事程序和要求，完成登记注册手续。

（一）企业登记注册的步骤

企业登记注册，一般要经过申请和受理、审查和核准以及颁发执照和发布公告三个步骤。

1. 申请和受理

申请是创业者的主动行为。在正式申请前，可以到工商行政管理局向有关人员了解申请的程序，认真听取有关要求。申请开业需要填写开业申请登记表或开业登记注册书，还要填写有关人员履历表。要如实填写拟定的企业名称和银行开设的临时账号，如果企业的注册资本达到一定的规模，要出具会计师或审计师事务所的验资证明，同时还要出具有关行业管理部门的经营许可证等。

受理是指登记主管机关接受创业者正式登记申请的过程。受理登记需要申请者交纳一定的费用。对于证件、文件不全的申请，登记主管机关会确认为无效申请，不予受理。申请人可以说明自己的准备情况，请求帮助和理解。登记主管机关需要讲清申请材料中缺乏的项目，以便申请人补充。

2. 审查和核准

审查是注册审批工作的关键环节，主要由工商行政管理机关来完成。注册分局或各区工商分局要审查申请者提交的申请书和各种文件，确认是否符合程序，提交的批准文件或资格证明材料是否完备，审查核实申请登记的企业是否具备企业登记条件，企业登记主要事项是否属实，生产经营项目是否符合国家的有关规定等。审查的另外一项内容是经营场地调查。申办企业的场地调查由工商局注册分局企管科负责。在审查过程中，工商机关可以提醒和帮助申请者补齐各种要求的文件。对于文件不具备的申请者，说明理由，驳回申请。经过审查，工商行政机关在规定的时间内做出核准登记或不予核准登记的决定。

3. 颁发执照和发布公告

在审查核准的基础上，工商行政管理机关填写企业法人营业执照，颁发给符合条件的申请者。创业者经过核准登记，领到营业执照，就表示企业已经取得了合法的经营地位，同时也取得了名称专用权和生产经营权，其正当经营、合法权益和资产受法律保护。登记管理机关还要发布登记公告，将核准登记的企业，通过报刊、电台等新闻媒体，向社会公开发布。开业登记公告的内容包括企业名称、住所、法定代表人、经济性质、企业类别、注册资金、经营方式、经营范围、注册号等。

（二）企业登记注册的内容

企业登记注册的主要内容有企业名称、企业负责人姓名、经营场所、企业种类、注册资金、经营范围、经营方式、从业人员和雇工人数等。

1. 企业名称

初步拟定新创企业的名称后，要到当地的工商局注册分局进行计算机查询，确定自己拟定的名称是否与别人已注册的企业名称重复。这个程序称为“名称查重”。按照国家有关法律规定，企业名称具有专用性和排他性，一旦核准登记，在规定的范围内享有专用权，受法律保护，其他单位或者个人不得与之混用或假冒其名称。

2. 企业负责人姓名

办理工商注册，填写企业负责人姓名时必须使用真名，不得使用别名或假名。按照规定，个人独资企业的负责人是投资者本人；合伙企业的负责人是由全体合伙成员推举的负责人；有限责任公司负责人则是全体股东或股东代表大会选举产生的公司董事长或总经理。

3. 经营场所

这项内容应按要求如实填写和报告。经营场所如果属于创业者的物业，在申请时应该出具房产证明；如果属于租用，要出具租赁合同，并同时出具出租方的房屋租赁许可证。

4. 企业种类

企业可分为个人独资企业、合伙企业和有限责任公司三种类型。

5. 注册资金

注册资金是指企业自有的固定资金和流动资金的总额。它是企业财产的货币表现，同时反映了企业生产经营能力和企业规模。企业在注册之前，先要在银行开设临时账号，然后寻找一家合法的会计师或审计师事务所来为自己验资，并出具验资报告。关于验资收费，国家有统一的标准规定。

6. 经营范围

经营范围是指企业生产经营的商品类别和服务项目。根据企业生产经营的商品类别和服务项目在企业中所占的比重大小，经营范围分为主营项目和兼营项目。经工商行政管理机关核准登记的经营范围是法定经营范围，企业不得擅自超越。如果企业在实际经济活动中超越核准登记的经营范围，就属非法经营了。

7. 经营方式

经营方式主要包括自产自销、代购代销、来料加工、商品批发、商品零售、批零兼营、客货运输、储运、装卸、咨询服务等。

8. 从业人员和雇工人数

从业人员是指企业中的全体生产经营人员。雇工人数是指不包括企业投资者在内的企业生产经营人员。

工商行政管理机关自收到申请人提交的符合有关规定的全部文件起受理，在受理之日起30日内做出审核决定。企业营业执照签发日期为企业成立日期。营业执照分为正本和副本两种。正本为悬挂式，用于企业亮证经营；副本为折叠式，用于携带外出进行经营活动，创业者可以根据需要，申请领取所需本数。凭营业执照可以刻制图章、开立银行账户、签订合同等，进行经营活动，符合规定条件的可以申请贷款。

注册登记后，企业如要改变名称、住所、经营场所、法定代表人、经济性质、经营范围、经营方式、注册资金、经营期限，以及增设或者撤销分支机构，都应当申请办理变更登记。

另外，企业歇业、被撤销、宣告破产或者因其他原因终止营业，应当向登记主管机关办理注销登记。

二、税务登记

创业者领取营业执照之后，应按照《税务征收管理法》进行税务登记。根据《税务征收管理法》的规定，税务登记分为开业税务登记、变更税务登记、注销税务登记和停业、复业登记。创业者创办企业，要进行开业税务登记。

（一）纳税人种类

创业者首先应明确自己属于何种纳税人。需要办理开业税务登记的纳税人主要分为以下两类：

（1）领取营业执照从事生产经营活动的纳税人。这部分纳税人包括企业，即从事生产经营的国有企业、集体企业、私营企业、中外合资合作企业、外商独资企业以及各种联营、联合、股份制企业等，还包括企业在外地设立的分支机构和从事生产经营的场所，以及个体工商户，从事生产经营的机关团体、部队、学校和其他事业单位等。

（2）不从事生产经营活动，但依照法律法规负有纳税义务的单位和个人。另外，企业在外地设立的分支机构和从事生产经营的场所，其税务登记应由总机构统一办理。但创业者应注意，分支机构也应该办理税务登记。

（二）办税的步骤

办税主要是指办理税务登记、办理纳税申报、办理税款缴纳等手续。

1. 办理税务登记

税务登记是税务机关对纳税人的开业、变动、歇业以及生产经营范围变化实行法定登记的一项管理制度。从事生产、经营的纳税人自领取营业执照之日起30日内，持有关证件，向税务机关申报办理税务登记。新创企业申办税务登记时，应先持《企业法人营业执照》到市技术监督部门申领组织机构代码，这是办税的必备材料。具体办理税务登记的步骤如下：

（1）纳税人须在规定的时间内，持《企业法人营业执照》向地方税务局税务登记分局提出税务登记申请，领取《税务登记表》，一式三份。

（2）纳税人按要求如实填写《税务登记表》，并标明企业或个人所在地位置，加盖印章后连同有关证件、资料报送税务登记分局。

（3）税务登记分局对纳税人的税务登记表、工商营业执照和提供的有关证件、资料进行审核，符合规定要求的，即可准予登记，并发给纳税人《税务登记证》或《注册税务登记证》。税务机关应当自收到申报之日起30日内审核并颁发税务登记证件。

2. 办理纳税申报

纳税人应在领取《税务登记证》或《注册税务登记证》之日起15日内，不分经济性质和隶属关系，按照属地征收的原则，到主管征收分局办理纳税申报。纳税人无论有无经营和收入所得、有无应纳税款发生，均应按经营范围和经营项目的实际收入，依适用的税种、税目和税率向主管征收分局（所）报送纳税申报表、财务会计报表和税务机关根据实际需要要求附送的其他证件、资料。

根据企业经营规模大小和经营方式的不同，税款征收（缴纳）的方式有自核自缴、自报自缴、查账征收、查验征收、代扣代缴、代收代缴、委托代征、代征、邮寄申报、数据电文等。

3. 办理税款缴纳

纳税人应该根据要求，在指定的若干家银行中选择一家市内可实现本行计算机联网的银行，设立纳税账户，并与其签订委托银行划转税款协议书，将开户银行及账户报送主管征收分局征收科（所）。每月办理纳税申报前，纳税账户至少存足当月的应纳税款。已在银行开设纳税账户的纳税人，只需在征收分局规定的期限内通过上门申报或邮寄、传真、电子邮件等申报方式将纳税申报表及其他有关纳税资料报送征收分局后，由征收分局通知纳税人开设纳税账户的银行，将纳税人本期应纳税金划入国库，并将税票交纳税人。个人所得税纳税人到居住所在地的征收分局办理缴税手续。

（三）办税的内容

1. 营业税

营业税是对我国境内提供交通运输、建筑、金融保险、邮电通信、文化体育、娱乐、服务等劳务、转让无形资产、销售不动产的单位和个人，就其营业税额征收的一种税。营业税的特点是税源广泛，税负较轻，按行业、类别征收。

2. 增值税

增值税是对在我国境内销售货物或者提供加工、修理修配劳务以及进口货物的单位和个人，就其取得的货物或应税劳务销售额以及进口货物金额计税，并实行税款抵扣制的一种流转税。企业的产品销售额扣除该产品所耗费的原材料、燃料、动力、包装、加工以及其他费用后的余额，就是增值税纳税部分。

3. 消费税

在我国境内生产、委托加工和进口的特定消费品的企业都要缴纳消费税。特定消费品包括烟、酒、鞭炮、贵重首饰等。

4. 企业所得税

企业所得税是对企业生产经营所得征收的一种税。企业每一纳税年度的收入的总额，减掉成本、费用、所得税前列支税金、营业外支出后的余额为所得额，乘以一定的税率即为企业所得税。

5. 印花税

在经济活动和经济交往中书立、使用、领受凭证的企业，需要缴纳印花税。凡在我国境内书立、领受印花税条例列举凭证的单位和个人都是印花税的纳税人，包括立合同人、立账簿人、立据人和受领人。

企业需要缴纳的税种还有城市维护建设税、城镇土地使用税、房产税、耕地占有税等。

（四）税务登记的内容

1. 登记内容

纳税人应按要求如实填写《税务登记表》。其主要内容包括：

（1）企业名称、法定代表人或业主姓名及其居民身份证或者其他合法证件的号码。企业名称应填写企业全称。

（2）住所、经营地点。应按照企业详细地址填写。

（3）经济性质。应按照企业所属性质填写。

（4）企业形式、核算方式。核算方式有三种情况，即独立核算、联营、分支机构。

（5）生产经营范围、经营方式。经营范围应按照工商行政管理部门批准的自产自销、加工修理、修配、委托收购、代销、批发、批零兼营、零售及服务项目等填写。

（6）注册资金、投资总额、开户银行及账号。

（7）生产经营期限、从业人数、营业执照号码。其中，生产经营期限按主管部门批准的期限登记，从业人数按在册人数填写，营业执照号码按工商机关核发的执照号填写，一般还要填写发证日期。

（8）财务负责人、办税人员。应填写企业财务主要负责人的姓名、职业；办税人员一栏应填写纳税人指定办税人员的姓名和职务。

2. 登记所需资料

报送税务登记表申请办理税务登记时，应根据不同情况携带证件资料。其主要包括：营业执照（正本）原件、复印件，有关合同、章程、协议书复印件，银行基本存款账户开户卡复印件，法人代表或业主的居民身份证的原件、复印件，技术监督部门颁发的组织机构代码证书复印件，企业自有房产证明或租赁房屋证明复印件。

如果在领取营业执照后超过 30 天才去办理税务登记，应提供由工商机关开出的“办理工商执照工本费收据”原件和复印件。税务登记分局通过审核资料，对符合要求的，准予登记，并颁发税务登记证件。税务登记证件分为两种：《税务登记证》及其副本；《注册税务登记证》及其副本。

税务登记证是纳税人履行的纳税义务的书面证明，仅限于纳税人自己使用。税务登记证件不得转借、涂改、损毁、买卖或者伪造。纳税人凭税务登记证副本可申报办理减税、免税、退税、补税，领购发票，申报办理外出经营活动税收管理证明，以及税务机关登记的其他有关税务事项等。

（五）纳税申报的内容

1. 申报类型

根据《中华人民共和国税收征收管理法》及其实施细则的规定，纳税申报实行全面纳税申报，即纳税人从办理税务登记起，不论有无经营收入、是否亏损或者享受减免税，都应在规定的申报期限内办理纳税申报。全面纳税申报的内容包括正常申报、减免申报、零申报、定期定额申报、延期申报等。

2. 申报内容

纳税申报一般包括报送纳税申报表、企业财务会计报表和有关纳税资料。应按照税法规定或税务机关核定的期限，填报纳税申报表或者代扣代缴、代收代缴税款报告表。其主要内容包括：税种，税目，应纳税项目或者应代扣代缴、代收代缴税款项目，计税依据，扣除项目及标准，适用税率或者单位税额，应退税项目及税额，应减免税项目及税额，应纳税额或者应代扣代缴、代收代缴税额，税款所属期限，延期缴纳税款，欠税，滞纳金等。

3. 申报所需资料

纳税人在填写纳税申报表时，一定要如实填写，计算数据要准确，填写项目要完整，递交手续要完备，填写报送要按时。纳税人办理纳税申报，在如实填写纳税申报表的同时，要根据不同情况相应报送下列有关证件、资料：

（1）财务会计报表及其说明材料。

（2）与纳税有关的合同、协议书及凭证。

（3）税控装置的电子报税资料。

（4）外出经营活动税收管理证明和异地完税凭证。

（5）境内或者境外公证机构出具的有关证明文件。

（6）税务机关规定应当报送的其他有关证件、资料。

扣缴义务人办理代扣代缴、代收代缴税款报告时，应当如实填写代扣代缴、代收代缴税款表，并报送代扣代缴、代收代缴税款的合法凭证以及税务机关规定的有关证件、材料。

三、银行开户

银行账户是客户在银行开立的各种存款、贷款、结算等账户的总称，是办理信贷、结算、汇兑和现金收付业务的工具，它可以连续、系统地记录各个会计科目所反映的经济业务内容。银行账户包括基本账户、一般账户、专用账户、临时账户等。

1. 基本账户

基本账户是指企业办理日常转账结算和现金收付的账户。企业工资、奖金等现金的支取只能通过基本账户办理。一个企业只能开设一个基本存款账户，不能多头开立基本存款账户。在银行开立基本存款账户，实行由中国人民银行当地分支机构核发开户许可制度。

申请开设基本账户的企业，必须是已经在工商行政管理机关注册登记，并已取得营业执照，实行独立经济核算的企业。企业申请开立基本账户，要凭当地工商行政管理机关核发的《企业法人营业执照》或《营业执照》、机构代码、法人身份证到当地银行领取开户许可证。向银行提交开户申请书，在申请书上应写明企业全称、地址、性质、经营业务范围和申请开立账户的种类，同时提交开户规定的证件，提交印鉴卡片。银行同意企业的开户申请后，企业要填写印鉴卡。申请企业要详细填写企业全称、开立账户、企业地址，企业负责人和财会人员名称，同时，印鉴卡片上必须盖预留银行印鉴，包括单位财务公章、财务负责人印章及出纳人员印章三个印章，并在印鉴卡的背面加盖单位公章，同时注册盖几枚章方为有效。账户启用日期等项目在单位送交印鉴时由银行填写，并告诉企业财务经办人员。各企业开户后要存入一定数量的存款，并陆续办理结算、汇兑、取款等业务，为此应向银行领取或购买各种空白业务凭证。印鉴卡是单位与银行事先约定的一种具有法律效力的付款依据，银行在为单位办理结算业务时，凭开户单位在印鉴卡片上预留的印鉴审核支付凭证的真伪。如果支付凭证上加盖的印章与预留的印鉴不符，银行可以拒绝办理付款业务，以保障开户单位款项的安全。

2. 一般账户

一般账户是指存款人在基本账户以外的银行借款转存，与基本账户的存款人不在同一地点的附属非独立核算单位开立的账户。存款人可以通过本账户办理转账结算和现金缴存，但不能办理现金支取。企业申请开立一般存款账户时，应填制开户申请书，提供相应的证明文件，递交盖有存款人印章的印鉴卡片，经银行审核同意后，即可开立账户。

3. 专用账户

专用账户是指企业因特定用途需要而开立的账户。企业一般应开设纳税专用账户。企业申请开立纳税专用账户时，应填写开户申请书，提供《税务登记证》及相关证件，递交盖有存款人印章的印鉴卡片，经银行同意后，即开立纳税专户。

4. 临时账户

临时账户是指企业因临时经营活动需要开立的账户。企业可以通过该账户办理转账结算和根据国家现金管理规定办理现金收付。企业申请开立临时存款账户时，应填制开户申请书，提供临时执照等相应的证明文件，送交盖有存款人印章的印鉴卡片，经银行审核同意后，即可开立此账户。

创业者在银行开立账户后，在使用账户前，应注意先了解一下必须遵守的事项：银行账户只供本企业使用，不得出租、出借或转让给其他单位或个人使用；保证账户内有足够的资金用来支付；不得签发空头支票；保证多种收支凭证真实可靠；如实填写款项来源和用途；不得利用账户搞非法活动；要及时记账，定期与银行核对账单，处理错误账单。

四、其他相关手续

创业者创办企业，除了需要办理以上手续外，还需要办理的其他相关手续有用工手续、供水申请以及用电申请等。

1. 用工手续

创业者招募人员要规范，应办理相应的劳动用工手续。办理劳动用工的手续时，应注意以下几点：

（1）向劳动部门出示营业执照正本或副本并附复印件，申请招募人员。

（2）填写《劳务工就业证》《暂住人口登记表》《办理劳动用工手续统计表》等。

（3）缴纳暂住人口管理费，按劳务工人数和上岗时间计算。

（4）招用劳务工时要注意，所招收的劳务工应该符合法律规定，不得使用未满16周岁的童工。

2. 供水申请

申请供水要去当地自来水公司填写并提交用水申请书。用水申请书的主要内容包括：用户名称、营业执照号码、用水地址、表后给水设计单位、表后给水安装单位、工程性质、用水性质、建筑层数、建筑总面积及户数、用水量等。一般情况下，凡供水管理所及的地区，用水申请都可得到批复。表前给水管必须由当地供水公司派专业队伍负责设计、报建、施工；表后水管工程须经供水部门审批后，方能委托其他有给水施工资质的单位施工。

3. 用电申请

申请用电要去当地电力部门填写并提交用电申请书。用电申请书的主要内容包括：用户名称、用电地址、所属行业、申请属性、经营性质、用电性质、申报用电设备清单、用电说明等事项。申请时，要带申请人居民身份证。用电批复后，用户要缴纳全部增容费用；室外线路由电力部门统一安装施工并结算费用；室内线路由用户自己安排持有省级电力设施安装许可证的单位安装施工并结算费用。室内线路工程的设计资料送审、开工登记、申请验收及竣工报装均由承装单位统一办理。室外线路完工以及室内线路完工并被验收后，电力部门合闸送电。

本章小结

创业者在完成了创业前期的准备工作之后，开始正式创建企业。创建企业能够使创业者的计划和梦想成为现实，是创业者的首要任务。本章主要介绍了新创企业设立的一般程序，包括新创企业的类型与新创企业设立的具体程序；新创企业的组织形式，包括企业组织形式分类、决定新创企业组织形式的主要因素、新创企业组织形式的多元化发展；新创企业经营场所的选择，包括经营场所与企业法人住所、企业经营场所选择的依据与策略、新创企业选择经营场所的步骤与方法；企业登记注册过程，包括工商登记注册、税务登记、银行开户、其他相关手续等。

课后练习

1. 企业设立的一般程序包括哪些？
2. 决定企业组织形式的主要因素有哪些？
3. 简述企业经营场所选择的评估方法。
4. 简述企业登记注册过程。

第九章

创业企业成长管理

核心问题

1. 什么是企业成长？它的特征是什么？
2. 创业企业成长理论有哪些？
3. 创业企业成长的影响因素有哪些？
4. 创业企业成长战略有哪些？

学习目标

1. 了解创业企业成长的概念和特征。
2. 了解几种典型的创业企业成长理论。
3. 掌握创业企业成长的影响因素。
4. 理解创业企业成长战略。

引例

北京小米科技有限责任公司

创始人雷军于1992年参与创办金山软件，1998年出任金山软件CEO，1999年创办了卓越网。2007年，金山软件上市后，雷军卸任金山软件总裁兼CEO职务，担任副董事长。之后几年，雷军作为天使投资人，投资了凡客诚品、多玩、优视科技等多家创新型企业。2010年4月6日，雷军选择重新创业，建立了小米公司，是一家专注于智能产品自主研发的移动互联网公司。“为发烧而生”是小米的产品理念。小米公司首创了用互联网模式开发手机操作系统、“发烧友”参与开发改进的模式。小米没有森严的等级，每一位员工都是平等的，每一位同事都是自己的伙伴；崇尚创新、快速的互联网文化，讨厌冗长的会议和流程，希望每一位员工在轻松的伙伴式工作氛围中发挥自己的创意。

2014年“双十一”活动中，小米在天猫平台上销售手机116万台，销售额15.6亿元，约占天猫当天总额的3%，成功卫冕单店第一。2014年11月12日，优酷土豆集团在上海宣布与小米公司达成资本和业务方面的战略合作。合作内容包括两个方面：一是双方将在互联网视频领域开展内容和技术的深度合作，共同研发视频移动端播放等技术；二是小米公司将向优酷土豆投资并在自制内容及联合制作、出品和发行方面紧密合作。2014 年 12 月 14 日晚，美的集团发出公告称，已与小米科技签署战略合作协议，小米 12.7 亿元入股美的集团。2014 年 12 月 29 日，小米科技创始人雷军在微博透露，小米上周刚完成最新一轮融资，估值 450 亿美元，总融资额 11 亿美元。

第一节　创业企业成长理论

一、创业企业成长及其模型

（一）企业成长及其多边界性

企业成长一直是人们关心与谈论的热点话题。对于一个创业者，如果不能在创业后的一定时期内，使企业健康地成长起来，将会使创业者壮志未酬。新古典经济学派创始人英国经济学家阿尔弗雷德·马歇尔（Alfred Marshall）认为，成长是一个适者生存、自然淘汰的过程，强调了纯粹竞争市场条件下的企业成长。在传统企业理论中，成长的目标在于利润最大化。经理型企业理论的主要代表人物之一的马里斯（Marris）认为，管理的主要目标是企业规模的增长。近年对企业成长的研究认为，现代企业增长必须赋予结构变化和创新的含义。

现代企业成长是指现代企业在利润性和社会性相统一基础上的多目标结构引导下，为了生存和发展，与企业的经营结构、组织结构、空间结构和技术结构等结构发展变化相适应的企业规模增长的机制和行为。企业成长不可能是无限度的，也不是在任何规模下都是有效率的。企业边界是指企业成长有效率的限度或范围。事实上，企业经理经常要面对以下四个方面的问题：①是否要扩大某些产品的产量，这涉及规模经济；②是否应接管上游或下游企业，购买还是自己制造，这涉及交易经济；③是否应该变革组织结构和制度结构，这主要涉及组织经济和制度经济；④是否应该扩大企业所承担的社会责任范围，改变企业与政府之间的关系模式，这涉及企业、政府和其他社会组织之间的责权划分。由此，企业成长主要存在以下四种边界：规模边界、交易边界、制度边界以及社会边界。企业多重边界的特征如表 9-1所示。

表 9-1　企业多重边界的特征

比较项目	边界名称			
	规模边界	交易边界	制度边界	社会边界
考察对象	产品产量	交易	制度	权利、责任
主要决定因素	技术、市场结构	交易费用 市场结构	工业化程度 社会制度结构 产权结构	社会制度结构 法律框架 经济体制
主要特征	相当大的域 可变性	相当大的域 可变性	可变性 选择性	清晰的 法律的

（续）

比较项目	边界名称			
	规模边界	交易边界	制度边界	社会边界
改变边界的途径	规模型成长或水平合并	纵向一体化或多角化	制度变迁创新	权责变动
主要约束	资源、技术	市场	制度系统	社会制度系统
主要决策主体	企业	企业	企业与政府	政府

（二）创业企业成长的理论模型

20世纪50年代，企业生命周期成长理论得到了学术界的更为广泛关注。马森·海尔瑞（Mason Haire）于1959年最早提出企业生命周期的概念。迄今为止，已有20多种生命周期模型问世。不同学者对生命周期的阶段数目划分也不一样。例如，当斯（Downs）、李皮特（Lippitt）、斯考特（Scott）等学者把企业生命周期划分为三阶段；卡赞简（Kazanjian）、斯坦梅茨（Steinmetz）等学者将企业生命周期划分为四阶段；吉尔布雷斯（Galbraith）、格雷纳（Greiner）等学者提出企业生命周期的五阶段模型；还有更多阶段的划分，如弗拉姆豪茨（Flamholtz）七阶段模型、爱迪思（Adizes）十时期模型等。虽然划分的阶段数目有所不同，但其中仍有很多一致的部分。下面就比较典型的理论模型予以介绍。

1. 葛雷纳的五阶段模型

哈佛大学教授拉瑞·葛雷纳（Larry E. Greiner）提出的五阶段模型在学术界被引用的频率较高，影响较为广泛。该模型描述了企业成长过程中的演变与变革的辩证关系，很好地解释了企业的成长，进而成为研究企业成长的基础。他利用五个关键性概念（组织年龄、组织规模、演变的各个阶段、变革的各个阶段、产业成长率）建立了组织的发展模型，把组织成长分为五个阶段，即创业阶段、指导阶段、分权阶段、协调阶段、合作阶段（见图9-1）。该模型突出了创立者或经营者在企业成长过程中的决策方式和管理机制构建的变化过程，认为企业的每个成长阶段都是由前期的演进和后期的变革或危机组成的，而这些变革能否顺利进行直接关系到企业的持续成长问题。

2. 爱迪思的十时期模型

伊查克·爱迪思（Ichak Adizes）是企业生命周期理论中最有代表性的人物之一。他在《企业生命周期》一书中把生命周期形象地比作人的成长与老化，认为企业成长的每个阶段都可以通过灵活性和可控性两个指标来体现：当企业初建或年轻时，充满灵活性，做出变革相对容易，但可控性较差，行为难以预测；当企业进入老化期，企业对行为的控制力较强，但缺乏灵活性，直到最终走向死亡。

根据管理目标和企业文化特征，伊查克·爱迪思把企业的成长过程划分为三大阶段十个时期（见图9-2）。其中，成长阶段从孕育期开始，经历婴儿期、学步期、青春期；成熟阶段包括盛年期、稳定期；老化阶段包括贵族期、官僚化早期、官僚期，最后走向死亡。企业在这十个不同的时期有着不同的管理目标，各个时期的特点也都非常鲜明，并且都面临着死亡的威胁。

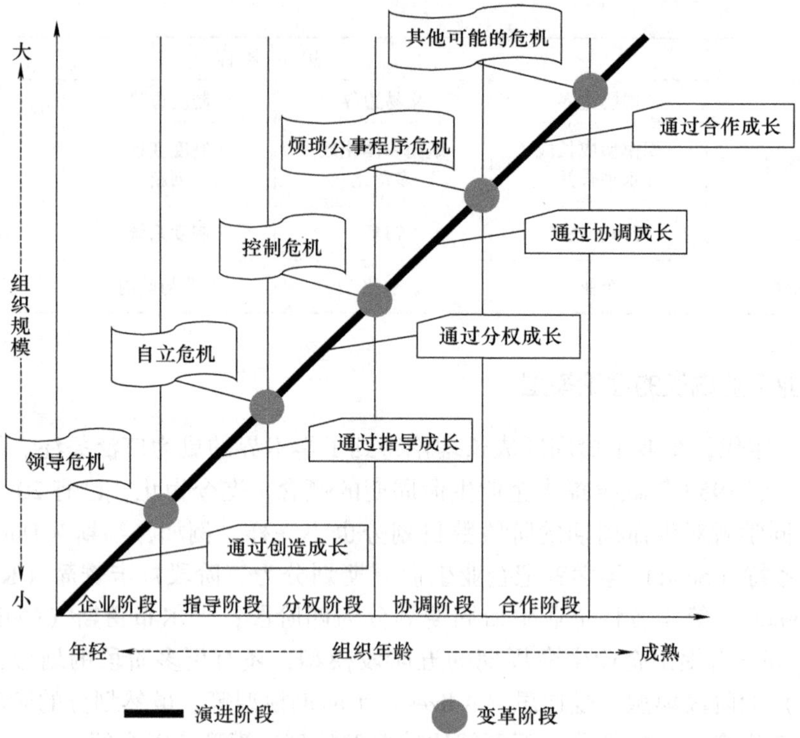

图 9-1　葛雷纳的五阶段模型

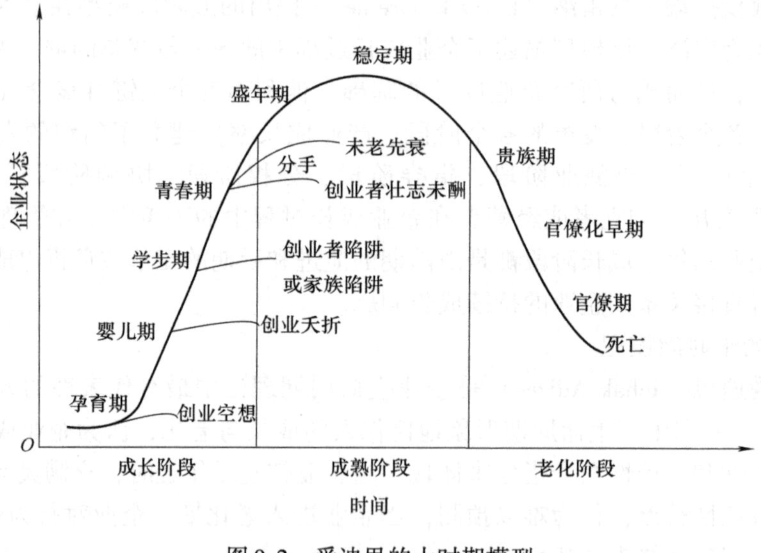

图 9-2　爱迪思的十时期模型

3. 谢康的四阶段模型

谢康（2003）提出企业成长的四阶段模型。该模型认为，百年老店的发展历史要经过四道门槛。大多数企业都不能迈过这四道门槛。

第一道门槛是企业发展到第 3 年，这叫入门，大约 60% 的企业没有入门就被淘汰出局；第二道门槛是 8 ~ 10 年，这叫入道，剩下的 40% 的企业有 50% ~75% 没有入道就被淘汰出局；第三道门槛是25～35年，称作入化，剩下的10%～15%的企业约有60%没有入化而被淘汰；第四道门槛是40～50年，称作企业入定，约有2%的企业入定“成仙”，其中，多数企业成为百年老店。

4. 陈佳贵的六阶段模型

在改革开放之前，我国没有学者对企业的生命周期进行过研究，直到20世纪80年代后期，才有学者开始研究这个问题，并取得了较大进展。这其中，中国社会科学院的陈佳贵教授提出的六阶段模型最具代表性。他考虑企业规模在企业生命周期中的作用，并以企业规模为纵坐标，以企业生命周期各阶段为横坐标进行了企业生命周期模型分析，如图9-3所示。他按照企业规模，将企业划分为大中型企业和小企业两种情形，并依次把企业生命周期分为孕育期、求生存期、高速发展期、成熟期、衰退期和蜕变期，各个时期企业的特点不尽相同。

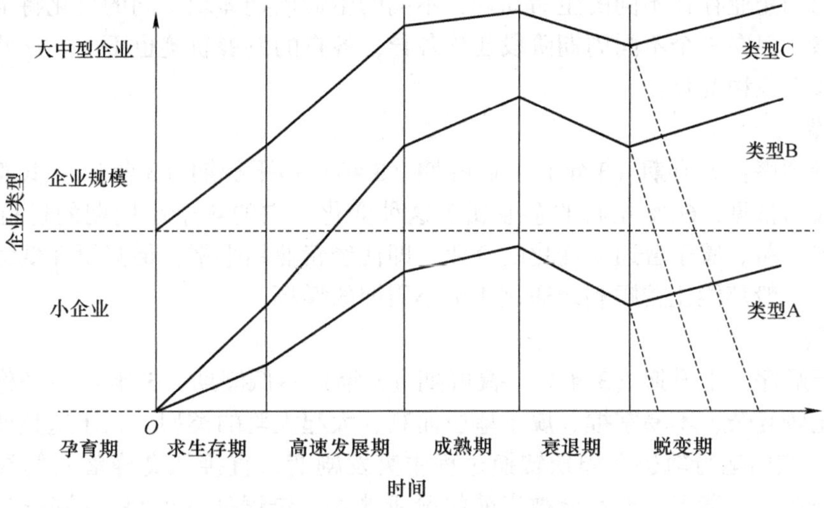

图9-3　陈佳贵的六阶段模型

5. 李业的企业生命周期修正模型

李业在陈佳贵的成长模型基础上提出了企业生命周期的修正模型，如图9-4所示。他不

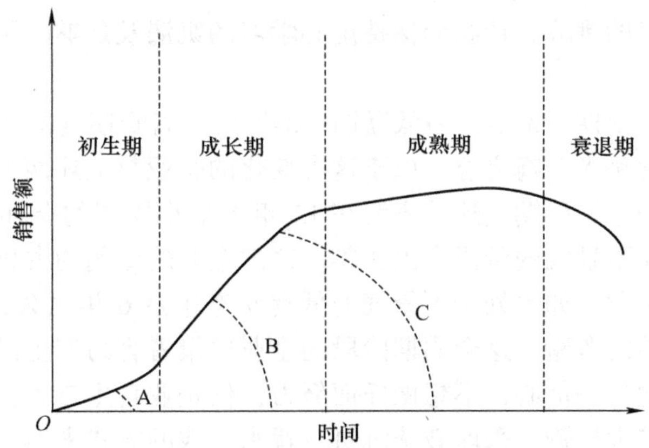

图9-4　李业的企业生命周期修正模型

将企业规模作为企业生命周期模型的纵坐标，而是将销售额作为纵坐标，原因在于销售额反映了企业的产品与服务在市场实现的价值，销售额的增加必须以企业生产经营规模的扩大与竞争力的增强为支持，为此，它能够更为准确地反映企业的成长状况。他指出，企业的各个阶段均应该以企业生命过程的不同状态来界定，并将企业生命周期依次划分为初生期、成长期、成熟期与衰退期。

二、创业企业的成长演化周期

企业生命周期变化规律是以 12 年为周期的长程循环，它由 4 个不同阶段的小周期组成，每个小周期为 3 年。如果再往下分，一年 12 个月可分为 4 个小周期，每个小周期为 3 个月。这是企业生命周期变化规律所体现出来的共同特征，即总体规律。一般来说，企业发展随着不同的周期阶段而变换着它的运行轨迹。

由于不同的企业存在不同的生命周期，不同的生命周期体现不同的变化特征。尽管它们有共同的规律，但在 4 个不同周期阶段变化各异，各自的发展轨迹也不同。这些不同的变化特征归纳为如下三种变化：

1. 普通型

周期运行顺序：上升期（3 年）→高峰期（3 年）→平稳期（3 年）→低潮期（3 年）。普通型变化最为常见，60% 左右的企业属于这种变化。它的 4 个小周期的运行相对比较稳定，没有大起大落。属于普通型变化的企业，即使经营业绩平平，但只要在低潮期不出现大的投资失误，一般都能比较顺利地通过 4 个小周期的循环。

2. 起落型

周期运行顺序：上升期（3 年）→高峰期（3 年）→低潮期（3 年）→平稳期（3 年）。起落型变化比较复杂，不易掌握，属于盛极而衰、大起大落的类型。属于这类变化企业的比例约占 20%。它的运行轨迹在周期转换过程中突发剧变，直接从高峰落入低谷。处于这个周期阶段的企业，经营者一般都会被当前状况所迷惑，错误估计形势，拼命扩大投资规律，准备大干一场。殊不知这种投资决策的失误，结果会导致前功尽弃，甚至全军覆没。

属于起落型变化的企业应居安思危，必须“如履薄冰”地面对未来。就像 IBM 的总裁郭士纳（Gerstner）所说的那样：“长期的成功只有在我们时时心怀恐惧时才成为可能。不要骄傲地回首让我们取得已往成功的战略，而要明察什么将会导致我们未来的没落。这样我们才能集中精力于未来的挑战，让我们保持虚心学习的饥渴及足够的灵活。”

3. 晦暗型

周期运行顺序：下落期（3 年）→低潮期（3 年）→高峰期（3 年）→平稳期（3 年）。此类型名为晦暗，隐含韬光养晦之意。属于这类变化的企业与上述两类相比，运转周期中减少一个上升期，多出一个下落期。这就表明在 12 年 4 个小周期的循环中，这类企业可供发展的机会少了 3 年，而不景气的阶段多出 3 年。这类企业的比例约占 20%。

一个正常运作的企业，如果处于不景气的低迷状态中达 6 年之久，不仅众人士气低落，企业决策者也面临严峻的考验。这个周期阶段的企业决策者容易产生以下两种心态：一种是彻底悲观失望，对前途失去信心，不想做任何努力，任企业自生自灭；另一种则出于孤注一掷的赌徒心理，拼命扩大投资，采取破釜沉舟、背水一战的方式来挽救败局。这种急功近利的做法不但于事无补，反而会在陷阱中越陷越深。所以，在这个阶段，以上两种策略都不足取。

晦暗型变化的企业虽有诸多弊端，但也具备独特的优势：它在经历下落和低潮两个小周期阶段的低位循环后，运行轨迹突发剧变，直接从低谷冲上高峰。鉴于这个变化特点，企业决策者要权衡利弊、扬长避短，充分利用这一优势，把不利转化为有利因素。“塞翁失马，焉知非福”，企业处于低潮固然不利，但从另一角度分析，这段时间也给企业提供了一个休养生息、调整组合的大好机会，应采用相应的战略调整，着眼于中长期目标的投资。

第二节　创业企业成长的管理障碍和影响因素

一、创业企业成长的管理障碍

《财富》杂志公布的数据指出，全球范围内创业企业的失败率高达70%以上。在美国中小企业中，约有68%的企业在第一个5年内倒闭，19%的企业可生存6～10年，只有13%的企业寿命超过10年。我国民营企业占企业总数的97%，其中约有70%的企业“存活”时间不超过5年，中小企业的平均寿命只有2.9岁。企业成长很难一帆风顺，而是会遇到各种各样的问题，其中，管理障碍是造成小企业大量破产的首要原因。归纳起来，其主要表现在以下方面：

1. 复杂性及管理难度加大

随着企业的发展，企业所面临的内外部环境更加复杂：①需要与越来越多的顾客及供应商建立并维护关系。②吸引了众多竞争对手，改变了行业内的竞争状况。这一方面可能面临大企业的打压，另一方面需应对小企业的“搭便车”行为。③地域因素带来的文化、法律、市场环境的影响等。这些情况都增加了企业成长所面临的不确定性和复杂性，从而使得企业管理难度加大。

专栏9-1

彭诺斯效应

英国学者彭诺斯（Penrose）指出，中小企业初期成长的模式大多是因为快速成长而产生了管理的需求，而不是管理实践推动了企业的快速成长。

彭诺斯认为，生产性物质是任何一个企业不可缺少的，但是企业重要的不是这些物质本身，而是如何利用这些物质。是行为而非资源构成了企业的特性。

作为利用，有两种行为：一是使用到哪里；二是如何使用。这两种能力作为生产性服务可以称为企业家服务和管理服务。

管理能力的不足是企业成长的最大障碍。这种观点称为彭诺斯效应。

2. 成长的资源限制

一个企业不可能无限扩张，初期的快速成长往往受到内部的管理能力、市场容量及资金等方面的制约。

（1）管理能力的制约。企业在某个时点拥有的管理服务数量是固定的，这些管理服务一部分要用于目前企业的日常运作，另一部分用于扩张性活动。如果管理企业当前事务所需的管理服务与企业规模成一定比例，而且企业扩张所需新增的管理服务与扩张规模也成一定比例，则企业只能按照这一固定比率成长，否则就会出现管理危机，影响效率。

（2）市场容量的制约。一旦企业实现了初期的快速成长，很快就会有其他企业跟进。众多竞争对手的加入使顾客有更大的选择空间，而随着顾客对产品和市场了解程度的加深，他们往往要求较高的产品质量或索取更多的服务项目和更低的价格。顾客竞价力增强使成长中的企业不得不调整市场战略．以赢得新顾客和维持已有顾客。

在企业自身方面，创业企业随着规模的增大，初期的目标市场容量将无法支撑企业快速发展的需求，创业者必须寻求扩张。但企业扩张往往又受到地域、环境以及多元化经营障碍等力量的制约，使得管理变得更加复杂，造成了极大的障碍。

（3）资金的制约。企业的快速成长需要具备充足的资金。如果不能得到新的资金，企业的成长将被严重制约。

3. 持续创新的不足

富于创新是推动企业成长的主要动力。企业创立之后，创业者关注的核心问题是生存，初期创新的推动力量会随着创业者投入资源的减少而减弱，也会随着消费者熟悉程度的增强和竞争对手模仿行为的增多而减弱。

4. 战略规划能力不足

随着创业企业的发展，迫于生存的压力，创业企业更加注重行动而非战略思考。事实上，在成长阶段，战略依然十分重要，缺乏战略是制约创业企业成长的关键因素。

5. 创业者的角色转换以及团队建设滞后

在企业的成长阶段会发生一些关键的转变，这时需要创业者转变管理方式，而要做到这一点并不容易。正如霍夫和查兰（Hofer & Charan）所说："在所有可能的不同转变中，最难做到，可能也是对组织发展最重要的，是从一个一人的创业型管理公司转变成为一个经营上有组织的、专业的管理团队控制的公司。"

在这个转型的过程中会发生很多问题，特别是如果这个企业有以下特征：一个高度集中的决策系统；对一两个高度关键人物的过度依赖；没有足够的管理技巧和训练；家长式作风。那么，这将对公司的成长和发展构成一种威胁，会降低创业者成功管理企业成长阶段的能力，从而限制企业的发展。因此，在成长阶段，创业者的角色要适时转换。

除了创业者自身的角色转换，还需要加强管理团队的建设。在一些创业企业中，仍然存在这方面的问题：他们在企业内部培植个人英雄主义，把企业的竞争力建立在个人能力的基础上，遇到问题时多采用更换个别高层管理者的做法来解决，结果不仅无法解决问题，反而制约了企业的发展。

6. 原有经营模式不适应企业的发展

在企业成长的诸多问题中，最大的问题是经营模式失效。许多知名企业的衰败可以说都是"广告轰炸和人海战术"这种经营模式失效的结果。

经营模式体现了创业者对企业活动的理解以及资源在研发、生产、销售、人力资源等经济领域的配置。企业的经营模式一旦形成，行业内的其他现有企业很难模仿。

新的良好的经营模式会给创业者带来持久的竞争优势，并推动企业在较长的时间里快速成长。但是一旦原有模式失效，原来受益的企业几乎就无法转型，大量的沉没成本和经营模式的刚性都迫使创业者另谋出路。

7. 其他问题

（1）创业元老的处置问题。创业元老是在企业创建初期与创业者一起打拼的群体。但随着企业的成长，或者由于创业元老的观念和技能无法适应企业发展的要求；或者由于其占据决策岗位，从而制约了企业人力资源建设与管理；或者由于在创业初期没有明确的书面合作协议，对企业成长缺乏规划，进而在扩张过程中出现了利益冲突等方面的问题；还可能由于由创业元老组成的创业团队在企业发展方向及重大经营决策等方面存在严重分歧而引发创业团队裂变等问题，都阻碍了企业的进一步发展。因而，对创业元老的处置成为创业企业的特殊问题之一。

（2）企业资源的个人化占有。创业企业在积蓄资源的过程中，如果积蓄起来的资源不是被企业占有，而是被企业中的个人（不管是创业者、上层管理者还是一般员工）占有，都将威胁企业的成长。企业资源的个人化占有是创业企业的又一特殊问题。

（3）企业裂变问题。随着企业的发展壮大，企业中的一些员工选择离职。他们大多在原企业中担任重要的研发或管理工作，掌握关键的技术诀窍，掌控较高的人力资本，而在他们离开企业的同时往往会带走其他员工。这些富有创业精神又有才能的员工离开企业，会对企业带来严重的影响，员工流动会造成企业技术和经验的流失，导致产品和服务质量下降、生产效率下降、顾客和员工忠诚度下降，削弱管理效果，同时会影响人员管理、培训质量和员工凝聚力，进而影响到企业的竞争力和生产效率，最终会影响企业的发展。这也是一大特殊问题。

专栏 9-2

创业企业成长的“痛苦”

（1）大家都感觉时间不够，事情越干越多。创业者、各部门各单位乃至个人都是如此。创业者更多地投入并陷入日常琐事之中；员工感到负担太重、压力太大而选择离职，人员流动性大。

（2）大量的时间被用于“救火”。人们利用很多的时间去处理一个又一个危机（Crisis），而没有时间及时做出正确的决策，组织完全陷入日常事务中。

（3）缺乏协调。人们不知道自己的工作，也不知道自己的工作与别人的工作之间的联系。他们做他们想做或认为应该做的事情，余下的事情便认为不是“自己的职责”。结果大家都在做很多重复性的工作，而有的工作却没有人去做。

（4）缺乏被理解的发展方向。人们对企业的发展方向感到迷惑不解，不知道企业将往何处走，创业者遇到“瓶颈”。

（5）缺少称职的管理人员。许多人都被冠以“管理者”或“经理”的头衔，但企业里称职的管理者很少。许多人认为自己有责而无权，工作人员不知道该干什么，企业借助在岗培训而不是正式的组织开发项目来提升管理水平。

（6）什么事情都自己做。大家感觉在组织系统中工作难以开展，所以干脆自己干。

（7）感觉会议是在浪费时间。由于缺少沟通和协调，事情又多，所以便召开更多的会议，会议成了大家讨论的场所。而会议没有日程表，也没有事先充分的沟通，经常无法做出决策。

(8) 计划缺乏沟通，因为没有控制系统。

(9) 员工的不安全感增大。创业者发现问题后，往往从外部聘请专家解决，使组织成员看不到自己目前的工作对组织发展的价值。

(10) 销量增加但利润没有增加。只见销量不见利润，表明企业初创时期的销售导向还在起作用。

二、创业企业成长的影响因素

企业是各种要素资源的集合体，企业的成长需要各类因素的系统性支撑。对于创业企业来说，企业的成长既离不开自身具有的某些资源禀赋，又在一定程度上依赖于外部环境因素的支持，同时在内外因素交互作用的过程中，创业企业还需要借助一些耦合因素促进自身成长。这些外部因素、内部因素及耦合因素共同构成了创业企业成长的生态系统，如图 9-5 所示。

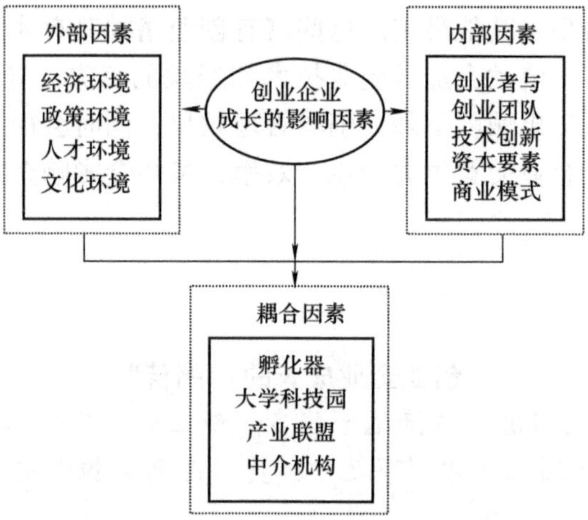

图 9-5 创业企业成长的影响因素

（一）外部因素

各种创业机会孕育于外部环境的复杂变化过程当中，而创业企业往往更倾向于在经济环境好、政策支持力度强、人才供给和流动机制完善，以及具有鼓励创业、容忍失败的文化环境的国家和地区开展创业活动。企业创业成长的环境作为重要的外部因素，既为企业创业提供了有利条件，也在某些方面对创业活动进行了限制。外部环境因素包括经济环境、政策环境、人才环境和文化环境。

1. 经济环境

经济环境包括经济发展水平、经济结构和经济制度三个方面。创业企业通过对经济发展水平的分析，把握经济发展的总趋势，合理确定其发展战略。产业结构通过调整产业布局，引导企业集群的形成。创业企业通过进入集群，可以较为便利、低廉地获取所需资源，与集群内企业实现信息共享和创新互动。经济制度对企业生存与成长的形式和途径都设定了系统的规则。创业企业应该充分利用经济制度，在市场竞争中保持生命力和高效率。

2. 政策环境

良好的政策环境对企业创业活动的推动主要是通过政府引导、企业参与，利用各种政策工具为创业企业创造公平竞争的市场环境和健康发展的产业环境。例如，财税政策通过税收优惠，可为高科技企业研发投入等降低成本、减轻融资压力；扩大政府采购范围，尤其是优先采购自主创新产品，可为创业企业的技术创新提供更多机会。

案例 9-1

厦门火炬高新区的政策环境

2009 年初，厦门火炬高新区管委会出台《厦门火炬高技术产业开发区引进境外科技创业创新领军人才办法（试行）》。对领军人才创办企业，厦门火炬高新区给予“七个 100”的政策支持，即 100 万元生活补贴、住房和创业场所各 $100m^2$ 以上 3 年免租金、100 万元以上创业扶持资金、贷款贴息最高 100 万元、个人所得税补贴最高 100 万元、100 万元以上资金担保。这成为厦门创业园吸引企业的又一项重要政策。多年来，厦门创业园利用厦门市拥有地方立法权的优势，推动出台了一个又一个鼓励政策，营造优越的政策环境，吸引人才创办创业。

3. 人才环境

创业企业在成长过程中需要各类人才的聚集。人才环境表现为创业企业所需的各类人才供给状况、人才流动机制以及创业培训体系的系统支撑。

4. 文化环境

创业文化是企业创业活动在特定文化环境中的集中体现，是社会对创业行为和创业者所持有的认同和倡导的态度以及由此形成的鼓励、推崇创业的氛围，包括以人为本、倡导创业精神、容忍失败、竞争合作等理念。

（二）内部因素

创业企业的内部因素，是其获得成长的核心驱动力，主要包括创业者与创业团队、技术创新、资本要素和商业模式。

1. 创业者与创业团队

创业者与创业团队的创业意识、创业精神和创业能力对创业企业的绩效起着决定性的作用。企业创业活动对创业者在机会的感知与自身素质能力方面的要求更高，如此才可能对创业项目、技术和市场有一定的把握。

2. 技术创新

技术创新是企业创业活动的核心，其他一切要素资源都围绕技术创新展开。但同时正是由于技术的不确定性，给创业企业的成长带来了高风险。创业企业的技术创新是一个完整的体系。这个体系以掌握核心技术为基石，以培育核心竞争力为目标，以产业化为手段，并以知识产权保护为保障。

3. 资本要素

创业企业对科研的投入非常高，因而对资本的需求也很高。企业的创业资本来源于自有资本、借入资本和风险投资。企业创业活动的高收益和高风险决定了其对资本的旺盛需求，高成长的企业与创业资本的获得有很大的相关性。在创业企业的初创阶段，最需要创业资本的进入，而且此时进入的创业资本有可能获得最高的收益。资本的进入不仅为企业提供成长的资金，同时引入良好的财务会计制度，提升企业管理水平，保障企业稳健成长。

4. 商业模式

商业模式是指企业获取资源、整体运行、为客户提供价值，从而为企业获取经营收入的方式方法。商业模式是创业企业维持生存、创造效率、获得成长的基础。成功的商业模式具有新颖性、不易模仿性和独特性三大特点。尤其在高科技企业的创业活动中，必须通过技术创新和技术保护来保证企业商业模式的实现。

（三）耦合因素

创业过程是一个动态、复杂的系统工程，在这个过程当中，各种因素之间发生错综复杂的交互作用。在创业企业外部因素与内部因素之间发生作用，并对企业创业活动产生重要影响的因素称为耦合因素。它从功能上表现为一个完整的创业孵化体系，由孵化器、大学科技园、产业联盟与中介机构等构成，是一个相互协作、互动交融的动态系统。

1. 孵化器

孵化器是一种专门为支持创业企业而设计和运行的体系，它以特定的基础设施为基础，通过专业化团队有效整合社会资源，服务于创业企业成长的初始阶段。孵化器的构成要素包括孵化场地、孵化政策、孵化服务及服务团队等。孵化器的重要作用是为入驻的创业企业提供良好的空间环境和竞争、合作的平台，使创业企业能够更加便利、经济地从孵化器得到各种要素资源和专业化服务，通过政策上的先行先试帮助创业企业突破现存障碍，拓展成长空间，加速信息传递以促进各种创新要素资源整合，并加强企业之间的联系。

2. 大学科技园

大学科技园是以大学和科研机构集群为依托，将人才、技术、研发实验设备、信息资料等综合智力资源与其他社会资源相结合，为推动知识生产、技术创新、科技成果转化，孵化创业企业和培养创业家提供服务，以实现区域经济快速发展的经济性、社会性组织。密集的大学与科研机构能为某一地区提供较多的科研资源和人才储备。例如，美国斯坦福大学为硅谷的高科技企业创业提供了科技人才、创业人才和科技成果、研发条件等。

大学科技园作为一种特殊的组织形式，既缩短了大学和科研机构科技成果产业化的周期，又能够为大企业的研发机构或研发中心提供空间场所，为创业企业与大学、科研机构的科技人员之间的合作、大学生就业等提供通道与服务。

案例 9-2

江南大学创业园

江南大学创业园由江南大学、江南大学国家大学科技园、无锡山水城科教产业园三方合作共建，旨在借鉴“斯坦福硅谷”模式，专注于提供创业系统解决方案，打造大学生创业模拟、培训、孵化、融资、信息、交流六大平台。目前，大学科技园为了支持大学生创业企业的发展，提供了近 5000m² 的大学生创业孵化场地，并给予大学生创业企业房屋租赁费减免优惠政策；组织了 100 余人的创业导师团，对创业企业进行专题培训及辅导，同时对入园孵化项目进行评审；设立了 600 万元的创业种子基金，对通过评审且发展前景较好的企业提供创业资金支持。大学生创业园力争在 3 年内建成“园区、校区、社区”三区联动，“培训、实习、孵化”三位一体的在全国有影响、有特色的大学生创业基地。

3. 产业联盟

产业联盟是产业中相关联的企业、大学和科研机构、政府、行业协会等组织为了共享资源、开发技术、开拓市场而达成正式或非正式的战略合作关系，通过资源共享、合作研发等方式进行合作的一种新型产业组织。产业联盟在推动高科技创业企业成长方面发挥着巨大作用。企业间通过建立产业联盟，可以从内部能力提升和外部环境改善两个方面同时增强企业的环境适应性和竞争力。产业联盟通过联合的整体优势，促使企业通过多种形式开展合作，既能有效地分散技术创新和市场化过程中的风险，又能使行业保持一定的稳定发展状态，避免行业内恶性竞争的非健康发展。

4. 中介机构

创业企业面对很多的不确定因素和较大的风险，受到要素资源供给的制约。创业者没有能力也没有精力去分析、判断全部市场因素。各种中介服务机构可以利用自身专业性强、灵活等特点为创业企业提供这些方面的知识和能力，帮助创业企业更好地获得所需资源。例如，提供企业管理咨询、科技中介、法律咨询、审计服务、信息咨询、市场调查、专利代办等服务，让创业企业更加专注于技术创新等核心业务工作。

第三节　创业企业成长战略及模式

“战略”一词最早用于军事。20 世纪 60 年代，企业管理领域正式提出企业战略的概念，并明确地界定了成长战略的含义：所谓成长战略，就是企业通过把握外界的有利机会，发挥自身的优势资源，制定合适的战略方针，以达到企业快速成长和实现预定目标。不同的企业拥有不同的资源，面临不同的环境，创业者素质不一，成长方式千差万别，但其包括的战略思想却是一致的。创业企业成长战略分为内部成长战略和外部成长战略，如图 9-6 所示。

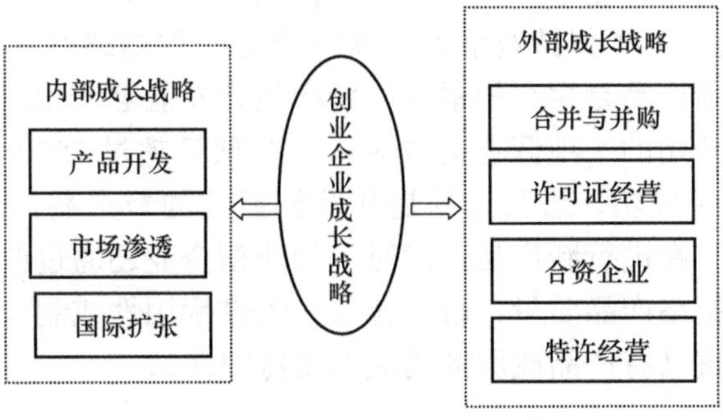

图 9-6　创业企业成长战略

一、创业企业内部成长战略

（一）创业企业内部成长战略的优势和劣势

创业企业内部成长战略主要依靠企业内部活动。例如，星巴克内部成长战略的独特性在于企业主要依赖自身竞争力、商业活动和员工成长。由于内部成长不受制于外部干预，通常被称为有机成长。但是，内部成长是有限制的，当企业到达成熟阶段后，很难通过内部方式维持成长，而越来越依赖合作来推动成长。例如，星巴克和百事公司合作，百事公司分销星巴克的咖啡产品。表 9-2 列出了创业企业内部成长战略的优势和劣势。

表 9-2　内部成长战略的优势和劣势

优　势	劣　势
① 渐进、平稳的成长。以平稳步伐成长的企业能够持续微调战略，进而适应不断变化的环境；而通过并购或合并一夜之间就规模翻倍的企业，则要在某个时点上做出非常大的承诺 ② 提供最大的控制。内部成长战略允许企业在成长阶段维持对产品和服务质量的控制；而通过联盟和合资等合作方式实现成长的企业，必须与合作方一起分担监督职能 ③ 保护组织文化。强调内部成长战略的企业无须将其组织文化与其他企业的组织文化相融合。因此，企业可以在清晰易懂的、一致的企业文化的支持下成长 ④ 鼓励内部创新。经由内部成长战略而成长的企业从企业内部而不是从外部利害关系者或并购目标那里寻找新的创意 ⑤ 允许企业从内部提拔员工。强调内部成长战略的企业能够从组织内部提拔员工，企业内部的提升机会提供了强有力的激励员工的工具	① 缓慢的成长。在一些产业中，渐进、平稳的成长使企业无法快速取得有竞争力的规模经济。此外，在某些产业中，企业不太可能自行开发充足的资源以保持竞争力，高水平的合并和并购活动就是这些产业的典型特征 ② 需要开发新资源。一些内部成长战略，如新产品开发，需要企业富有创新性并开发新资源。尽管内部创新有很多积极属性，但它一般都是缓慢、昂贵和极富风险的战略 ③ 很难收回某项失败的内部活动的投资。内部成长战略，如新产品开发，会有新产品或服务销售不出去的风险。因此，开发成本可能很难收回 ④ 增加产能。一些内部成长战略增加了产能，最终会降低产业的整体盈利水平

（二）创业企业内部成长战略的类型

1. 产品开发

产品开发战略是创造和开发新产品（或服务）来增加企业收入的一种战略。在很多快速变动的产业，新产品开发为竞争所必需。例如，在计算机软件产业，产品的平均生命周期仅为 14～16 个月。因此，为了保持竞争力，软件企业必须始终有正在开发的新产品。对某些企业而言，持续开发新产品是生存的根本。新产品开发能够产生巨大的回报，但同样存在高风险。据波士顿咨询公司的一项调查报告显示，在预算超过 2500 万美元的新产品开发项目之中，仅有 20% 获取了成功。最关键的是开发创新性的新产品，而不是开发同质性产品并进入早已饱和的市场。在进行新产品开发时，创业型企业还通过改进或提高现有产品或服务质量来实现成长，如提高产品质量、改变容量、改进耐用性或制作得更时尚。与从头开发新产品或服务相比，改进已有产品或服务的成本要低很多。

2. 市场渗透

市场渗透战略是指实现市场逐步扩张的拓展战略，是一种立足于现有产品，充分开发其市场潜力的企业发展战略，又称为企业最基本的发展战略。该战略可以通过扩大生产规模、提高生产能力、增加产品功能、改进产品用途、拓宽销售渠道、开发新市场、降低产品成本、集中资源优势等单一策略或组合策略来开展。其战略核心体现在两个方面：一是利用现有产品开辟新市场实现渗透；二是向现有市场提供新产品实现渗透。

3. 国际扩张

国际扩张战略是创业企业成长的另一种常见形式。最近几年，创业企业在国际市场上变得十分活跃，越来越多的新企业是国际新企业。国际新企业是那些从开始就试图利用资源在多个国家销售产品或服务以取得重要竞争优势的企业。从创建开始，这些企业就将全球视为它们的市场，而不是将自己局限在某个国家。但是，国际扩张战略是一种相当复杂且高风险的企业成长形式，需要谨慎对待，如评估海外市场成长的可持续性等。

二、创业企业外部成长战略

（一）创业企业外部成长战略的优势和劣势

创业企业外部成长战略主要依靠与第三方建立的关系，如合并与并购、合资企业、许可证经营和特许经营，来实现企业的快速成长。与缓慢的内部成长战略相比，外部成长战略要构建面向成长的更快速的合作方法。外部成长战略将小企业和大公司放在同等的位置上。同样，通过并购其他企业，相对年轻的公司得到了很多专利和专有技术，而这些专利和专有技术需要大公司花费多年才能独立研制出来。尤其对于初创期的企业来讲，此时企业在资金、技术、人才都比较薄弱的情况下，难以依靠规模和垄断来建立起市场的进入壁垒，为了保持快速成长并很好地抵御竞争对手，选择与第三方合作往往是一种很好的成长方式。外部成长战略有很多独特的优势和劣势，如表 9-3 所示。

表 9-3　外部成长战略的优势和劣势

优　势	劣　势
① 减少竞争。如果一个企业并购了竞争对手，自然减少了竞争。这个措施至少能消除与一位竞争者的价格战，可以帮助企业建立稳定的价格。将潜在竞争对手变成合作伙伴、联盟成员和特许经营人还能减少企业竞争者的数量 ② 得到专有产品或服务。并购或联盟通常是因其中一方受到合法获取另一方的专有产品或服务的激励才建立的 ③ 获得新产品和新市场。通过并购、联盟或特许经营而成长是企业快速获得新产品或新市场的方式。许可证经营还能使企业进入新市场 ④ 获得技术专业知识。一个企业并购另一个企业或与之合作是为了取得对方的技术专业知识。在特许经营组织中，特许授予者经常会从特许经营人那里得到有用的技巧和建议 ⑤ 获得现有的品牌名称。一个成长中的企业可能会有很好的产品或服务，通过并购（或与之合作）一个建立时间很长的企业就可以得到对方的商标和名称认知 ⑥ 规模经济。不管是通过并购还是合作，两个或多个独立企业的组合一般会带来组合企业更大的规模经济 ⑦ 企业风险的分散。各种形式的合作或分享所有权背后的一个主要驱动力量是分散企业风险	① 高层管理者的冲突。参与并购、联盟、许可经营协议或特许经营组织的企业高层管理者之间可能会发生冲突，使这些活动的实施变得很困难 ② 文化的冲突。因为外部成长需要两个或多个企业的共同努力，经常会发生文化冲突，导致参与者情绪沮丧，成长绩效也不尽如人意 ③ 经营问题。企业并购另一企业或与之合作时遇到的问题通常是设备和经营过程可能不完全兼容造成的 ④ 不断增加的企业复杂性。尽管很多并购和联盟发生在同一产业或密切相关的产业内，一些创业企业有时会并购无关产业的企业或与之合作。这种方法会大大增加组合企业的复杂性。为了获得另外一个企业的品牌而并购对方或与对方合作，企业可能因此而难以进一步发展自己的品牌和商标。这可能导致对并购或合作品牌的依赖性，降低了企业在市场上建立和维持独特身份的能力 ⑤ 丧失组织灵活性。并购一个企业或与之合作将使企业不能并购另一个企业或与之合作 ⑥ 反托拉斯的限制。并购和联盟受反托拉斯法的限制。此外，某些国家对企业之间的某些商业关系有严格的反托拉斯法限制

（二）创业企业外部成长战略的类型

1. 合并与并购

很多创业企业通过合并和并购而成长。合并是将两个或多个企业合成一个新的企业。并购是一个企业直截了当地购买另一个企业。在一项并购中，继续存在的企业称为并购方，被并购方称为目标企业。创业企业更多的是参与并购而不是合并。在很多情况下，企业会并购竞争对手或者并购一个拥有自己需要的产品线或独特竞争力的企业。尽管并购有很多优势，但创业企业通过并购而成长的决策一定要谨慎。据了解，65% ~70% 的并购都没有达到预期结果。

2. 许可证经营

许可证经营是一家企业允许另一家企业在严格界定的条件下使用其特定形式的知识产权。企业所拥有的受专利、商标和版权保护的所有知识产权几乎都可以许可给第三方。许可证经营是一种非常有效的盈利方法，特别是对那些拥有大量知识产权的企业，如软件企业和生物技术企业。例如，高通公司提供手机功能的核心技术，近年来其 27 亿美元收入的 1/3 是通过许可证经营实现的；在同一时期，开发员工行为跟踪软件的赛博系统公司的 20 亿美元收入中，有 40% 是通过许可证经营实现的。许可证经营可以是独占的或非独占的，用于特定的目的或特定的地理区域，主要有技术许可经营以及商品与符号许可经营两种类型。前者是指许可证授予商把根据实用专利而控制的专有技术进行许可证经营；后者是指许可证授予商把通过注册商标或版权控制的商标或品牌进行许可证经营。一些创业企业，如星巴克，对商标进行许可，不仅赚取了许可证经营收入，还把产品促销给很多现有和潜在顾客。

3. 合资企业

合资企业是两个或多个企业联合它们的部分资源创造一个独立的、共同拥有的组织时所创造的一个实体，通常包括专业化合资企业、联系型合资企业和混合型合资企业。普华永道会计师事务所研究发现，美国超过一半的快速成长企业同外部企业建立了多种合作伙伴关系，努力提高创新，增加销售收入。但是，合资企业同样面临某些风险，如管理复杂、财务与组织风险、依赖合作伙伴的风险、决策自主权的丧失等。

4. 特许经营

特许经营是一种商业组织形式，是指具有成功产品或服务的企业（特许授权商）将其商标和企业经营方法授权给其他企业（特许加盟商）使用，并由此换取加盟费和特许权使用费。有些特许授权商是已建企业，而有些则是创业者创办的新企业。通常存在产品与商标特许经营和经营模式特许经营两种不同的特许经营体系。前者是指受许人使用特许人的商标和零售方法来批发和零售特许人的产品；作为受许人仍保持其原有企业的商号，单一地或在销售其他商品的同时销售特许人生产并取得商标所有权的产品。后者是指受许人有权使用特许人的商标、商号、企业标志以及广告宣传，完全按照特许人设计的单店经营模式来经营；受许人在公众中完全以特许人企业的形象出现；特许人对受许人的内部运营管理、市场营销等方面实行统一管理，具有很强的控制。

三、创业企业成长战略选择的基本依据

选择创业企业成长战略时，可参考以下几点：

1. 发挥比较优势

创业企业虽然在资金、技术以及人才方面与成熟的大企业相比均处于劣势，但仍然具有自身独特的优势。这些优势主要体现在规模小、机制灵活，且直接面对市场，了解目标顾客的需求，能够更快地适应市场。同时，由于一些产业存在规模不经济性，在这些产业中，企业具有较大的施展空间。所以，在制定成长战略时，必须充分认识和考虑企业的比较优势所在，不断巩固和扩大自己的比较优势，为企业的发展寻找足够空间。

2. 准确的战略定位

创业企业由于自身资源有限，不能将业务面扩展得过于宽泛，所以在制定成长战略时要做好战略定位，即一定要把握选择什么样的领域参与竞争。战略定位的过程建立在对企业自身比较优势有良好的认识和把握的基础上，从而能结合自己的优势，发现行业的空白点，绕开竞争激烈的地方，另辟蹊径，这样有助于企业的健康、稳定发展。

3. 培养核心竞争力

美国经济学家普拉哈拉德（Prahalad）和哈默尔（Hamel）于 1990 年在《哈佛商业评论》中首次提出核心竞争力的概念。他们认为，“就短期而言，企业产品的质量和性能决定了企业的竞争力，但就长期而言，起决定作用的是造就和增强企业的核心竞争力。”企业的核心竞争力是企业成长最主要的驱动力，是提高竞争优势的源泉，也是一个企业在竞争力方面区别于其他企业的标志。它可以来自企业掌握的核心技术，也可以来自独占的资源，抑或是企业自身的研发能力、营销能力。企业成长战略一定要围绕培育和形成企业核心竞争力来进行，企业的投资方向和产品也要围绕核心竞争力而展开。赫尔曼·西蒙（Herman Simon）在其著作《谁是全球最优秀的企业：隐形冠军》一书指出处于行业顶峰的中小企业的八大特质，其中第一条就是高度专注。因此，制定企业成长战略时，一定要重视核心竞争力的培育，这样才有助于企业加快发展，不断提高自身持续竞争的能力。

4. 合理的成长目标

创业企业的成长目标无疑要以追求经济效益为主，但各个成长阶段应有所区别。一般而言，企业前期目标以盈利和降低成本、尽快收回投资和现金流为主，而不应该过分强调长期目标，如市场占有率等；后期则应长期、短期目标兼顾。另外，在制定企业成长战略时，一定要考虑到企业未来的发展方向，即要根据企业实际状况和行业特点，决定是走通过竞争不断扩大规模，成长为大型企业的道路，还是走保持规模不变，通过降低成本、扩大市场来提高企业的利润率的道路。值得注意的是，切忌把“企业做大”当成唯一的目标。

四、创业企业成长模式

企业成长模式一般是指基于企业结构发展变化的企业成长方向及方式。企业成长是千差万别的，常见的成长模式主要有：

1. 基于经营结构发展的成长模式

（1）规模型成长。规模型成长是指企业某一产品产量的增加，包括不同规格、不同包装的同一产品产量的增加。规模型成长是同一产品原有市场的扩大或新市场的开拓。规模型成长可以产生规模经济，是一种最基本的成长方式，是创业企业需要经过的成长阶段。

（2）多角化成长。多角化成长是指企业产品或服务跨一个以上产业的经营方式或成长行为。

(3) 纵向成长。纵向成长是指具有投入产出关系的两个相邻生产阶段或企业合为一体的过程，也称垂直一体化。完整意义上的纵向一体化应包括两个方面：一是资产的完全一体化；二是两者交易的完全内部化。资产的完全一体化是以共同的所有权纽带为连接，并受控于一个管理集团和共同的战略；交易的完全内部化是指除两者之间的内部交易外，各方不存在其他任何交易。

(4) 复合型成长。现代企业成长是多方位的，可以同时向若干方向成长，这种组合成长称为复合型成长。

2. 基于组织结构发展的成长模式

基于组织结构发展的成长模式主要有分散化成长模式和集团化成长模式。

(1) 分散化成长模式。企业的分散化主要是指企业的分散和裂解，即企业不是变得越来越大，而是发展到一定程度就分化为若干个小企业。这是因为分化能调动员工的积极性。新开办的各企业要设立财务、总务、人事等部门。这种企业分化能够防止企业衰老。有时国家为了反垄断而强制性地将企业分解。企业分散化是企业在组织结构方面的创新和发展，是企业成长的重要模式。

(2) 集团化成长模式。企业集团化本质上是企业与企业之间发展的一种长期、稳定的契约关系结构。企业集团化也是一种企业成长行为。此外，企业多角化成长也多以集团形式出现。企业集团从其联合方式上看可以分为三种，即纵向企业集团、横向企业集团以及混合型企业集团。

3. 基于空间结构发展的成长模式

企业的空间结构发展会形成多地区企业、多国企业，其中跨国企业是现代企业成长的重要模式。

在规模型成长、多角化成长和纵向成长等企业成长模式中，规模型成长起着重要的基础作用。企业初始时期的成长总是以单纯的规模增长开始的。一般而言，为了实现某种成长模式，企业存在两种选择：一是靠自己积累的资源与筹集的资金投资建厂，成立新的组织机构和营业场所而获得企业的成长，或是依托开发产品、开拓新市场实现成长；二是外部成长，即靠收购、兼并或合并其他企业而获得成长。对于创业企业来说，由于资金和资源有限，投资建厂不太现实，因而大多通过开发新产品、开拓新市场或外部成长方式来实现扩张。

第四节　创业企业成长的管理控制

一、控制与管理控制

控制有几种不同的含义，包括限制、约束、命令、指挥监督等。管理控制是一种组织控制，在有关组织行为的研究中，它通常包括两个层面：一是正式的控制，如制定企业的规章制度等；二是非正式的控制，如通过组织环境对员工加以影响等。罗宾斯（Robbins）将组织控制定义为监督活动的程序，以保证各项活动按计划完成，并纠正任何重大的偏差。周三多认为控制是为了保证企业计划和实际作业动态适应的管理职能，主要内容包括建立标准、控制工作的衡量绩效和纠正偏差，认为控制应该是动态的，通过对绩效的监控，并和预先确立的标准做比较后，分析差异，采取适当的行动来修正有所偏差的行为，并持续不断地反复进行。

管理控制概念的界定大体上分为两种类型：一种可称为广义的管理控制（Administrative Control），即管理控制是组织采取的引导员工实现组织目标的所有方法和手段，这种控制是通过组织结构、组织文化和人力资源政策实施的，此观点强调管理控制就是管理的控制职能；另一种可称为狭义的管理控制（Management Control），这种观点以控制论为理论基础研究管理控制问题，认为管理控制是由确定标准、评价业绩、纠正偏差构成的信息反馈回路。在管理控制中，主管人员面临的是一个社会系统，其信息反馈、识别偏差原因、制定和纠正措施的过程比较复杂。此外，管理控制活动不仅要维持系统活动的平衡，而且还力求使组织活动有所前进、有所创新，使组织活动达到新的高度和状态，或者实现更高的目标。

二、危机的分类、预防与规避、处理

（一）危机的分类

外部环境变动或者内部经营管理缺陷等众多因素使创业企业可能陷入成长的危机。所谓危机，是指危及企业形象和生存的突发性、灾难性事件。它通常会给企业带来较大损失，严重破坏企业形象，使得企业的销售增长率、市场份额、获利能力等指标下降，甚至破产倒闭。导致创业企业成长危机的原因是多方面的，主要表现在四个方面，即核心竞争力缺乏、战略决策失误、高层管理者道德滑坡、危机意识和管理意识缺乏等。由于企业运行机制不同，所面临的危机也不尽相同，归纳起来，主要包括突发性危机、组织危机、职能危机、战略危机四种类型。

1. 突发性危机

突发性危机是指外部宏观环境、行业状况或企业内部突然发生的一些事件，会给企业带来重大的经济损失和形象损害，若处理不当甚至会导致企业倒闭。例如，1997 年年初媒体地毯式报道巨人集团财务危机，给公司以极大的冲击，实际上此时巨人集团只需筹资 1000 万元即可渡过危机。又如，2000 年 3 月 17 日位于美国的飞利浦公司第 22 号芯片厂的一个车间起火，导致灾难性后果。

2. 组织危机

组织危机是指组织规模过大，效率低下，组织机构与企业成长阶段和企业战略不相适应，管理体制不完善，组织文化落后等导致的危机。其具体表现在：①机构臃肿，管理层次过多，致使企业管理成本过高，部门间横向沟通少、冲突多、协调难，组织效率下降；官僚主义盛行，大量文书计划、多级程序的报告和经常性会议使下层经理及员工的积极性和创造性受挫，决策及制度得不到有效贯彻和执行。②组织结构与企业成长阶段和企业战略变化不相适应。企业是不断成长的，企业战略也有可能变化，因此会出现组织结构与企业成长阶段和企业战略变化的不相适应，从而使企业出现危机。③管理体制不完善。企业在决策、激励、约束、绩效考评体系等方面制度不健全，在人力、资金、技术研发等关键资源的配置方面缺乏有效的组织管理和控制系统，导致管理混乱，抑制了企业业务的扩张，导致企业出现危机。④组织文化中保守、封闭、安于现状的成分增多，创新难，进攻性不足，使企业出现危机。

3. 职能危机

职能危机是指企业各职能管理与企业业务及变化了的环境不相适应而产生的企业危机。这种危机主要有财务危机、营销危机、技术及产品创新危机、生产危机、人才危机等。其中，财务危机是指企业不能偿还到期债务或严重缺乏营运资金，导致经营无法进行而发生的危机；营销危机是指因营销理念、产品组合及定价等营销组合策略、营销竞争策略、品牌管理等与企业内外部环境不相适应所引起的企业危机；技术及产品创新危机是指由于企业没有产业核心技术而受制于人，产品附加值低，产品创新速度落后于竞争对手，市场需求变化使得产品无市场竞争力等原因所引起的企业危机；生产危机是指由于产品质量、成本、个性化设计、物流管理等不能满足顾客需求，导致产品竞争力差、销售量下降而出现的企业危机；人才危机是指由于企业缺乏企业家、职业经理阶层以及人力资源政策不当，导致领导无方，政策执行无力，人才结构不合理，人才规模小，激励机制弱化，员工态度消极，从而引起的企业危机。

案例 9-3

某知名饭店集团的人才危机

某知名饭店集团非常重视员工培训，并成立了员工培训中心，新招来的员工一到饭店就被送到培训中心接受长达一年的业务培训，全部费用由饭店承担。至2014年，该培训中心已先后培训了五届员工。然而。由饭店花大本钱培训的员工，特别是核心员工，在近两年先后跳槽。在参加第一届培训的40人中只有10人留在饭店时，并没有引起饭店管理者的关注，他们认为这是偶然现象，以至于第二届、第三届员工也只剩下7人。在问及离职原因时，离职员工大都认为自身价值得不到体现，缺乏晋升机会。绩效与薪酬不挂钩，工资和福利待遇差，致使员工在工作中常常心不在焉，工作绩效下降，服务态度差等。面对大量人才的流失，饭店现在已无心培训员工，害怕培训后的员工翅膀硬了，饭店留不住，白白为他人做嫁衣，于是取消了员工培训中心。此后，员工的服务水平与技能每况愈下，饭店口碑大不如前，致使人才流失更为严重，饭店经营陷入危机。

上述案例中，饭店员工接受培训后，知识、技能都有不同程度的提高，为饭店创造的价值比以往有了成倍甚至数倍的增长。而此时，饭店却没有意识到这些改变，仍以从前的价值观来衡量这些员工，没有为员工提供较好的福利待遇和发展空间，薪资与绩效没有挂钩，于是，对饭店越来越失望的员工纷纷离职。还有一些经过培训，能力有了明显提高的饭店管理人员，希望自己有升迁的机会，但是没有得到饭店的赏识，因此，这些核心人才的流失也就成为必然。参加第一届培训后人才的大量流失和员工的消极服务态度，并没有引起饭店管理人员的关注与思考，表明饭店没有人才流失的危机意识，更谈不上建立人才危机预警机制；另外，饭店面对员工离职时，没有采取任何积极的挽留措施，以致人才大量流失，危及饭店的经营、财务以及信誉等各个方面，使饭店陷入全面危机。

4. 战略危机

由于企业选择了不合适的战略，或虽然战略选择合适但实施不当而给企业造成的危机属于战略危机。企业在战略选择方面通常出现的错误是：没有掌握核心技术或没有优势资源，盲目进行多元化投资，实施多元化经营；盲目扩大经营规模，形成规模不经济；没有明晰的长远发展战略，即使企业所在产业处于成熟期，市场萎缩，也不实施战略转移。

（二）危机的预防与规避

俗话说："防火胜于救火，防灾胜于救灾。"危机预防是企业事前的主动应对措施，是危机管理最有效、最经济的方法。例如，美国微软公司提出的"微软离破产永远只有18个月"、小天鹅公司实施的末日管理，都将危机预防纳入企业战略高度。危机预防在化解危机方面有着无法比拟的优势：一方面，危机预防代价小，远远低于危机处理的成本；另一方面，危机预防管理难度相对较小。而在危机处理过程中，由于环节多、时间短、内容复杂，无形中增加了危机处理的难度，稍有不慎就会给企业造成严重的后果。同时，危机预防更能凸显企业的成熟度。

案例 9-4

奥拓的主动召回

2004年9月8日，长安铃木宣布由于设计缺陷召回其生产的15万辆奥拓电喷轿车。虽然事情已经过去了，但是，长安铃木公司能在我国汽车召回制度正式实施之前主动对有问题的产品实施召回，成功地避免了企业及其产品信誉危机的爆发，这种处理危机的态度和做法对企业正确认识危机管理的真正内涵有着重要的意义。其实，此次奥拓的主动召回，本质上是企业自身一种深层次的危机预防管理。

1. 危机预防方法

（1）重在教育和培训。企业的任何行为都是通过人的行为来实现的，因而对企业员工进行危机管理教育和培训显得十分重要。而危机管理教育首先在于培养危机管理意识，即让企业的所有员工都明白危机管理的重要性和必要性，并提高员工对危机事件发生的警惕性。其次则在于培训员工的生产和服务技能，保证企业产品或服务的质量，减少企业自身错失的机会。再次为培养员工合作与奉献之精神，即与同事合作，减少内部管理摩擦；与政府合作，减少企业违反法令的机会；与商业伙伴合作，减少与伙伴的争执与纠纷；与消费者合作，减少消费者对企业产品或服务的不满与抱怨；与新闻媒体合作，减少媒体对企业的误解与曲解。最后，教育员工奉献社会的精神。

（2）组织保障。创业企业要提供危机管理的组织保障。在企业设计时，必须考虑以下几个问题：①确保组织内信息通道畅通无阻，即企业内任何信息均可通过组织内适当的程序和渠道传递到合适的管理层级和人员；②确保组织内信息得到及时反馈，即传递到组织各部门和人员处的信息必须得到及时的反应和回复；③确保组织内各个部门和人员责任清晰、权力明确，即不至于发生互相推诿或争相处理的情况；④确保组织内有危机处理机构和专门的授权，即组织内必须设有危机处理机构并授予其在危机处理时的特殊权力。若组织内信息通畅、责权清晰，一旦发生任何危机先兆均能得到及时的关注和妥善的处理，则不易引发真正的危机。

（3）资源准备。企业的资源准备分为人力资源和财力资源两个部分，其中最为关键的是人力资源准备。处理危机事件，关键在人，而不在物或其他。而这种人力资源的准备既要有企业内部的人力资源，也要充分利用社会上的人力资源，即外部人力资源。企业内部的人力资源准备主要集中在建立企业自身的精英队伍，包括产品技术精英、生产行家、售后服务专家、法律顾问、人力资源专家和谈判能手；而外部人力资源的准备则在于行业专家、学者、媒介精英、政府官员和专业人士等。由于危机处理对参与人员的素质要求很高，因而如果不能进行提前准备，就很难在危机发生时找到合适的人员，从而延误时机并导致处理失败。

2. 危机预防步骤

（1）树立强烈的危机意识。预防危机首先要强化危机意识。“生于忧患，死于安乐”，如果没有强烈的危机意识，所有的危机预警机制都会形同虚设。企业的全体员工，上到高层管理者，下到一般的员工，都应“居安思危”，将危机的预防作为日常工作的组成部分。每个部门、每个环节和每个人的行为都与企业形象密切相关，危机的预防有赖于全体员工的共同努力。全员树立危机意识能提高企业抵御危机的能力，有效地防止危机产生，即使产生了危机，也可以把损失降到最低。

（2）建立预防危机的预警系统。预防危机必须建立高度灵敏、准确的预警系统。信息监测是预警的核心，应随时收集各方面的信息，及时加以分析和处理，把隐患消灭在萌芽状态。预防危机需要重点做好以下信息的收集与监测：①随时收集公众对产品的反馈信息，对可能引起危机的各种因素和表象进行严密监测；②掌握行业信息，研究和调整企业的发展战略和经营方针；③研究竞争对手的现状，进行实力对比，做到知己知彼；④对监测到的信息进行鉴别、分类和分析，对未来可能发生的危机类型及其危害程度做出预测，并在必要时发出危机警报。

（3）成立危机预防小组，制订危机应变计划。成立危机预防小组是顺利处理危机、协调各方面关系的组织保障。其成员一般是兼职的，应尽可能选择熟知企业和本行业内外部环境、居较高职位的管理人员和专业人员。他们应具有富于创新、善于沟通、严谨细致、处乱不惊的素质，同时应具有亲和力，以便于统揽全局，迅速做出决策。危机预防小组的职责包括：①负责危机预防管理的指导工作，全面、清晰地对各种危机情况进行预测。②为处理危机制订有关策略和计划。企业要从危机征兆中透视企业存在的危机，并引起高度重视，预先制订科学而周密的危机应变计划，为保证危机处理计划的全面性和客观性，可聘请专业公关公司来主持或协同编撰。③进行危机模拟训练。④在危机实际发生时，迅速转型为危机领导核心，对全面工作进行指导和咨询。

（4）进行危机模拟训练。企业应根据危机应变计划进行定期的模拟训练。定期的模拟训练不仅可以提高危机预防小组的快速反应能力，强化危机预防意识，还可以检测已拟订的危机应变计划是否全面、可行。危机模拟训练的内容可以包括：各部门危机处理的协调能力；企业如何面对财务困境及人事危机；企业如何面对公众与媒体；企业如何在最短时间内提出危机解决方案；企业如何快速恢复正常经营运作等。每次危机模拟训练结束后，应认真反思暴露出来的问题，并迅速予以整改。

3. 危机规避途径

（1）企业诊断。企业诊断可分为自我诊断和委托专家诊断，通常是将两类诊断结合起来使用。企业进行自我诊断最核心的工作就是要注重前期的预警。但由于企业自身精力有限，往往聘请外部的诊断机构、咨询机构来为自己做诊断。

企业诊断通常包括三个阶段：一是对企业经营状况进行调查研究；二是提出改善企业经营的具体方案；三是指导企业实施诊断方案。企业进行自我诊断时主要依据以下两点：一是看结果与年度目标的差异，无论是超额还是不足，如果差异大，就要进行差异分析，寻找原因，从而采取措施；二是针对计划外的突发事件、问题，积极寻找原因、解决问题。

（2）完善公司治理结构。公司治理的核心是建立一种在股东、董事和高层经理之间相互监督、相互制约的体系和制度安排，促使企业有一个明确的经营目标、组织结构、决策系统和激励机制。公司治理结构是企业长期发展的制度基础，是企业必须用好的工具之一。

很多创业企业早期往往采用家族式的管理模式，在创业之初没有规范化的管理，靠着企业家的拼搏取得了成功。但是随着企业的发展，只有建立起科学的现代化制度，企业才会做大、做强。公司治理不规范是新创企业的突出难题之一，导致了每年大批企业关门和倒闭。

（3）执行接班人计划。接班人计划（Succession Planning）又称管理继承人计划，是指企业确定和持续追踪关键岗位的高潜能人才，并对这些高潜能人才进行开发的过程。执行接班人计划的过程包括三个步骤：一是理清企业的经营策略与长期、短期目标；二是根据企业的经营策略，判断现有领导者的品质与深度，即领导者必须具备哪些能力才能达成企业的目标；三是找出企业未来的关键人才，锁定最有成功潜力的人选，投入最多的资源加以栽培。

案例 9-5

茅理翔谈交班

方太集团董事长茅理翔认为交接班有三种模式：

第一种是招聘管理博士等高级人才，先派出去到外面的跨国公司做几年，然后到时让他回来接班；第二种是招聘的人学历不需要特别高，让他从企业的底层做起；第三种就是方太模式，实际上方太是我和儿子共同创业的，他是总经理，我是董事长，双方共同合作，当然这个过程需要我带三年、帮三年、看三年。

我为了彻底地把权交给他，也为了使下面的人信服，现在我自己有1/3的时间在外面讲课，1/3的时间看书、写书，1/3的时间接待客人。在交接班的问题上，我认为最关键的就是，交班者必须开明、开放，接班者必须有一种使命感，同时防止出现“两个中心”。

（4）推行生命周期管理。有两种主要的生命周期方法：一种是传统的产品生命周期方法。这种方法假定企业在生命周期中的发展、成长、成熟、衰退各个阶段，面对的竞争状况是不一样的，因此应该采取不同的竞争策略。另一种是需求生命周期理论。这种理论假定不同的顾客会有不同的需求，同一顾客的需求在不同的时间段、技术、政治等环境下也会有所不同。因此，企业要及时改变自身，与环境相适应。

创业企业的资源有限，运用生命周期管理可以帮助创业企业在瞬息万变的市场竞争环境中找准位置，最大限度地发挥资源的作用，谋求自身的发展、壮大。

（5）加强内部控制。企业内部控制是以专业管理制度为基础，以防范风险、有效监管为目的，通过全方位建立过程控制体系、描述关键控制点和以流程形式直观表达生产经营业务过程而形成的管理规范。对于创业企业，要特别注意三个方面的控制，即成本控制、风险控制和流程控制。一般企业都对成本控制给予了较多关注，但对风险控制和流程控制关注不够。

所谓风险控制，是指企业采取各种措施和方法，消灭或减少风险事件发生的各种可能性，或者减少风险事件发生时造成的损失。对于创业企业而言，要特别关注企业家精神所产生的风险以及创业企业成长速度风险。流程控制是一种以规范化构造端到端的卓越业务流程为中心，以持续提高组织业务绩效为目的的系统化方法。一个企业的不同的部门、不同的客户、不同的人员和不同的供应商都是靠流程来进行协同运作的，企业应通过流程的优化提高工作效率，提高资源合理配置程度。

（6）实施变革管理。目前，科技的日新月异、全球化等因素，时刻都在驱动企业进行变革。为此，企业必须制定组织变革策略，对内部层级、工作流程以及企业文化进行必要的调整与改善管理，以促进企业顺利转型，即所谓的变革管理。变革的范围很广，可以是企业全方位的变革，也可以是很小范围的变革。不管是多大幅度的变革，都应该遵循以下程序：增强员工的紧迫感，使他们时刻处于备战状态；建立领导团队；设定明确的愿景；沟通，吸引员工参与变革；授权行动，减少变革的阻力；创造短期胜利，激励员工在变革中的士气；持续变革。

（三）创业企业成长危机的处理

危机处理是危机管理的主要环节。一旦企业发生危机事件，危机处理就显得极为重要，因为它事关企业的生死存亡。成功的危机处理不仅能将企业所面临的危机化解，而且还能够通过危机处理过程中的种种措施增加外界对企业的了解，并通过这种机会重塑企业形象。与此相反，不成功的危机处理或者不进行危机处理，则会将企业置于极其不利的位置，将会导致以新闻媒体为代表的社会舆论压力，并使企业形象严重受损；危机来源一方的法律诉讼或者其他形式的追究行动将使企业遭受巨大的经济损失；企业员工因无法承受危机所带来的压力而信心动摇甚至辞职；新老客户纷纷流失等。

案例9-6

肯德基的危机公关

2005年3月15日，肯德基热销食品新奥尔良鸡翅和新奥尔良鸡腿堡的调料中被发现含有可能致癌的“苏丹红一号”成分。显然，这对于肯德基来说无疑是致命的打击。信息时代，信息的传播速度惊人，“肯德基‘涉红’”一时间成为爆炸性新闻，各大媒体纷纷谈“红”色变，一阵“苏丹红”风暴席卷中国。但是，在3月16日，肯德基就马上连续向媒体发布了四五篇声明，适时介绍“涉红”产品的检查及处理情况。而且，百胜餐饮集团更在随后由其中国区总裁出面召开新闻发布会上，就日前其旗下品牌肯德基的几款产品查出含有苏丹红的事件发表声明，确认问题调料均来自其供货商。此外，肯德基在电视品牌广告上也下了大力气，在“肯德基立足中国”的广告后都加上了“肯德基产品均通过权威部门检测，请放心食用”等字样。同时，肯德基也主动配合以“揭露问题”而著称的中央电视台“新闻调查”以及“每周质量报告”等栏目的采访。

从危机处理的角度来看，肯德基面对突如其来的致命危机的态度和方法都是非常聪明的。肯德基在“涉红”事件的后期成功地把媒体的注意力从肯德基产品转移到对“苏丹红一号”来源的关心上，同时表示积极配合调查，这个“高招”也帮助了肯德基迅速脱离“苏丹红”的泥潭。可以说在遭遇危机时，肯德基对危机的反应是非常迅速的，所实施的各项公关措施环环相扣，且处置得当。首先，由于其在第一时间以不回避问题的积极态度通过媒体公布事件进展，在公众中塑造了“肯德基是一个有信誉和敢于承担责任的企业”的良好形象，在一定程度上减轻了消费者的疑虑和来自媒体的压力，防止了舆论环境的进一步恶化；其次，企业高管及时出现在新闻发布会上，以坦诚的姿态向公众介绍事件的过程，并巧妙地将公众的视线从肯德基产品转移到供货商身上，同时积极配合政府部门的调查，给公众造成了“肯德基也是受害者”的印象。

1. 创业企业成长危机的处理原则

（1）快速反应。危机发生后，企业能否首先控制住事态，使其不扩大、不升级、不蔓延，是处理危机的关键。根据危机的特点，危机事件有极强的爆发性和扩散性，在危机出现的最初的12～24h内，消息会像病毒一样，以裂变方式高速传播。而这时候，可靠的消息往往不多，充斥着谣言和猜测。企业的一举一动将是外界评判企业如何处理这次危机的主要根据。媒体、公众及政府都密切注视企业发出的第一份声明，对于企业在处理危机方面的做法和立场，舆论赞成与否往往都会立刻见于传媒报道。因此，企业必须当机立断，快速反应，果断行动，迅速调查、分析危机产生的原因及其影响程度，及时与媒体和公众进行沟通。因为越早发现危机并迅速反应、控制事态，越有利于妥善解决危机和降低各方利益损失，否则会扩大突发危机的范围，甚至可能失去对全局的控制。

（2）承担责任。危机爆发后，企业应不回避，不推诿，沉着应对，以负责任的态度面对公众和媒体等利益相关者。危机发生后，公众会关心两方面的问题：一方面是利益的问题。利益是公众关注的焦点，因此无论谁是谁非，企业应该承担责任。即使受害者在事故中有一定责任，企业也不应首先追究其责任，否则会各执己见，加深矛盾，引起公众的反感，不利于问题的解决。另一方面是感情问题。公众很在意企业是否关心自己的感受，因此，企业应该站在受害者的立场上表示同情和安慰，并通过新闻媒体向公众致歉，解决深层次的心理、情感关系问题，从而赢得公众的理解和信任。因此，企业绝对不能选择对抗，态度至关重要。

（3）真诚沟通。真诚是指诚信、诚意、诚恳。其中，诚信是指真诚、守信用，即企业应站在消费者和社会公众的立场，明确自身的职责和社会责任；诚意是指在事件发生后的第一时间，企业的高层应向公众说明情况，并致以歉意，从而体现企业勇于承担责任、对消费者负责的企业文化，赢得消费者的同情和理解；诚恳是指企业应一切以消费者利益为重，不回避问题和错误，及时与媒体和公众沟通，向消费者说明事件的进展情况，重拾消费者的信任和尊重。

企业处于危机漩涡中时，是公众和媒体的焦点，一举一动都可能受到质疑。因此，企业应建立立体化的沟通与传播渠道，主动与新闻媒体联系，尽快与公众沟通，说明事实真相，促使双方互相理解，消除疑虑与不安。

（4）统一口径，内外结合。企业应重视危机公关中的内部公关，并以此为基础应对外部危机，将两者结合于一体，以创造有利于化解危机的外部环境，同时统一观点，保证对外口径一致，使公众对企业处理危机的诚意感到可以信赖。

（5）重视权威。在很多情况下，权威的意见往往对企业危机处理起到决定性作用。因此，企业在处理危机事件的时候，既要勇于承担自己的责任，又要做到坚持原则，在企业本身并无过错或遭人陷害的时候，就需要利用政府部门或者社会权威部门为企业的清白进行辩护。具体来说，危机公关权威有两种：一是权威机构，如政府部门、专业机构、消费者协会等；二是权威人士，如公关专家、行业专家等。

2. 创业企业的危机处理程序

危机处理程序包括识别危机信号、危机化解和危机恢复三部分。

（1）识别危机信号。任何事物都不是空穴来风的，多数危机在爆发前都有或多或少不同程度的信号，表现出一些前兆，呈现出一些症状，进而引发危机。危机的可能症状如表9-4所示。

表9-4　企业危机的前兆、症状以及典型表现

前兆		症状	引发的危机	典型表现
管理者	管理者一意孤行，苛求员工；上下级关系紧张；缺乏有效沟通	员工有不满情绪；没有充分考虑员工的工作计划	工作地点发生暴力事件；严重质量问题；事故；失去业务	罢工事件；××航空公司驾驶员疲劳驾驶事件
财务	销售额、收益率等大幅度下降；负债比率大幅度上升；自由资本率大幅度降低	令人失望的财务结果	消极的媒体报道；员工流失；士气下降	银广夏事件；美国安然公司事件
经营策略	技术不够缜密；无应变能力；投资偏离本行，从事投机活动等	没有持续的计划；没有经营计划；没有危机管理计划；研发投资少	工作业绩不佳；危机管理不当；消极的媒体报道；声誉受损；市场份额丢失；财务糟糕；声誉受损	康泰克PPA风波；三菱帕杰罗召回事件；奔驰MB100轻型客车设计缺陷
市场	对产品任意调价；质检不过关；出现强有力的竞争对手	销售额下降；顾客抱怨	市场丢失；产品回收；失去业务；产品诉讼	××笔记本“换芯”事件
内部管理	内部不和；不守信用；社会舆论哗然；中坚力量要求辞职或调离；管理层年龄构成失调	CEO或决策者年龄过大；忽视代理人、会计师或者税务顾问的建议	公司受到突然或严重的伤害；昂贵的诉讼；丧失信用和信任；罚款或者处罚；消极媒体报道	桶装矿泉水信任危机

（2）危机化解。危机化解是危机管理的主要环节。一旦企业发生危机事件，危机化解就显得极为重要，因为它事关企业的生死存亡。危机化解是一个综合性、多极化的复杂问题。危机化解的步骤如下：

1）听取危机事件报告及评估，密切关注媒体的反应。当危机发生时，企业最高负责人应保持冷静，立即召集企业高层听取关于危机事件的报告。同时，要注意媒体的反应，采取适当的措施，引导媒体报道向有利于企业的方向发展。当最高负责人和高层人员听取完汇报之后，必须在最短的时间内对危机事件的发展趋势、对公司可能带来的影响和后果、公司能够采取的应对措施，以及对危机事件的处理方针、人员、资源保障等重大事件做出初步的评估和决策。

2）成立危机处理小组。当企业最高负责人对危机事件做出了初步的评估和决策后，紧接着的工作便是成立危机处理小组。危机处理小组应为处理危机事件的最高权力机构和协调机构，它有权调动公司的所有资源，有权独立代表公司做出任何妥协、承诺或声明。危机小组成立之后，首要任务就是制订危机处理计划。计划必须体现出危机处理目标，程序，企业、人员及分工后勤保障和行动时间表，以及各个阶段要实现的目标。其中还包括社会资源的调动和支配、费用的控制和实施责任人及其目标。计划制订完成并获得通过后，策应小组（负责实施解决方案和提供后勤资源保障任务的小组）便立即开始进行物质资源的调配和准备，而核心小组（执行谈判、交涉、决策和协调任务的小组）成员则要立即奔赴危机事件现场，展开全面的危机处理行动。

3）及时沟通。在上述行为开展的过程中，企业要注意与内外的沟通。一方面，对企业内部员工进行安抚，稳定军心；另一方面，与外部媒体公众联系，让他们了解企业对待危机的态度和措施，维护企业声誉和形象。

4）相关公众公关。如果危机事件已经遭到媒体曝光，则危机处理重点应转到媒体公关上来。如果事实真相对企业不利，则危机处理小组应表示出真诚的悔改之意，并强调这次事件的偶然性，拿出企业的改进措施和时间表以及企业承担责任的方式和范围，以取信于媒体和受众。如果事实真相对企业有利，则危机处理小组应充分借助媒体揭露真相，并引导其对事件本身进行客观的报道和评论，努力塑造企业受害者的形象，博取舆论的同情。与此同时，危机处理小组还需通过法律专家和顾问，向危机事件另一方施加法律行动的压力，迫使其承认过错和责任，达成解决方案。对于一些媒体的负面报道，不可指责，而应引导其视线，唤起其良知和正义之心。

5）危机处理小组在通过媒体进行危机报道的同时，还可以对企业进行广泛的宣传。这就是所谓的利用危机，化危为机。实践证明，一次好的危机处理，往往能为企业带来新的关系资源和公众支持。在危机化解的过程中，企业应特别注意以下问题：一方面，对于媒体或危机另一方当事人，企业切忌与之斤斤计较、感情用事，而是必须权衡利弊得失，随时调整策略。同时，积极寻求当地政府的支持和帮助。另一方面，在危机处理过程中，企业必须尊重当地的风俗习惯和文化宗教，放远目光，果断取舍，不拘泥于一时一事。同时，危机处理人员应自始至终保持良好的修养，不得因个人行为影响企业形象，不因小利而失大局。总之，企业应利用这样的机会，在公众心目中树立自己的正面形象。

6）美誉度强化。企业不仅要善于总结经验教训，还要通过危机处理来积累各种经验，建立起一些平时没有机会建立的社会关系资源，如媒体关系和政府关系，或是与消费者的互信关系。通过危机处理来对企业进行广泛的正面宣传，扩大企业的社会影响，提升企业的知名度和美誉度，从而积累企业的品牌资源。

（3）危机恢复。企业危机管理的最后一个步骤就是在危机处理完毕之后，企业根据从危机处理过程中总结出来的经验和教训，进行企业经营管理活动的改进。一方面，企业就危机处理过程中发现的问题分析原因，进行改进，包括企业结构体系的重新设计；另一方面，将危机处理过程中发现的企业引以为傲的东西，如企业凝聚力、合理的工作流程、广泛的社会关系资源、员工的高素质等进行推广，以增强员工的自豪感和信心，培养企业的竞争力。

危机恢复管理中一个十分重要的方面就是面对危机处理过程中发现的问题，有针对性地开展一系列企业形象恢复管理活动。例如，投放企业形象广告、产品广告；推出企业新产品和服务；调整管理团队，引进新的形象良好的高层人物；公布新的市场拓展计划和产品发展计划等。通过一系列有针对性的形象恢复管理活动，充分利用公众对企业的关注力减弱之前的时间，改变公众对企业的印象，并增加其对企业未来的信心。

总之，创业企业在面对各种危机时，这里借鉴梁巧转、赵文红编著《创业管理》一书中的提议，应注意把握好“SARS”，即 Sense（理智）、Action（行动）、Reflection（反思）、Success（成功）。

专栏 9-3

中美史克公司 PPA 风波

1996 年，耶鲁大学的一个医学研究小组经过研究发现，过量服用 PPA 会使患者血压升高、肾功能衰竭、心律失常，严重的可能导致中风、心脏病而丧生。随即，该小组向美国食品药品监督管理局（FDA）提出了禁止使用 PPA 的建议。2000 年 11 月，中国政府下发通知：禁止 PPA！作为 PPA 感冒药的最大制造商，中美史克首当其冲。

面对突如其来的变化，中美史克公司迅速做出回应。接到通知的 11 月 16 日，中美史克立即由 10 位公司经理等主要部门主管组成危机管理小组，10 余名工作人员负责协调、跟进。危机管理小组分工如下：

（1）危机管理领导小组，制定应对危机的立场基调，统一口径，并协调各小组工作。

（2）沟通小组，负责信息发布和内、外部的信息沟通，是所有信息的发布者。

（3）市场小组，负责加快新产品开发。

（4）生产小组，负责组织调整生产并处理正在生产线上的中间产品。

危机管理小组发布了危机公关纲领：执行政府暂停令，向政府部门表态，坚决执行政府法令，暂停生产和销售；通知经销商和客户立即停止康泰克和康得的销售，取消相关合同；停止广告宣传和市场推广活动。

即日，全体员工大会召开。总经理向员工通报了事情的来龙去脉，表示了公司不会裁员的决心，赢得了员工空前一致的团结。同日，全国各地的 50 多位销售经理被迅速召回天津总部，危机管理小组深入其中做思想工作，以保障企业危机应对措施的有效执行。18 日，他们带着中美史克《给医院的信》和《给客户的信》回归所在地，应急行动纲领在全国各地按部就班地展开。公司专门培训了数十名专职接线员，负责接听来自客户、消费者的问讯电话，做出准确、专业的回答以消除其疑虑。21 日，15 条消费者热线全面开通。

同时，中美史克公司还积极同媒体沟通，在北京召开了新闻媒体恳谈会，做出“不停投资”和“无论怎样，维护广大群众的健康是中美史克公司自始至终坚持的原则，将在国家药品监督部门得出关于 PPA 的研究论证结果后为广大消费者提供一个满意的解决办法”的立场态度和决心。正是因为这些措施落实到位，康泰克良好的品牌形象得以保存下来。经过几年卧薪尝胆，2001 年 9 月，中美史克的不含 PPA 的“新康泰克”重新上市。

中美史克的案例说明，在很多危机事件的处理中，企业最重要的是态度，事实有时退居其次，因为舆论总是保护弱者。如果可以预见民事诉讼的损失，主动表示关注是企业危机公关必须注意的首要原则，被动地应付只会损失更多。

本章小结

本章重点阐释了创业企业成长的葛雷纳五阶段模型、爱迪思十时期模型、陈佳贵六阶段模型、李业企业生命周期修正模型等，并概括出创业企业成长的演化周期。创业企业带有鲜明的不确定特征，因而在成长过程中可能遇到诸多障碍，如复杂性及管理难度加大、成长的资源限制、持续创新的不足、战略规划能力不足、创业者的角色转换以及团队建设滞后、原有的经营模式不适应企业的发展、创业元老的处置问题等，都制约着创业企业的发展壮大。企业是各种要素资源的集合体，企业的成长需要各类因素的系统性支撑。

创业型企业成长战略分为内部成长战略和外部成长战略。创业企业内部成长战略主要依靠企业内部活动，包括产品开发、市场渗透、国际扩张等；创业企业外部成长战略主要依靠与第三方建立的关系，如合并、并购、合资企业、许可证经营和特许经营，来实现企业的快速成长。选择创业企业成长战略时，需要综合考虑比较优势、战略定位、核心竞争力、成长目标等方面。基于此，概括出企业基于经营结构发展的成长模式、基于组织结构发展的成长模式和基于空间结构发展的成长模式。对于创业企业来说，由于资金和资源有限，投资建厂不太现实，大多通过开发新产品、开拓新市场或外部成长方式来实现扩张。管理控制是一种组织控制，具有整体性、动态性等特征，是提高员工管理能力、业务能力、自我控制能力等的重要手段。

课后练习

1. 简述创业企业的内涵与特征。
2. 概括几种典型的创业企业成长理论。
3. 阐述创业企业成长的影响因素。
4. 概述几种不同的创业企业成长模式。
5. 简述创业企业管理控制的影响因素。
6. 创业企业成长危机有哪些类型？
7. 如何预防和处理创业企业成长危机？

延伸阅读

家乐福危机公关分析

2011 年 1 月中旬，经济之声《天天 315》节目连续报道家乐福大玩价签戏法：价签上标低价，结账时却收高价；明明是打折，促销价却和原价相同。1 月 26 日，国家发展和改革委员会披露，多地消费者举报“家乐福等部分超市价签标低价结账收高价”，恶意坑害消费者。经查实，确有一些城市的部分超市存在价格欺诈行为。紧随其后，中央电视台、新华社、新浪网等国内重要媒体连续、大篇幅、显著位置谴责家乐福，各种媒体报道铺天盖地，一时间引起了巨大的社会反响。这可能是这家超市进入中国16年来遭遇的最严峻的考验。

国家发展和改革委员会也责成相关地方价格主管部门依法予以严肃处理，没收违法所得，并处违法所得5倍罚款；没有违法所得的或无法计算违法所得的，最高处以50万元的罚款。在通报中，国家发展和改革委员会历数了家乐福等涉嫌价格欺诈的“四大罪状”：虚构原价、低价招徕顾客高价结算、不履行价格承诺、使用误导性的价签标示。其中，虚构原价，比如长春市家乐福新民店销售“七匹狼男士全棉横条时尚内衣套”，价签标示原价每套169元、促销价每套50.70元，经查实原价应为每套119元。低价招徕顾客高价结算，比如上海市家乐福南翔店销售丁香吉祥茶壶，价签标示每套36.90元，实际结算价每套66元。不履行价格承诺，比如昆明市家乐福白云店销售老树普洱茶，宣传海报标价为每盒60元，实际结算价为每盒120元。使用误导性的价签标示，比如昆明市家乐福世纪城店销售特色鱿鱼丝，销售价格为每袋138元，价签标示时用大号字体标示“13”，用小号字体标示“8.0”。

一、家乐福的处理措施

（1）事发后，北京市家乐福有关负责人表示，北京市工商等部门对家乐福超市进行了检查，并随机抽查了牛奶、熟肉制品等商品的价签标示情况。

（2）2011年1月26日下午5时，家乐福中国区方面给记者发来声明，称对价签问题给消费者造成的不便与损失表示诚挚的歉意。不过，声明将国家发展和改革委员会公布的问题归结为“因我公司价签系统不完善而造成的”，并称公司正着手进行升级改造。声明中还表示，将成立特别检查小组进一步加强内部监督检查工作及检查频率，并积极与各地物价等监管部门沟通，邀请物价部门的专业人员对公司相关负责人及员工加强培训。

（3）2011年1月26日晚上9时，家乐福再次给新闻媒体发出一份更改后的声明。有意思的是，新声明删除了此前有关价签系统不完善的文字，并表示：为了保障消费者利益，家乐福将严格执行“5倍退差”政策，即商品收银价格如高于商品的标签价格，家乐福将给予顾客5倍于差价的赔偿。

（4）2011年3月9日，刚履职家乐福中国区副总裁、华南区总裁的曹成智首度公开回应“价格门”并公布系列改善措施。曹成智说：“将价格问题从以往的门店服务中心的综合功能中分离出来，是家乐福进行自我反思和改正的一次尝试。我们承认错误，坚决接受政府有关部门的处罚举措。”同时，曹成智表示，价格中心配备了专门的价格协调员，以及与价格系统联网的电脑终端、处理赔付的现金收银系统，宣称一切合理的价差理赔将在10min内解决。

（5）出台“市民报名监督价格”。消费者如果对家乐福某款产品的价格有异议，可以要求工作人员用无线便携式商品标签打印机在商品上面读条码，看看机器上面显示的价格与标出的价格是否一致。在广州的门店中，这款无线便携式商品标签打印机在2011年5月份全部普及。

然而，媒体调查显示，公众对以上补救措施并不买账。这一外资零售业巨头挽救诚信问题绝非易事。

二、后续情况

2011年8月14日，新民网记者来到家乐福武宁路店。在该店的饮料区，记者调查后发现，至少3款“组合装”饮料的价格存在比单品总价贵的情况。

2011年9月1日，汉阳家乐福陷入“价格门”，标价12.5元的洗洁精结账却是13.9元，市民状告到区物价局。

2011年9月7日，家住武昌中北路的李先生到洪山家乐福购物，买了一斤标价4.48元/斤的山药，结账后他看标签发现，山药变成4.99元/斤。

2011年11月14日，“得知超市搞促销，只要购买128元的商品，再加1元就能换购6枚鸡蛋，我就急忙来到了超市。可没有想到的是，柜台上很多商品的价格竟然都偷偷提高了。有些商品竟然提高了20多元。不知情的消费者还真以为是捡便宜了。”家住河西区的马先生气愤地说道。

2012年年初，国家发展和改革委员会对家乐福的价格违法行为进行了公开处罚，成为社会关注热点。时至今日，家乐福在沈阳等多家门店又被曝出价格违法行为，并引发多起消费者投诉。为此有记者特意去调查，发现情况属实。为什么会发生这样的情况呢？主要是因为家乐福没有进行深刻反省，缺少整改措施。

三、案例评析

对于家乐福“价格门”，家乐福的负责人在接受记者采访时曾向消费者致以“由衷歉意”，并表示差价5倍赔偿的政策将作为家乐福在全国范围内的承诺“一直执行下去”。但是，这种道歉并没有起到多大效果，媒体有关家乐福的负面消息依然不断。

“一直以来，家乐福在中国市场的危机公关都不甚高明。”中国传媒大学BBI商务品牌战略研究所信息中心主任吕艳丹在接受记者采访时认为，面对集中爆发的负面新闻，家乐福仍不改傲慢姿态，反应不及时、应对不主动、态度不诚恳、举措不给力，实为危机公关大忌，其中国区公关总监的离职恰恰也印证了家乐福的公关失误。品牌易毁难建，倘若家乐福不能尽快建立起危机预警及反应机制，重塑品牌形象，将很难再获得消费者的信赖。

欺诈消费者时屡教不改，被迫道歉时缺乏诚意，是家乐福应对此次危机事件的两大硬伤。

家乐福的道歉中表现出企业的傲慢。道歉虽然及时但缺乏真诚和诚意的反应，使得家乐福并未能在企业危机发生后的道歉中重新获得消费者的支持和信任，使公众对企业和品牌的好感尽失。家乐福在本次事件发生后，对消费者号称赔偿，但实际上执行力度并不大。

更让人失望的是，国家发展和改革委员会将涉嫌价格欺诈的超市名单公布后，媒体对多个城市的相关门店进行了实地采访，结果仍然找到了一些低标价、高结算的商品。即使是在虚假优惠价格事件曝光后，全国各地仍有不少地方的家乐福门店仍顶风欺诈，不做改善。敷衍消费者，后果会是很严重的。对于企业来讲，诚信问题是立足之本，再反思家乐福近几年频繁发生的信任危机事件，可以看出家乐福并没有从一次又一次的危机中走出一条企业危机公关的正确道路。

（1）预防第一原则。家乐福“欺诈门”并不是在2011年年初才有的现象，而是多年以来的弊病，只是在此时被揭露出来。但家乐福方很显然慌了阵脚。既然这样的价格不一致问题一直都存在，不管是有意还是技术层面的问题，家乐福方的心底应早就有谱。但是在国家发展和改革委员会公布其“罪状”后，它才仿佛如梦初醒，仿佛刚刚得知，没有任何预防的公关意识。

（2）勇于担责原则。家乐福方面一直强调这次价格欺诈事件不是“有意的”，而是人为的疏忽以及技术的漏洞，这让广大的消费者难以平息心中的愤怒。虽然嘴上道歉连连，但实际上家乐福方并没有承认他们的错误，只是把理由归结为一些表面原因，并不被消费者所接受。

(3) 积极主动原则。在这次价格欺诈门中，家乐福没有在媒体曝光时就及时做出反应，而是在事件升级，在发改委宣布对其处罚后，才不得已站出来发表声明。声明中虽然多次对消费者致歉，但诚意欠佳。这种道歉并没有起到多大效果，媒体有关家乐福的负面消息依然不断。

(4) 战略优先原则。在整个事件中，家乐福方面自始至终都没有完整的公关策略，被舆论推至风口浪尖时才站出来发表声明，高层在事件发生后一个多月才进行正面回应，都会被认为是迫不得已才站出来。在家乐福采取5倍赔偿、成立“价格中心”以及市民共同监督等补救措施的同时，价格问题仍然屡屡上演，无疑是“自己打自己嘴巴”，这样说一套做一套，让人怀疑其策略更有“作秀”嫌疑，加剧了危机。

(5) 制度保障原则。家乐福方虽然建立了5倍赔偿原则的制度保障，并保证一直实施下去，但据消费者反映，5倍赔偿原则在现实生活中几乎不太可能实现，因为这需要消费者不但要自己发现问题，还要自己进行举证，如不发现就根本不可能赔偿，因为家乐福方面不可能自己举证自己。所以，在这样的情况下，几乎没什么消费者获得过赔偿，5倍差额赔偿对于广大消费者来说形同虚设。

(6) 全局利益原则。在危机发生时，企业顾及的不应只是自己的利益，而应该把消费者、顾客的利益放在首位。家乐福方面就价格事件为消费者推出的各种保障制度能够产生一定的作用，挽回一部分消费者的信心，但要想在广大消费者心目中重塑企业形象，还是应该从家乐福自身的管理经营出发，进行改革，真正把消费者的利益放在首位，而不是出台几个监督政策并单单依靠消费者自己去监督，这样才能让消费者放心，并重拾信心。

四、简要总结

面对突如其来的企业公关危机事件，正如当下流行的观点所说：管理不是一个点，而是一条线，是相互联系的运动过程。企业危机公关管理也是如此。企业公共关系危机管理是处理危机事件过程中的公共关系管理，是企业为了应对自身陷入的危机，挽回不良事件给公众造成的影响和带来的损失，在出现公关危机状态时，采取的一系列具有预防、扭转、挽救作用的策略和措施。它的过程是消除企业危机因素的一系列活动。从阶段上划分，公共关系危机管理可分为事前防范、事中控制和事后恢复。

(1) 事前防范。企业应通过建立危机意识和危机预警系统，做好提前防范措施，把公共关系危机扼杀在摇篮里。

(2) 事中控制。公共关系危机预防只能使危机爆发次数或程度降到最低，而无法杜绝危机。因此，在危机发生后，企业应该第一时间表明自己的观点，通过积极的沟通，引导媒体的报道，并取得他人的信任。

(3) 事后恢复。在处理好危机后，企业应对危机做及时的总结，评估公共关系处理方法是否合理、有效，找到处理危机的规律，总结经验和教训，对企业提出新的公关危机预防提供参考。另外，企业应该确定新的公共关系目标，加大信息的传播力度，感谢社会各界的支持，以此来寻求企业形象的恢复。

第十章

内部创业

核心问题

1. 什么是内部创业？它的特点和动因是什么？
2. 内部创业的过程是什么？
3. 企业内部创业的相互作用过程是什么？
4. 内部创业的机制是什么？

学习目标

1. 掌握内部创业的内涵、特点及动因。
2. 明确内部创业的过程。
3. 掌握企业内部创业的相互作用过程。
4. 了解如何建立基于内部创业的企业管理机制。

引例

松下学习系统的诞生

46岁的大山章博原本是松下公司下属人才开发公司的一名普通职员，从事员工的内部进修工作。然而，凭借多年的工作经验和敏锐直觉，大山章博意识到今后的数年内，面向企业和大学的电子学习系统市场蕴藏着无穷的商机。然而，因为体制原因决定了该部门无法自由拓展业务范围，如果出去单干，大山章博又缺乏自主创业所需的资金和信心。所以很长一段时间，大山章博空怀梦想却望“洋”兴叹。幸运的是，2000年快结束的时候，松下公司为了鼓励员工进行内部创业，投资100亿日元启动了松下创业基金（PSUF），公司尝试通过这种方式，既为那些不安于现状、立志创业的优秀人才提供一个自我发展的空间，同时为松下今后的发展增添活力。经过历时半年的面试、筛选、培训和考察，大山章博有幸被选中成为首批创业计划的3名成员之一。后来，大山章博成为松下学习系统（Panasonic Learning Systems）社长，所经营的学习系统软件销售业务蒸蒸日上。

第一节　内部创业概述

一、内部创业的概念及内涵

创新与创业是紧密联系的，特别是对大企业来说，创新则是与内部创业更为紧密地联系在一起的。早在 1984 年，著名管理学家彼得 · 德鲁克发表了著名的经济论文《我们的企业家经济》。在文中，他剖析了这一新型经济的出现背景、条件和表现形态等，将内部创业视为这一新型经济发展的重要动力。他提出，这一新型经济的出现主要表现为四个方面的发展：知识与技术的快速演进促使高科技领域的内部创业风行；双薪家庭、青年人的后续教育以及人口老龄化等趋势加速了新创企业的产生和发展；创业资本市场成为内部创业的一种有效的融资机制；美国的产业开始学会如何管理内部创业。正是这些因素促进了内部创业在 20 世纪 80 年代的美国获得了极大的发展。与此同时，关于内部创业是美国近年来发展的主要动力的观点，也存在不同的看法，并展开了激烈的争论。有研究者认为，创业与企业内的官僚层级制度是互相排斥的。但在实践中，一些企业却成功地实现了内部创业，如 3M 公司、贝尔亚特兰大公司、美国电话电报公司等。可以说，这种争论进一步推动了内部创业活动的开展。

近年来，尽管实业界和学术界都对内部创业现象表示出越来越强烈的兴趣和关注，但是内部创业研究仍处在初始阶段，有许多问题尚待进一步研究，对其概念、含义及范畴界定到目前为止还没有形成权威并且一致的观点和意见。

一般认为，内部创业是指为了获得创新性的成果而得到组织授权和资源保证的企业创业活动。内部创业在本质上要优于自行创业，因为企业环境是创业者所充分熟悉的，公司可以提供制造设备、供应商网络、技术资源、各类人才、营销网络以及企业品牌。创业者不必费时向外界筹措创业资金，失败后承担的责任较低，相对成功的机会也较大。因此，内部创业在本质上具有先天优势。内部创业是一种在现有企业组织内部推动的非正规活动，需要有领导者的强力支持，以及组织与管理上的诸多配合，方有成功的机会。企业内部创业的关键问题就是如何克服企业组织上对创业行为存在的阻力，如何在组织边界内提倡创建企业家精神，从而使创新和创业活动得以在一个企业的内部形成氛围。

专栏 10-1

对内部创业概念的深入解读

早期研究者们对内部创业的界定主要强调从事某类创造新业务活动的过程以及单纯对内部创业者的关注。近年来，随着研究进展，学者们越来越主张强调内部创业不仅包括组织内新业务创造活动，而且也包括各种创新活动，乃至企业文化建设和企业精神培育及升华。事实上，赫里斯（Hisrich，2001）、安东尼奇（Antoncic，2001）在后来的研究中又多次探讨了内部创业的内涵，认为内部创业是在现存组织内进行的创业活动过程。这个组织可大可小，这个过程不仅导致新业务风险，而且也导致新产品和服务开发、新技术或管理技术开发、新战略和竞争态势开发等类创新活动。这样，内部创业概念就涉及三个方面的问题：一是内部创业的主体；二是内部创业的活动内容；三是内部创业的活动范围。内部创业的主体，即内部创业者，是指某一特定组织内的个体或团队。内部创业活动的内容具体包括四个维度：一是新业务，是指寻求和进入与企业当前产品和市场相关的新业务；二是创新，具体包括新产品、新服务和新技术的开发与创造；三是自我更新，包括战略重构、组织重组及组织变革；四是先动性，是指高层管理者在寻求创业机会或增强竞争性上表现出的主动性、进取性和风险承担意识。内部创业的活动范围限于一个特定现存企业内，这个企业可以是一个大公司，也可以是中小企业。总之，内部创业是在一个现存企业中，个体或团队进行上述几类创造或创新活动的过程。

在众多研究文献中，研究者们经常将内部创业与公司创业的概念等同使用，所以要明确内部创业的内涵，还必须明确内部创业与公司创业两个概念之间的关系。公司创业的概念目前仍然没有一致的界定。古斯和金斯伯格（Guth&Ginsberg，1990）以及希特（Hitt）等人（1999）都将公司创业视为在一个现存企业内，通过内部创新、合资、并购或战略更新而获取新业务的驱动者，夏玛和克里斯曼（Sharma&Chris-man，1999）将公司创业界定为组织内个体或群体与现存组织联合创造新组织、进行更新或创新的过程。早期的公司创业概念强调“创造新业务”，进入 20 世纪 90 年代以后，公司创业的内涵进一步拓宽。斯托普福德和巴富乐（Stopford&Baden-Fuller，1994）强调公司创业包括三种类型：一是在现存组织内创造新业务；二是现存组织转型和更新相关的活动；三是企业改变其行业竞争规则的活动。德斯（Dess）等人（2003）也强调公司创业有四种形式：一是持续新生，是指产品的不断新生、不断进入新市场；二是组织更新，是指组织在过程和管理上的不断创新；三是战略更新，是指企业在如何竞争上的更新与变革；四是领域再界定，是指新产品市场定位的创造。

从关于公司创业的解释中不难发现，公司创业主体也是某一现存组织内的个体或团队；公司创业活动也包括新业务创造、组织更新、战略更新、竞争规则更新等多种创造或创新活动，公司创业的活动范围是在一个现存企业内。可见，公司创业与内部创业的内涵极为相似。但是，近年来越来越强调内部创业活动不仅发生在大企业中，而且也发生在中小企业中；而一般认为公司创业活动是大型或较大型企业的活动，目前还没有发现将这一概念运用于对中小企业的研究。因此，在本书所述中认为内部创业的内涵包含了公司创业的内涵。

二、内部创业的特点

通过对内部创业概念和内涵的阐述，可见内部创业有如下基本特点：

1. 资源优势明显

在内部创业实践中，如果内部创业活动受到企业管理层的认可，内部创业的资源优势更加明显，内部创业更容易获得成功。因此，在内部创业之初，最重要的是要争取领导的认同。资源优势突出表现为：①有充足的资金来源；②构建内部创业团队相对容易，人才较易获得；③可以充分利用企业先有的基础设施，如可以共享企业的价值链等，这便为内部创业的成功提供了一定的保障。

2. 风险规避能力较强

内部创业活动是在企业内部开创新的业务。在原有企业中开辟新的业务板块，环境的不确定性（宏观环境和微观环境）使得内部创业活动本身的风险加大。这些风险主要包括政策性风险和经营性风险等。政策性风险是指由于国家政策或者法规的变化会使得新业务面临着可行或者不可行的风险。经营性风险是指内部创业主体由于没有经营或者运营此类项目的经验，对新企业的价值链整体把握不够准确，由此带来的风险。但是，由于是在原有组织中的衍生活动，其风险评价和规避能力在原有企业的支持和合理评价的基础上相对较强。

3. 企业内部制约因素较多

内部创业活动限定于企业内部，因此，要受到企业规则、政策和制度以及其他因素的影响。企业的各种政策，尤其是投资政策的变化对内部创业影响最大。当内部创业企业是风险规避型企业的时候，内部创业活动就会受到更大的约束，因为内部创业活动一般是风险很大的活动，按照企业已有的项目筛选机制，很多风险型的活动将被迫中断，从而阻碍内部创业活动的顺利进行。

4. 创业的主体不同，且对创业主体的价值认同存在差异

内部创业的主体——内部创业者，是企业的创办者和革新者，他们的行为经常会挑战到现有组织的秩序和稳定性，这很容易在组织内部造成一些摩擦，成为企业内部的不稳定因素，也会阻碍内部创业者个人能力的施展。同时，内部创业者创业成功后得到的报酬是职业生涯的提升或者不提升，以及很少的报酬，这对内部创业主体来说激励不够。同时，不同组织的企业文化和企业精神会导致对内部创业主体不一致的价值认同。

5. 内部创业的内容和形式具有多样性

内部创业根据其创业源或创业活动内容可以分为不同的类型。根据创业源，内部创业可分为两类：内源内部创业和外源内部创业。内源内部创业是指通过借助企业内部资源而进行的内部创业，如内生型创业；外源内部创业是指通过借助企业边界之外的资源来进行的内部创业，如通过战略联盟、并购、分包、外部风险资本等方式进行创业活动。

专栏 10-2

内部创业活动的主要形式

（1）成立新事业部，IBM 于 1995 年在中国成立工商企业部（GMB），把目标客户指向工业产值占全国工业产值 60% 的中小企业。

（2）设立新项目组。荷兰壳牌石油公司于 1996 年成立了“规则改变者”专门小组，拨款 2000 万美元提供给思想开放的员工，授权他们尝试打破惯例、改变规则的商务新思路。

（3）鼓励和实施新创意提案。G 公司的工程师可以将创新点子放在内部的网络交流平台上，所有人都可以对这些点子做出评价。工程师可以利用 20% 的工作时间将这些点子落实为具体的产品。该公司每年都有高达 1000 万美元的创业大奖，奖励那些对公司未来发展具有重大意义的产品和项目。

（4）组织内专设创业孵化器。1983 年，柯达公司成立了新机会开发部（NOD），主要帮助员工把创业构想转变成创业实践，为其开发和探索工作提供组织支持。

（5）员工裂变式自主创业。松下公司规定，对于内部员工创建的企业，本人出资比例可在 30% 以下，如果企业发展顺利，员工可通过股票上市或从松下公司回购获得股份。一旦创业成功，员工还可从松下公司获得特别奖金。

(6) 并购外部创新型企业。2000年李一男依靠从华为得到的1000多万元设备、100余名顶尖研发和销售人员创办港湾网络，创办第一年的全部销售业绩，都来自华为的产品分销和支持。后来，港湾网络逐步转型为与华为相似的电信设备生产商，不再是华为的“内部”公司，而变成其直接竞争对手，并开始树立自己的品牌。2006年，华为出资17亿元收购港湾网络宽带产品线的全部资产、人员、业务以及相关知识产权，从而获得了港湾网络在数据通信产品方面的技术优势。

(7) 围绕新机会成立合资公司。2003年起，华为公司开始通过与国际通信业巨头合资的方式建立衍生企业，从而发展新业务领域或新区域市场。通过合资，华为的市场占有率、渠道管理和分销能力得到了提高。

(8) 围绕新机会成立独资公司。美国施乐公司在10年间投资了18个新创企业，其中6个新创企业的发展对公司业务增长具有很强的吸引力。最终，施乐公司通过并购的方式将其全部整合到公司的核心业务中。施乐公司通过创业投资模式投入的1200万美元资金，在10年内为其带来了超过2亿美元的回报。

三、内部创业的动因

内部创业是企业培育企业家精神、以创新求胜的有效途径。内部创业也是企业开展新业务的一种新的方式，这种方式帮助企业激活内部的创新点，从下至上推动企业的进步。内部创业的动因主要源于以下三点：

1. 新的、复杂的竞争对手数量快速增加

这是每个企业都必须始终面对的一个问题。当今时代是一个迅速变化的时代，随着科技的发展，经济竞争越来越激烈，消费者需求的变化速度也越来越快，企业也面对着比以前更多的竞争对手。在这样的竞争环境中，企业要么不断创新，要么就会被淘汰。

2. 人们对传统企业管理的信任开始动摇

这一问题与上一个问题有着密切的联系，时代的变迁使传统的企业管理理论和方法逐步失去了威严和神圣的光环，人们对传统企业管理的信任开始动摇。当然，任何一种管理方法都不会完全过时，现代管理理论和方法也是在传统理论和方法的基础上创立起来的，但当作为管理理论和方法基础的客观现实发生巨大变化的时候，人们对传统管理方法产生怀疑也是十分自然的。另外，当企业发展到成熟期，不可避免地可能存在机构臃肿、效率低下等问题，这通常被称为“大企业病”。内部创业则是克服这一问题的有效途径。

3. 控制人才流失

失去企业中最优秀的人员，对于现代企业，特别是对大型企业带来的挑战是十分现实而残酷的。由于自主创业逐渐形成潮流，其在经济社会中的地位不断上升，成功的创业者成为“创业英雄”，这对年轻的和经验丰富的员工来说都富有吸引力。同时，在最近几年中，风险投资也已经成长为一个能够为更多新创企业融资的大产业，这就形成了一个能够为创业者实施风险项目提供重要的资金资源的资本市场。种种变化和发展都在鼓励那些具有创新思想的人脱离大企业，为自己而奋斗。

因此，现代企业不得不寻求开展内部创业的途径，这有利于企业控制人才流失。企业培养一名优秀员工十分花费心血，而人才另谋高就会对企业造成很大创伤。内部创业则可留住一部分优秀员工，让他们继续为企业创造价值。如果不这样做，就是在等待停滞、人员流失和衰退。当前，内部创业已经成为企业开发其雇员和管理者创新才能的一种十分有效的途径。正如斯蒂文·布兰特（Steven Brandt）所指出的："相对而言，挑战是很直接的。美国必须改进自身的创新才能。要做到这一点，美国公司就必须开发其成员的创造能力。创意来自人，创新是一种能力。这种能力只有在人们为企业的目标和生存而努力奋斗并有权力运用其能力的时候才被使用。不负责任是过时的管理行为的代价，而不是缺乏才能或欲望。"

案例 10-1

皇家荷兰壳牌公司的"变招"

作为石油巨头的皇家荷兰壳牌公司，业务具有悠久历史，没有人会把它看作是一个机敏的暴发户。然而，以该公司最大的分部——开发与生产公司下属的研究与技术部总监蒂姆·沃伦（Tim Warren）为首的一群"离经叛道"分子却试图改变这一点。他们一直在努力使公司取消对点子、资本和人才流动的限制。他们最初的成功表明，让一家全球性大公司接受创新观念并建立内部创业机制，不是办不到的。

1996年年末，沃伦和几个同事认识到，开发与生产公司要想实现收益目标，必须开发全新的业务。于是，沃伦拿出了一个鼓励创新的崭新方案。他给了一个由敢想敢干的人组成的小组支配2000万美元的权力，让他们去落实由同事提出的变招点子。谁都可以出点子，而这个小组有全权决定哪个点子值得资助，无论它来自开发与生产公司内部，还是来自壳牌公司的其他部门。这个后来被叫作"变招"的措施在1996年11月开始实施。

刚开始的时候，新点子寥寥无几。为了推动这个措施，变招小组请咨询公司帮他们设计和建立了一个创新实验室，供72名可望成为创业者的雇员协助大家拿出具有突破意义的想法。那些崭露头角的革新者学习其他行业打破常规的经验，预测和利用突变的方法，以及以新方式利用公司各项能力的途径。然后，他们分成几个小组。就在此后的两天时间里，他们拿出了240个点子，有开发新业务的建议，也有发展现有业务的新路子。其中12个点子获得了启动资金，每个项目都吸引了一大群志愿者为其做后勤支援工作。培养企业内部的创业意识看来很有作用，自创新实验室成立以来，变招小组从雇员中一共收到了几百条建议。想出好主意的雇员被邀请到变招小组去，做10min的讲解，接下来是15min的提问与回答。如果小组成员认为主意可行，那个雇员即被邀请来与更多的公司内部专家进行第二轮讨论，这些专家的知识或支持也许会很重要。在否决一条建议之前，该小组要仔细考虑一下：如果将来证明建议的支持者是对的，公司会蒙受哪些损失。得到认可的建议往往在8~10天就能获得资金，平均每笔10万美元，有些项目得到的资金可高达60万美元。几个月后，每个项目都要接受一次"证实概念"复查，项目小组必须证明其计划行得通，并且值得获得后续资金。在获得资金的项目中，有1/4能通过复查，并从变招小组的管辖范围转移到某个业务部门手里，或者成为公司五花八门的开发项目之一。1999年，在公司五个最大的开发项目当中，有四个来自变招小组。也许更为重要的是，变招措施促使公司最高管理层接受了这样的观点：创新热情无处不在，硅谷经验确实能搬到公司里来。

第二节 内部创业过程

一、内部创业各因素的相互作用过程

内部创业是一个众多因素相互作用的过程，在这个过程中，创业者的一些个性特征和企业的一些组织特征对内部创业的成功推进有着重要的影响。内部创业成功与否取决于众多影响因素相互作用的效果。

（一）内部创业的推动力量——内部创业者

内部创业者是内部创业的主体，是内部创业的重要推动力量。一般来说，内部创业者不一定就是新产品或服务的发明人，而是能够将创意或产品原型转变成可盈利的实际产品的那些人。他们是支持产品或服务的人，是负责并具有将创意变为现实强烈愿望的团队创建者。

大多数内部创业者都是从一个创意开始建立其“内部企业”的。这个创意基本都是开始于一个幻想。在这一时期，内部创业者首先自我审查将创意转变为现实的步骤和途径，要尽可能多地提出实现创意的多种途径和方法，以及潜在的干扰因素和障碍。通常，内部创业者最初可以看作是并不存在的一个新的风险事业部门的总经理。开始时，创业者个人可能只专注于一个领域，如营销或研究与开发，但是一旦内部创业开始，创业者就要开始快速学习与该项目相关的所有内容。内部创业者很快就会变成具备多项技能的通才。

内部创业者大多是行动导向的，能迅速地把事情做好。他们也是目标导向的，准备尽一切努力达到目标。他们身上一般结合了思想家、行动家、计划制订者和劳动者的各种优点。他们能够将精力专注于新的创意上，将梦想和行动结合到一起。因此，内部创业者往往期望一些不可能的事情发生，也不认为任何挫折会大到造成项目的失败。

当面对失败或挫折时，内部创业者大多保持乐观态度。首先，他们并不承认他们被打败了，他们将失败视为暂时的挫折，从中吸取教训并加以解决。失败并不是退却的理由。其次，他们认为他们要对自己的命运负责。他们并不将失败归咎于其他人，而是进一步集中精力学习如何做得更好。通过客观地处理自己的错误和失败，内部创业者学会了如何避免再犯相同的错误，而这又帮助他们进一步取得成功。

目前，人们对企业内部创业者还存有误解。有时这些误解会影响同事和上层管理者对内部创业者的印象，从而不利于企业内部创业。这些误解主要包括：①认为内部创业者的主要动机是对财富的追求。而事实上，内部创业者的主要动机往往是创新，是将他们的创意变成现实。创新的自由和能力是他们的首要动力，金钱只是一种工具和成功的标志。②认为内部创业者都是高风险承受者，他们都是“职业赌徒”。而事实上，用“有限的风险承受”来描述内部创业者的行为更符合实际。对成功的无尽追求并不意味着敢冒任何风险，只有一定程度的、经过计算和分析的风险才是这些人所偏好的。③认为内部创业者缺乏分析才能，做事鲁莽。而实际情况是，内部创业者通常都非常具有分析才能。虽然可能出现他们很“幸运”和做事鲁莽的情况，但关键是他们能够理解创新，能够很好地理解市场需求，因而他们的目标往往是十分明确的。④认为内部创业者由于其对成功的强烈欲望而缺乏道德，他们不在乎如何取得成功，只要能够成功可以不择手段。但实际上，在现在这样一个文明、法制的社会

里，内部创业者必须严格遵守道德约束，必须拥有与社会预期一致的道德信念。如果他们不具有这些信念，就无法生存下去。⑤认为内部创业者都是渴求权力的人，他们都想尽可能做大和快速地发展。但事实是，大多数内部创业者的企业都很小、很保守，他们更感兴趣的是利润和成长，重点是做好而不是做大。

通常，内部创业者与一般创业者、传统管理者相比，具有以下一些基本特征：

（1）将对企业资源的独立使用以及在企业奖励中领先于他人作为奋斗的首要目标。

（2）在时间导向上，关注介于短期和长期之间的企业成长目标，依赖于急需满足的自定的和企业的时间表。

（3）具有直接行动多于授权的行动倾向。

（4）具有较强的专业管理技能和商务洞察力，通常接受过专业技术培训，但其地位要求其具有在企业内取得成功的更大的能力。

（5）内部创业者一般充满自信、乐观和富于勇气，许多内部创业者对企业制度持需改进的态度，不喜欢组织系统，但喜欢控制，将传统的地位标志视为玩笑，崇尚和珍视自由。

（6）既关注内部产品和技术等内部因素，又关注市场变化等外部因素，及时向内部人员传递市场的要求和变化，经常自己进行市场研究和直观的市场评估。

（7）喜欢适度的风险，一般不害怕被解雇，因此并不注意个人风险。

（8）为从错误中学习而不付出公开失败的政治成本，总是试图隐藏有风险的项目。

（9）在组织系统内解决问题，是说服他人同意自己看法的高手，比一般创业者更有耐心，更愿意妥协。

（10）通常受过高等教育，尤其是在技术领域，但有时也并非如此。

（二）个人和组织的相互作用过程

内部创业活动是一个许多因素相互作用的过程，而其成功也就是这些因素相互作用的结果。有研究认为，内部创业行动的出现是组织特征、个人特征和一些突发事件的相互作用的结果，如图 10-1 所示。

在这一过程中，当其他条件都具备时，突发事件成为内部创业活动的重要推动力。研究者沙克·扎拉（Shaker Zahra）揭示了一些内部创业过程中可以被视为突发事件的影响因素。这些因素主要包括三个方面：环境因素，如敌意（竞争过程中的对企业目标的威胁）；动态性（由于各种变化造成的企业市场的不稳定性）；异质性（对企业产品产生新的需求的市场中的发展变化）。

这些影响因素中包括了环境或组织变革的一些方面，这种变革会突然引起或刺激组织特征与个人特征的相互作用，从而引发内部创业突发事件。更具体地说，内部创业过程中的突发事件可能有：新生产过程的开发，公司管理层的变更，兼并或收购，竞争者市场份额的增加，新技术的开发，成本降低，消费者需求的变化，经济变革等。

在决定进行内部创业活动之后，紧接着的主要任务是制订一个有效的业务计划。整个业务计划应包括新的内部风险事业所涉及的所有发展阶段。

这一业务计划的实施和内部创业的最终成功依赖于两个关键因素：第一个关键因素是组织是否能够提供所需的资源；第二个关键因素是内部创业者是否能够克服可能妨碍新项目的组织障碍和个人障碍。一个内部创业想法的最终实现是这些因素相互作用的结果。在完成了可行性分析、认识到资源对新风险事业的必要性并克服了所有现有的组织障碍之后，内部创业者就可以推行其想法并正式开始创业了。

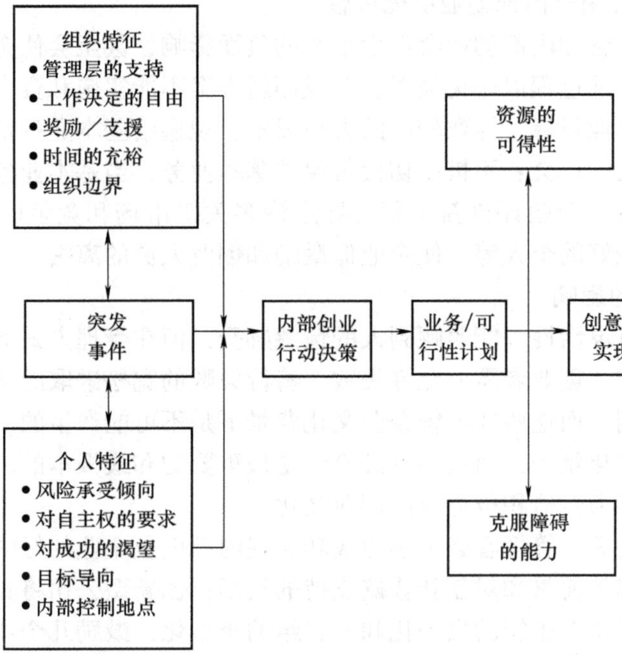

图 10-1 企业内部创业各因素的相互作用模型

二、内部创业的障碍和管理变革

尽管内部创业已经成为众多大企业的重要管理内容，但它也并不是没有障碍的。我们可以从内部创业障碍的分析中来考察，应该如何推动和促进内部创业。

（一）内部创业的障碍

1. 企业高层管理者的障碍

由于受传统管理思想的禁锢，许多高层管理者认为，在企业内部可以进行创新，而不可能培育和开发出创业思想。他们也常常认为很难实施鼓励自由和无组织活动的政策。实际上，创业和创新是相互区别、相互联系和相互促进的。创新是创业活动的核心，是创业活动的基础和源泉，离开了创新，创业活动是不可能获得成功的。创业可以推动科技创新，可以推动新发明、新产品的出现，推动市场体系的完善，促进市场竞争主体结构的合理化，对企业创新能力的提高，对企业核心竞争力的获得和强化，具有十分重要的作用。要成功推进内部创业，企业高层管理者需要为内部创业者提供思想开发所需要的自由和激励。

2. 科层式组织结构不能适应内部创业对企业组织的要求

在内部创业的过程中，内部创业者的创业行为可能源于一个想法或者幻想，而在这个想法变成现实的产品或服务之前，往往需要大量资金的支持，需要有相对灵活的时间安排，特别需要组建一个特殊的创业团队，需要保持整个企业组织结构的扁平化和创业团队的小型化，需要在创业的环境中促进各个创业团队的相互学习和思想开发，有时还可能会成立一些另类组织。而这些要求在传统的科层式的组织结构中是不可能达到的。

3. 传统管理技术应用于内部创业的无效性

运用传统管理技术管理内部创业会产生很大的负面影响，甚至会使企业尽力避免内部创业活动。例如，实施标准过程以避免失误，造成创新方案不能实施和资金浪费；制订长期计划，锁定了不可行的企业目标，导致较高的失败成本；规避给基本业务带来风险的行为，致使企业错过了许多发展的机会；不惜一切代价保护基本业务，当基本业务受到威胁时，风险事业被砍掉；根据以前的经验评价新步骤，导致许多关于市场和竞争的错误决策；报酬平均，提拔和自己关系较好的个人等，使企业低激励和创业人员的离去。

4. 传统企业文化的影响

传统企业文化具有灵活性，能照顾到人的情感感受，但在管理方式上仍带有家长式的管理痕迹。在内部创业中，创业者需要允许失败、善待失败的宽松进取的文化氛围，需要鼓励创新和创业的企业机制，而这些在传统企业文化背景下是不可能产生的。许多成功企业都有其特有的利于创业的文化氛围，而这一点又恰恰是最重要的和最根本的。因此，内部企业要想获得成功，还应该努力营造积极进取的创业文化。

认识到这些障碍之后，管理者必须学习成功实现内部创业企业的好的做法。例如，建立创新型公司应有的明确的愿景和对创新普遍支持的氛围；创新型公司将其愿景与真实的市场地位联系在一起；保持整个组织的扁平化和项目组的小型化；鼓励几个项目并行；在创新环境中的学习和思想开发横切组织中传统的功能路线；利用处于传统的官僚层级体系之外的小组去把握创新的机会，以杜绝官僚主义的影响，允许快速的转变等。

（二）基于内部创业的管理变革

通过上述分析，了解了影响内部创业的管理因素，为管理者设计基于内部创业的企业管理机制提供了重要的理论基础。在实践中，管理者可以根据企业的实际情况进行管理变革以推进内部创业。

1. 改革传统的管理方式，实施管理创新，为内部创业提供组织保障

前文指出，在内部创业过程中，一些传统的管理思想和管理方式已经不能适应内部创业活动的需要，如传统的企业奖励、短期的工作定额和预算以及努力避免犯错误等。管理者应实施管理创新，结合自身的实际情况，建立起一套最适合自己的、有利于内部创业的管理制度，对企业实施某种程度的再造。其主要包括：要建立鼓励内部创业的有利氛围；通过对企业内部各个部门的交叉运作，为内部创业人员提供能够开展风险事业的自由空间；允许创业人员按照自己的方式工作；采用一些迅速的、非正式的方法为新创意的实验提供所需要的资源；建立一套鼓励冒险、容许错误的体制等，为内部创业提供保障。例如，为推行内部创业，富士通成立了专门的基金，只要在富士通工作三年以上的员工，公司都鼓励他们申请创业基金。他们采取的是递交创业计划书的形式，公司每半年组织一次“大赛”。“大赛”主要考核两项：一是员工个人是否具有创业素质；二是创业领域、计划书的可行性，以及是否风险较小、收益稳定。公司为此成立了专门的创业评定机构。那些被选上的员工，公司会给其投入创业基金。这笔钱被当成是以公司的资金入股，与员工的智力和技术共同新创公司，富士通在新公司所持的股份通常不会超过50%。随即，公司与创业的员工解除劳动关系，但可以提供资源、业务、技术等方面的支持。

2. 加强企业内部风险事业开发，建立内部创业驱动机制

企业内风险事业开发的主要目标包括三个方面：确保当前的体制、结构和经营不会对创业所需要的灵活性和快速行动提出不可逾越的障碍；为创业项目提供激励和工具；在业务领域之间寻求联合，以期在新的联合中发现新的机会。

为此，除在组织机构上减少不必要的人浮于事，鼓励跨部门和职权的沟通外，可能最为关键的是企业要将资金大量投入创业活动中，并且建立内部创业驱动机制：①设立“内部风险资本”作为内部创业项目的专项资本，鼓励企业内员工开展创业活动，并可设立特殊的项目预算，也允许创业人员自由决定项目的时间等。②培养内部创业人员，启动内部创业培训计划。这个计划主要是通过讲解内部创业的一般过程，让员工了解内部创业的基本知识。其内容包括个人创造力的开发和创意的形成、市场机会的筛选、经营计划和行动计划的制订以及创业管理等方面，旨在提高员工创新和创业能力，引导员工成为企业内风险事业的开发者。③鼓励开发事业部、其他部门和公司中的联合项目和风险事业，允许和鼓励员工开展讨论和采用头脑风暴法产生新的创意。

专栏 10-3

3M 公司的创新规则

3M 公司可以称为内部创业的典范，其制定的一系列的创新规则对于许多企业来说都具有借鉴意义。这些关键的规则包括以下六个方面：

（1）不要扼杀一个项目。如果一个项目不能在 3M 的任何一个部门实施，一个员工就可以将其 15% 的时间投入到该项目中去以证明该项目可行。对于那些需要种子资金的员工，每年奖励 50000 美元的资金。

（2）容忍失败。通过鼓励多次的试验和风险承担，新产品会有更大的机会获得成功。在过去的 5 年中，3M 公司引入了所有事业部都必须提取 25% 的产品销售收入的目标，而且这一目标最高可以提高到 30%。

（3）保持事业部的小型化。事业部经理必须知道每个员工的名字。当一个事业部变得太大，销售收入达到 2.5 亿～3 亿美元时，就必须进行分割。

（4）激励优胜者。当一个 3M 的员工提出一个产品想法时，他或她就可以建立一个行动组来进行开发。其薪水和升职是与产品开发的进展相联系的，优胜者将来有机会经营自己的产品组或事业部。

（5）与顾客建立紧密联系。研究人员、营销人员和管理人员要经常与顾客交谈，并邀请顾客一起通过头脑风暴产生新想法。

（6）共享财富。技术一旦开发出来，就属于每一个人。

创新规则的制定成为推行内部创业的重要保证。例如，3M 畅销全球的便利贴（Post-it Notes）最早是产品设计师亚瑟·傅莱（Arthur Fry）的创意，3M 允许他利用 15% 的上班时间完成这一创新。最后，亚瑟·傅莱在自家的地下室完成了整条流水线的设计，并赢得了卡尔顿（Carlton）奖——3M 的“诺贝尔奖”。更早的时候，IBM 第一台个人计算机研发成功，也得益于该公司不计较时间和成本，让员工放手去钻研，甚至允许他们从外部购买零配件。

3. 创建创业团队，实施多重激励，建立内部创业激励机制

建立一种新型的创业工作团队是企业内开展创业活动的首选途径，这一点几乎成为所有的开展内部创业活动的企业所共识。创业团队一般具有自我导向、自我管理和高绩效的特征，是一种小型的以一种半自主方式运作的产生和开发新创意的团体，应有自己相对独立的预算，并拥有对工作方式做出决策的自由的领导者。在创业团队中，个人能力得到整合，而团队创新能力要大于个人能力之和。特别是每个成员在工作中共同解决问题的过程中，了解了其他成员的研究方式和思维方式，使自己的研究能力在取长补短中得到提高。这样每个人都注意不断地进行一些小的调整，从而能加快整个创业团队的进化并使进化过程平稳进行。

激励理论认为，组织成员之间的合作经常被部分成员的机会主义行为所破坏，而建立适当的激励机制会减轻这种不良行为。该理论把组织看成联系不同个体的节点，认为有限理性的组织成员是风险规避、自私自利的，组织经常处于目标不一致和信息不对称状态。而在创业团队中，管理者希望成员为实现组织目标而努力工作、相互合作，成员有可能从自己的兴趣和利益出发，投入到创业项目中的精力和努力方向与管理者期望的目标不一致，就会产生冲突。因此，管理者要推进内部创业，充分调动创业人员的积极性，必须实施多种激励措施，建立和健全内部创业的动力机制。

首先，要使创业者的权益得到很好的体现。当创业人员提出一个创意或想法时，就可以建立一个行动小组来组织开发；技术或产品一旦开发出来，就有机会经营自己的产品部或事业部；与产品部或事业部的发展相联系的是薪水的提高或职务的晋升等。其次，要把创业项目的责、权、利紧密结合起来。企业内风险事业开发的好坏，在很大程度上取决于创业人员的素质、事业心、努力程度和风险意识。如果他们在创业中的权力太小、报酬太低，就会束缚他们的手脚，影响他们的积极性和承担风险的意愿，企业内风险开发事业就不可能做好。应该使他们的权限与承担的责任统一起来，使其贡献与收入报酬相对称，以便为他们开展创业活动创造必要的条件以及鼓励他们的积极性和创造性。最后，要使创业人员的积极性得到充分发挥。要做到人尽其才，使创业人员的技能和特长得到很好的发挥；对创业人员的业绩考核要将过程评价与结果评价结合起来，根据其业绩决定奖励和升迁；必须真正体现按劳分配的原则，把创业人员的收入与他们对企业的贡献结合起来，确实做到多劳多得、少劳少得，拉开员工之间的收入差距，等等。

4. 制定创业评价办法，建立企业内部创业监控体系和约束机制

为加强对内部创业活动的监控，管理者要制定创业评价办法。评价内容主要包括：管理层对员工的内部创业活动的支持程度，如员工的创意是否得到迅速采用，对提出创意人员的态度，小的实验项目是否得到支持，以及是否得到项目启动的种子资金等；员工是否具有能够以他们相信最有效的方式决定如何完成工作的决定权；专心于创业行为的员工是否会得到必要的激励；企业能否合理地分配员工的工作负担，避免在员工工作的任何方面增加时间约束，允许员工与其他人一起解决长期问题；企业是否避免了将所有主要的工作都设计成标准化的过程，并减少对范围狭窄的工作任务说明和僵化的绩效标准的依赖等。

应在创业评价的基础上建立内部创业的监控体系和约束机制。创业的约束机制既来自企业的内部，也来自企业的外部。外部约束机制主要通过创业项目的市场评价和优胜劣汰机制来实现。建立企业内部约束机制，首先，要有多重利益约束机制。要形成管理者利益、创业者利益和企业利益的制约关系，实现利益的均衡。其次，要有健全的财务约束机制。内部创业投资也是一项风险极大的投资活动，高风险的创业投资迫使管理者必须在企业内建立一套科学、严密的资金配置、运用和监管机制，同时要求管理者要有创业投资家的敏锐感知和预测能力，勇敢的冒险精神，谨慎严密的投资谋略等。最后，要有权力约束机制。创业人员的创业活动具有较大的灵活性和自主性，但这并不意味着创业人员和创业团队不受企业制度和权力的约束，而现代化企业的生产经营需要集中的统一指挥。因此，建立约束机制的重点在于要在保证企业统一指挥的情况下，对创业团队和创业人员保持必要的柔性，形成既有统一指挥，又有相互制约的权力结构关系。

5. 营造创业文化，为内部创业提供有利的文化环境

要成功地推进内部创业，首先要从战略的高度来确定内部创业，鼓励员工创新，建立创新愿景并形成企业内员工对这一愿景的共享。内部创业来源于企业内部人员的创造才能。一项被员工理解并广泛认同的愿景会产生极大的号召力，能够激发起企业员工对未来的憧憬和奋斗的强烈愿望。鼓励员工积极开展内部创业活动，特别是要创建有利于内部创业的创业文化：有利于技术创新的开放性的生产结构；容忍员工失败并从失败中学习的宽松、进取的文化氛围；将创业本身作为目标、将工作视为乐趣的工作观念；有利于内部人才流动和信息传播的工作机制；企业管理者鼓励员工创业、发挥聪明才智的政策导向等。这种创业文化和创新氛围的营造是十分重要的，它不仅影响创业人员潜能的发挥，而且对创业项目能否成功产生重大影响。

案例 10-2

盛大游戏的全员创新文化

盛大游戏创新体系通过实体机构——创新办公室来“组织、执行、协调”，通过建立以“推新平台”发布发散创意、“创新沙龙”筛选完善创意、“创新基金”支持孵化创意的完整创新机制反馈通道，打造全员创新的企业文化氛围，将创新的权力、机遇、价值和快乐分享给盛大游戏的所有员工。

创新基金是由盛大游戏全体高层组成的“创新委员会”所创办、面向盛大游戏全体员工的一项专属基金，基金预算达到千万元级别，将全部用于对创新项目、创新技术、创新方案的孵化成本和奖励。

“推新”平台是继2010年9月宣布成立“创新基金”之后，于10月上线的盛大游戏内部创新门户，是进行文化创新的新尝试。它通过微博、圈子、创意论坛三大部分以及公司内部聊天工具和邮件等，为盛大游戏全体员工打造随时随地提出创新和进行讨论的平台。不论是高层领导还是普通员工，都可以轻松、平等地在推新平台上发挥自己的创新思维，发表自己感兴趣的创意讨论。同时，个人的创新实践也会定期呈现在推新平台上。

“创新沙龙”定期展示员工创新，营造企业创新氛围，在“创新沙龙”上获得肯定的创新也将有机会得到公司层面的孵化支持，促成项目的落地实施。盛大游戏于2010年12月举行了首届创新沙龙。在盛大游戏内部创新门户——“推新”上历时2个月，经员工广泛讨论后，选拔出9个员工自发提起的“创意”亮相沙龙舞台，内容涉及游戏研发、策划、推广等方方面面。经过创新沙龙现场专家的共同评审和投票，最终评选出4个晋级项目及3项最佳创意，获得最佳创意的员工分别得到1000元的创新奖金。

第三节　内部创业团队创建和创业资源获取

一、内部创业团队创建

创业团队及其所拥有的产生创新结果的潜能被认为是20世纪90年代美国生产率大幅度上升的基本动因之一。采用创业团队方法的那些企业经常将其所经历的变化称为一种“质变”，甚至一种“革命”。建立这一类新型的工作团队已经成为许多企业的一个新战略。

在创业团队中，个人技能被整合成一种组合。由于群体成员在工作中遇到各种问题和方法，他们也学会了其他人的才能。他们学习如何互相帮助以更好地工作，学习每个人能够对某个项目贡献什么，学习如何最好地利用他人的经验。每一个参与者都不断地注意进行小的调整，而这会加快整个群体的进化并使得进化过程平稳进行。这种影响推动整个企业进行小规模调整，即推动企业前进。创建企业自己的内部创业团队需要把握以下几点：

1. 清楚地陈述公司未来的远景与目标

推动内部创业的公司首先在政策上要支持与鼓励创新行为，并向员工明确传达下述政策：“只要是符合公司的发展战略，有助于实现企业的远景目标，由员工主动发起的创新活动将被允许，并且可获得资源上的支持。”例如，3M公司明确规定员工可运用15%的工作时间与资源，来自由从事与创新有关的活动，且不必事先获得主管的同意。这类积极支持内部创业的公司认为，追求创新成功要重于执行制度规章。因此，主管多半能够支持创新，并愿意承担失败的风险。

2. 发掘公司内部具有创新潜力的人才，建立优势互补的创业团队

建立优势互补的创业团队是人力资源管理的关键。团队是人力资源的核心，“主内”与“主外”的不同人才，耐心的“总管”和具有战略眼光的“领袖”，技术与市场两方面的人才都不可偏废。创业团队的组织还要注意个人的性格与看问题的角度。如果一个团队里有总能提出建设性、可行性建议的成员和能不断地发现问题的批判性成员，对于创业过程将大有裨益。作为创业企业核心成员的首席执行官还有一点需要特别注意，那就是一定要选择对项目有热情的人加入团队，并且要使所有人在企业初创时就要有每天长时间工作的准备。任何人才，不管他（她）的专业水平多么高，如果对创业事业的信心不足，将无法适应创业的需求，而这样一种消极的因素，对创业团队所有成员产生的负面影响可能是致命的。高科技企业创业通常以技术创新为主，因此研发人员（R&D）最需要的是高素质。对于项目核心技术人员，要舍得投资延聘最优秀的专业人才。一个创业企业开始的时候需要在各方面节俭，但是对于技术人员要舍得投人。曾经就有人说，1个优秀的程序员可以抵得过100个普通的程序员，对于数量极少的这种人才，应当在薪酬、员工期权等方面尽可能予以优厚待遇。

而公司内部创业者追求的又不只是金钱的报酬，还包括成就感、地位、实现理想的机会、拥有自主性以及自由使用资源的权力。内部创业家大都具有远见，是一个行动导向型的人，具有献身精神。但创业行为也不能只凭一股热情，创业者必须要有创意，并能提出具体可行的方案。选择内部创业对象需要一定的标准：①首要标准是品行端正，为人正直，先做人后做事；②对企业忠诚度较高，认同企业的企业文化、经营理念；③在企业中工作了较长时间，有较强的工作能力和丰富的工作经验，曾为企业立过汗马功劳；④热爱企业从事的事业，积极进取；⑤有再学习的意识和能力。内部创业的员工应是企业中的精英，企业对申请要求内部创业的员工必须认真筛选、严格把关。

3. 寻找组织内保护人

内部创业团队除了具有创意以外，还必须有一位具有影响力的高层支持者作为保护人，协助获得所需资源，沟通信息，并排除创业过程中来自企业内部的阻力，使创业团队能够安然度过最艰辛的创业初期。

4. 赋予创业团队行动自由，但同时要求承担责任

公司对内部创业团队的创新和创业活动，应给予很大程度的行动与决策自主，在一定额度范围内，创业团队可拥有自由支配资源的权力。而创业团队必须放弃分享其他部门为公司所创造的利益。

5. 采用红利分配与内部资本的双重奖励制度来激励创业行为，宽容失败

一般员工对于公司奖惩的认知是，冒险创新成功的报酬太低，而失败时的惩罚太重，因此宁愿保守应对。但激励制度对公司创新活动有至为关键的影响。所以，重视内部创业的公司大都能够容忍创新时所犯的错误；对于创业成功的奖励，除给予升迁选择外，还设计分享成果红利，以及给予可供自由支配的内部资本作为额外的奖赏。

二、创业资源的获取

资源获取是内部创业的必要条件，这些资源主要包括人力资源、财力资源、物力资源、技术资源、信息资源、时机资源等。最理想的条件是能同时拥有并充分利用这些创业资源，这样的内部创业者很快便能够实现内部创业的跨越。但国内外企业内部创业的事实表明，只有极少数的企业能够同时提供这些创业资源，绝大多数内部创业者只可能拥有一两种资源或几种资源。

一般而言，人力资源在内部创业过程中是首要资源因素。前已述及，内部创业团队的组建是对人力资源的挖掘和占有。在内部创业初期，企业已有技术是最关键的资源。其原因有三点：①创业技术是决定创业产品的市场竞争力和获利能力的根本因素。②创业技术核心与否决定了所需创业资本的大小。对于在技术上非根本创新的内部创业来说，创业资本只要保持较小的规模便可维持内部创业的正常开展。③从创业水平来说，由于内部创业行为一般规模较小，因此管理及对人才的需求度不像创办企业那样高，创业者的内部企业家意识和素质是创业阶段最关键的创业人才因素和创业管理资源。所以，内部创业者成功的关键是首先寻找成功的创业技术和合作者。精明的内部创业者之所以取得成功，就在于能对其创业资源进行有效整合，进而形成所在创业团队的核心竞争力。

案例 10-3

内部创业资源共享

2012 年对新汉电脑股份有限公司（以下简称新汉）来说是意义重大的一年。20 年的风风雨雨，曾经名不见经传的新汉，如今已经在全球化的大背景下快速奔跑，并在“内部创业，资源共享”的企业理念之下不断扩大企业版图。正如新汉工业计算机事业部总经理林弘洲所讲：“嵌入式产品就像探针，能及时地反映出市场应用的变化，新汉则根据市场导向调整产业的方向。而一旦新汉培植、深耕的新市场趋于成熟，公司就会将其分离出去形成独立的事业群。”这种模式不但给企业内部的人员带来更多的发展机会，形成多事业群齐头并进的局面也有利于公司的业务发展，增进公司抗风险的能力。

新汉 20 年的发展历程可以分为两个阶段。最初的十年新汉只是专注于以嵌入式主机板为主的产品的研发与制造，“而随着公司的逐步发展，我们意识到公司未来需要从粗放型的制造业模式向系统化产品的方向转变，因此公司制定了为垂直行业定制工控平台的发展基调。”正是 10 年前的这次转型，为新汉带来了今天的全新发展。例如，无风扇工控机就是专门针对车载、电子多媒体播放专用设备等产业需求而推出的产品，而事实证明，无风扇工控机将新汉的品牌带到了全球化的高度。如今，欧洲市场在新汉整个公司业务中占据的份额已超过 40%，在近年欧洲市场并不景气的情况下，新汉依然能保持 2 位数的增长，并远高于业界的平均水平。新汉通过事业群深入垂直行业的方式已颇具成效。例如，在车载电脑方面的知名度已经大幅提升，并获得了像伦敦计程车升级这样大项目的订单。现在，新汉已经真正从板端的提供者转变为一个专业系统平台的提供商，而通过系统又切入细分垂直行业，从而带来更多的机遇。另外，新汉不会受单一市场的影响，又降低了企业的风险。目前新汉已实现面向工业计算机、智能视频监控、移动车载电脑、数字媒体播放专用设备和网络安全平台五大应用领域的均衡发展。外部经济环境虽不明朗，但新汉依然保持对重点行业的持续投入。“我们无法主导市场，只是在了解市场需求的情况下快速地去顺应市场。”这可能才是新汉快速成长的关键。

第四节　内部创业培训和指导

创业过程需要从培育创业意识和创业心理素质开始。愿创业、敢创业，即创业意识是创业成功的前提。创业意识是指在创业实践活动中对人起动力作用的个性倾向，包括需要、动机、意志等心理成分。创业需要是创业之源，创业动机是创业之泉，创业意志是创业之刃。创业意识支配着创业者对创业活动的态度和行为，规定其态度和行为的方向和力度，具有较强的选择性和能动性。以独立性、合作性、果断性、克制性、坚忍性、适应性为主要特征的创业心理素质，对创业实践有着重要作用。

为了提高内部创业成功率，一些公司设计了一些培训机制，帮助更多基层的、有想法的年轻人更好地创业。例如，松下公司要求通过审查的候选人，既学习包括经营学、会计学、企业案例等名为“顶尖 MBA 训练”的课程，还要参加由公司特邀风险投资家组成的专家评委会的答辩，并根据答辩意见不断修改、完善创业计划。这样也保证了更多好点子能脱颖而出，更好地产生效益，提高内部创业的成功率。

对于创业者来说，除了创新点子和勇气，还需要在创新精神和开拓新业务能力方面进行提升，储备识别新业务机会、发展商业计划和带领创业团队追逐新机会的技能。

创业能力训练是创业培训与指导的重要内容。创业能力是一种高层次的综合职业能力，可以分解为专业能力、方法能力和社会能力三类能力。创业者所需的专业能力主要表现为三个方面：创办企业中主要职业岗位的从业能力；接受和理解与所办企业经营方向有关新技术的能力；把环保、能源、质量、安全、经济、劳动等知识和法律法规运用于本行业实际的能力。创业者应具备的方法能力主要表现为九个方面：信息接收和处理能力、捕捉市场机遇的能力、分析与决策能力、迁移和创造能力、申办企业的能力、确定企业布局的能力、发现和使用人才的能力、理财和融资能力、控制和调节能力。创业者应具备的社会能力主要表现为六个方面：人际交往能力、谈判和推销能力、企业形象策划能力、合作能力、自我约束能力、适应变化和承受挫折的能力。

创业培训与指导的方式主要有四种：以实际案例为主的知识教学、以自身体验为主的活动组织、以模拟仿真为主的实战训练、以具体咨询为主的个别指导。创业指导实质上是职业指导的一部分，借助的理论、使用的方法与职业指导基本相同，只是目标针对创业，并围绕这一目标的需要进行指导。

对于企业内部创业来说，一种能够改善其关键环境因素的方法就是内部创业培训计划。这个计划包含六个部分，每个部分都被设计来培训参与者在其工作领域内对内部创业进行支持。其具体包括：

（1）概述。这一部分包括对管理和组织行为概念的回顾，内部创业和相关概念的定义，以及几个内部创业案例的讨论。

（2）个人创造力。定义个人创造力，说明如何激发个人创造力。包括一些激发创造力的练习，以及参与者制订一个个人创造力计划。

（3）内部创业。主要是对几个内部创业企业的深入分析。

（4）企业当前文化的评估。为了对当前企业中各种变化的催化剂和障碍展开讨论，这里为培训组提供一个趋势展望。

（5）制订业务计划。概述和解释内部创业业务计划的制订过程，说明业务计划书的各个要素，给出一个完整的业务计划书的例子。

（6）制订行动计划。在这一部分中，参与者以团队方式工作，并制订一个行动计划。该计划用于在其工作岗位上产生促进内部创业的变化。

专栏 10-4

某企业的内部创业规定

（1）目的。激励员工的凝聚力，以使企业向国际化经营水平发展；利润共享，为企业员工创造福利；为企业员工提供自行创业的机会。

（2）创业管理。①统一采购。由总公司统一采购，以获得规模采购的优惠。②统一企划。由总公司制订整体经营企划方案，从而以最低的费用取得最佳的业绩。③统一配销。由总公司统一配销，可节省配销人力及财力。④统一管理。由总公司统一管理，达成内部创业的合理化和制度化的企业经营管理目标。

（3）创业员工的职务要求。①担任本公司营业部门经理两年以上，且表现优异者；②担任本公司营业部门副经理三年以上，且表现优异者；③担任本公司其他部门经理三年以上，且表现优异者；④担任本公司其他部门副经理四年以上，且表现优异者。

（4）创业员工的能力要求。①具备领导、组织及执行能力；②具备相关专业知识及销售、财务、人事等管理能力；③具有整体意识及经营观念创新的能力；④具有配合总公司政策与行动的能力；⑤具有成为超级经营者的雄心；⑥具有旺盛的精力与顽强的意志；⑦具有提高工作业绩、增加收益的明确构想；⑧具有调动他人来协助自己工作的能力；⑨具有可能实现的目标；⑩积极从自己或他人的错误与失败中吸取经验教训的能力。

（5）申请要求。①提出内部创业申请书。由创业员工提出内部创业申请书。②拟订营业计划书。计划书的具体内容包括以下几个方面：市场潜力、市场结构与目标消费群；组织规划与人力需求；营业方式与目标；资金来源与运用；损益预估；营运地点及时间。

（6）内部创业部的设立。①设立地点。通过调查分析，依据市场概况决定地点。②设立规模。月平均销售金额100万~200万元。

（7）内部创业部的组织。①职务由企业委托经理、副经理负责；②财务由总公司统一管理。

（8）资金。①初始资金。总公司负责初始投资，包括房屋、押金、装潢展示以及第一批员工的培训费等。②营运资金。营运资金由创业人自行筹措；创业部成立前应将营运资金一次性交于财务部。

（9）营运方式。①公司总经理担任本制度的最高执行主管，负责实施营运目标，并进行实际督导；②创业部经理负责实际执行工作。

（10）竞争规定。①创业部的设立区域不得与现有的创业部相冲突；②创业部应配合总公司的经营政策和目标，不得与总公司恶性竞争；③创业部须在必要时，以人力、物力、财力支援总公司。

（11）工作调整。创业部负责人如需调整，应于申请核准后，将工作移交清楚，并负责培训新接任人直到其能胜任工作为止。

（12）摊销管理费用。创业部必须分摊总公司的人事管理费用，即管理人员的奖金、红利，金额为营业额减去进货成本余额（即销货毛利）的20%。

（13）业务会议。总公司定期举行创业人员业务会议，以扩大营运业务，创业人员应准时参加。

（14）营业收入。创业部的营业收入统一存入总公司账户，货款由总公司统一支付，营业部应将收支日报表呈送总公司，但可以保留必要的流动资金。

（15）会计核算管理。各创业部须由总公司建立独立的会计核算制度与损益计算制度，各会计部门要于次月10日前向总公司提交当月的财务报表。

（16）预决算管理。创业部营业年度自当年元月1日起至12月31日止，于本年12月20日前提交下一年度的预算方案，并于次年元月20日前提交上一年度决算报表。

（17）借调资金。①正常营运资金不足时，可按当时银行规定的一年期存款利率计息向总公司借调，但借款总额不得超过各创业部成立时自筹资金的总额；②向公司借调营运资金，必须以资金使用计划书的形式向总公司提出申请，经核准后调拨，调拨的资金不能用于营运计划书外的项目支付；③创业部不得以总公司名义举借外债，其外债均由创业部负责人承担；④创业部不得以任何理由借款给个人或其他企业。

（18）利润分配。各创业部的盈余（即税后利润）中35%为总公司的股息和投资报酬，25%为各创业部的保留盈余，40%为创业部的红利。

（19）亏损的弥补。①创业部的税后盈余，应优先弥补亏损及提取法定公积金后方可分配；②不足数额从保留盈余中提出弥补。

（20）保留盈余分配。①保留盈余为弥补亏损及转增资本之用；②盈余转增资本不得超过保留盈余的80%；③保留盈余超过资本额的一半时，其超出部分由创业部负责人自行管理或保留以备增资。

（21）分配红利。创业部的红利由负责人自行分配。

（22）转增资利益。创业部的增资额视为其负责人的投资额，按投资额占总资本增资后的比例来分配。

（23）经营不善的处理。创业部经营不善或违反法令，总公司将视其轻重程度，分别做下列处理：纠正错误；限期整顿、改善；派员辅导；撤换负责人；解散。

（24）撤换负责人规定。具有下列情形之一的，总公司将撤换创业部负责人：①违法失职，纠正无效果；②经营不善，被提醒后改善效果不佳的；③有书面辞职报告，经总经理核准的；④无法胜任工作的；⑤不能执行总公司政策及不服从指挥的。

（25）资产清算。①创业部如果资产小于净值时，总经理可以决定其是否追加投资或解散；②创业部经核定解散时，由总公司指派人员进行清算；③清算扣除一切负债和成本后的盈余归创业部负责人；④上项的盈余由总公司将其转为创业部负责人的股份或以现金形式于一年内拨付负责人；⑤清算后的亏损由保留盈余及转增资额优先弥补；⑥清算后有资金不明、资金减少、私人负债或挪用盗用公款等事项，一概由创业部负责人全权负责。创业部更换负责人后的清算，也适用于本规定。

（26）人力资源管理。①创业初期，各部的负责人以在总公司担任职位的高低来确定其权限，职位高的为经理，职位低的为副经理；②经撤换的营业部经理，不再为总公司任用；③创业部负责人不得要求调动。

本章小结

内部创业是指为了获得创新性的成果而得到组织授权和资源保证的企业创业活动，是在一个组织内部进行创新和发明并创造更大利润的过程。一个企业要成功地推进内部创业，首先要从战略高度来确立内部创业的地位和必要性。这种战略的独特要素包括建立愿景、鼓励创新、营造有利环境和建立创业团队等几个方面。大多数内部创业者是行动导向和自我导向的，对于目标的实现抱有极大热情，热衷于将创意转化为实际的产品，并对接受失败和纠正错误有充分的准备和承受能力，还具有很强的学习能力。

内部创业是一个多种因素相互作用、个人和组织相互作用的过程。为此，组织必须努力为内部创业建立一个有效激励的环境和有利的氛围。在一定意义上，内部创业的成功推动需要组织进行某种程度的再造，而其中起着最为关键作用的无疑是组织的高层管理者。要成功地推进内部创业，首先，要从战略的高度来确定内部创业，建立创新愿景并形成企业内员工对这一愿景的共享；其次，要加强对内部创业的培训和指导，建立和完善内部创业的投入与评价机制。

课后练习

1. 试阐述内部创业的内涵和特点。
2. 如何理解内部创业者的概念？试阐述内部创业者的基本特征。
3. 内部创业的障碍主要有哪些？
4. 如何建立基于内部创业的企业管理机制？
5. 试阐述内部创业培训的基本内容。
6. 你是内部创业者吗？请回答以下问题：

（1）你花了大量时间，考虑怎样使工作的各个方面进展得更顺利，或改进技术、方法和设备。(是　否)

（2）你提议某种改变时，经常得到积极的反馈。(是　否)

（3）你坚持推进某个项目，即使看起来可能失败。(是　否)

（4）想到或谈到你的工作时，你很兴奋。(是　否)

（5）在游乐时或在社区，你经常能想出更好的办法解决各类问题。(是　否)

（6）你能够描绘出具体步骤，把你的设想转为现实。(是　否)

（7）如果成功意味着迟早有回报，你愿意牺牲一些个人时间或金钱去实践新的想法。(是　否)

（8）你经常比较老板的做事方式和如果你是老板可能采用的方式。(是　否)

如果你有5个或以上题目回答“是”，表明你一定是一个内部创业者。

注：这个测试中的题目是从平肖的著作中摘取的，反映了创业型人士的性格。如果你具有这种性格，并且在某个公司做事，就可以认为你是一个内部创业者。独立创业者和公司职员看来不大可能融合，但这正是平肖所说的可以做到的事。内部创业者在工作系统内部寻求满足个人成就所需要的途径。当然，内部创业已经以各种形式存在多年了，各个公司都在给有创造能力的员工提供较多的发展空间探索创新。但平肖认为：“如果大公司想加快创新，必须尊敬并赋予内部创业人员权力。”

如果你的测试结果显示你很适合创业，但你还没有独立创业，可以尝试在工作场合进行内部创业。如果成功了，你可以考虑将来独立创业。

延伸阅读

“小巨人”的孵化机制：49%股权的创造力

“大家憋一口，4月份就不放假了，年内要让史总退休。”2011年3月30日内测当天，《征途2》的一群研发团队的成员如是说。

这其中的一个背景，是史玉柱放出的话：“《征途2》如果在线达到60万人，我就退休。”

事实上，巨人网络上市之后，史玉柱就曾说过“想退休”，但要“能退休”，有两个最重要的前提：一是公司的日常管理工作。这方面还好办，巨人网络的日常管理工作一贯由总裁刘伟负责；二是有人能够在游戏策划方面顶上史玉柱的角色。这一点相对比较难，因为史玉柱本人是不可复制的，但是，游戏策划人是可以培养的。

这也是2009年巨人网络一系列变革开始的初衷之一。当然，还有更多的原因：大公司病、“富贵病”之下团队缺乏创造力、活力不够、研发团队流失等。

2009年年初，史玉柱开始有意识地“向后靠”。同时，巨人的几项举措先后出台：“赢在巨人”的创业孵化计划，以及更彻底的“51%+49%”的内部创业机制。

而当下巨人重推的《征途2》，就是在“研发团队持股49%”的内部创业机制下，最为成功的一个产品。如果《征途2》成功，意味着以副总裁纪学锋为首的巨人游戏策划研发力量已经能够独当一面，巨人的“内部创业”也真正称得上是成功。

1. 49%股权的创造力

2009年，当时还是征途研发部总经理的纪学锋，带着田丰等一批老征途研发团队，咬咬牙，“上百万元的，几十万元的，大家总共凑了500万元”，与集团合作成立新的公司，其中团队占49%的股权，新公司主要是做《征途2》的研发。

由此，巨人内部创业中产权改制最为彻底的一幕开始了。

将内部创业的研发团队的权力下放到49%，而公司保持51%的财务报表合并的底线，巨人在扶持内部创业的“产权机制”变革上，是下了大决心的。

在2010年接受媒体采访时，史玉柱当时谈到了对上市后团队“富贵”之后缺乏创业激情的担忧。

“如果研发团队出了问题，很容易造成不可挽回的可怕后果。”

2008年一开始，巨人尝试在研发团队内部推行项目承诺制度，但是效果不理想。2008年第四季度开始下决心实行更为有效的改革。

2009年年初，巨人开始尝试将研发人员全部归入小的核算单位里，由他们筹集部分资金，加上公司投资，注册一家自主经营、自负盈亏的公司，负责产品研发，等产品成熟后，由巨人网络负责运营。

一个项目组成立一个公司，集团入资占股51%，所有研发人员必须出钱，占有其余49%股权。如果某个项目成功了，研发人员可按比例享受分红；如果出现了比《征途》还火的游戏，还可以单独上市。如果项目亏损了，集团的51%必然亏掉，研发人员的49%也没了。

“这样一来，研发人员的压力就大了。这样以利益为纽带，自主的创业激情就被调动起来。”在2010年的采访中，史玉柱谈到这一内部创业机制时如此表示。

在这一内部创业机制推出的一年内，巨人内部已注册了7家公司，按“内部公司模式”运营，《征途2》也是其中之一。

当时，《征途2》已经开始有雏形。针对老《征途》进行改良，是老《征途》研发团队一直琢磨的事情。

“可以说，如果没有内部创业机制，《征途2》也会推出，但效率和效果是否和现在一样，那很难说。”目前已经升任巨人网络副总裁的纪学锋评价道。

这其中最大的不同，用田丰的话来说，是团队的“感觉完全不一样”。“做自己的事情那种发自内心的创业干劲”，是不一样的。

《征途2》团队无疑在一开始得到了母公司资源的倾向和关照，但“这个只是暂时的”，如果半年内，游戏的相关数值没有好的表现的话，那就要重新评价。

事实上，对于所有内部创业的项目，巨人给出的“政策”基本是：先给半年时间做着，公司在这期间不断跟进，收集数值、内部评估、玩家反馈，然后评估该项目是否可以立项，上升到成立公司的层面。

即便是对已经公司制运行的产品，最后是否会在巨人的平台上“力推”，这其中依然有数值等各方面指标的考验。

目前，按照“51% +49%”模式运营的子公司在巨人内部已有十几个，有些已经具有中等规模，“有些都已经赚到钱了，分红都分了好几轮了”。在巨人网络的CEO刘伟看来，这些都是在“增量”上做文章，不会影响公司现有项目的成长性；激发研发人员的创业热情，可以多出精品，现有股东将分享新的利润增长点。

“现在的情况是，大家上下热情都很高，项目都能想出来。但我们是在不断控制，有些项目还希望压一压、磨一磨，才能出精品。”刘伟表示。

2. “逆徒”纪学锋

“我的2/3的意见都是没被采纳的”，即便是在2011年3月21日游戏公测前几天接受记者采访时，当着纪学锋等人的面，史玉柱依然有点悻悻然，“对我这类‘人民币玩家’（愿意通过付费成为游戏赢家者）而言，进去被‘虐’了几次之后，感觉很不爽。”

严格意义上讲，《征途2》中没有史玉柱直接的股权，他也同样不参与游戏的直接管理，但这个专业玩家依然时不时进入游戏中体验，体验之后，便提出了一大堆意见。

在纪学锋的设想中，策划《征途2》的时候，他希望做一款“不花钱也能玩得很爽”的游戏，希望“人民币玩家”和大众玩家都可以“公平”地玩。

“这一点和史总玩游戏的一些风格是有出入的。”纪学锋也坦言，两款游戏用户的差异很大。

在《征途2》的研发过程中，纪学锋和史玉柱之间常有争执。

比较老征途和《征途2》，两者是有很大的风格差异：老《征途》注重PK，《征途2》对PK公式做了非常大的调整；《征途》关注高端玩家，《征途2》关注大众玩家；《征途2》加入的新功能过多，如庄园、宠物等休闲玩法；游戏在线时长方面，《征途》关注“骨灰级玩家”的感受，《征途2》更倾向于让玩家玩得不累。

“最后谁的意见占主导，要用数字来说话。”史玉柱和纪学锋都是学数学出身的，对数值都同样敏感和重视。

所有的数值中，最重要的一项数值是玩家的流失率，最为重要的是五个节点：第1天、第7天、第31天、第61天、第91天的流失率。据称，到目前为止，《征途2》的五个节点的玩家流失率比其他游戏产品都要低。

《征途2》的研发测试期间，曾收集玩家建议而修正bug（漏洞）达7000余处，优化功能2800余次，采纳玩家意见达80%，“玩家参与”也成为这一游戏文化的卖点。

但数值的收集和反馈是有滞后性的，总是问题走在前面，形成了一定规模后才上升到数值层面的表现。这其中，人的敏锐度和前瞻性判断就非常重要。

“这是史总极为厉害的地方”，在这方面，纪学锋对史玉柱是极为服气。他认为，史玉柱对用户心理的把握是相当超前的，这方面目前尚无人可及。

3. 51%的“黄金”杠杆

事实上，在巨人推出内部创业机制之前，2009 年 1 月开始，巨人已启动“赢在巨人”的计划。这项计划致力于打造对外的网游创业平台，最初提出了“一旦项目成功，创业团队可获最高20%的利润分成”。在这个过程中，巨人网络为创业者提供资金、技术、团队补充、全国推广运营。

“赢在巨人”项目一度“收编”了好几家网游公司，包括杭州雪狼软件的《仙途》，以及曾经“出走”过的巨人旧将武强等。

这些“收编”的公司中，有的是全资购并，有的是控股，有的是参股。

“现在我们最认同的合作方式，是巨人网络51%控股。即使有全资购并的案例，时机成熟之时也要改造成51%控股模式”，史玉柱认为，“这样即使有可以上市的项目，团队也能分享足够的利益。”

这种股权架构的设计，一方面可以保障母公司的财务权益，另一方面可以给研发团队最大限度的创业空间。毕竟，“做游戏要有一个好团队，单打独斗不成事；想做事要有一个好环境，有技术储备，有后勤支持，做成的概率才大。”

“很多人对网游有一个误解，认为只要有足够的平台，有足够的推广和营销，一款游戏就能成功。那他们真的不懂这个行业。一款游戏能够真正成功，比如，稳稳地站到50 万人次以上，其本质还是游戏产品本身。”刘伟认为。

参考文献

[1] 卞华，罗伟涛．创造性思维的原理与方法 [M]．长沙：国防科技大学出版社，2001.

[2] 布鲁斯 R 巴林格，R 杜安·爱尔兰．创业管理：成功创建新企业 [M]．3 版．张玉利，等译．北京：机械工业出版社，2010.

[3] 陈初友，王国英．TOP 创意学经典教程 [M]．北京：北京出版社，1998.

[4] 陈逢文．创业融资：基于努力互补效应的视角 [D]．重庆：重庆大学，2012.

[5] 陈龙，梁锷．催生企业可持续成长的内创业机制研究 [J]．改革与开放，2006 (1).

[6] 陈龙，梁锷．企业内创业的内涵及其机制 [J]．企业改革与管理，2010 (9).

[7] 陈士俊，张海波．论创造性思维及其培养 [J]．河北建筑科技学院学报：社会科学版，2006，22 (4).

[8] 陈要立，姜玉满．内部创业型企业文化的构建问题及对策分析 [J]．商场现代化，2006 (8).

[9] 陈玉锋．企业商业模式设计及创新研究 [D]．大连：大连海事大学，2008.

[10] 陈忠卫，李晶．内部创业型企业文化的构建研究 [J]．研究与发展管理，2006，18 (1).

[11] 成春，贺立龙．创业企业的成长动力探析 [J]．四川大学学报：哲学社会科学版，2009 (6).

[12] 党荣．建立内部创业体制——企业留人的有效方式 [J]．人才资源开发，2006 (4).

[13] 丁栋虹．创业管理 [M]．北京：清华大学出版社，2006.

[14] 丁栋虹．创业管理：企业家的视角 [M]．北京：机械工业出版社，2012.

[15] 公强，王婷婷，沈科杰．企业危机处理对策研究——以三鹿"毒奶粉"事件为例 [J]．消费导刊，2010 (3).

[16] 加里·哈默尔．壳牌公司脱颖而出 [J]．王恩冕，译．财富，2000，11 (25).

[17] 姜彦福，张帏．创业管理学 [M]．北京：清华大学出版社，2005.

[18] 杰弗里·蒂蒙斯．创业学 [M]．周伟民，等译．北京：人民邮电出版社，2005.

[19] 解培才．企业战略管理 [M]．上海：上海人民出版社，2002.

[20] 金涛．现代人力资源开发与管理 [M]．上海：上海交通大学出版社，2001.

[21] 李景平．创意·创意产业·创意经济 [J]．新疆艺术学院学报，2010，8 (3).

[22] 李时椿．创业管理 [M]．2 版．北京：清华大学出版社，2013.

[23] 李蔚，牛永革．创业市场营销 [M]．北京：清华大学出版社，2005.

[24] 李啸尘．新人力资源 [M]．北京：石油工业出版社，1999.

[25] 梁巧转，赵文红．创业管理 [M]．北京：北京大学出版社，2007.

[26] 林嵩．创业资源的获取与整合——创业过程的一个解读视角论 [J]．经济问题探索，2007 (12).

[27] 刘吉元，许雪梅．超前思维的基本特征及对主编思维超前性的评价 [J]．编辑学报，2002，14 (5).

[28] 刘锦鹏．创业型企业成长战略研究 [D]．北京：首都经济贸易大学，2008.

[29] 刘景泉．"创新"的三个重要特征 [N]．羊城晚报，2006-01-22.

[30] 刘训涛，曹贺，陈国晶．TRIZ 理论及应用 [M]．北京：北京大学出版社，2011.

[31] 刘正浩．创意经济视角下的旅游产品开发研究 [D]．大连：东北财经大学，2007.

[32] 卢福财．创业通论 [M]．北京：高等教育出版社，2012.

[33] 卢旭东．创业学概论 [M]．杭州：浙江大学出版社，2002.

[34] 陆国泰．人力资源管理 [M]．北京：高等教育出版社，2000.

[35] 罗伯特·赫里斯，迈克尔·彼得斯．创业学 [M]．王玉，等译．北京：清华大学出版社，2004.

[36] 马丽波，刘亚丹．家族企业内创业：圈内人与圈外人选择研究 [J]．财经问题研究，2011 (4).

[37] 马宁泽. 收敛思维也重要 [J]. 思维与智慧，2002 (3)：47.
[38] 马一德，龙正平，范利民. 公司内创业战略的组织机制实证研究 [J]. 统计与决策，2009 (18).
[39] 苗青. 基于规则聚焦的公司创业机会识别与决策机制研究 [D]. 杭州：浙江大学，2006.
[40] 彭行荣. 创业教育 [M]. 北京：中国科学技术出版社，2003.
[41] 齐严. 商业模式创新研究 [D]. 北京：北京邮电大学，2010.
[42] 钱炜. 创造性思维与旅游业 [M]. 北京：旅游教育出版社，1998.
[43] 秦志华，徐斌，张明慧. 创业融资中社会资本作用机理的理论模型解释 [J]. 管理评论，2012 (5).
[44] 任凤玲，曾俊. 企业内部创业管理体制的构建 [J]. 科学与管理，2004 (4).
[45] 任荣伟，毛蕴诗. 跨国公司内部创业行动的逻辑分析 [J]. 现代管理科学，2004 (7).
[46] 任荣伟. 动态环境下的内部创业行为与绩效研究 [J]. 技术经济与管理研究，2013 (6).
[47] 邵汉青. 创业工程 [M]. 深圳：海天出版社，2004.
[48] 沈科杰. 企业危机处理对策研究 [J]. 科技咨询导报，2007 (5).
[49] 石军伟. 民营中小企业制度创新：一个基于企业家的解释 [J]. 学术研究，2003 (4).
[50] 史蒂夫·马里奥蒂，卡罗琳·格拉金. 创造管理：创立并运营小企业 [M]. 彭代武，等译. 北京：电子工业出版社，2012.
[51] 舒伯阳. 基于盈利成长的服务创新体系研究 [D]. 武汉：华中农业大学，2005.
[52] 宋克勤，刘国强. 高科技创业企业成长要素与战略选择研究 [J]. 技术经济与管理研究，2012 (12).
[53] 孙国学. 论企业管理者的创新能力与创造性思维培养 [J]. 商业时代，2010 (9).
[54] 孙梦阳，张晓. 奥拓召回与企业危机预防 [J]. 商场现代化，2005 (7).
[55] 孙明钢. 浅谈创造性思维及培养途径 [J]. 大连教育学院学报，2000，16 (2).
[56] 谭道明. 创业管理概论 [M]. 武汉：武汉大学出版社，2000.
[57] 陶莉. 企业组织设计和人力资源管理 [M]. 北京：清华大学出版社，2005.
[58] 王光艳. 创造性思维原理与方法 [M]. 北京：经济管理出版社，1999.
[59] 王辉耀. 创业中国：海归精英 50 人 [M]. 北京：中央编译出版社，2005.
[60] 王士恒. 从市场主体角度谈创意、创造、创新 [J]. 当代经济，2008 (10).
[61] 王晓文，张玉利，李凯. 创业资源整合的战略选择和实现手段：基于租金创造机制视角 [J]. 经济管理，2009 (1).
[62] 王延荣. 创业管理 [M]. 上海：上海财经大学出版社，2007.
[63] 王延荣. 创业学：理论与方法 [M]. 西安：陕西人民出版社，2004.
[64] 王延荣. 基业内部创业的企业管理机制设计 [J]. 商业经济与管理，2003 (10).
[65] 王志辉. 试论创造性思维的基本形式 [J]. 经营管理者，2010 (23).
[66] 魏天杰. 基于技术创新的魏氏企业创业案例研究 [D]. 成都：西南财经大学，2008.
[67] 文朝晖. 中小企业创业期融资策略研究 [D]. 长沙：中南大学，2005.
[68] 吴波. 自主创业 [M]. 北京：电子工业出版社，2006.
[69] 吴贵生. 技术创新管理 [M]. 北京：清华大学出版社，2009.
[70] 吴中. 内部创业开拓新格局 [J]. 中国计算机用户，2005 (49).
[71] 肖雁飞. 创意产业区发展的经济空间动力机制和创新模式研究 [D]. 上海：华东师范大学，2007.
[72] 颜帮全. 企业危机的预防和处理 [J]. 学术交流，2004，127 (10).
[73] 颜士梅，王重鸣. 内创业的内涵及研究进展 [J]. 软科学，2006，20 (1).
[74] 杨德林. 创意开发方法 [M]. 北京：清华大学出版社，2006.
[75] 杨艳萍. 创业学 [M]. 长沙：湖南大学出版社，2004.
[76] 余达淦. 创造学与创造性思维 [M]. 北京：原子能出版社，2003.

[77] 余凯成，陈维政. 人力资源管理 [M]. 大连：大连理工大学出版社，2001.
[78] 郁义鸿，李志能，罗伯特 D 希斯瑞克. 创业学 [M]. 上海：复旦大学出版社，2000.
[79] 张宝荣. 创新思维及其培养 [M]. 石家庄：河北教育出版社，2008.
[80] 张玲玲. 企业内创业的特点及过程研究 [J]. 商场现代化，2008 (10).
[81] 张秋玲. 论加强创造性思维教育的必要性和可行性 [J]. 文化学刊，2012 (4).
[82] 张润东. 中国企业家自由度居世界 128 位 [N]. 华夏时报，2005-06-01.
[83] 张文海. 迂回思维之美 [J]. 中国发明与专利，2005 (12).
[84] 张武保，任荣伟. 藉以内部创业战略提升企业竞争力：行为与绩效 [J]. 华南理工大学学报，2011 (8).
[85] 张新天. 创造性思维 40 法 [M]. 上海：上海大学出版社，2005.
[86] 张玉利，李新春. 创业管理 [M]. 北京：清华大学出版社，2006.
[87] 郑大武. 管理者超前思维的特点、价值及其培养 [J]. 兰州大学学报，2008，35 (6).
[88] 郑冉冉. 成功创业研究 [M]. 上海：上海三联书店，2005.
[89] 中国企业家调查系统. 企业创新：现状、问题及对策——2001 年中国企业经营者成长与发展专题调查报告 [J]. 管理世界，2001 (4).
[90] 中国企业家调查系统. 企业学习：现状、问题及其对创新和竞争优势的影响——2006 年中国企业经营者成长与发展专题调查报告 [J]. 管理世界，2006 (6).
[91] 钟惠波. 简论创意经济 [J]. 福州党校学报，2007 (2).
[92] 钟联萍. 创业策划 [M]，北京：中国纺织出版社，2002.
[93] 周晓燕. 学生创意思维培养浅论 [J]. 家具与室内装饰，2008 (5).
[94] 周耀烈，刘艳彬. 创造性思维：创意生成的智慧 [M]. 长春：吉林大学出版社，2010.
[95] 朱奇. 战略思维方法 [M]. 北京：世界图书出版公司，2012.
[96] Gaglio C M，Katz J A. The Psychological Basis of Opportunity Identification：Entrepreneurial Alertness [J]. Small Business Economics，2001，16 (2).
[97] Kirzner I M. Discovery and the Capitalist Process [M]. Chicago：University of Chicago Press，1985.
[98] Magretta J. Why Business Models Matter [J]. Harvard Business Review，2002 (5).